Rethfeld/Singer

Weltsichten/ Weitsichten

Gesamtbearbeitung: UnderConstruction, München

Lektorat: Dr. Renate Oettinger

Umschlaggestaltung: Stephanie Villiger

Druck: Walch Druck, Augsburg

E-MAIL: Rethfeld_Singer@finanzbuchverlag.de

Bibliografische Information der Deutschen Bibliothek:
Die Deutsche Bibliothek verzeichnet diese Publikation in der Deutschen Nationalbibliografie; detaillierte bibliografische Daten sind im Internet über **http://dnb.ddb.de** abrufbar.

1. AUFLAGE 2004

FRUNDSBERGSTR. 23 · 80634 MÜNCHEN

TEL.: 089/651285-0 FAX: 089/652096

Dieses Buch will keine spezifischen Anlage-Empfehlungen geben und enthält lediglich allgemeine Hinweise. Autor, Herausgeber und die zitierten Quellen haften nicht für etwaige Verluste, die aufgrund der Umsetzung ihrer Gedanken und Ideen entstehen.

ISBN 3-89879-070-3

Inhaltsverzeichnis

Teil II Was die Welt bewegt 197

Teil III Optionen für das 21. Jahrhundert 286

Vorwort

Die meisten Menschen ahnen, dass die Zeiten zunächst vorbei sind, in denen sie voller Optimismus in die Zukunft blicken können. Sie lesen und hören viel darüber, wie es weitergehen soll. Aber kaum etwas passt zusammen.

Der Leser weiß vielleicht noch nicht, dass sich die Welt wellenförmig, in Zyklen oder in Widersprüchen bewegt, aber er ahnt es. Er weiß möglicherweise nicht, wie sehr neue Technologien den Lauf der Weltgeschichte beeinflussen können, aber er ahnt es. Der Leser ahnt auch, dass der Lauf der Geschichte maßgeblich von handfesten Interessen und bestimmten Gesetzmäßigkeiten beeinflusst wird.

In diesem Buch versuchen wir, die vielen losen Gedankenfäden miteinander zu verbinden und die einzelnen Sättigungstendenzen unserer modernen Gesellschaft in einen Gesamtzusammenhang zu stellen, der durch historisches Wissen sowie wissenschaftliche und philosophische Erkenntnisse untermauert wird. Wir entwickeln verschiedene Wege ins 21. Jahrhundert, die unseren Leser anregen sollen, sich mit seiner Zukunft auseinander zu setzen und sich seine eigene Meinung zu bilden.

250 Jahre industrielle Revolution haben ihre Spuren hinterlassen. Wir befinden uns aktuell auf dem Höhepunkt einer wirtschaftlichen, gesellschaftlichen und politischen Entwicklung. Die gegenwärtige Misere zeigt einen strukturellen Charakter. Im ersten Teil unseres Buches tragen wir viele Dinge zusammen, die in eine beunruhigend falsche Richtung laufen.

Die Bevölkerung überaltert und schrumpft, die Produktion von Erdöl geht ihrem Höhepunkt entgegen, die globale Erwärmung des Weltklimas führt zur Anhebung der Meeresspiegels und zur Verödung ganzer Landstriche. Die Arbeitslosigkeit steigt hartnäckig; die Folgen der Globalisierung werden auf allen Ebenen sichtbar. Die Globalisierung schafft anscheinend mehr Probleme, als sie zu lösen imstande ist. Sie hat zu einem Wettlauf um preiswerte Arbeitskräfte geführt, deren Verlierer die Arbeitnehmer der Industrieländer sind. Der Widerspruch zwischen Arm und Reich nimmt zu und lässt weiteren Sprengstoff entstehen.

Die Finanzwelt hat die größte Spekulationsblase der menschlichen Geschichte immer noch nicht verdaut, tiefes Misstrauen hat sich breit gemacht. Spekulative Billionenbeträge rasen auf elektronischem Wege ungehindert um die Welt. Die Wirtschaft kämpft mit stagnierenden Märkten und zurückgehender Kaufkraft. Die Entwicklung der Produktivität stößt an Grenzen. Nullwachstum und Rezessionsgefahren belasten. Das Gespenst der Inflation oder wahlweise der Deflation geht um. Die immense öffentliche und private Schuldenlast droht, uns zu erdrücken. Die niedrigsten US-Zinsen seit 40 Jahren vermochten an all dem bisher nichts zu ändern.

Wie bei einem Puzzle fügen sich die gesellschaftlichen Tendenzen in diese Landschaft. Brot und Spiele, lautet das Motto. Das Fernsehen – ursprünglich als Informationsinstrument gedacht – hat sich zu einer gigantischen Unterhaltungsmaschinerie gewandelt und ist bis in die tiefsten Schichten der Bevölkerung vorgedrungen. Wie in Colosseum und Circus Maximus des alten Rom sind die Vorführungen kostenlos – sieht man von TV-Gebühren ab. Fernsehsport wie Fußball und Formel 1 bringen Spannung in den Alltag und bedienen das Aggressionspotenzial. Die Ferienindustrie hat sich zum weltgrößten Wirtschaftszweig entwickelt und befriedigt Wellness- und Wohlfühlinstinkte, die sich im Arbeits- und Alltag aufbauen. Die strukturelle Krise bedroht auch sie. Unterhaltungs- und Ferienindustrie unterliegen schließlich ebenfalls wirtschaftlichen Gesetzmäßigkeiten.

Die Lähmung der demokratischen Institutionen ist so offensichtlich, dass der Ruf nach grundsätzlichen Reformen auf politischer Ebene immer lauter wird. Wir fragen, ob die parlamentarische Demokratie am Ende ist. Stehen wir an der Schwelle zu oligopolistischen Strukturen?

In den neunziger Jahren wurden der westlichen Wirtschaft mit der friedlichen Lösung des Ost-West-Konflikts neue Absatzräume eröffnet. Jetzt, kaum 15 Jahre später, wächst die Gefahr von kriegerischen Auseinandersetzungen. Die zweifellos vorhandene Gefahr des Terrorismus wird dabei nur allzu gerne vor den Karren bestimmter Interessen gespannt. Im internationalen Maßstab bilden sich neue Allianzen, alte, seit dem Ende des Zweiten Weltkrieges bewährte, erschöpfen sich. Die Welt wird neu aufgeteilt. Auch dies stellen wir in den Gesamtzusammenhang einer tief greifenden Umwälzung.

Nachdem wir im ersten Teil unseres Buches die aktuellen Tendenzen nachgezeichnet haben, fragen wir im zweiten Teil: Hat es in der Geschichte der Menschheit bereits Präzedenzfälle für unsere gegenwärtige Entwicklung gegeben? Wie erging es Völkern und Nationen nach dem Überschreiten des Gipfels ihrer wirtschaftlichen, gesellschaftlichen und politischen Entwicklung? Wir schauen uns das Schicksal der Griechen und Römer an. Aber auch die jüngere Geschichte bietet Beispiele: Der Fall Großbritanniens von der Welt- zur Regionalmacht ist ein solches.

In der Geschichte hatten Gold und Silber als Zahlungsmittel eine bewährte Funktion. Mit der Abschaffung der Golddeckung in den Währungssystemen wurde dieses automatisch wirkende Regulativ abgeschafft. Seit den dreißiger Jahren und den Lehren von Keynes glaubt die Wirtschaftswissenschaft, durch staatliche Interventionen den gesellschaftlichen Wohlstand sichern zu können.

Wir wollen zeigen, dass die Entwicklung der Weltwirtschaft, ja der menschlichen Gesellschaft insgesamt, nicht gradlinig verläuft, sondern sich in Wellen bzw. Zyklen bewegt. Menschen wie Elliott, Kondratieff oder Dow haben auf diesem Feld Hervorragendes geleistet. Kondratieff geht davon aus, dass ein langer Wirtschaftszyklus etwa 53 Jahre beträgt. Charles Dow hat die Entwicklung von Bullen- zu Bärenmärkten und zurück eingehend beschrieben. Elliott glaubte, mit seinem Wellenschema ein Bewegungsmuster für die Börse, ja für alle sozialen Vorgänge entdeckt zu haben.

Karl Marx wurde in jüngster Zeit wieder entdeckt. Seine Thesen sind aktueller den je. Er hat die Zwangsläufigkeit der Globalisierung vorhergesagt. Eine seiner Kernüberlegungen gilt dem Phänomen des tendenziellen Falls der Profitrate. Unternehmensgewinne nehmen ab, wenn es nicht gelingt, zu expandieren oder teure durch preiswerte Arbeitskräfte zu ersetzen. Für das Verständnis heutiger wirtschaftlicher Entwicklungen sind Kenntnisse über den von Marx geprägten dialektischen Materialismus und seine politische Ökonomie äußerst nützlich.

Auf diesem Fundament aus aktuellen Trends und philosophisch-wissenschaftlichem Hintergrund entwickeln wir im dritten Teil unseres Buches mögliche Zukunftsperspektiven anhand von prägnanten Szenarien. Dabei favorisieren wir grundsätzlich die globale Betrachtungsebene, da sich die europäische Entwicklung globalen Trends kaum nennenswert entziehen dürfte.

Jeder der beiden Autoren entwickelt dabei sein eigenes Modell. Uns erscheint mit diesem Buch viel erreicht, wenn unser Beitrag zu einer notwendigen Zukunftsdebatte den Leser anregt, seine eigenen Gedanken und Schlüsse zu formen und zu vervollständigen.

Klaus Singer (56) arbeitet seit 1997 als unabhängiger Industrieberater, Marktforscher und Finanzanalyst. Dabei fokussiert er die Elektronik. Spezialgebiete sind die industrielle Bildverarbeitung und Automatisierung, der Halbleiterbereich und die Telekommunikation. Darüber hinaus erstellt er Kommentare, Analysen und Hintergrundberichte zu aktuellen wirtschaftlichen Entwicklungen.

Zwischen 1982 und 1997 war er Anteilseigner und Geschäftsführer eines High-Tech-Unternehmens, in das er 1979 nach Beendigung seines Wirtschaftsstudiums eingetreten war.

Von 1994 an gehörte Klaus Singer sechs Jahre lang dem Vorstand der Fachabteilung „Industrielle Bildverarbeitung/Machine Vision" des VDMA (Verein Deutscher Maschinen- und Anlagenbauer) an.

1999 schrieb er einen Beitrag für das „Handbook of Computer Vision and Applications", Academic Press, ein Standardwerk der Bildverarbeitung.

Aktuell beschäftigt er sich mit Prognoseverfahren für Finanzmärkte, deren Ergebnisse auf der Website www.timepatternanalysis.de vorgestellt und regelmäßig aktualisiert werden.

Robert Rethfeld (41) ist Wirtschaftsjournalist. Er betreibt seit Mitte 2002 die Website www.wellenreiter-invest.de, eine Online-Publikation für wirtschaftliche, finanzielle und gesellschaftliche Entwicklungen. Eine Frühkolumne mit Kommentaren zum aktuellen Börsen-, Finanz- und Politikgeschehen erscheint handelstäglich.

Von 1998 bis 2002 war er Geschäftsführer eines Beratungsunternehmens für Online-Dienstleistungen in Telekommunikation und Luftverkehr. Nach Abschluss eines Studiums der Betriebswirtschaft startete er seinen beruflichen Werdegang als Assistent der Geschäftsführung bei der International Air Transport Association (IATA). 1990 folgte die Übernahme des Referats für Neue Medien beim Deutschen Reisebüro Verband (DRV) sowie 1996 die Berufung zum Referenten im Lufthansa-Internet-Team.

Die Wellenreiter-Invest-Frühkolumne wird seit Februar 2002 von der Finanz-Website www.wallstreet-online.de parallel veröffentlicht.

Teil I Welt im Wandel – eine Bestandsaufnahme

1 Folgen des Fortschritts

a Wohin entwickelt sich die Weltbevölkerung?

Wer die untere Abbildung betrachtet, der muss glauben, dass die Bevölkerungsentwicklung der Menschheit eine unendliche Erfolgsgeschichte darstellt. Innerhalb der vergangenen 2000 Jahre nahm die Zahl der Menschen von 170 Millionen auf sechs Milliarden zu. Es lohnt sich, die Vergangenheit ein wenig differenzierter zu betrachten. Wer genau hinschaut, erkennt „Dellen“ und „Schübe“.

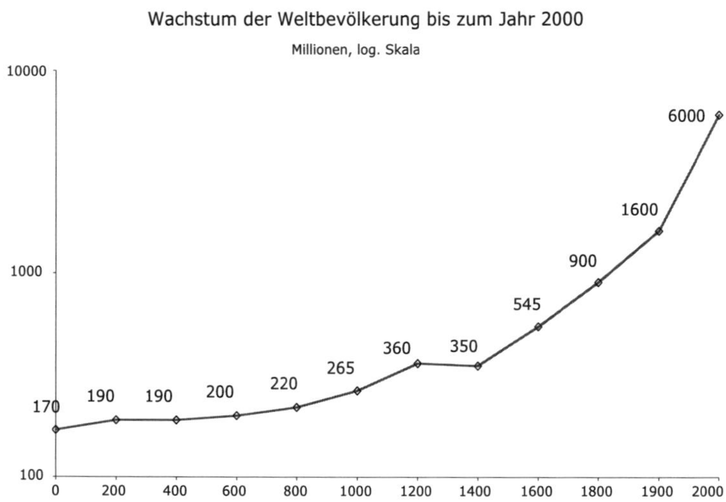

Quelle: World Population Prospects, Revision 2002, UN Population Division

Im Jahre Null wurden in der damaligen Metropole Rom eine Million Einwohner gezählt. Bei einer Weltbevölkerung von 170 Millionen lebte demnach jeder 170. Mensch in der Hauptstadt des Römischen Reichs. Mit dem Verfall Roms geriet auch die Bevölkerungsentwicklung ins Stocken. Erst zwischen 800 und 1200 n. Chr. setzte mit dem Wiedererwachen Europas ein erneuter Anstieg der Bevölkerungszahlen ein. Die Pest raffte allerdings nach der ersten Millenniumswende so viele Menschen dahin, dass die Bevölkerungszahl bis ins 15. Jahrhundert nicht über 350 Millionen hinauskam. Die Industrialisierung im 18. Jahrhundert wirkte wie ein Raketenschub für die Entwicklung der Weltbevölkerung. Die erste Milliarde wurde 1804 überschritten. Knapp 200 Jahre später hatte sich die Weltbevölkerung versechsfacht. Das Wachstum scheint sich ungebremst fortzusetzen.

Ein Blick zurück in das Jahr 1989. Es war das Jahr, in dem die Mauer fiel. Doch ein Ereignis von mindestens ebenso großer Bedeutung fand außerhalb der medialen Aufmerksamkeit statt. Das Jahr 1989 markierte mit einem Zuwachs von 86 Millionen Einwohnern den Höhepunkt der Wachstumsentwicklung der Weltbevölkerung. Niemals zuvor und allem menschlichen Ermessen nach niemals danach konnte beziehungsweise wird die Menschheit derart stark in einem Jahr zulegen.

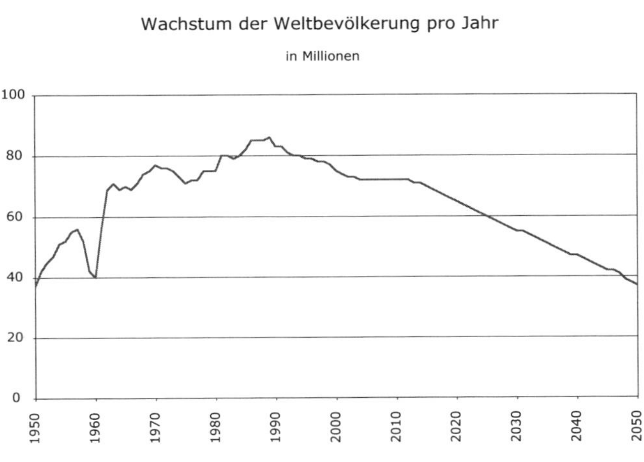

Quelle: World Population Prospects, Revision 2002, UN Population Division; eigene Berechnungen

Im Jahr 2002 betrug der Zuwachs „nur" noch 73 Millionen. Für das Jahr 2050 erwartet die UN-Bevölkerungsabteilung in ihrer mittleren Variante einen Anstieg von – ebenfalls „nur" noch – 37 Millionen Menschen gegenüber dem Vorjahr. Diese Entwicklung hat Konsequenzen. Zum ersten Mal in der Geschichte der Menschheit ist ein Ende des Bevölkerungswachstums absehbar. In der aktuellen Revision der Bevölkerungsprojektionen[1] geht die Bevölkerungsabteilung der UN in ihrer mittleren Variante davon aus, dass die Weltbevölkerung bis zum Jahr 2050 auf knapp neun Milliarden Menschen anwachsen wird.

Weltbevölkerung in einer „Bubble"?

Millionen, log. Skala

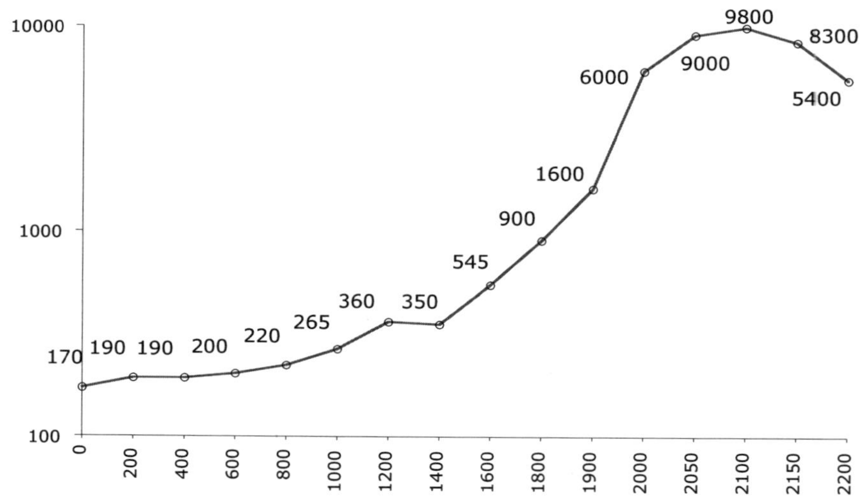

Quelle: World Population Prospects, Revision 2002, UN Population Division; 2100 – 2200 eigene Berechnungen

Das sind wesentlich geringere Zahlen als noch einige Jahre vorher formuliert. Rechnet man den Rückgang der Wachstumszahlen weiter durch, so muss man annehmen, dass sich die Weltbevölkerung in einer Art „Bubble" befindet. Grund dafür ist das bis zum Jahr 2050 erwartete weltweite Absinken der durchschnittlichen Kinderzahl pro Frau unter das so genannte Ersatzniveau von 2,1 Kindern. Weltweit werden durchschnittlich 2,1 Kinder pro Frau benötigt, um die Bevölkerungszahl konstant zu halten. Der Zuwachs speist sich zu 99 Prozent aus Schwellen- und Entwicklungsländern, hauptsächlich aus China und Indien. Hält die aktuelle Verringerung der Wachstumsrate an, so würde die Weltbevölkerung im Jahre 2092 mit 9,8 Milliarden Einwohnern ihren Höhepunkt erreichen. 2150 würden noch 8,3 Milliarden Menschen die Welt bevölkern; 50 Jahre später wären es nur noch 5,4 Milliarden.

In den 50 Jahren zwischen 2000 und 2050 wird die Weltbevölkerung voraussichtlich um drei Milliarden Menschen zunehmen. Etwa 57 Prozent des Bevölkerungszuwachses wird in den Staaten generiert, von denen man annimmt, dass sie im Jahr 2050 die Top-Ten-Liste der bevölkerungsreichsten Länder anführen werden:

Top Ten der bevölkerungsreichsten Staaten

	Staat	Bevölkerung in 2050	Bevölkerung in 2000	Entwicklung seit 2000	%
1	Indien	1.601.004.572	1.002.708.291	598.296.281	59,7
2	China	1.417.630.630	1.262.474.301	155.156.329	12,3
3	USA	420.080.587	282.338.631	137.741.956	48,8
4	Indonesien	336.247.428	224.138.438	112.108.990	50,0
5	Nigeria	307.420.055	123.749.589	183.670.466	148,4
6	Bangladesh	279.955.405	130.406.594	149.548.811	114,7
7	Pakistan	267.813.495	141.553.775	126.259.720	89,2
8	Brasilien	228.426.737	175.552.771	52.873.966	30,1
9	Kongo	181.260.098	51.810.000	129.450.098	249,9
10	Mexiko	147.907.650	99.927.000	47.980.650	48,0
	Gesamt	**5.187.746.657**	**3.494.659.390**	**1.693.087.267**	**48,4**

Quelle: U.S. Census Bureau

Indien ragt in dieser Liste heraus und stellt etwa ein Drittel des Zuwachses aller Top-Ten-Staaten. Zusammen mit den früher zu Indien gehörenden muslimischen Staaten Bangladesh und Pakistan werden etwa 50 Prozent des Top-Ten-Wachstums generiert. Die chinesische Bevölkerung wächst nur noch moderat. Nach derzeitigen Modellen wird das Land seine größte Bevölkerungszahl im Jahr

2032 mit etwa 1,46 Mrd. Menschen erreichen; anschließend setzt ein stetiger Rückgang ein. Die USA werden dank voraussichtlicher weiterer Zuwanderung in den kommenden Jahrzehnten ein respektables Wachstum aufweisen können. Indonesien (überwiegend islamisch) und Nigeria (50 Prozent islamisch) folgen in der Top-Ten-Liste. Nigeria weist nach Indien das absolut gesehen größte Bevölkerungswachstum auf. Während Brasilien (Platz acht) und Mexiko (Platz zehn) verhältnismäßig geringe Wachstumsraten aufweisen, wird der Kongo relativ gesehen am stärksten zulegen können. Im Jahr 2000 befanden sich mit Russland und Japan neben den USA zwei weitere Industrienationen auf der Liste. Im Jahr 2050 werden – aus heutiger Sicht – Schwellen- und Entwicklungsländer dominieren.

Eine Sondersituation nimmt der Nahe Osten ein. Diese Region verfügt über den Großteil der bekannten Erdölreserven der Welt. Wie die folgende Tabelle zeigt, wird sich die Bevölkerung in dieser Region in den kommenden 50 Jahren explosionsartig vermehren.

	Staat	**Bevölkerung in 2050**	**Bevölkerung in 2000**	**Entwicklung seit 2000**	**%**
1	Iran	92.461.000	66.006.000	26.455.000	40,1
2	Saudi-Arabien	91.112.000	22.024.000	69.088.000	313,7
3	Jemen	71.119.000	17.479.000	53.640.000	306,9
4	Irak	56.361.000	22.676.000	33.685.000	148,5
5	Syrien	34.437.000	16.306.000	18.131.000	111,2
6	Jordanien	11.773.000	4.999.000	6.774.000	135,5
7	Oman	8.338.000	2.533.000	5.805.000	229,2
8	Kuwait	6.375.000	1.974.000	4.401.000	222,9
9	Arab. Emirate	3.697.000	2.369.000	1.328.000	56,1
	Gesamt	**375.673.000**	**156.366.000**	**219.307.000**	**140,3**

Quelle: U.S. Census Bureau

Saudi-Arabien und der Jemen werden ihre Bevölkerung voraussichtlich verdreifachen. Die Einwohnerzahl Irans wächst voraussichtlich um – für die Region moderate – 40 Prozent. Dennoch wird das Land seinen Platz als bevölkerungsreichstes Land im Nahen Osten bis 2050 behaupten können.

„Old Europe" ist im Hinblick auf die demographische Entwicklung der Welt der Vorreiter. Im Vergleich zum Jahr 2000 wird die Bevölkerung um voraussichtlich knapp zehn Prozent schrumpfen. Mit Bulgarien, Lettland, der Ukraine, Estland und Russland stehen allesamt ehemalige Ostblockstaaten an der Spitze der „Schrumpfliste". Italien (– 12,7 Prozent) hat von den Gründungsmitgliedern der EU den größten Bevölkerungsrückgang zu verkraften. Deutschland rangiert mit einem Minus von voraussichtlich 10,4 Prozent im Durchschnitt; der Rückgang ist im europäischen Vergleich nicht überproportional.

Staat	Bevölkerung in 2050	Bevölkerung in 2000	Entwicklung seit 2000	%
Bulgarien	4.651.000	7.818.000	–3.167.000	–40,5
Lettland	1.755.000	2.405.000	–650.000	–27,0
Ukraine	37.726.000	49.153.000	–11.427.000	–23,2
Estland	1.126.000	1.431.000	–305.000	–21,3
Russland	118.233.000	146.001.000	–27.768.000	–19,0
Ungarn	8.375.000	10.137.000	–1.762.000	–17,4
Tschechien	8.540.000	10.270.000	–1.730.000	–16,8
Rumänien	18.678.000	22.452.000	–3.774.000	–16,8
Slowenien	1.642.000	1.928.000	–286.000	–14,8
Italien	50.390.000	57.719.000	–7.329.000	–12,7
Polen	33.780.000	38.646.000	–4.866.000	–12,6
Weißrussland	9.067.000	10.367.000	–1.300.000	–12,5
Litauen	3.214.000	3.621.000	–407.000	–11,2
Spanien	35.565.000	40.016.000	–4.451.000	–11,1
Deutschland	73.607.000	82.188.000	–8.581.000	–10,4
Portugal	9.044.000	10.048.000	–1.004.000	–10,0
Slowakei	4.944.000	5.400.000	–456.000	–8,4
Serbien	9.773.000	10.663.000	–890.000	–8,3
Österreich	7.521.000	8.113.000	–592.000	–7,3
Finnland	4.820.000	5.169.000	–349.000	–6,8
Belgien	9.883.000	10.264.000	–381.000	–3,7
Griechenland	10.036.000	10.130.000	–94.000	–0,9
Schweiz	7.296.000	7.267.000	29.000	0,4
Bosnien	3.897.000	3.836.000	61.000	1,6
Schweden	9.085.000	8.924.000	161.000	1,8
Kroatien	4.388.000	4.282.000	106.000	2,5
Frankreich	61.017.000	59.382.000	1.635.000	2,8
Dänemark	5.575.000	5.337.000	238.000	4,5
Großbritannien	63.977.000	59.522.000	4.455.000	7,5
Niederlande	17.334.000	15.908.000	1.426.000	9,0
Norwegen	4.966.000	4.492.000	474.000	10,6
Albanien	4.017.000	3.474.000	543.000	15,6
Irland	5.396.000	3.508.000	1.888.000	53,8
Luxemburg	720.000	438.000	282.000	64,4
Gesamt	**650.038.000**	**720.309.000**	**–70.271**	**–9,8**

Quelle: U.S. Census Bureau

Voraussichtlich zwölf europäische Staaten werden mit steigenden Bevölkerungszahlen bis zum Jahr 2050 kalkulieren können, darunter Großbritannien, Frankreich, die Niederlande, Dänemark und Irland. Allerdings sind die Zuwächse bis auf Irland (plus 50 Prozent) nicht mehr bemerkenswert. Die Bevölkerung Frankreichs wird ab dem Jahr 2030 rückläufig sein, die Großbritanniens ab 2040. Die entwickelten Regionen wie Europa befinden sich in einem Stadium unterhalb des so genannten „Ersatzniveaus". Die Lebenserwartung erhöht sich hingegen. Das Resultat sind schrumpfende Nationen, die mit einem steigenden Anteil der höheren Altersgruppen einhergehen.

Der Autor Stein Ringen[2] beschreibt den Bevölkerungskollaps in Europa. Mindestens 14 europäische Länder verzeichnen bereits jetzt eine schrumpfende Bevölkerung. Der Rest Europas wächst nicht mehr oder nur noch marginal. Um 2050 wird die Bevölkerung Europas von jetzt 720 auf 650 Millionen Einwohner geschrumpft sein. Das Jahrhunderte währende Bevölkerungswachstum geht seinem Ende entgegen. Erstaunlich ist die Erkenntnis von Ringen, dass das Schrumpfen der europäischen Bevölkerung bereits nach dem Ersten Weltkrieg begann, aber durch den Nachkriegs-Baby-Boom zwischen 1945 und 1965 noch einmal umgedreht wurde. Anschließend kippten die Geburtenraten wieder unter das Ersatzniveau und blieben dort bis heute. Die Abwärtsbewegung konnte jetzt einsetzen. Ringen merkt an, dass nur Albanien eine Geburtenrate oberhalb des Ersatzniveaus von 2,1 Geburten pro Frau verbuchen kann. Irland folgt mit 2,0, Frankreich mit 1,8 sowie Norwegen und Dänemark mit 1,7. Süd- und Osteuropa können nur 1,2 Geburten pro Frau aufweisen. Deutschland und Schweden liegen bei 1,3, Großbritannien und Finnland bei 1,6. Der Durchschnittswert befindet sich bei 1,34 Kindern pro Frau.

In den USA befindet sich die Geburtenrate bei 2,1 Kindern pro Frau, also genau auf Ersatzniveau. Unter der amerikanischen weißen Bevölkerung liegt die Geburtenrate mit 1,8 auf dem Niveau von Frankreich. Das Bevölkerungswachstum der USA wird sich primär aus den heutigen Randgruppen (Latinos, Afro-Amerikaner) speisen. Doch zurück nach Europa: Bei sich nicht ändernder Tendenz und ohne Einwanderung wäre Deutschland im Jahre 2100 von weniger als 40 Millionen – überwiegend alten – Menschen bewohnt, Italien von weniger als 20 Millionen.

Wie wahrscheinlich ist es, dass dieser Trend umgedreht werden kann? Nicht sehr. Die Geburtenraten sind im gesamten 20. Jahrhundert mit Ausnahme des Nachkriegs-Booms schwach gewesen. Die Drei-Kinder-Familie müsste zur Norm werden, und das ist eher unwahrscheinlich. Wie soll eine Drei-Kinder-Familie funktionieren, wenn beide Partner arbeiten? In der Nachkriegszeit arbeitete in der Regel nur einer der Partner. Die wenigsten Familien können es sich heute leisten, auf ein Einkommen zu verzichten. Hinzu kommt, dass entweder die Frauen ihre hart erkämpfte Emanzipation oder die Männer ihre Lebensgewohnheiten größtenteils aufgeben müssten. Nach der UN-Prognose wird die Bevölkerung in Deutschland in den kommenden Jahren stagnieren und bis zum Jahr 2050 auf etwa 73 bis 75 Millionen zurückgehen (siehe Grafik).

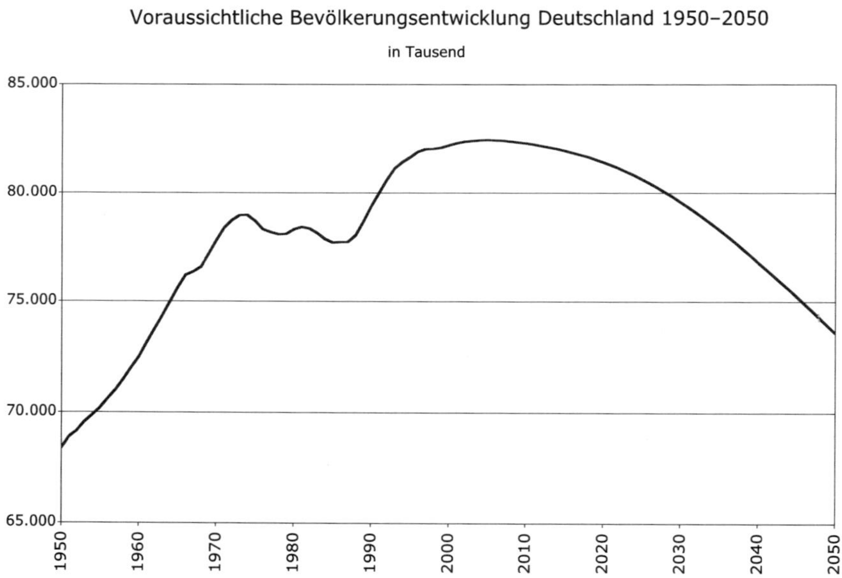

Quelle: Statistisches Bundesamt

Anfang der siebziger Jahre rutschte die Geburtenrate in Deutschland unter das Ersatzniveau von 2,1 Kindern pro Frau. Seit Mitte der siebziger Jahre stagniert die Rate bei 1,3 Kindern im früheren Bundesgebiet, während das Ende der DDR für die ostdeutschen Bundesländer 1991 bis 1996 eine Rate von unter eins mit sich brachte. Eine Angleichung an westdeutsche „Reproduktionsgewohnheiten“ ist in letzter Zeit zu beobachten.

Geburtenrate Deutschland 1950–2002

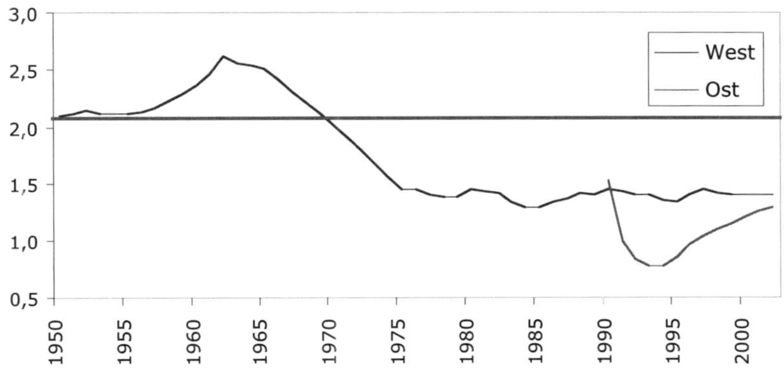

Quelle: Statistisches Bundesamt

Es ist einleuchtend, dass der – für das Wirtschaftswachstum erforderliche – Konsum nicht gesteigert werden kann, wenn die Bevölkerungsentwicklung negativ ist. Wer baut zusätzliche Häuser? Wer kauft neue Autos über den Ersatzbedarf hinaus? In der Bauwirtschaft sind die Stagnationstendenzen bereits seit zehn Jahren zu betrachten. Dies ist keine „Delle“, sondern eine Strukturkrise – analog zum Verfall der Kohle- und Stahlindustrie.

Es hilft auch nichts, wenn man immer wieder darauf hinweist, dass die „reife“ Bevölkerung über viel Zeit und Geld verfügt, um den „zweiten Lebensabschnitt“ in Ruhe genießen zu können. Man kann sich nicht darauf verlassen, dass die Senioren über ausreichend finanzielle Mittel verfügen, um dem Konsum entscheidende Impulse zu geben. Der Staat finanziert sich hauptsächlich aus Steuereinnahmen. Und Rentner zahlen keine direkten Steuern, jedenfalls nicht auf die Rente – jedenfalls noch nicht. Die Einnahmen stammen hautsächlich vom erwerbstätigen Teil der Bevölkerung.

Die Veränderung der Alterspyramide für Deutschland innerhalb der vergangenen 100 Jahre ist markant.

Alterspyramide Deutschland 1910

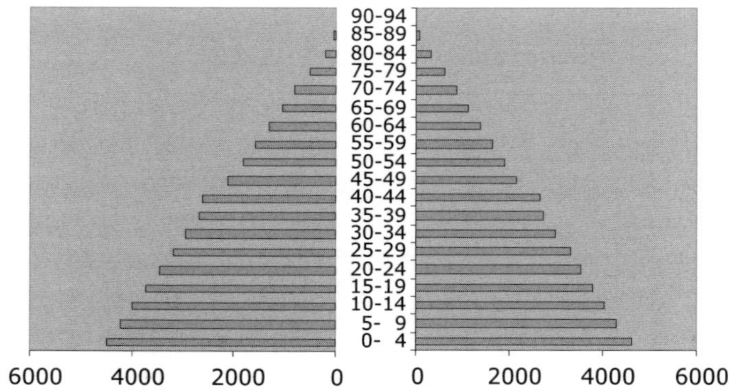

Quelle: www.census.gov

Noch 1910 sah die Pyramide für Deutschland aus wie ein Tannenbaum. Die wenigen alten konnten sich auf viele junge Menschen stützen. Für die damals junge Rentenversicherung war das ideal.

Alterspyramide Deutschland 1950

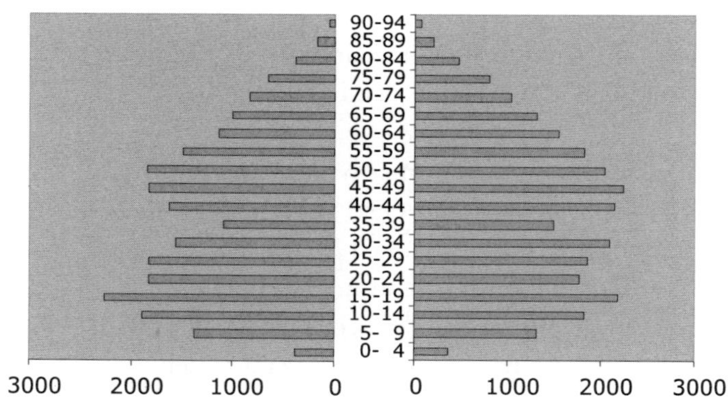

Quelle: www.census.gov

Bereits 1950 war der Baum – hauptsächlich, aber nicht nur kriegsbedingt – unten ausgefranst. Mit den geburtenstarken Jahrgängen der dreißiger Jahre –

im Jahre 1950 zwischen zehn und 17 Jahre alt – wurde der Grundstein für den Nachkriegs-Baby-Boom um das Jahr 1963 gelegt.

Alterspyramide Deutschland 2000

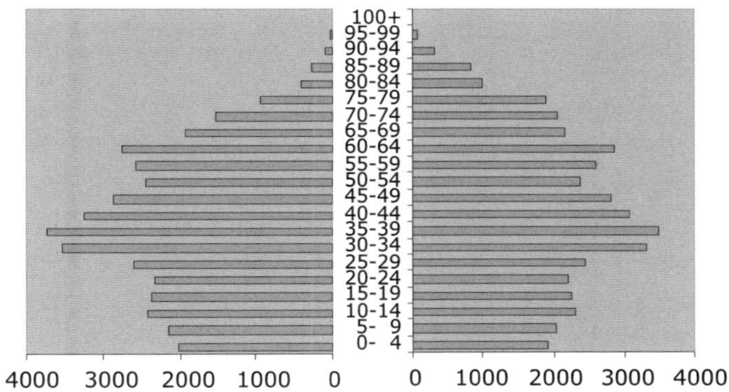

Quelle: www.census.gov

Die Ausbuchtung in der Altersgruppe zwischen 30 und 40 repräsentiert den Nachkriegs-Baby-Boom in der Alterspyramide aus dem Jahr 2000.

Alterspyramide Deutschland 2025

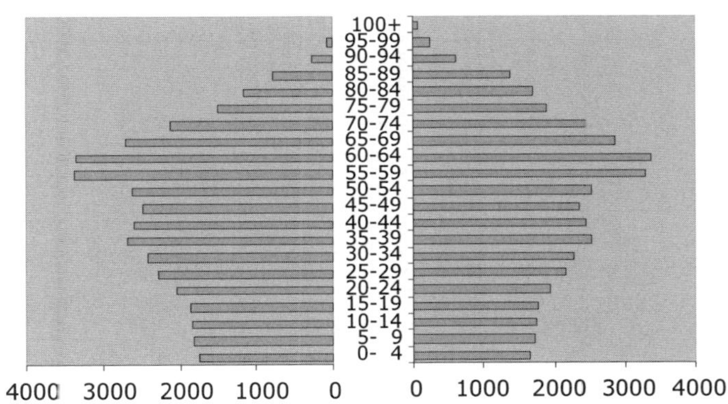

Quelle: www.census.gov

Im Jahr 2025 werden die geburtenstarken Jahrgänge aus den sechziger Jahren den „Renteneintrittsgürtel" zwischen 55 und 65 Jahren bilden. Die Pyramide steht auf tönernen Füßen; die jüngeren Jahrgänge sind deutlich unterrepräsentiert. Wer wird unsere Rente zahlen? Die Ausländer? Wahrscheinlich nicht, wie die nächste Tabelle zeigen wird.

Die untere Tabelle stellt den Saldo der Wanderungen über die Grenzen Deutschlands dar. Für uns überraschend: Es ist keinesfalls so, dass der Zuzug von Ausländern nach Deutschland kontinuierlich gestiegen ist. Seit Anfang der neunziger Jahre verringert sich der Wanderungssaldo deutlich.

Wanderungssaldo Deutschland 1952–2002

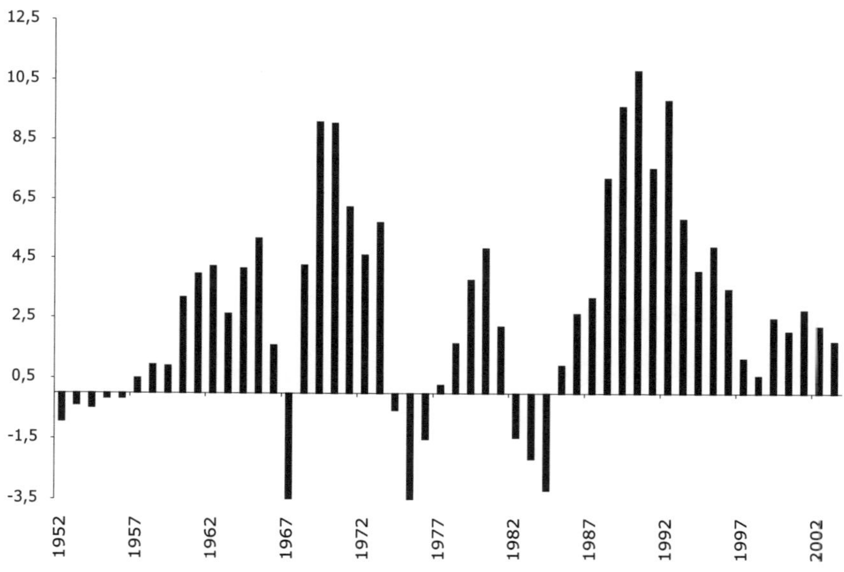

Quelle: Statistisches Bundesamt

Festzuhalten ist allerdings auch, dass der Zeitraum von 1988 bis 1995 einen Anstieg der ausländischen Bevölkerung um 2,5 Millionen Menschen mit sich brachte. Seit 1995 stagniert die Zahl der Ausländer in Deutschland bei etwa 7,3 Millionen. Eine Netto-Zuwanderung (Zuwanderung minus Abwanderung) von 300 000 Ausländern pro Jahr und mehr war zumindest in der Vergangenheit in Deutschland die Ausnahme. Eine Zuwanderung von 100 000 bis 200 000 Ausländern entspricht der Regel. Selbst damit ist Deutschland das Land mit der weltweit höchsten Einwanderungsrate nach den USA. Unter Annahme dieser Zahlen hat das Statistische Bundesamt errechnet, dass im Jahr 2050 in Deutschland zwischen 65 und 70 Millionen Menschen leben werden. Ist der Nettozuzug an Ausländern gleich null, so würde die Bevölkerungszahl auf 59 Millionen sinken. Welche Variante man auch immer nimmt: Das Vergreisungsproblem bleibt, das Problem der Gesundheitsfinanzierung bleibt, und das Rentenproblem bleibt.

Und Deutschland erhält ein emotionales Problem, das sich negativ auf den Konsum auswirken wird. Denn es ist ein Unterschied, ob junge oder alte Menschen einen Staat vorantreiben. Junge Menschen wollen etwas erreichen, sind leichter zu begeistern und auch leichter zu verführen – Handyklingeltöne, Deutschland wählt den Superstar, Big Brother sind Beispiele. Mit der Abschwächung der jungen Altersgruppen werden es die Werbetreibenden immer schwerer haben, ihre Botschaften in Kaufsignale umzusetzen. Auch die Krise der Werbewirtschaft ist keine Delle, sondern bereits ein strukturelles Problem.

b Die Endlichkeit fossiler Brennstoffe

Im Frühjahr 1972 veröffentlichte Dennis Meadows mit einigen Mit-Autoren den Klassiker „Die Grenzen des Wachstums“[3], ein Bericht an den „Club of Rome“. Das Buch wurde in Europa und Japan millionenfach verkauft, in den USA war der Absatz mit nur wenigen zehntausend Exemplaren gering. Kernaussage des Buches ist, dass innerhalb der nächsten 50 bis 100 Jahre – unter Beibehaltung der damaligen Trends – ein katastrophaler Abfall des Lebensstandards zu befürchten sei. In den USA und England griff man die Ergebnisse des Buches scharf an und warf den Autoren vor, sie malten zu schwarz und beschwörten das „Jüngste Gericht“ herauf.[4]

Das Buch berücksichtigte die Wechselwirkungen zwischen Einflussfaktoren wie Bevölkerungsdichte, Umweltzerstörung, Energie, Kapital und Landnutzung. Ein entscheidender Punkt war dabei die Ausbeutung der Rohstoffe durch den Menschen und besonders des Energieträgers Erdöl. „Die Grenzen des Wachstums“ zeigte auf, dass Erdöl der Menschheit nicht unbegrenzt zur Verfügung steht. Die wachsende Weltbevölkerung und der steigende Wohlstand vieler Länder würden zu einer baldigen Erschöpfung der Energiereserven führen. Wir möchten diese These 30 Jahre nach Erscheinen des Buches auf den Prüfstand stellen, indem wir versuchen, die heutige und die künftige Nachfrage nach Primärenergie dem heutigen und dem künftigen Angebot gegenüberzustellen. Dabei wollen wir uns vor allen Dingen auf Erdöl konzentrieren, ohne jedoch die anderen Energieträger auszusparen.

Erdöl, Kohle und Erdgas dominieren die Energieverwertung. Es sind allesamt fossile Brennstoffe, deren Bildung Millionen von Jahren benötigte. Darunter ist Erdöl der am meisten nachgefragte fossile Brennstoff, wie die nachfolgende Abbildung verdeutlicht.

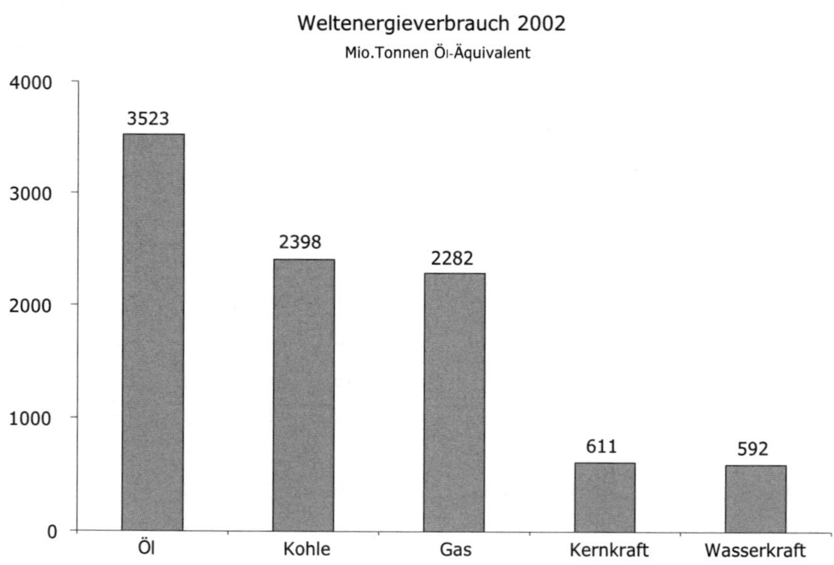

Quelle: BP Statistical Review of World Energy 2003

Anfang des 19. Jahrhunderts begann der Abbau von Kohle. Kohle steht nach Angaben des „World Energy Councils“ noch mindestens 200 Jahre bei gleich bleibender Produktionsrate zur Verfügung. Deutschland ist hier in einer günstigen Situation: Das Land verfügt über 6,3 Prozent aller Weltkohlereserven. Nur die flächenmäßig großen Länder USA, Russland, China, Australien und Indien haben mehr abbaubare Kohle aufzuweisen. Die reichhaltigen Kohlevorkommen lassen Deutschland in der Rangliste der an Primärenergie reichsten Länder auf Position neun rangieren – noch vor den Arabischen Emiraten, dem Irak, Kuwait und Venezuela.

Seit 1990 ist die Kohleförderung in unserem Land um 50 Prozent zurückgegangen. Gründe: Erstens ist importierte Kohle preiswerter, und zweitens ist Erdgas aus Russland sauberer und übernimmt einen Teil der Heizenergiefunktion der Kohle. Die Reserven werden somit langsamer verbraucht. Sie stellen für die Zukunft Deutschlands ein wichtiges Pfund dar. Weltweit werden 27 Prozent des Energiebedarfs durch Kohle gedeckt, in Deutschland sind es 40 Prozent.[5]

Erdgas ist umweltfreundlicher als Kohle und Erdöl. Erdöl setzt 20 Prozent, Kohle 50 Prozent mehr Kohlendioxid frei. Ursprünglich ein Abfallprodukt der Erdölproduktion, spielt Erdgas ein zunehmende Rolle für die Energieversorgung der Bevölkerung. Erdgas wird insbesondere zum Heizen und zur Stromgewinnung eingesetzt. Russland verfügt über fast ein Drittel der Welt-Erdgasreserven, der Iran über ein Sechstel. 80 Prozent der Reserven befinden sich in einer Region, die sich vom Kaspischen Meer bis an den Persischen Golf erstreckt. Die Reserven des amerikanischen Kontinents sind hingegen gering. Erdgas hat in den vergangenen Jahren für die Versorgung der Industrieländer stark an Bedeutung gewonnen. Europa bezieht sein Erdgas hauptsächlich via Pipelines aus der früheren Sowjetunion und aus Norwegen. Hauptabnehmer ist mit Abstand Deutschland. Die USA beziehen ihr Erdgas – neben der eigenen Förderung – ausschließlich aus Kanada und haben das Pech, dass die Erdgasproduktion auf dem nordamerikanischen Kontinent mittlerweile stagniert beziehungsweise sogar leicht rückläufig ist. Der Verbrauch allerdings ist in den vergangenen Jahren deutlich angestiegen: Ein Großteil der Haushalte wird mit Erdgas beheizt. Das US-Energieministerium plant jetzt den Import per Schiff und muss schnellstens die notwendigen LNG-Kapazitäten aufbauen. Zur Verschiffung wird das Erdgas in einem komplizierten und aufwändigen Prozess heruntergekühlt und verflüssigt. Als so genanntes „LNG“ (liquified natural gas) wird es per Schiff in einen Spezialhafen transportiert, wo die Verflüssigung wieder rückgängig gemacht wird. Asien bezieht Erdgas aus den eigenen Reihen, hängt aber in starkem Maße von Lieferungen aus dem Nahen Osten ab. Zwischen den großen asiatischen Produzenten Indonesien und Malaysia einerseits und den asiatischen Großverbrauchern Japan, China und Südkorea andererseits gibt es nur die Möglichkeit der LNG-Verschiffung.

Weitere bedeutende Primärenergien sind Wasserkraft und Kernkraft, die jeweils etwa sieben Prozent des Welt-Energiekonsums befriedigen. Beide Energiequellen sind jedoch mit Restriktionen behaftet: Wasserkraft ist stark von den natürlichen Gegebenheiten abhängig und kaum noch ausbaubar. Der Bau von Kernkraftwerken ist in weiten Teilen der Erde politisch gebrandmarkt. Die Anteile regenerativer Energieformen wie Solar- oder Windenergie an der Energieproduktion wachsen kontinuierlich, leisten aber aktuell noch geringe Beiträge.

Werfen wir einen näheren Blick auf Erdöl als wichtigstem Energieträger. Der Siegeszug des Erdöls startete erst einhundert Jahre später als jener der Kohle, und das nicht zufälligerweise zusammen mit der Ausbreitung des Automobils. Noch 1922 lag der Welt-Ölverbrauch bei zwei Millionen Barrel pro Tag. 20 Jahre später hatte sich der Öl-Konsum auf sechs Millionen Barrel verdreifacht. Die Wirtschaftswunderjahre nach dem Ende des Zweiten Weltkriegs bedeuteten eine enorme Zunahme des Verbrauchs auf 50 Millionen Barrel pro Tag im Jahre 1970. Die Öl-Schocks der siebziger Jahre führten zu steigenden Preisen, konnten aber dem Verbrauch keinen Einhalt gebieten, der aktuell bei gut 75 Millionen Barrel täglich liegt und weiter im Steigen begriffen ist.

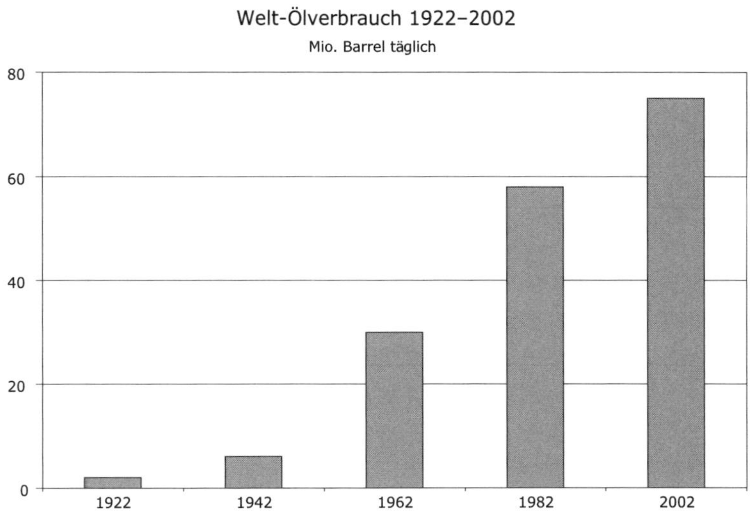

Quelle: BP Statistical Review of World Energy 2003

Was unterscheidet Erdöl von allen anderen Primärenergieträgern? Einzig Erdöl ist gegenwärtig in der Lage, die Mobilität der Menschheit sicherzustellen. Ob Autos, LKWs, Bagger, Traktoren, Panzer, Schiffe oder Flugzeuge, der Transportsektor hängt nahezu zu 100 Prozent vom „flüssigen Gold" ab. Eine Ausnahme bildet die Eisenbahn, die seit der Elektrifizierung das einzige bedeutsame Transportmittel ohne direkte Erdölabhängigkeit darstellt.

Verschaffen wir uns einen Überblick über die wichtigsten Ölverbraucher und ihre spezifischen Besonderheiten, um die künftige Nachfrageentwicklung einschätzen zu können: Der wichtigste Ölkonsument sind ohne Zweifel die Vereinigten Staaten. Im Jahr 2002 konsumierten die USA täglich 19,7 Millionen Barrel Erdöl. Das entspricht 25,4 Prozent des weltweiten Konsums in Höhe von 75,7 Millionen Barrel. Der Bevölkerungsanteil der USA an der Weltbevölkerung beträgt weniger als fünf Prozent. Pro Kopf verbraucht ein Amerikaner mehr als doppelt so viel Energie wie ein Europäer. Ein Grund sind die größeren Entfernungen im Straßenverkehr. Der Durchschnittsverbrauch eines Pkw in den USA beträgt 2260 Liter pro Jahr, der eines in Europa gefahrenen Autos etwa 1140 Liter. Ein weiterer Grund ist das Fehlen von Massentransportmitteln – vom Flugverkehr abgesehen. Auch die Größe der Häuser und fehlender Wärmeschutz spielen eine enorme Rolle. Nicht einmal jedes zweite Haus in den USA verfügt über Doppelglas-Fenster. Hinzu kommen die üblichen Verdächtigen wie der massive Einsatz von Klimaanlagen in Bürogebäuden. Doch der Hauptgrund wird oft übersehen: Energie ist in den USA im Vergleich zu Europa immer noch sehr preiswert. Sie belastet das Monatsbudget einer Durchschnittsfamilie nicht sonderlich. Deshalb gibt es keinen Grund, auf den sparsamen Verbrauch von Benzin, Erdgas und Strom zu achten.

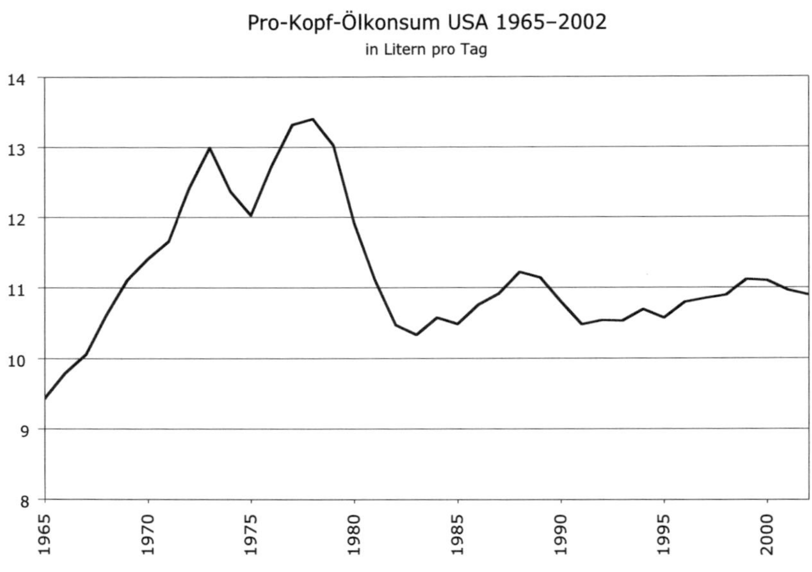

Quelle: BP Statistical Review of World Energy 2003; eigene Berechnungen

Der Pro-Kopf-Verbrauch beträgt gegenwärtig knapp elf Liter pro Person und ist seit etwa 20 Jahren konstant. Er ist damit mehr als doppelt so hoch wie in Deutschland, wo er etwa fünf Liter beträgt. Schaut man sich die Entwicklung des US-Ölverbrauchs nach Sparten an,[6] so wird deutlich, dass der Verbrauch von Flugbenzin in den USA seit dem Jahr 2000 gesunken ist.

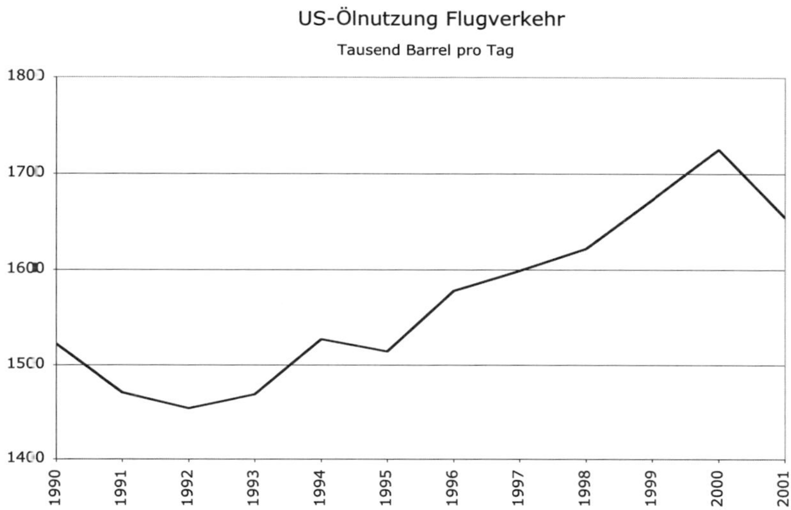

Quelle: BP Statistical Review of World Energy 2003

Hingegen erweisen sich die amerikanischen Autos weiterhin als durstige Vehikel: Ihr Verbrauch stieg in den vergangenen elf Jahren um 20 Prozent von 7,23 auf 8,61 Millionen. Barrel.

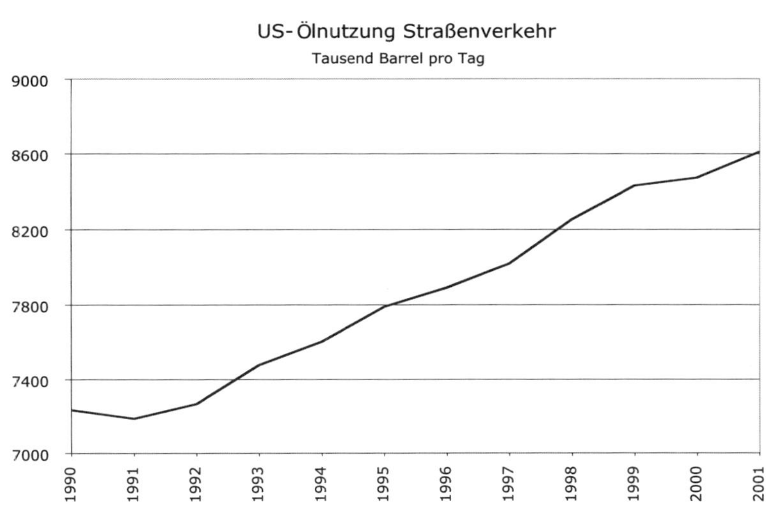

Quelle: BP Statistical Review of World Energy 2003

Schaut man auf Europa, ist festzustellen, dass in Sachen Öl-Konsum eine von den USA abweichende Struktur herrscht. Bereits vor einem Vierteljahrhundert erreichte der Ölverbrauch in wichtigen europäischen Staaten wie Großbritannien, Frankreich oder Deutschland sein bisheriges – und wohl auch für lange Zeit geltendes – Allzeithoch, wie die folgende Abbildung zeigt.

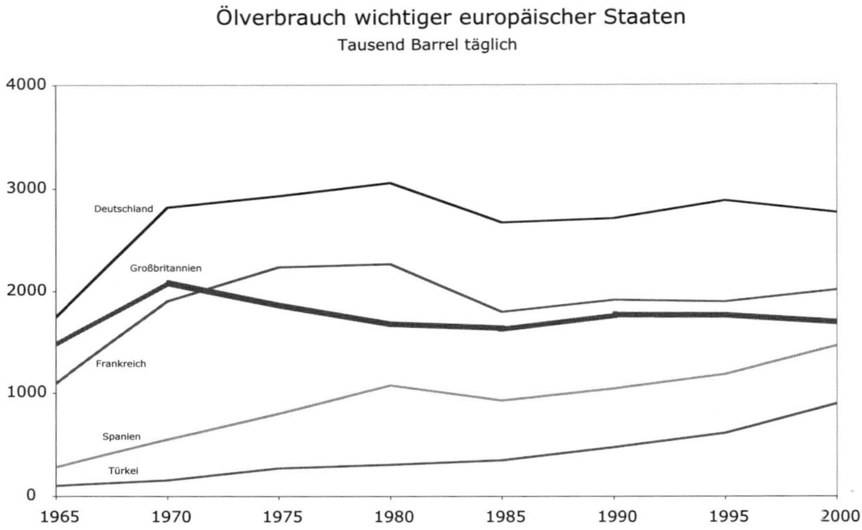

Quelle: BP Statistical Review of World Energy 2003

In den neunziger Jahren haben lediglich diejenigen Länder ihren Ölkonsum gesteigert, die in den vergangenen Jahren ihre Tourismusindustrie massiv ausgebaut hatten. Das sind insbesondere Spanien und die Türkei. Der Pro-Kopf-Öl-Verbrauch liegt in Deutschland seit Jahren bei fünf bis sechs Litern. Momentan fällt er tendenziell. Und da die Bevölkerung nicht mehr wächst, ergibt dies den oben genannten Effekt eines stagnierenden bis fallenden Gesamt-Ölverbrauchs.

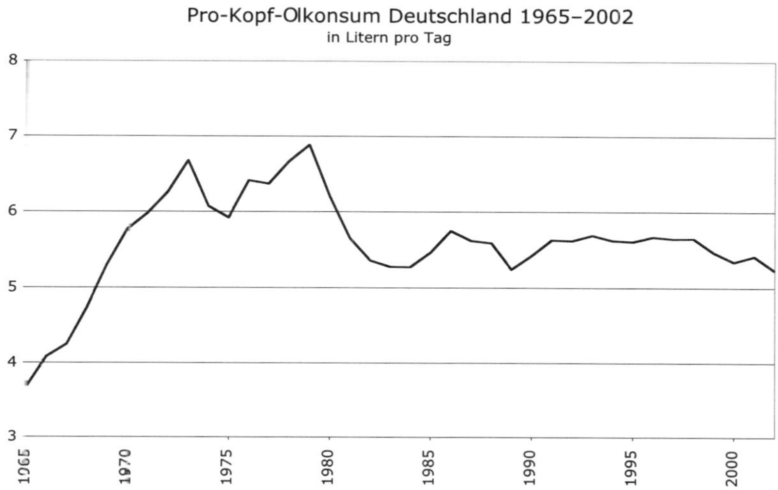

Quelle: BP Statistical Review of World Energy 2003; eigene Berechnungen

Die wachsenden Volkswirtschaften Asiens beeinflussen die Gesamtnachfrage nach Erdöl in zunehmendem Maße. China, Indien und Südkorea verzeichnen die höchsten Verbrauchssteigerungen, während Japan als alte Industrienation auf hohem Niveau stagniert (siehe folgende Abbildung).

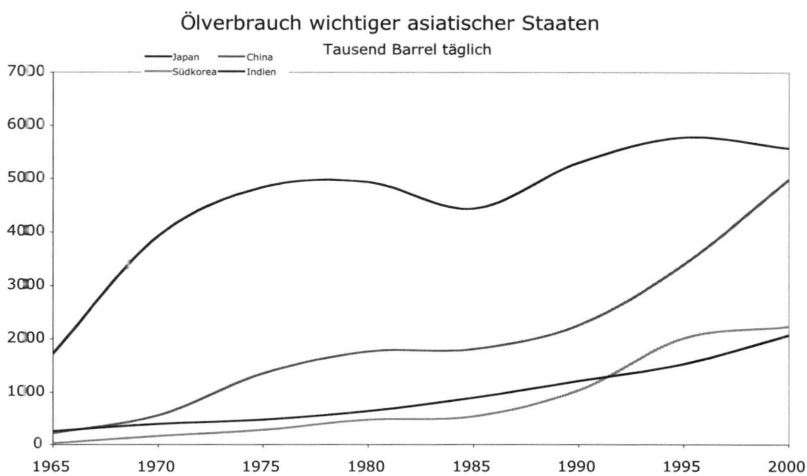

Quelle: BP Statistical Review of World Energy 2003

Das derzeit rasanteste Verbrauchswachstum beansprucht China für sich: Seit Anfang der neunziger Jahre hat sich der tägliche Verbrauch nahezu verdreifacht, und er wächst ungebremst weiter. Der steigende Pro-Kopf-Verbrauch – ursächlich ist die zunehmende Verstädterung – sowie die insgesamt noch wachsenden Bevölkerungszahlen führen zu einem zunehmenden Energiebedarf.

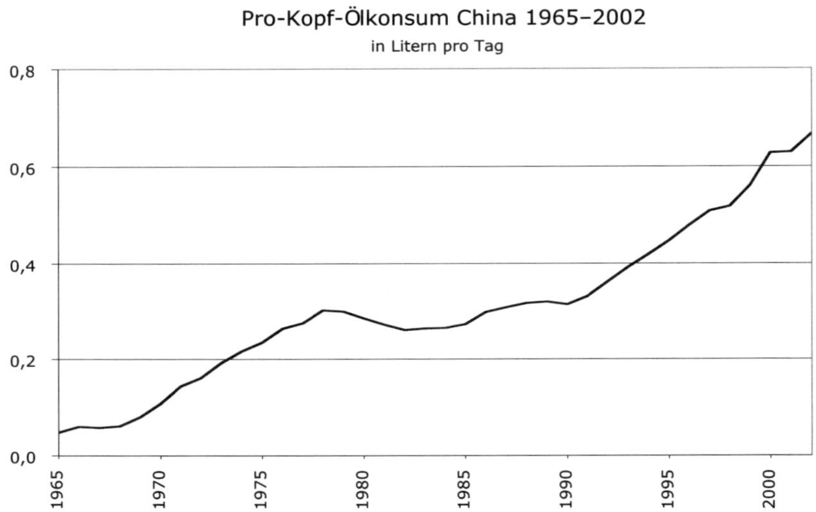

Quelle: BP Statistical Review of World Energy 2003; eigene Berechnungen

Indien hingegen steht am Anfang seiner Entwicklung. Doch gerade dieses Land mit seinen enorm steigenden Bevölkerungszahlen kann den Ölnachschub ins Stocken geraten lassen.

Bevor wir die Angebotsseite kritisch betrachten, wollen wir noch einen kurzen Blick nach Südamerika werfen. Argentinien ist ein Beispiel dafür, wie der Ölkonsum die ökonomische Situation eines Landes widerspiegelt. Der Verbrauchswert des Jahres 1969 wurde lediglich im Jahr 1979 einmal übertroffen. Heute sind die Werte niedriger als 35 Jahre zuvor.

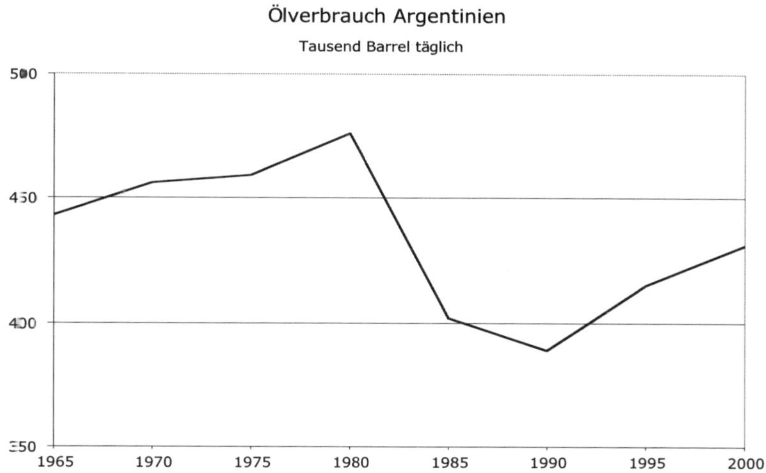

Quelle: BP Statistical Review of World Energy 2003

In ihrem „Weltenergieausblick 2002“[7] geht die Internationale Energieagentur (IEA) davon aus, dass der Primärenergieverbrauch bis zum Jahr 2030 um jährlich etwa 1,7 Prozent zunehmen wird. Diese Zunahme entspräche etwa zwei Dritteln des heutigen Verbrauchs.

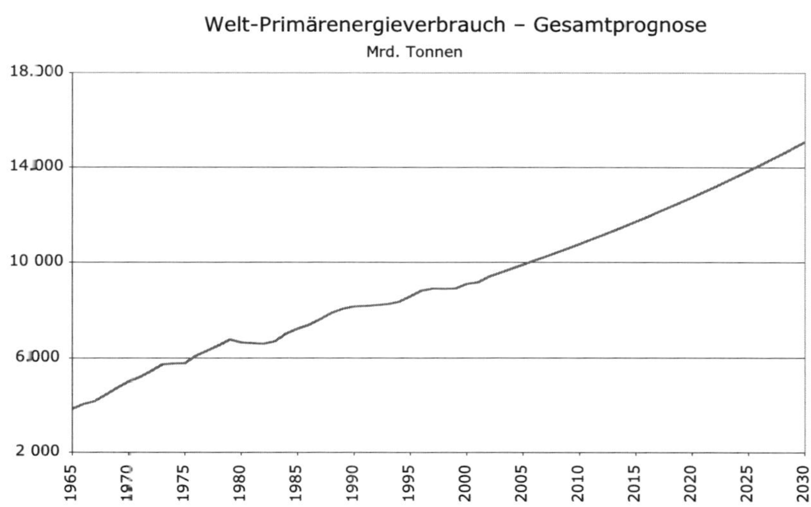

Quelle: Internationale Energie-Agentur

Erdöl wird die Hauptlast der Nachfrage zu tragen haben: Der Ölverbrauch soll bis zum Jahr 2030 von jetzt 75 auf 120 Millionen Barrel täglich steigen (siehe Abbildung).

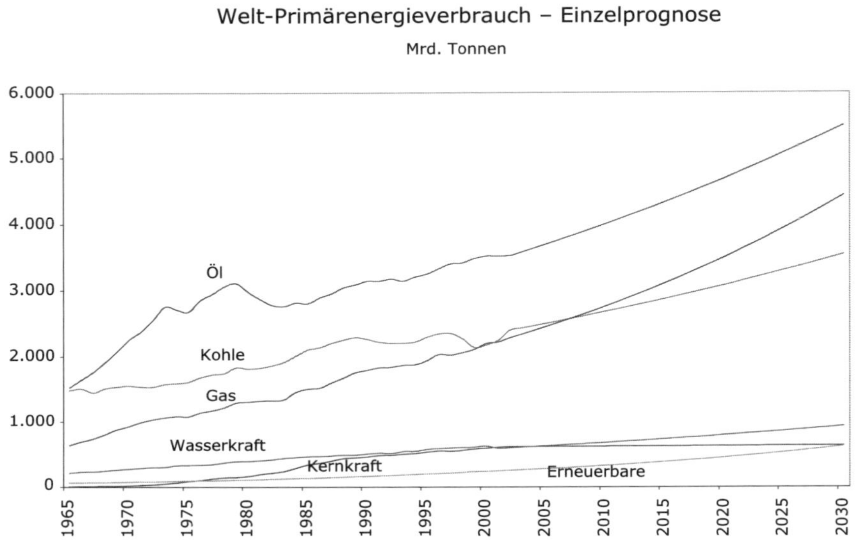

Quelle: Internationale Energie-Agentur

Die Entwicklung des künftigen Ölkonsums hängt maßgeblich von zwei Faktoren ab: der Entwicklung der Weltbevölkerung und der Ausprägung der Lücke zwischen Arm und Reich. Von den jetzt 6,3 Milliarden Menschen verbrauchen eine Milliarde (die OECD-Länder) etwa 20 Barrel Erdöl pro Kopf pro Jahr. Die anderen 5,3 Milliarden nutzen weniger als zwei Millionen Barrel (ein Barrel sind 159 Liter). Während Europa mit seiner schwindenden Bevölkerung seinen Ölverbrauch sukzessive reduzieren wird, werden Schwellenländer mit hohen Bevölkerungswachstumsraten – wie etwa Indien oder Nigeria – weltweit den Ölverbrauch ankurbeln. 97 Prozent des künftigen Wirtschaftswachstums sollen in den Schwellen- und Entwicklungsländern generiert werden.

Wir haben die Situation auf der Nachfrageseite kennen gelernt und wissen jetzt, dass die Welt bis mindestens 2030, wahrscheinlich aber noch weit darüber hinaus, einen steigenden Bedarf an Primärenergie hat. Gemäß IEA wird Erdöl dabei weiterhin die Hauptrolle spielen. Wie aber sieht die Angebotsseite aus? Es ist eine Binsenweisheit, dass nicht mehr Erdöl konsumiert werden kann, als gefördert wird. Die Welt-Ölreserven sind in der Berechung der Förderquoten ein wichtiger, aber nicht der einzige Faktor. Mit gut 75 Millionen Barrel täglich konsumiert die Menschheit jährlich drei Prozent der aktuell festgestellten Erdölreserven. Die nachfolgende Übersicht listet die fünf Länder mit den größten Erdölreserven auf. Mit Saudi-Arabien, dem Irak, den Emiraten, Kuwait und dem Iran befinden sie sich allesamt im Nahen Osten.

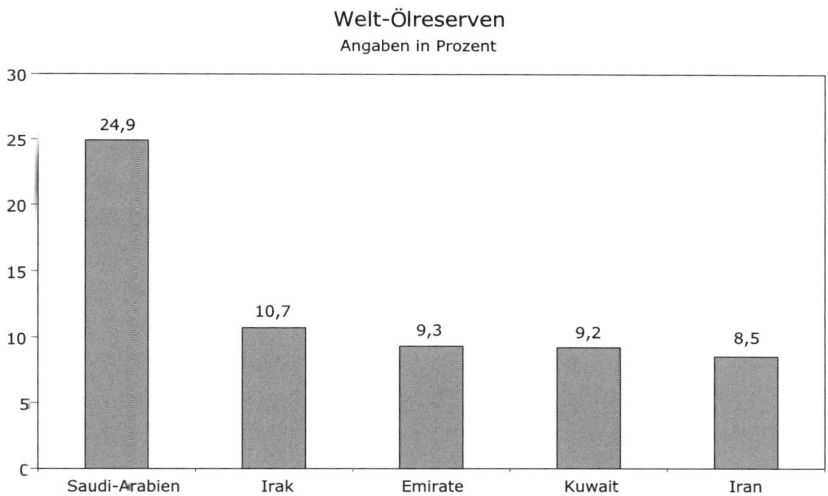

Quelle: BP Statistical Review of World Energy 2003

Diese fünf Länder kontrollieren 62,6 Prozent aller nachgewiesenen Welt-Ölreserven. Lediglich Venezuela kann sich mit 7,4 Prozent der Welt-Ölreserven diesem illustren Kreis nähern. Kein anderes Land der Welt – weder Russland, Norwegen, Nigeria, Libyen noch die USA – kann die Fünf-Prozent-Hürde überschreiten. In anderen Regionen der Welt kann die Erdölförderung nur noch eingeschränkt gesteigert werden oder ist sogar rückläufig. Bereits 1956 erstellte der Geologe M. King Hubbert für Shell eine Studie, in der er den US-Produktionshöhepunkt für die frühen siebziger Jahre vorhersagte. Der anschließende Rückgang sollte unabhängig von der Installation zusätzlicher Ölförderanlagen lang und stetig sein. Hubbert wurde ob seiner Vorhersage belächelt.

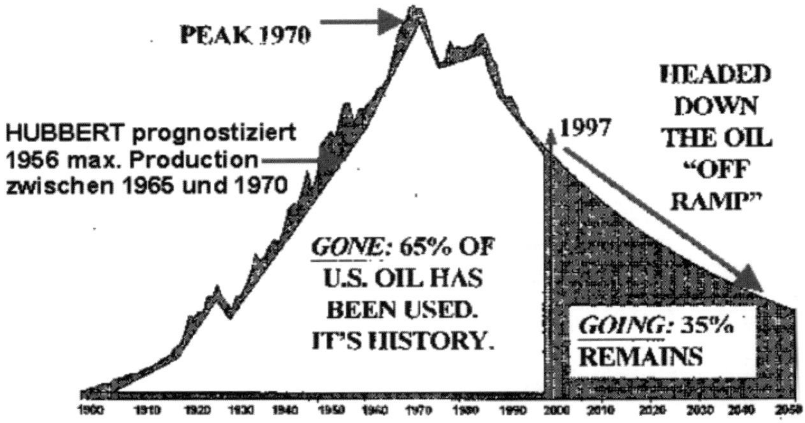

Die USA waren immerhin 50 Jahre lang das Land mit der höchsten Erdölproduktion: 1970 wurden 11,3 Millionen Barrel pro Tag produziert. Rückblickend sollte dies den Höhepunkt der US-Ölproduktion darstellen. Heute werden täglich 7,7 Millionen Barrel gefördert. Die Abbildung auf Seite 39 zeigt, dass sich die Lücke zwischen Ölkonsum und Ölproduktion in den USA in den vergangenen 50 Jahren ständig vergrößert hat. Seit Anfang der fünfziger Jahre übersteigt der Verbrauch die eigene Produktion. Seit den siebziger Jahren ist die US-Ölförderung sogar rückläufig. Als Folge mussten die Importe ab 1985 deutlich erhöht werden.

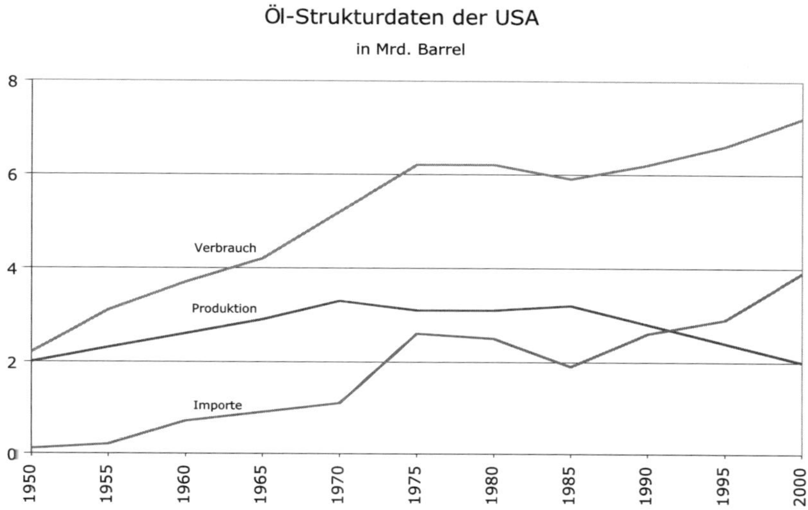

Quelle: http://mwhodges.home.att.net/

Die Nordsee hat ihren Produktionshöhepunkt ebenfalls bereits deutlich überschritten, und auch in Russland sind die Förderquoten nicht mehr beliebig zu steigern.

Gemäß einer Studie von Simmons[8] befriedigen die 14 größten Erdölfelder der Welt etwa 20 Prozent des Welt-Ölkonsums. Sie liegen zum Großteil im Nahen Osten. Das Durchschnittsalter dieser Erdölfelder beträgt 43 Jahre. In den zurückliegenden 30 Jahren wurden große Erdölfelder in immer geringerem Umfang gefunden, und seit 1960 wurden nur noch drei große Erdölfelder entdeckt. Die großen Erdölfelder im Nahen Osten – alle zwischen 1920 und 1950 gefunden – sind laut Simmons im Begriff, ihren Produktionshöhepunkt zu überschreiten. Dies würde zwangsläufig eine Abnahme der täglichen Fördermenge bedeuten. Simmons rechnet damit, dass der Produktionshöhepunkt eher früher als später erreicht wird. Projiziert man die von Hubbert angewendete Methode auf die Welt-Ölproduktion, so erhält man folgendes Bild:

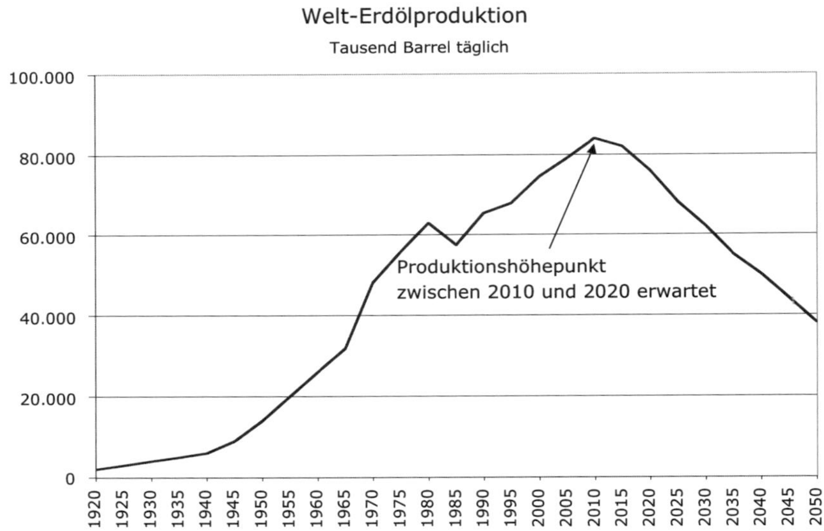

Quelle: Udall and Andrews, 1999, und Hiller, 1999

Bei knapp über 80 Millionen täglich geförderten Barrel Erdöl wäre demnach das Ende der Fahnenstange erreicht. Anschließend würde die Förderung beständig zurückgehen und im Jahr 2050 den Stand von 1970 erreichen. Im Jahre 2030 würden demnach etwa 65 Millionen Barrel täglich gefördert werden können. Im vorhergehenden Abschnitt haben wir jedoch gelernt, dass die Nachfrage im Jahr 2030 etwa 120 Millionen Barrel betragen soll. Hinzu kommt folgender Aspekt, der unbedingt zu beachten ist: Im Nahen Osten, der 62,6 Prozent aller Erdölreserven beherbergt, wächst die Bevölkerung mit erheblicher Geschwindigkeit (siehe auch Kapitel I.1.a). In Saudi-Arabien werden 5,7 Kinder pro Frau geboren, im Irak 5,3 und in Kuwait 4,2. Allein die Bevölkerung Saudi-Arabiens wird sich in den kommenden 25 Jahren voraussichtlich von heute 23 auf 50 Millionen Menschen mehr als verdoppeln. Diese stark steigenden Bevölkerungszahlen erhöhen in den kommenden Jahrzehnten den Eigenverbrauch der Region und mindern deren Exportkapazität.

Je knapper das Erdöl wird, desto intensiver werden die rohstoffproduzierenden Länder versuchen, die Kontrolle über ihr wertvollstes Gut zu erlangen oder zu behalten. Kontrolle und freie Märkte schließen sich aus. Seit dem

Muskelspiel der OPEC in den siebziger Jahren unterliegt der Ölpreis massiven staatlichen Einflüssen. In knappen Märkten haben die Anbieter, nicht die Nachfrager das Sagen. Das kann sogar dazu führen, dass ein einheitlicher Weltmarkt für Rohöl aufhört zu existieren. Stattdessen könnten sich regionale Märkte herausbilden, die den Interessen der rohstoffreichen Länder dienen.

Schon jetzt werden folgende Abhängigkeiten deutlich: Europa ist auf Erdöl- und Erdgaslieferungen aus der früheren Sowjetunion angewiesen. Die USA sind von Südamerika – namentlich Mexiko und Venezuela – abhängig; im Falle von Erdgas müssen sie zunehmend auf andere Kontinente ausweichen. Asiens Hauslieferant ist der Nahe Osten. Sicher scheint, dass der eurasische Kontinent mit den Hauptförderzonen frühere Sowjetunion und Arabien über Erdöl- und Erdgasreserven verfügt, die einen längeren Atem haben als die auf dem amerikanischen Kontinent.

Fazit: Die „Grenzen des Wachstums" für die fossilen Brennstoffe Erdöl und Erdgas sind nach menschlichem Ermessen fast erreicht; Produktionssteigerungen größeren Ausmaßes sind bereits jetzt nicht mehr durchführbar. Der Buch-Klassiker aus dem Jahre 1972 hat in dieser Hinsicht Recht behalten. Die Menschheit dreht sich durch ständiges Bevölkerungswachstum und steigenden Energieverbrauch selbst den Hahn zu, was die fossilen Brennstoffe Erdöl und Erdgas angeht. Experten erwarten den Produktionshöhepunkt für Erdöl im Mittel für die Jahre 2005 bis 2015. Sollten erneuerbare Energien in absehbarer Zeit einen stärkeren Einfluss auf die Gesamtenergieproduktion nehmen können, würde sich die Hauptlast der Energieversorgung, welche die fossilen Brennstoffe derzeit – und nach IEA-Erwartungen auch noch in den kommenden Jahrzehnten – zu tragen haben, zugunsten anderer Energieformen verschieben.

c Globale Erwärmung

Die Entwicklung eines wirtschaftlichen und gesellschaftlichen Szenarios für das 21. Jahrhundert kann nicht ohne einen Blick auf die klimatischen Veränderungen erfolgen, die sich gegenwärtig auf der Erde abspielen. Inzwischen scheinen Politiker und Bevölkerungen in weiten Teilen der Welt für das Thema globale Erwärmung sensibilisiert zu sein. Man weiß zumindest, dass Ungewöhnliches vor sich geht. Die extremen Sommer der vergangenen Jahre in Europa – Regenkatastrophe 2002, Rekordhitze 2003 – deuten auf einige Instabilitäten hin.

Klimatologen unterscheiden jedoch zu Recht zwischen Wetter und Klima. Das Wetter drückt sich durch kurzfristige Veränderungen in der Atmosphäre aus; die Vorhersage von Wetterereignissen ist schwer zu greifen und aus diesem Grund auf nur wenige Tage beschränkt. Klimatische Veränderungen hingegen wirken langfristig. Hier gilt es, die langfristig wirkenden Einflussfaktoren herauszuarbeiten und zu verstehen, wie diese das Klima beeinflussen. Eine umfassende Kenntnis der Klimageschichte ist die Forschungsgrundlage, auf deren Basis sich künftige Entwicklungen abschätzen lassen. Im Jahre 2001 fassten 2000 Wissenschaftler aus aller Welt ihre Erkenntnisse zum Stand der klimatischen Veränderungen auf der Erde in einem Forschungsbericht[9] zusammen. Diese Untersuchung des zwischenstaatlichen Ausschusses für Klimaänderung (IPCC) – einem UN-Organ – wird alle fünf bis sieben Jahre durchgeführt.

Ein Aufziehen der Perspektive zeigt die einzigartige Situation, in der sich die Menschheit aktuell befindet. Auf dem nachfolgenden Chart wird die Abweichung der Jahre 1961 bis 1990 von der Durchschnittstemperatur der vergangenen 1000 Jahre dargestellt. Man erkennt, dass sich die Temperaturveränderungen jahrhundertelang in relativ engen Grenzen hielten. Anfang des 20. Jahrhunderts begann plötzlich ein kontinuierlicher Temperaturanstieg.

Temperaturentwicklung der letzten 1000 Jahre

Abweichungen vom Durchschnittswert 1961–1990 in °C

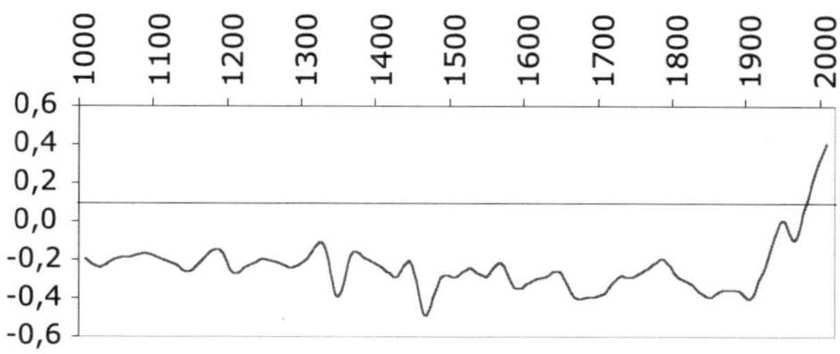

Quelle: www.ipcc.ch

Ein zweiter Chart, der die Temperaturentwicklung der vergangenen 140 Jahre zeigt, lässt die Details ein wenig deutlicher hervortreten.

Temperaturentwicklung der letzten 140 Jahre

Abweichungen vom Durchschnittswert 1961-1990 in C

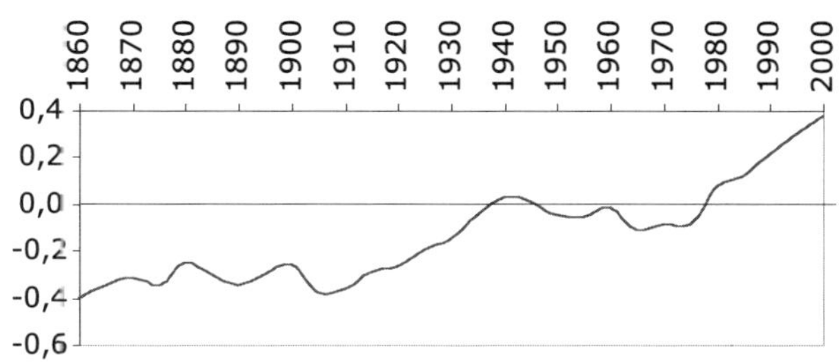

Quelle: www.ipcc.ch

Man erkennt, dass man den Beginn der gegenwärtigen Erwärmungsphase auf den Zeitraum zwischen 1900 und 1910 datieren kann. Zwischen dem Ende der vierziger und dem Ende der siebziger Jahre legte der Temperaturanstieg eine Pause ein. Wer seine Kindheit in den sechziger Jahren verbracht hat, wird sich an die langen Frost- und Schneeperioden erinnern. Die Gründe für diesen Temperaturanstieg sind vielschichtig, aber die Klimaforschung hat in den vergangenen Jahrzehnten hier große Fortschritte gemacht. Einer der größten Einflussfaktoren ist der Kohlendioxid-Anteil in der Luft. Je mehr Kohlendioxid in der Atmosphäre vorhanden ist, desto weniger Wärme kann in den Weltraum abfließen. Auf dem folgenden Chart erkennt man, dass die Kohlendioxid-Konzentration in der Atmosphäre seit Beginn des 19. Jahrhunderts beständig zunimmt. Nicht zufälligerweise nahm die industrielle Revolution zum gleichen Zeitpunkt ihren Anfang.

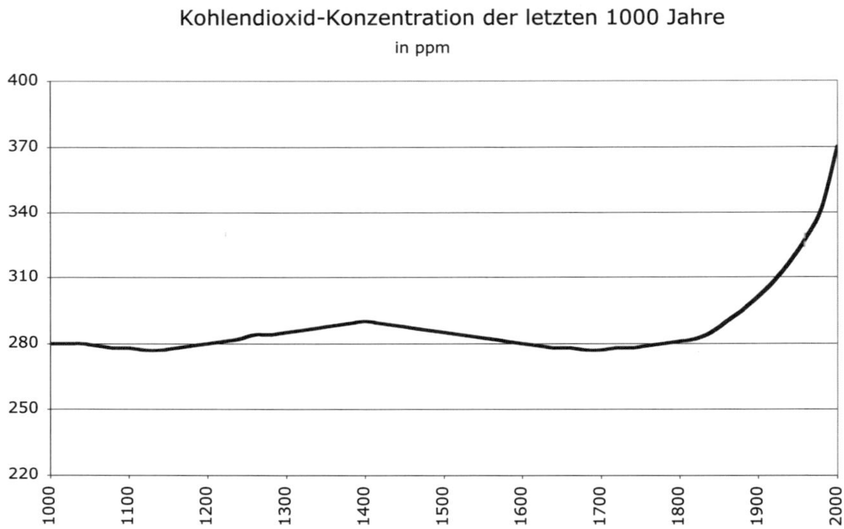

Quelle: www.ipcc.ch

Der renommierte Klimatologe Stefan Rahmstorf vom Potsdam Institut für Klimafolgenforschung beschreibt in einem Essay[10] die Situation: „Die Klimageschichte bestätigt eindrücklich die wichtige Rolle von CO_2 als Treibhausgas. Die Klimageschichte zeigt auch, dass über die vergangenen 400 000 Jahre – also den gesamten Zeitraum, über den es exakte Daten gibt – der CO_2 -Gehalt der Atmosphäre niemals auch nur annähernd so hoch war wie jetzt: Er liegt heute bereits um 30 Prozent über dem für Warmzeiten normalen Wert, mit stark steigender Tendenz."

CO_2 ist nicht der einzige Einflussfaktor, aber wohl der bedeutendste. Sonnenaktivität, Erdrotation und Methankonzentration spielen für die Klimaentwicklung ebenfalls eine große Rolle. Aus Gründen der Vereinfachung wollen wir uns auf die Auswirkungen von CO_2 konzentrieren. Die Langfristfolgen von verstärkten CO_2 Emissionen sind kaum wieder gutzumachen. Selbst nach einer sofortigen Reduktion des Ausstoßes würden sich die Temperaturen erst nach einigen Jahrhunderten stabilisieren.

Noch deutlicher sind die Auswirkungen der gegenwärtigen CO_2-Emissionen auf den Anstieg des Meeresspiegels. Dort sind im Wesentlichen zwei Erscheinungen erkennbar, die sich gegenseitig verstärken und für die Küstenländer eine echte Bedrohung darstellen. Das Abschmelzen großer Eismengen leistet einen Beitrag zur Erhöhung der Meeresspiegel; jedoch hat der zweite Effekt für die kommenden Jahrhunderte einen deutlich höheren Einfluss: Es ist die physikalische Tatsache, dass sich Wasser bei Erwärmung ausdehnt. Erwärmen sich die Ozeane, steigt der Meeresspiegel.

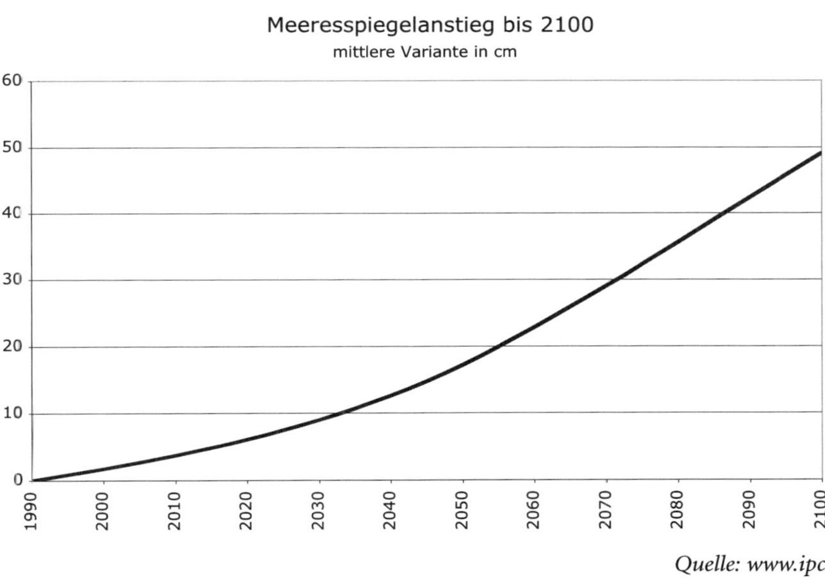

Quelle: www.ipcc.ch

Die Auswirkungen auf die Küstenländer sind gravierend. Das IPCC hat errechnet, dass die Zahl der von Sturmfluten betroffenen Menschen bis 2080 von gegenwärtig 40 Millionen auf 250 Millionen ansteigen würden, falls keine weiteren Schutzmaßnahmen erfolgen. Selbst bei erhöhtem Schutz würden knapp 100 Millionen Menschen im Jahr 2080 von Sturmfluten betroffen sein.

Insgesamt wird für die kommenden 100 Jahre eine Erhöhung der Durchschnittstemperatur je nach Szenario zwischen 1,5 und 5 Grad erwartet. Nach den gegenwärtigen Projektionen des IPCC würde sich die weitere Erwärmung der Erde besonders auf die nördlichen Breiten der Nordhalbkugel konzentrieren. Skandinavien, Russland, und Polen, aber auch der nordöstliche Teil Deutschlands würden sich deutlich erwärmen – um 3,5 bis zehn Grad. In den Mittelmeerregionen wären nur geringe Temperaturanstiege zu verzeichnen.

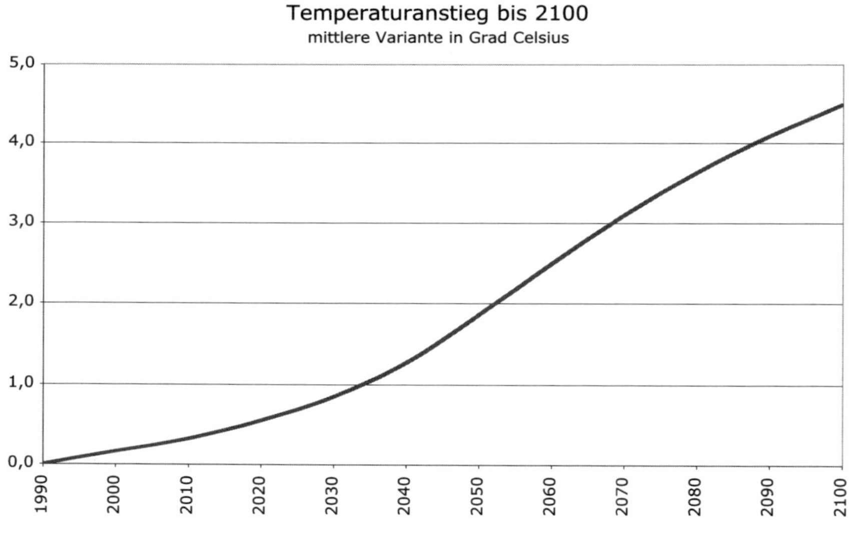

Quelle: www.ipcc.ch

Ein wichtiges, Europa betreffendes Szenario muss allerdings noch genannt werden: Die Ozeane werden von kalten und warmen Meeresströmungen durchzogen. Der Golfstrom nimmt Wärme in der Karibik auf und trägt sie nach Europa. Er sorgt dafür, dass sich die Durchschnittstemperatur im nordwestlichen Europa deutlich oberhalb der Temperaturen befinden, die für unsere Breitengrade üblich sind. Aufgrund der verstärkten Sauerstoffzufuhr, die das Abschmelzen des Polar-Eises (speziell des Grönland-Eises) mit sich bringt, ist ein Versiegen des Golfstroms nicht auszuschließen. Eine Reduzierung der Durchschnittstemperatur wäre die Folge. Allerdings ist diese Entwicklung mit Unsicherheiten behaftet; kein seriöser Wissenschaftler wagt hier eine Eintrittswahrscheinlichkeit zu nennen.

Horrorszenarien, denen zufolge uns in einem solchen Fall Alaska-ähnliche Verhältnisse drohen, sind zwar weit übertrieben. Ein simpler Blick in den Atlas zeigt, dass Deutschland auf dem gleichen Breitengrad liegt wie das Gebiet der großen Seen Nordamerikas. Die Sommer sind dort genauso warm wie in Mitteleuropa; die Winter sind einige Grade kälter. Da aber die Erderwärmung gerade die nördlichen Regionen der Nordhalbkugel betrifft, liegt der Schluss nahe, dass der Effekt eines versiegenden Golfstroms durch die angenommene künftige Temperaturerhöhung ausgeglichen werden würde. Die Erhöhung der Temperaturen bewirkt eine höhere Aufnahmefähigkeit von Feuchtigkeit in der Luft, aus der eine Verstärkung von Unwettern resultiert.

Fazit: Nach den wahrscheinlichen Szenarien werden sich die Temperaturen in den kommenden Jahrzehnten speziell in den nördlichen Breiten der Nordhalbkugel (in Europa nördlich der Alpen) deutlich erhöhen. Die Meeresspiegel werden aller Voraussicht nach in den kommenden 50 Jahren um 20 Zentimeter, in den kommenden 100 Jahren um einen halben Meter steigen. Die wirtschaftlichen und gesellschaftlichen Auswirkungen der gegenwärtigen Klimaveränderungen sind unschwer auszumalen. Die angenommene Temperaturerhöhung in Zusammenspiel mit dem Anstieg der Meeresspiegel sowie mit zunehmend instabilem Wetter werden Folgen für alle menschlichen und natürlichen Systeme haben.

Das Gesamtfazit für Teil I.1 des vorliegenden Buchs lässt sich wie folgt ziehen: Die rasante Zunahme der Weltbevölkerung in den vergangenen 250 Jahren, die Erschöpfung fossiler Brennstoffe sowie die globale Erwärmung sind allesamt Folgen des Fortschritts. Die globale Erwärmung hätte einerseits ohne die Ausbeutung fossiler Brennstoffe in diesem Ausmaß nicht stattgefunden. Andererseits wäre die Ausbeutung fossiler Brennstoffe moderater verlaufen, wenn die Nachfrage geringer gewesen wäre. Und das wäre sie nur gewesen, wenn das

Bevölkerungswachstum in den Industrieländern nicht so explodiert wäre. Lässt sich dieser gigantische Kreislauf von Kausalzusammenhängen, den die Industrieländer losgetreten haben, einzig auf die Erfindung der Dampfmaschine zurückführen? Ohne Dampfmaschine keine Erschöpfung fossiler Brennstoffe, keine massives Bevölkerungswachstum und keine globale Erwärmung. Die Industrialisierung hat in den betreffenden Ländern zu einer nie gekannten Hebung des Lebensstandards für alle geführt. Aber man sollte auch nicht so blauäugig sein zu glauben, dass dafür kein Preis zu bezahlen sei. Die Optionen für das 21. Jahrhundert, die wir in Teil III beleuchten, müssen unter den oben genannten Prämissen gesehen werden.

2 Wirtschaft und Finanzen

a Produktivität – Stillstand ist Rückschritt

Was verstehen wir unter Produktivität? Diese Frage ist ganz einfach zu beantworten: Steigt sie, können Güter immer kostengünstiger hergestellt werden. Da freut sich der gesunde Menschenverstand: Mit steigender Produktivität wird das Leben leichter – man arbeitet weniger und lebt besser. Stimmt, man arbeitet heute weniger. Die Arbeitslosenquote eilt von Rekord zu Rekord. Und besser leben? Das gilt wohl eher für immer weniger als für mehr Bürger. Was also ist los mit der Produktivität unserer modernen Informationsgesellschaft?

Noch einmal von vorne: Die Produktivität ergibt sich ganz allgemein als Verhältnis von Produktionsmenge und Menge der eingesetzten Produktionsfaktoren. Sie misst also die Leistungsfähigkeit der beiden Produktionsfaktoren Arbeit und Kapital. Dementsprechend spricht man entweder von Arbeits- oder von Kapitalproduktivität oder auch von der totalen Faktorproduktivität. Die Arbeitsproduktivität ist für eine Volkswirtschaft von besonderer Bedeutung. Sie bestimmt nach landläufiger Auffassung den Rahmen für die Entwicklung der Reallöhne und damit des Niveaus des allgemeinen Wohlstands.

Der volkswirtschaftliche Terminus „Arbeitsproduktivität" wird nicht immer gleich verstanden. Am gebräuchlichsten ist wohl die Definition als Bruttoinlandsprodukt je Erwerbstätigem. Dieser Wert ist einfach zu berechnen und international gut vergleichbar. Er spiegelt aber die Effizienz des Einsatzes des Faktors Arbeit nicht immer korrekt wider. Wenn nämlich etwa im Rahmen eines volkswirtschaftlichen Outsourcing-Prozesses inländische Arbeit durch im Ausland beschaffte Zwischenprodukte ersetzt wird, steigt zwar die Arbeitsproduktivität. Aber das hat dann nichts mit einer Verbesserung der Leistungsfähigkeit des Produktionsfaktors Arbeit zu tun.

Es gibt noch weitere Einwände gegen diese Form. Misst man stattdessen die Produktivität an Hand von Wertzuwächsen, vermeidet man zum Beispiel Doppelerfassungen und erhält gerade bei den erwähnten Substitutionsprozessen ein genaueres Bild. Eine dritte Variante besteht darin, den volkswirtschaftlichen Output auf die geleistete Arbeitsstunde zu beziehen. Häufig werden die Daten auch preisbereinigt oder indiziert dargestellt, um reale Veränderungen zu messen.

Alle verfügbaren Zahlen stützen die These, dass Arbeitsproduktivität langfristig deutlich gestiegen ist, im Einzelnen variiert das Bild aber stark. Das folgende Diagramm veranschaulicht zum Beispiel die Entwicklung der Zuwächse zwischen 1961 und 1997 für die Europäische Union[11].

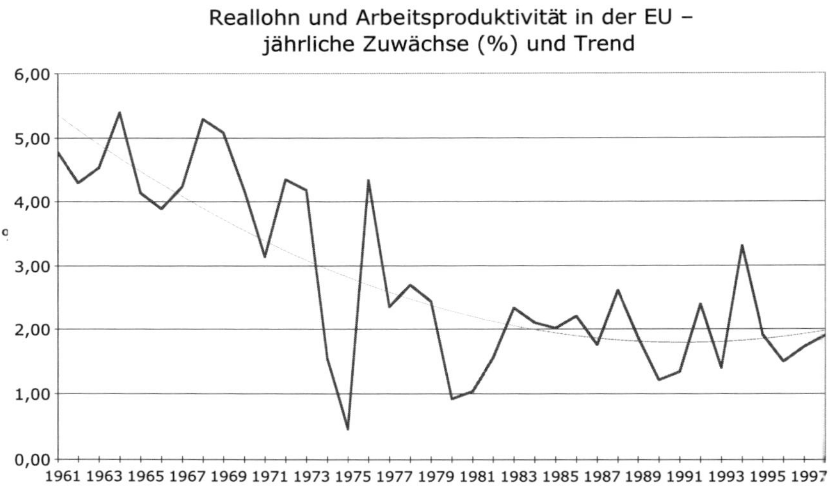

Nimmt man die Bruttowertschöpfung (BWS) zu Marktpreisen als Maßstab für die wirtschaftliche Leistung, so ergibt sich ein ähnliches Bild. Sie drückt den um die Vorleistungen – verbrauchte Waren und Dienstleistungen –verminderten Wert aller in einer Periode produzierten Güter aus. In der Zeit zwischen 1960 und 1999 ist die Bruttowertschöpfung je Erwerbstätigem in Deutschland um mehr als 760 Prozent gestiegen. Zwischen 1991 und 1999 lag der Zuwachs bei fast 37 Prozent.[12] Für die Zeitspanne von 1960 bis 2001 ergeben sich Werte von knapp 815 beziehungsweise 46 Prozent.

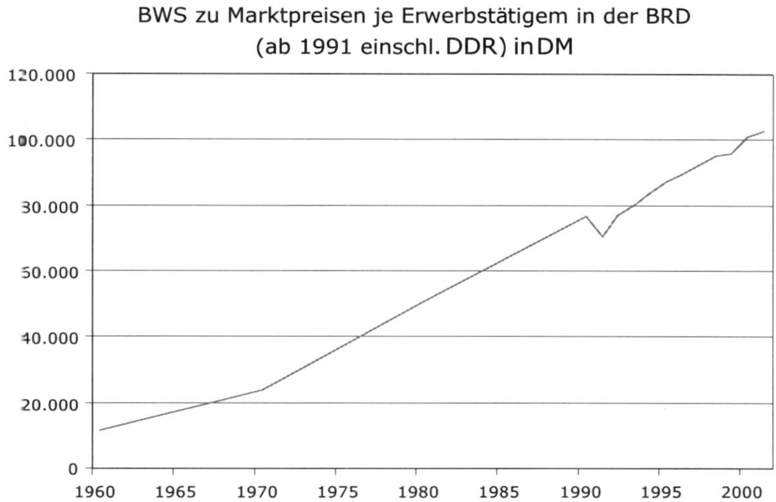

Prof. Rainer Roth trug am 12. Dezember 2002 auf einer Gewerkschaftsveranstaltung vor:[13] „Im Wirtschaftszyklus von 1991 bis 2000 nahm die Produktivität von IndustriearbeiterInnen in Deutschland um 73,1 % zu. Anders ausgedrückt: Waren 1991 für die Produktion von inflationsbereinigten Werten in Höhe von zum Beispiel 100 Millionen DM noch 500 ArbeiterInnen notwendig, so waren es 2000 nur noch 290 ArbeiterInnen. Nie zuvor in Nachkriegsdeutschland stieg die industrielle Produktivität so schnell wie in den neunziger Jahren."

Die Bundesvereinigung der Deutschen Arbeitgeberverbände (BDA) lobt den Anstieg der deutschen Wirtschaftsleistung. Das reale Bruttoinlandsprodukt habe in Preisen von 1995 seit 1950 von 218,2 Milliarden Euro auf 1984,2 Milliarden Euro in 2002 zugelegt. Dieser kräftige Anstieg um insgesamt gut 800 Prozent sei das Resultat der Modernisierung des gesamtwirtschaftlichen Produktionsapparates nach dem Zweiten Weltkrieg und des gewaltigen Nachholbedarfs der Bevölkerung.[14]

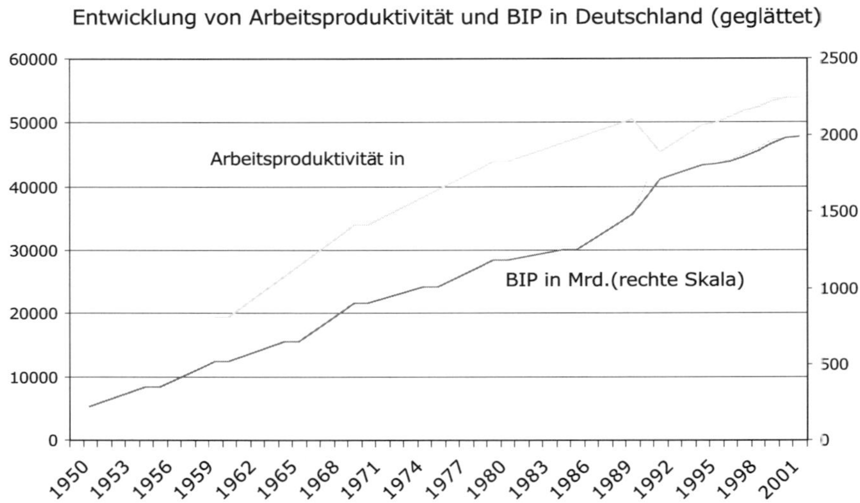

1960 erwirtschafteten 26 Millionen Beschäftigte in der BRD ein reales Bruttoinlandsprodukt (BIP) zu Preisen von 1995 von rund 500 Milliarden Euro. 20 Jahre später, im Jahre 1980, hatte es sich bei annähernd gleicher Zahl von Erwerbstätigen auf 1179 Milliarden Euro mehr als verdoppelt, die Arbeitsproduktivität ist um mehr als 120 Prozent gestiegen. In der Dekade von 1980 bis 1990 betrug ihre Zunahme nur noch 15 Prozent. Mit der Aufnahme der ehemaligen DDR sackte der Wert im Jahre 1991 zunächst um zehn Prozent ab, legte zwischen 1991 und 2001 aber wieder um knapp 19 Prozent zu. Das BIP wuchs in diesem Zeitraum um 16 Prozent.

Betrachtet man die gesamte Zeitspanne zwischen 1960 und 2001, so legte die Arbeitsproduktivität um insgesamt knapp 180 Prozent zu, während das BIP um über 280 Prozent wuchs. Hier wirkt sich vor allem aus, dass die Zahl der Erwerbstätigen mit dem Ende der DDR im Jahr 1991 um rund 8,5 Millionen oder 29 Prozent gestiegen ist. Zwischen 1960 und 1990 waren die Zuwächse beider Kennzahlen mit 162 beziehungsweise 190 Prozent noch in ähnlicher Größenordnung, besonders wenn man berücksichtigt, dass zwischen 1980 und 1990 die Zahl der Erwerbstätigen um 2,5 Millionen oder neun Prozent angewachsen ist.

Wie stehen Deutschland und Europa im Vergleich zu den USA da, die häufig als „Musterknabe der Produktivität" hingestellt werden? Für das Jahr 2001 hat die Europäische Union in ihrem „European Competitiveness Report 2002" die Arbeitsproduktivität ihrer 15 Vollmitgliedsstaaten als Bruttosozialprodukt zu Marktpreisen je Erwerbstätigem berechnet.[15] Auf einer Indexskala wird die Produktivität der USA auf 100 gesetzt, der entsprechende Wert der EU-15 kommt auf lediglich 78.

Nach Zahlen von Eurostat[16] lassen sich die jährlichen Veränderungen der Arbeitsproduktivität in der EU, in den USA und in Japan über den Zeitraum 1961 bis 2002 vergleichen. Das Ergebnis ist insofern interessant, als die USA erst in der jüngeren Vergangenheit, nämlich seit Mitte der neunziger Jahre, durchgängig höhere Werte ausweist als die EU. Japan kann andererseits von den hohen Zuwächsen in den sechziger Jahren nur noch träumen.

Jährliche Veränderungen der Arbeitsproduktivität

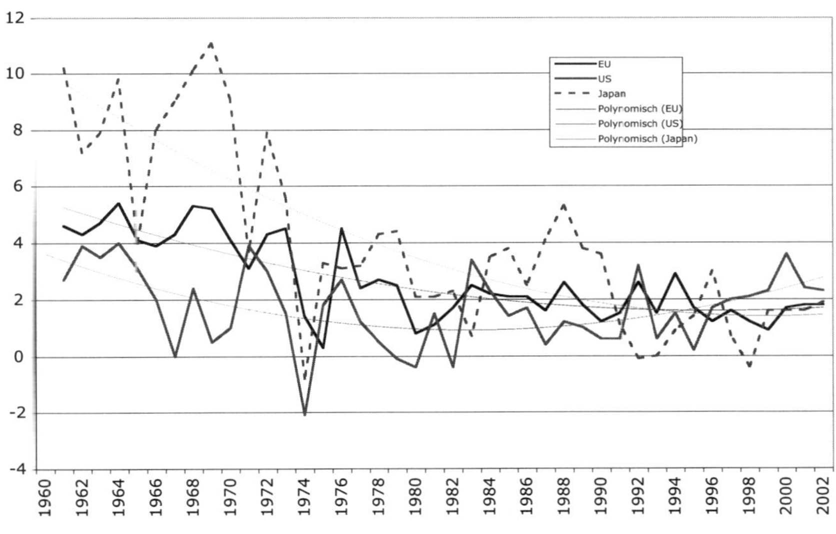

Für die Zeitspanne 1971 bis 1993 weisen die USA diesen Angaben zufolge eine durchschnittliche jährliche Wachstumsrate der Produktivität von 1,3 Prozent auf. Die EU-15 kommen auf 2,2 Prozent. Zwischen 1994 und 2002 liegen die entsprechenden Werte bei 2,0 und 1,6 Prozent. In der Statistik übliche so genannte polynomische Trendlinien zeigen für die jüngere Vergangenheit eine leicht steigende Tendenz. Danach wurde in den USA das Minimum der Jahreszuwächse bei der Produktivität sogar schon in den achtziger Jahren durchschritten. Für Europa zeigt die Trendlinie seit Mitte der neunziger Jahre lediglich leicht aufwärts.

Absolute Zahlen und Trends scheinen also die Annahme des Produktivitätsvorsprungs der USA zu stützen. Von dem früheren Chefökonomen der Dresdner Bank, Dr. Kurt Richebächer, werden dagegen allerdings ernst zu nehmende Argumente vorgebracht, auf die wir weiter hinten noch zu sprechen kommen. Aber auch die folgende Untersuchung legt nahe, dass die US-Werte zumindest bis 1993 eher zu hoch angesetzt sind.

In „Information Technology and Labour Productivity Growth: An Empirical Analysis for Canada and the United States“[17] errechnen die Autoren für die Jahre 1971 bis 1993 für das produzierende Gewerbe der USA eine durchschnittliche Wachstumsrate der Arbeitsproduktivität von 1,98 Prozent pro Jahr. Über den gesamten Zeitraum betrachtet sind das knapp 57 Prozent. Der Dienstleistungsbereich kam lediglich auf einen Wert von lediglich 0,47 Prozent. Damit ergibt sich ein Wert von 0,86 Prozent für den „Business Sector“ insgesamt oder knapp 22 Prozent für die gesamte Zeitspanne.

Welche Rolle dabei die Informationstechnologie spielt, zeigt der Anteil der entsprechenden Investitionen. Er kletterte im produzierenden Gewerbe der USA von 7,61 Prozent im Jahre 1972 auf 15,35 Prozent im Jahre 1990. Die entsprechenden Werte für den Dienstleistungssektor liegen bei 18,70 beziehungsweise 26,16 Prozent. Für den „Business Sector“ insgesamt ergibt sich eine Steigerung von 10,68 auf 22,30 Prozent.[18] Diese Entwicklung war zumindest bis zum Anfang des dritten Jahrtausends ungebrochen. So gibt Stephen Roach von der Investment-Bank Morgan Stanley an, dass der Anteil der Ausgaben für Informationstechnologie (Hardware und Software) – bezogen auf die gesamten Investitionen der US-Industrie – von 31 Prozent im Jahre 1980 auf 47 Prozent im Schlussquartal 2002 angestiegen ist.[19] Das dürfte in ähnlicher Form auch für die anderen Industrieländer gelten.

Damit sollten die Zuwächse bei der Arbeitsproduktivität seit Mitte der neunziger Jahre tatsächlich wieder gestiegen sein, so wie es die Trendlinien in der Abbildung „Jährliche Veränderungen der Arbeitsproduktivität" andeuten. Allerdings kann man bisher nicht von einem Trendwechsel sprechen. Roach etwa sieht die Budgets für Informationstechnologie bei den US-Unternehmen aktuell auf den Stand von 1999 zurückfallen.

Die Vorreiterrolle der USA, wie sie sich aus den Angaben der Europäischen Union und von Eurostat ergibt, sollte also mit einem Fragezeichen versehen werden. Eine detaillierte, kritische Auswertung der Produktivitätsentwicklung in den USA liefert auch J. Bradford DeLong in seiner lesenswerten Abhandlung „Productivity Growth in the 2000s". Sie ist im Internet abrufbar unter folgender Adresse: http://www.j-bradford-delong.net/Econ_Articles/-macro_annual/delong_macro_annual_05.pdf.

Richebächer geht noch weiter als Roach und DeLong. Für ihn ist die Darstellung von Produktivität und Wachstum in der offiziellen US-Statistik stark überzogen: Schon in den achtziger Jahren sei beschlossen worden, bei der Berechnung der Investitionsrate mehr und mehr Qualitätsverbesserungen zu berücksichtigen. Mit dem technischen Fortschritt bei PCs, insbesondere seit 1995 hinsichtlich Speicherausstattung, Taktfrequenz und Rechenleistung, seien aus 34 Milliarden Dollar, die in der Zeit von 1997 bis 2000 für Computer tatsächlich ausgegeben wurden, in den Statistiken 214 Milliarden Dollar geworden. Das sind 20 Prozent des Wachstums des realen Sozialprodukts. Vor einigen Jahren war dann auch noch beschlossen worden, Ausgaben für Software fortan als Investitionen anzusehen. Für die Jahre 1998 bis 2000 gehen sie mit einer Summe von rund 70 Milliarden Dollar ins Sozialprodukt ein, während sie früher als Kosten wachstumsneutral zu verbuchen waren.

Nach Richebächer hätte sich so aus dem so genannten hedonischen Preisindex und aus der Kapitalisierung der Software ein Investitions-Boom von 25 Prozent des Wachstums oder einem Prozent des Sozialprodukts ergeben, der real nie stattgefunden hat. Zudem hätten Bilanzierungsvorschriften eine Gewinnentwicklung vorgegaukelt, die es in dieser Form nur auf dem Papier gegeben habe.[20]

In die gleiche Kerbe schlägt der Internetdienst „21st Century Alert“, der im September 2003 anlässlich der Schätzung des amerikanischen Bruttosozialprodukts für das zweite Quartal fragte: „Where are the jobs?“ Eine Wirtschaft, die mit jährlich 3,1 Prozent wächst, so wird argumentiert, sollte doch einige hunderttausend neue Jobs je Quartal ausspucken. Stattdessen würden sogar noch Stellen abgebaut. Also mutmaßt der Verfasser, dass die Statistik kein richtiges Bild der US-Wirtschaft vermittelt, und fährt fort, die Art und Weise, wie die Regierung zu diesen Zahlen kommt, sei ein einziger Witz. Im zweiten Quartal 2003 seien die Investitionen in Computersysteme um 6,3 Milliarden Dollar gestiegen. Daraus sei über den hedonischen Preisindex ein Zuwachs von 38,4 Milliarden Dollar geworden, was rund 40 Prozent des gemeldeten Quartalswachstums ausmacht. 32,1 Milliarden Dollar waren also reine Phantasie. Doch damit nicht genug. Denn das sei nur ein Teil der statischen Schönfärberei, schreibt „21st Century Alert“.

Was wollen wir in diesem Zusammenhang festhalten?

1. Die offiziellen Statistiken belegen, dass die Arbeitsproduktivität in den vergangenen Jahrzehnten deutlich gestiegen ist. Ein Erwerbstätiger erarbeitet heute gegenüber früher ein Mehrfaches an Wert, weil sein Arbeitsplatz besser, das heißt mit moderneren Produktionsmitteln, ausgestattet ist.

2. Die Informationstechnologie spielt eine äußerst bedeutende Rolle bei der Investitionstätigkeit und ist damit ein Schlüssel für die Entwicklung der Arbeitsproduktivität. Wichtig ist dabei: Informationstechnologie findet nicht nur in Form von PCs in Büro und Verwaltung statt. Wir finden sie in Internet und Telekommunikation ebenso wie in den Werkshallen, wo sie Produktionsanlagen steuert und vernetzt.

3. Der Anstieg der Arbeitsproduktivität hat im Laufe der Zeit an Dynamik verloren und diese trotz zuletzt leichter Belebung bisher nicht zurückgewonnen. Die Zuwachsraten scheinen sich auf niedrigem Niveau einzupendeln. Das gilt erst recht, wenn man den dargestellten Einwänden gegen die statistische Erhebungsmethodik folgt.

4. Die Bruttoinlandsprodukte der einzelnen entwickelten Industrienationen nähern sich offenbar einem bestimmten Deckel an. Das gilt selbst für Deutschland, wo die Zahl der Erwerbstätigen durch die Wiedervereinigung im Jahre 1991 um fast 30 Prozent angewachsen ist.

Der eingangs zitierte gesunde Menschenverstand ist verwirrt: Die Arbeitsproduktivität ist heute so hoch wie nie zuvor. Aber diejenigen, die Arbeit haben, scheinen immer weniger daran zu partizipieren. Wenn es überhaupt noch Zuwächse des Reallohns gibt, liegen sie in den entwickelten Industrieländern seit mehreren Jahrzehnten unter denen der Arbeitsproduktivität.

Seit Ende der siebziger Jahre ist außerdem immer häufiger von struktureller Arbeitslosigkeit die Rede. Die Entwicklung der Arbeitslosigkeit löst sich vom Konjunkturzyklus, selbst in einer Boom-Phase sinkt sie nicht mehr wesentlich. Mehr noch: Der Arbeitslosigkeits-Sockel ist in den vergangenen 15 Jahren sogar immer größer geworden, wie wir in Kapitel I.2.c darlegen.

b Elektronikmärkte in der Sättigung

Die Elektronik ist an die Stelle von Dampfmaschine, Elektrizität und Automobil getreten und prägt den aktuellen Technologiezyklus. Wir leben im Zeitalter der Informationstechnik. Internet, Telekommunikation, elektronische Datenverarbeitung bestimmen unser Leben. In fast jedem Haushalt findet man mindestens einen PC, ein Handy, eine Digitalkamera, einen Fernseher oder eine Spielekonsole. Es gibt wohl kaum einen Bereich, in den die Elektronik noch nicht Einzug gehalten hat. Selbst im Kraftfahrzeug finden Chips & Co. mittlerweile massiven Einsatz, dezentrale Steuerungskonzepte verdrängen hier zunehmend mechanische Komponenten, und Navigationssysteme ebnen der mobilen Vernetzung den Weg.

Die Elektronik bestimmt den Charakter moderner Produkte. Bald dürften alle Geräte im Haus vernetzt sein, der Kühlschrank meldet dann selbstständig Fehlbestände. Vom Auto aus wird man drahtlos Küchenherd oder Kaffeemaschine in Gang setzen können. Die Familie wählt, welchen Film sie am Abend sehen möchte, den Rest erledigt der Fernseher, indem er ihn vollautomatisch übers Internet herunterlädt. Keine Utopie ist phantastisch genug – „Hightech“ macht‘s möglich.

Gleichzeitig ist die Elektronik aber auch der Schlüsselfaktor zur Steigerung der Produktivität, sei es auf der Ebene von Büroarbeit und Verwaltung, sei es in der physischen Produktion. Moderne Fertigungsstraßen sind ohne hochkomplexe Elektronik undenkbar, der sehende Roboter ist längst keine Zukunftsvision mehr. Auch der Traum eines Firmenchefs, sein Unternehmen per Mausklick und Internet vom heimischen Arbeitszimmer aus steuern zu können, ist keineswegs abwegig. Moderne Fertigungssysteme sind direkt mit dem kaufmännischen Teil des Unternehmens vernetzt und zentral steuerbar.

Mehr und mehr erfolgt die Fertigung von Waren auftrags-, ja sogar kundenbezogen. Ein Beispiel sind Autos: Sie sind einerseits Großserienprodukte, andererseits in der Kombination unterschiedlicher Merkmale Unikate. Ohne eine durchgängige Steuerung des Produktionsprozesses wäre das kaum möglich. Moderne Warenwirtschaftssysteme erlauben eine effiziente Planung und damit kürzestmögliche Kapitalbindung, insbesondere dann, wenn sie auch

Vorlieferanten mit einschließen. Die moderne Qualitätssicherung beruht immer öfter auf optischen Sensoren. Leistungsfähige Spezialkamerasysteme prüfen, Schritt haltend zum Produktionsprozess, ob die Fabrikate bestimmten Gütestandards entsprechen.

Welche Rolle Informationstechnologie und Software in der Industrie mittlerweile spielen, zeigt deren Anteil an den Investitionen einer modernen Volkswirtschaft: Er liegt in den USA aktuell bei fast 50 Prozent. Dabei repräsentieren Ausgaben für die Automatisierung der Verwaltung nur einen Teil dessen, was die Unternehmen insgesamt in elektronische Systeme investieren.

Doch was ist heute los? Die Nachfrage der Endverbraucher nach Elektronik stagniert. Es zeigen sich die typischen Anzeichen einer Marktsättigung: Die Produkte sind weit verbreitet, sie werden in ihrer Funktion austauschbar, jeder kann damit umgehen. Und so hat der Kunde heute den entscheidenden Einfluss auf die Preisgestaltung,. Für den Anbieter bedeutet dies, dass die Zeiten bequemer Extraprofite vorbei sind. Dies gilt gleichermaßen für den Absatz hochentwickelter Investitionsgüter. Es sieht so aus, als folgen die Elektronikmärkte nun denen für traditionelle Produkte wie Pkws, Haushaltsgeräte oder Unterhaltungselektronik, die bereits in den siebziger Jahren in ihre Sättigungsphase eingetreten sind.

Beispiel Handy-Markt: Nach Angaben von Forrester Research besaßen bereits Ende 2001 71 Prozent aller Europäer ein Mobiltelefon. In 20 Prozent aller Haushalte sind drei und mehr Handys vorhanden. Sie zählen in der Verbraucherelektronik hinter Fernseher, Videokamera und HiFi-Gerät zur stärksten Kategorie. „Abgesehen vom Wunsch, das neueste Design und Modell zu kaufen, sind die Funktionalitäten eines Handys als Argument für einen Neukauf ausgereizt, bis die neuen Netze eine vollkommen neue Generation von Anwendungsmöglichkeiten erlauben“, resümierte – und hoffte – seinerzeit Analyst Paul Jackson von Forrester Research. Das waren keine rosigen Aussichten für Hersteller und Netzbetreiber, und sie sind heute nicht besser.

Im Jahre 2002 wurden laut Marktforschungsinstitut Gartner Dataquest weltweit über 423 Millionen Handys verkauft. 2001 waren es knapp 400 Millionen Geräte. Die Steigerungsrate von sechs Prozent ist nur ein müder Abklatsch der Zuwachsraten von jährlich mehr als 30 Prozent in den Jahren 1999 und 2000. Steigerungen im zweistelligen Prozentbereich dürften heute nur noch auf dem chinesischen Markt und in Lateinamerika erreicht werden. Natürlich werden neue Netze und Serviceleistungen, zusammen mit ein wenig Konjunkturhoffnung, immer wieder für eine kurze Belebung sorgen. Aber das sind eher Strohfeuer als neue, dauerhafte Trends.

Beispiel Telekommunikations-Equipment: Die Investitionstätigkeit der Telefongesellschaften ist ein gutes Maß für die Entwicklung der „Elektronifizierung“ unseres Lebens und damit auch für die Absatzmärkte der Elektronik. Nach einer Studie von Infogenetics wurden in Nordamerika im Jahr 2003 mit 54 Milliarden Dollar sechs Prozent weniger für Infrastruktur ausgegeben als 2002. Für 2001 war ein Vergleichswert von 77 Milliarden Dollar ermittelt worden. Einzelne Anbietergruppen investieren sogar noch einmal neun Prozent weniger, nachdem ihre Vorjahresbudgets schon 40 Prozent unter dem Niveau von 2001 lagen.[21] In Europa sieht es nicht anders aus: Hier haben die Anbieter von Kommunikationsdienstleistungen im Jahre 2003 mit 33,3 Milliarden Euro 13 Prozent weniger ausgeben als im Vorjahr.[22]

Zum Teil allerdings korrigieren die Betreiber von Kommunikationsnetzen mit dem aktuellen Sparkurs auch Übertreibungen der Vergangenheit. So hatte beispielsweise die Internet-Euphorie in den Jahren 1999 und 2000 zu einem massiven Aufbau von Infrastruktur-Kapazitäten in den weltweiten Kommunikationsnetzen geführt. Hinzu kam die 1996 zunächst in den USA einsetzende Deregulierung der Telekommunikation, die – unterstützt durch den Börsen-Boom der jüngsten Vergangenheit – wenig tragfähige Geschäftsmodelle förderte und letztlich alle Carrier zwang, bei stark fallenden Verbindungspreisen in halsbrecherischem Ausmaß in ihre Netze zu investieren. Alleine in den USA wird das Volumen der Überinvestition in der Telekommunikation auf über 50 Milliarden Dollar taxiert. Betrug das weltweite Marktvolumen an Telekommunikations-Equipment 1999 noch 311 Milliarden Dollar, waren es ein Jahr später mit 381 Milliarden Dollar 22,5 Prozent mehr. Für 2001 registrierte man einen Rückgang um rund fünf Prozent auf 360

Milliarden Dollar, wobei die relativ stabile Entwicklung in den asiatischen Ländern den Einbruch in den westlichen Industrienationen wenigstens in einem geringen Maße kompensieren konnte.

Beispiel PC-Markt: Der PC-Markt erholt sich von Jahr zu Jahr, so lassen die Auguren von IDC verlauten. Nachdem 2001 der weltweite Absatz um 4,1 Prozent auf 134 Millionen Stück zurückging und 2002 mit einem Plus von 1,4 Prozent fast auf der Stelle trat, erwarteten die Marktforscher für 2003 ein deutliches Wachstum von 6,9 Prozent auf 146 Millionen verkaufte PCs. Auch Konkurrent Gartner geht von einem Zuwachs von 7,9 Prozent auf 139 Millionen verkauften Geräten aus. Für 2004 rechnet IDC sogar mit 161 Millionen abgesetzten PCs. Das wäre ein Plus von 10,6 Prozent im Jahresvergleich.

Solche Prognosen unterstellen gewöhnlich einen nun anlaufenden Wiederbeschaffungszyklus der Unternehmen. Das wird jedoch noch kritisch zu hinterfragen sein, denn die Impulse kamen in der jüngeren Vergangenheit hauptsächlich von der Kauflaune der privaten Konsumenten, und deren Höhepunkt dürfte überschritten sein. Unabhängig davon gehen selbst die größten Optimisten bei fallenden Stückpreisen von einem bestenfalls stagnierenden Marktvolumen aus. IDC etwa rechnete für 2002 mit einem Minus von 9,8 Prozent. In 2003 soll das Volumen um 1,3 Prozent abnehmen. Wie sehr man sich doch täuschen kann: Im Jahre 2001 hatten dieselben Marktforscher für 2002 noch eine Absatzsteigerung von 6,9 Prozent prognostiziert. Einhellig wird das Jahr 2001 als das schwierigste seit 1985 bezeichnet, als der PC-Absatz weltweit um 2,3 Prozent zurückging. Die Sättigung der entwickelten Märkte und das schwache wirtschaftliche Umfeld verstärkten sich gegenseitig, heißt es.

Die Aussichten der einzelnen Endverbrauchermärkte der Elektronik sind natürlich je nach Reifezustand sehr unterschiedlich. So entstehen immer wieder neue Teilmärkte insbesondere für Produkte der Konsumelektronik. Aber die Geschwindigkeit ihrer jeweiligen Entwicklung bis zur Reife scheint immer mehr zuzunehmen – die Zeit bis zum Erreichen der Sättigungsphase wird immer kürzer. Und noch etwas lässt sich feststellen: Es handelt sich bei neuen Elektronikprodukten im Wesentlichen um Variationen bisher schon existierender Geräte. Sie werden verbessert, mit neuen Funktionen angereichert, kleiner gemacht. Aber ein richtig großer Wurf, eine so genannte Killer-Applikation, die große Industriezweige neu entstehen lässt, ist bisher nicht dabei.

Beispiel Halbleiter: Um sich ein Bild von den Perspektiven elektronischer Produkte und deren Herstellung zu verschaffen, lohnt ein Blick auf den Rohstoff der Elektronik, die Halbleiter, landläufig als Chips bezeichnet. Aus Silizium, einem Bestandteil von Sand, entstehen in einem komplizierten Prozess Strukturen, die wesentlich feiner sind als etwa ein menschliches Haar. Die aktiven Elemente eines Chips sind die Transistoren. In einem modernen PC-Prozessor verrichten rund 50 Millionen davon ihre Arbeit, indem sie einige Milliarden Mal pro Sekunde schalten. Es wird nicht mehr lange dauern, dann werden Hochleistungs-Chips aus einer Milliarde und mehr Transistoren bestehen.

Die Halbleiterindustrie zählt zu den zyklischsten Industriezweigen des modernen Wirtschaftslebens. Dies beruht zunächst darauf, dass die Unternehmen in diesem Industriezweig eine Art Rohstofflieferant sind und Rohstoffsektoren stets eine besonders volatile Geschäftsentwicklung zeigen. Hinzu kommen der gewaltige Kapitaleinsatz in der Chip-Produktion und die stürmische Entwicklung der Technologie. So gilt beispielsweise immer noch das so genannte Moorsche Gesetz, nach dem sich die Leistungsfähigkeit von Halbleiterprodukten alle 18 Monate verdoppelt. Auch die vergleichsweise langen Entwicklungszeiten neuer Chips begünstigen zyklische Schwankungen.

Die Halbleiterindustrie hat in ihrem Rekordjahr 2000 mit 204,4 Milliarden Dollar weltweit über 37 Prozent mehr umgesetzt als noch ein Jahr zuvor. 2001 brachen die Erlöse um 32 Prozent ein und verfehlten mit einem Jahresvolumen von 138,9 Milliarden Dollar sogar das Ergebnis von 1999 um zehn Milliarden Dollar. Das Jahr 2002 brachte mit einem Plus von 1,3 Prozent auf rund 140,7 Milliarden Dollar zwar eine gewisse Stabilisierung, und für 2003 wird mit einem Zuwachs von 15 bis 20 Prozent gerechnet. Aber wie es weitergeht, weiß niemand so genau.

Wie groß die Unsicherheit ist, zeigt, dass die einschlägige Branchenorganisation, die Semiconductor Industry Association (SIA), seit nunmehr fast drei Jahren damit beschäftigt ist, ihre Prognosen nach unten zu revidieren. Die Organisation hatte zum Beispiel im November 2002 verkündet, der weltweite

Umsatz werde 2003 um 19,8 Prozent auf 168,9 Milliarden Dollar steigen, nachdem man im Juni 2002 noch von einem Zuwachs in Höhe von 23,2 Prozent auf 177 Milliarden Dollar ausgegangen war. Für 2004 rechnete die SIA seinerzeit mit einem Anstieg von 21,7 Prozent auf 206 Milliarden Dollar und einer Stabilisierung in 2005. Damit wäre wieder das Niveau des Rekordjahres 2000 erreicht worden. Doch im Mai 2003 kam die nächste Revision: „... Wegen der geopolitischen Belastungen sehen wir nun lediglich 10 bis 15 Prozent (Jahreszuwachs)“, so SIA-Präsident George Scalise zur Begründung.

Die Marktforscher von Dataquest gingen in der Vergangenheit stets ein wenig bedächtiger ans Werk. Aber auch sie lagen mit ihren Prognosen in der Regel noch zu hoch. So sagten sie im Februar 2003 für das laufende Jahr zunächst ein Umsatzwachstum des Chip-Marktes um 12,1 Prozent auf 171,8 Milliarden Dollar voraus. 14 Tage später reduzierten sie das Umsatzziel auf 167 Milliarden Dollar, was einem Zuwachs von noch 8,9 Prozent entspricht. Die Prognosen der meisten Marktforscher pendeln sich mittlerweile auf Werte zwischen 155 und 165 Milliarden Dollar ein.

Wie blauäugig der Optimismus und wie blind das Vertrauen in einen immerwährenden Elektronik-Boom war, zeigt sich deutlich in einer Studie von Sal. Oppenheim. Noch im September des Rekordjahres 2000 rechnete man hier für das Jahr 2001 mit einer Umsatzausweitung im globalen Chip-Marktes von weiteren 25 Prozent.[23] Aber vielleicht war es auch Zweckpropaganda, um liegen gebliebene Investments unters Volk zu bringen?

Der Chip-Markt bleibt von mehreren Seiten unter Druck. Zum einen fehlt die Nachfrage. Für den Abschwung des Jahres 2001 waren hauptsächlich zwei Zielmärkte der Halbleiterproduzenten verantwortlich: Die Telekommunikationsbranche und hier insbesondere die Handy-Hersteller konnten ihren Höhenflug aus dem Jahr 2000 nicht fortsetzen, und die PC-Hersteller sahen sich erstmals seit 1985 mit einem Rückgang der verkauften Einheiten konfrontiert. Zum anderen leidet die Chip-Branche an mangelnder Auslastung: Die Produktionskapazitäten der Hersteller waren im dritten Quartal 2001 im Mittel zu nur rund 60 Prozent ausgelastet und lagen damit auf einem Negativ-Rekordniveau. Im Gesamtjahr 2000 waren es teilweise mehr als 95 Prozent. Im vierten

Quartal 2002 wurden Werte im 70-Prozent-Bereich erreicht – viel zu wenig, um beim gedrückten Preisniveau genug zu verdienen. SIA-Chef Scalise schöpft Hoffnung aus der Tatsache, dass die Kapazitäten der Fertigungsstraßen, auf denen die kleinsten Geometrien gefertigt werden, schon wieder zu 95 Prozent ausgelastet sind.

Genau hier lauert aber das nächste große Problem der Branche. Die Fertigungstechnologie bei den Chips geht von Wafern mit 200 Millimetern Durchmesser auf solche mit 300 Millimetern über. Strukturbreiten von 130 Nanometern werden Standard, noch feinere Geometrien kommen. Auf Basis der größeren Siliziumscheibe lassen sich in einem Arbeitsgang mehr als doppelt so viele Chips fertigen, die kleinere Geometrie erlaubt im Vergleich zu den zuvor gebräuchlichen 180 Nanometern eine weitere Verdoppelung des Ausstoßes. Fachleute rechnen damit, dass die Fertigungskosten, bezogen auf den einzelnen Chip, allein durch die größeren Wafer um rund 30 Prozent fallen werden.

Die Folgen kleinerer Chip-Geometrien liegen auf der Hand. Sie führen zu immer komplexeren Halbleitern, die am Ende die darauf aufbauenden Geräte kleiner und preisgünstiger machen. Das dürfte die Nachfrage zwar steigern und das Volumen des Chip-Marktes positiv beeinflussen. Die größeren Wafer-Durchmesser wie auch die schrumpfenden Strukturen führen jedoch zu einem stark wachsenden Chip-Angebot. Das dürfte – insbesondere bei schwacher Konjunktur – die Preise deutlich unter Druck halten. Wo ist da noch Raum für die Zuwachsraten früherer Tage?

Der weltweite Chip-Markt zwischen 1954 und 2002

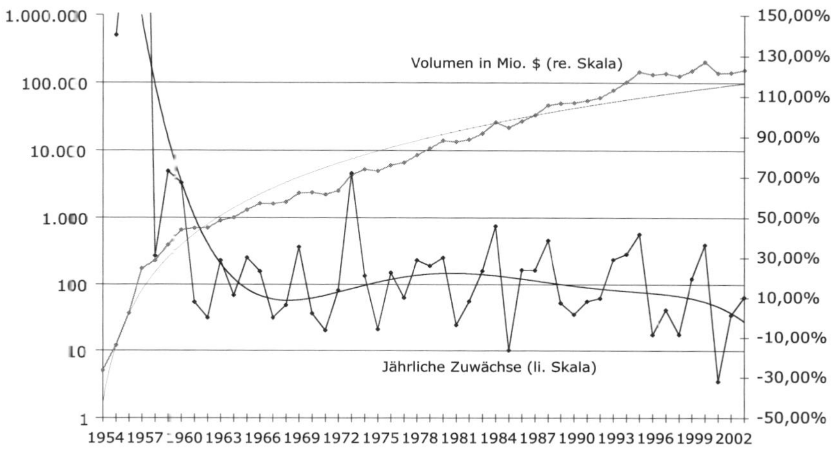

Die Entwicklung des Chip-Marktes signalisiert denn auch, dass die Zeiten des stürmischen Wachstums vorbei sind. Beim Betrachten der Abbildung fällt einem eigentlich nur ein, dass auch sehr langer Aufwärtstrend einmal zu Ende geht. Immerhin konnte sich die Chip-Industrie bisher blendend entwickeln. Nach 172 Mio. Dollar Jahresumsatz im Jahre 1957 werden für 2003 rund 160 Milliarden Dollar erwartet. Damit kann diese Industrie über die gesamte Zeitspanne mit einem durchschnittlichen Jahreszuwachs von 16 Prozent aufwarten. Zwischen 1960 und 2000 lag der Wert allerdings noch bei 17 Prozent. Nun aber weist die Entwicklung des Marktvolumens alle Anzeichen einer Sättigung auf. Der statistische Trend der jährlichen Wachstumsraten scheint sich nun bei weniger als zehn Prozent einzupendeln.

Die SIA sieht erst ab 2005 eine Abnahme des durchschnittlichen Wachstums auf acht bis zehn Prozent pro Jahr. Das führe zu gewaltigen Veränderungen in der Halbleiterindustrie, heißt es, weil dann in einem Aufschwung nicht mehr alle Boote hoch genug gehoben würden. Sie meint damit, dass die für die Ausrüstung der Produktionsanlagen mit neuer Technologie minimal erforderlichen zwei Milliarden Dollar von immer weniger Chip-Herstellern aufgebracht werden können. Der genannte Technologiesprung und die Überkapazitäten treiben die Branche in eine Konsolidierung größeren Ausmaßes.

Auf der einen Seite werden die Foundrys, also die Produktionsdienstleister der Halbleiterindustrie, begünstigt, andererseits findet eine gnadenlose Auslese unter den Anbietern statt. Die beiden Trends haben gegenläufige Auswirkungen auf die Angebotspreise. Hieraus ergibt sich kaum ein nennenswertes Gegengewicht gegen den zuvor diskutierten, aus der Entwicklung der Produktionstechnologie herrührenden Preisdruck.

Die Hoffnung der Chip-Industrie und mit ihr der gesamten Elektronikbranche klammert sich an immer die gleichen Rettungsanker. Da ist etwa der Wiederbeschaffungszyklus für PCs und andere Produkte der Informations- und Kommunikationstechnik, deren Einsatz eigentlich schon für das zweite Halbjahr 2002 erwartet worden war. Reife Märkte mit hohem Sättigungsgrad leiden in einem konjunkturellen Abschwung besonders. Hier kommen die wesentlichen Nachfrageimpulse aus Ersatzbeschaffungen, die bei wirtschaftlicher Unsicherheit gerne hinausgeschoben werden. Ob die verzögerten Kaufentscheidungen in einem nachfolgenden Aufschwung nachgeholt werden und zu einer kräftigen Erholung solch reifer Segmente führen, ist nicht ausgemacht.

Häufig bietet die auch in wirtschaftlichen Abschwungsphasen recht gleichmäßig weitergehende technologische Entwicklung dann günstigere Alternativen an, die eine dauerhafte Nachfrageverschiebung einleiten. Die IT-Budgets sind in den USA zwischen dem dritten Quartal 2000 und dem vierten Quartal 2001 um 15 Prozent zurückgegangen und liegen aktuell auf etwa dem gleichen Niveau wie Mitte 1999. Es darf aber bezweifelt werden, ob die Investitionstätigkeit in absehbarer Zeit auf diesen Level zurückkehren wird. Mehr als eine Stabilisierung der Investitionsbudgets jener Unternehmen, welche die Krise überleben, dürfte kaum möglich sein. Von der Technologie jedenfalls dürften nur wenige Impulse für Ersatzbeschaffungen größeren Ausmaßes ausgehen.

Weitere Aspekte sind die äußeren Gestaltungsmerkmale und die Zusatzfunktionen der Produkte, die in gesättigten Märkten an Bedeutung gewinnen. Bei Handys zum Beispiel setzt man zunehmend auf Modetrends, um eine möglichst kurze Nutzungsdauer des einzelnen Geräts zu erreichen. Zudem reichert man die Geräte zum Beispiel mit Kameras an, um neue Zielgruppen zu erschließen. Mancher Marktforscher träumt davon, dass bis zum Jahr 2005 knapp 25 Prozent der Weltbevölkerung ein Handy besitzen.

Zudem glauben Optimisten immer noch an die dritte Generation des Mobilfunks. UMTS soll im laufenden Jahr 2003 allmählich Gestalt annehmen. Da die Telekommunikations-Service-Provider allesamt hoch verschuldet und vollauf damit beschäftigt sind, wenigstens einen positiven Cashflow zu generieren, werden sie kaum massiv in neue Netze investieren. Zudem wird UMTS zu einem nicht unbedeutenden Teil lediglich vorhandene Infrastruktur und Endgeräte ersetzen, also keine völlig neuen Märkte schaffen. Aus Sicht des Verbrauchers gibt es aber kaum Alleinstellungsmerkmale, die den Anreiz bieten, die neue Technologie massiv zu nutzen.

Auch der Internet-Verkehr wird gerne angeführt, wenn es um die vermeintlich guten Aussichten der Elektronikmärkte geht. Nach einer Erhebung der Marktforscher von IDC soll dieses Marktsegment bis in das Jahr 2007 jährlich auf das Doppelte wachsen. Gartner Dataquest rechnet mit einer langfristigen jährlichen Steigerungsrate des Umsatzes mit Telekommunikationsdienstleistungen von mehr als elf Prozent. Das ergibt auf lange Sicht zwar noch Nachfragepotenzial nach elektronischer Telekommunikationsausrüstung und den zugehörigen Endgeräten. Allerdings ist zu bedenken, dass immer noch gewaltige Überkapazitäten vorhanden sind, die erst einmal genutzt werden wollen. Selbst wenn man unterstellt, dass manches hiervon technologisch bald zum alten Eisen gehören wird, wird daraus doch kein neuer Megatrend.

Schließlich wird immer wieder gerne darauf verwiesen, dass sich auf der Landkarte der Endmärkte für Elektronikprodukte noch weiße Flecken befinden. Man hat dabei wohl immer noch das Bild vor Augen, als sich nach Fall des „Eisernen Vorhangs“ ein großes Nachfragepotenzial auftat. Aber einerseits sind diese Märkte nun auch besetzt, und andererseits befand sich die Weltkonjunktur seinerzeit noch im Aufwind. Davon kann heute keine Rede mehr sein.

Und so ergibt sich als Konsequenz, dass die genannten, von den Optimisten gerne ins Feld geführten Faktoren einen neuen Aufschwung der Elektronikindustrie nicht nachhaltig werden tragen können. Natürlich gibt es immer wieder belebende Impulse, wenn leergefegte Lager aufgefüllt werden müssen oder neue Modeartikel in die Geschäfte kommen. Aber das sind naturgemäß nur kurzfristige Effekte.

Nahezu alle Endverbrauchermärkte der Elektronik sind heute nachfrageorientiert, was selbst bei einer temporären Belebung tendenziell sinkende Preise bedeutet. Diesen Zustand erreichen alle Märkte in Reifezustand. Die verbleibenden Anbieter müssen sich dann mit relativ bescheidenden Margen begnügen, die Zeiten schöner Pionier-Gewinne sind passé. Da die Hersteller nicht mehr an der Preisschraube sitzen, entscheidet die Kostenseite über die Marge. Und so bekommen die Unternehmen die Marktmacht der Konsumenten zu spüren. Die verlegen sich zunehmend auf Outsourcing-Modelle in Übersee, womit es ihnen gelingt, einen Teil des Preisdrucks zu überwälzen.

Letztlich wird sich das Schicksal der Elektronikindustrie an der Frage entscheiden, ob und welche völlig neuen Massenanwendungen aufkommen. Eine wirkliche Killer-Applikation ist aber nicht in Sicht. Überall stehen lediglich graduelle Veränderungen an, Optimierungen, Effizienzsteigerungen – nicht jedoch, was den Titel „revolutionär“ verdiente. Die gegenwärtig eher schwachen Zukunftsaussichten der Chip-Industrie sind damit das exakte Spiegelbild ihrer Absatzmärkte. Wir kommen hierauf im Teil III unseres Buches noch zurück, wenn wir der Frage nachgehen, welche Schlüsseltechnologien künftig die Zugpferde der Weltwirtschaft sein könnten.

Dass neue Fertigungstechnologien der Halbleiterindustrie nun das Leben zusätzlich schwer machen, zeigt eines ganz deutlich: Der technologische Fortschritt schafft ab einem gewissen Punkt im Kapitalismus mehr Probleme, als er zu lösen imstande ist. Hierauf geht zum Beispiel der in Kapitel II.7 zu behandelnde historische Materialismus ein. Wenn die laufende Konjunkturerholung zwar zu steigendem Absatz, aber wegen der schneller wachsenden Angebotsmenge zu einer nur noch unterproportionalen Umsatzentwicklung führt, begünstigt dies die deflationären Entwicklungen der zugeordneten Absatzmärkte, die wegen ihres hohen Sättigungsgrades sowieso schon entsprechende Tendenzen aufweisen. Dies wiederum ist zumindest ein Baustein in einem deflationären Szenario volkswirtschaftlichen Ausmaßes.

Fassen wir zusammen:

> Die Märkte für Elektronik folgen denen für traditionelle Verbraucherprodukte in die Phase der Sättigung. Grundlegend neue Technologien sind nicht in Sicht. Auffallend ist die Nachfrage- und Konsumorientierung. Die Marktmacht der Verbraucher führt zu Margendruck, den die Hersteller zum Teil an die Vorlieferanten weitergeben. Eine Abwärtsspirale aus lediglich noch mäßiger Entwicklung der Absatzmärkte, sinkenden Gewinne und zurückgehenden Lohneinkommen kommt in Gang.

c Arbeitsmarkt in der Dauerkrise

Als im 19. Jahrhundert das traditionelle Handwerk der mechanisierten Produktion wich, fing die Industrie nach und nach die „frei" werdenden Erwerbstätigen auf. Seit in den siebziger Jahren die Industriejobs in die Länder der Dritten Welt abwanderten, bot der Dienstleistungssektor zumindest einem Teil der Arbeitslosen Anstellung. Insbesondere die stürmische Entwicklung des Finanzwesens schuf viele neue Stellen. Nun scheinen auch hier die Arbeitsplätze wegzubrechen. Was kommt jetzt?

Seit mehr als 25 Jahren spricht man in den entwickelten Industrienationen von struktureller Arbeitslosigkeit. Selbst in Phasen deutlicher Wirtschaftsbelebung nimmt der Anteil der Menschen ohne feste Arbeitsstelle nicht mehr spürbar ab. So lag bis 1974 die Arbeitslosenquote in Deutschland fast in jedem Jahr unter zwei Prozent. 1975 schnellte sie von 1,6 auf 3,4 Prozent hoch. Zwischenzeitlich hat sie die Marke von elf Prozent überschritten. Allein in der westdeutschen Industrie sank die Zahl der Beschäftigten zwischen 1991 und 2000 um 1,7 Millionen. In den USA sprang die Arbeitslosenquote 1975 von 5,6 auf 8,5 Prozent und fiel erst ab Mitte der neunziger Jahre erneut für einige Jahre unter die Marke von 5,6 Prozent. Im Juni 2003 wurden 6,3 Prozent erreicht. In der Euro-Zone soll die Arbeitslosenquote im selben Jahr 8,8 Prozent erreichen, in der gesamten Union (EU-15) wird mit 8,2 Prozent gerechnet. In Japan liegt der entsprechende Wert bei 5,5 Prozent.

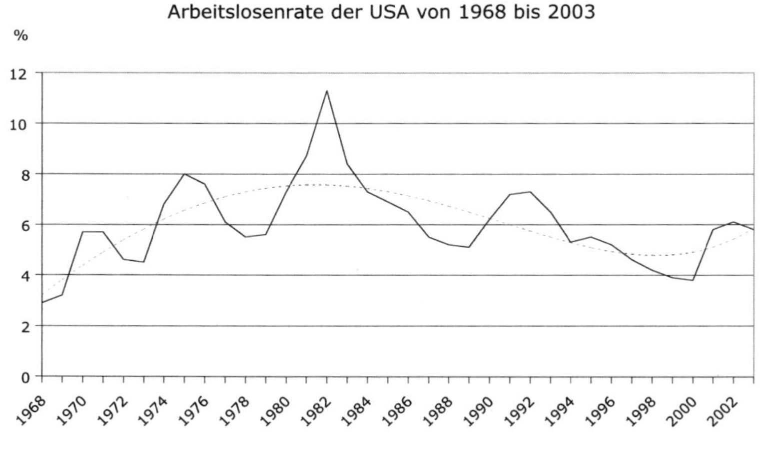

Die Entwicklung der Arbeitslosigkeit soll am Beispiel der USA genauer diskutiert werden. Sie bewegte sich parallel mit den ab den siebziger Jahren in die Sättigung laufenden Märkten für traditionelle Produkte wie etwa Pkw oder die so genannte weiße und braune Ware nach oben. Man sieht deutlich, dass sie sich seit der Spitze im Jahr 1982 bei 11,3 Prozent in Wellen abwärts bewegt. In der Rezession Anfang der neunziger Jahre bildete sie bei 7,3 Prozent nochmals eine Spitze aus. 2002 wurde ein Wert von 6,1 Prozent errechnet, der 2003 kurzfristig überschritten wurde. Die Abwärtsdynamik hat jedoch in der vergangenen Dekade deutlich nachgelassen, und die statistische Trendlinie weist aktuell wieder nach oben. Das läuft nicht zufällig parallel zu den Sättigungstendenzen in den Elektronikmärkten. Was sich hinter den Zahlen im Einzelnen verbirgt, wird am Schluss dieses Kapitels deutlich. Immerhin: Die Arbeitslosenquote in den USA reagiert noch auf große Konjunkturbewegungen. Die entsprechenden Schaubilder insbesondere für Deutschland zeigen da sehr viel weniger Bewegung.

Wir halten uns hier an die offiziellen Statistiken, wohl wissend, dass diese Zahlen das wirkliche Ausmaß der Arbeitslosigkeit nicht widerspiegeln. So fällt in Deutschland derjenige aus der amtlichen Statistik heraus, der länger als drei Jahre arbeitslos gemeldet ist. Und in den USA werden diejenigen, die neu in das arbeitsfähige Alter kommen oder einwandern, jedoch keine Arbeit haben, gar nicht erst als Arbeitslose gezählt. Sie gehören zur „not in labor force". Es gibt noch mehr statistische Finessen, die alle dazu führen, dass die tatsächliche Arbeitslosenquote deutlich höher liegt als die errechnete.

Strukturelle Arbeitslosigkeit führt nicht zwangsläufig zu Dauerarbeitslosigkeit. In Europa stieg der Anteil der Langzeitarbeitslosen, also der Personen, die länger als ein Jahr ohne Beschäftigung sind, trotz einer insgesamt günstigen wirtschaftlichen Entwicklung seit 1983 kontinuierlich an. 1997 musste fast jeder zweite Arbeitslose in den Ländern der europäischen Union dieser Kategorie zugeordnet werden. In den USA und in Kanada hingegen ist ihr Anteil mit rund sieben Prozent relativ unbedeutend. Langzeitarbeitslosigkeit scheint damit in erster Linie ein europäisches Problem zu sein.

Eine Studie der OECD weist auf die beschäftigungsdämpfende Wirkung von starren Löhnen hin. Besonders die Niederlande, Frankreich und Deutschland zeichneten sich demnach durch ausgeprägte Lohnstarrheit und gleichzeitigen starken Anstieg der Arbeitslosigkeit aus. Der Anteil der Langzeitarbeitslosen variiert hier zwischen 41 und 49 Prozent.[24] Eine große Lohnflexibilität und geringe Arbeitslosigkeit finden sich in Schweden, den USA und Kanada – in den Ländern mit der niedrigsten Langzeit-Arbeitslosenquote also.

Der Arbeitswissenschaftler Ralf Dahrendorf sieht in der amerikanischen Flexibilität der Löhne nach unten eine wichtige Erklärung für die geringe Langzeitarbeitslosigkeit in den USA. Seit Mitte der siebziger Jahre sinkt hier das Reallohnniveau: „Das bedeutet, dass nicht wenige Menschen zwar Arbeit finden, aber arm bleiben. Dauerarmut ist das amerikanische Gegenstück zur Dauerarbeitslosigkeit."[25] Andere argumentieren mit der massiven Lohnungleichheit des dezentralisierten US-Arbeitsmarktes und der höheren Mobilität der amerikanischen Erwerbstätigen, die der Langzeitarbeitslosigkeit entgegenwirken. In Europa hingegen hat die Mobilität der Bevölkerung zwischen 1970 und 1985 generell abgenommen. Auch die Einführung der Personenfreizügigkeit führte zu keinem merklichen Anstieg der Wanderungsbewegungen.[26]

Unabhängig von regionalen Besonderheiten bei der Zusammensetzung der Arbeitslosigkeit und nicht zuletzt auch in den unterschiedlichen statistischen Erhebungsverfahren beunruhigt der Umstand, dass nach Angaben der Internationalen Arbeitsorganisation in Genf 1995 bereits 30 Prozent der erwerbstätigen Bevölkerung im globalen Maßstab ohne festen Arbeitsplatz waren. Mit welcher Dramatik sich der Verlust von Arbeitsplätzen entwickelt, hat zum Beispiel die „Financial Times" aufgezeigt. Die Zeitung veröffentlichte im Internet ein „Telecoms job cuts watch", wo sie gestrichene Stellen bei den einzelnen US-Konzernen dieser Branche seit Anfang 2001 auflistete. Per 14. Mai 2002 wurde die Vernichtung von 539.429 Arbeitsplätzen in der Telekommunikation ausgewiesen. Seitdem sind weitere Zehntausende dazugekommen.

Diejenigen, die noch Arbeit haben, sehen sich seit vielen Jahren mit der Tatsache konfrontiert, dass das, was sie real jeden Monat in der Lohntüte vorfinden, höchstens noch auf gleichem Niveau liegt. Wie im Diagramm „Reallohn und Arbeitsproduktivität in der EU"[27] dargestellt, sehen wir zwar – anders als in den USA – in den Ländern der EU noch eine leichte Steigerung der Reallöhne. Die jährlichen Zuwachsraten liegen aber seit Mitte der siebziger Jahre unter denen der Arbeitsproduktivität. 1981 ging die Schere auf, zehn Jahre später schloss sie sich kurzzeitig. Nach der Rezession Anfang der neunziger Jahr öffnete sie sich erneut. Während 1997 der Reallohn mit weniger als einem Prozent pro Jahr wächst, liegt die Zunahme der Arbeitsproduktivität mehr als doppelt so hoch. Aktuelle Zahlen legen den Schluss nahe, dass dieses Verhältnis noch deutlich ungünstiger ausfällt. Löhne und Gehälter dürften real in den vergangenen zwei oder drei Jahren gar nicht mehr gestiegen sein. Dies kann in einem Umfeld von Massenarbeitslosigkeit und geringeren Teuerungsraten auch kaum anders sein. Ein großes Arbeitsangebot drückt auf das Lohnniveau.

Reallohn und Arbeitsproduktivität in der EU – jährliche Zuwächse (%)

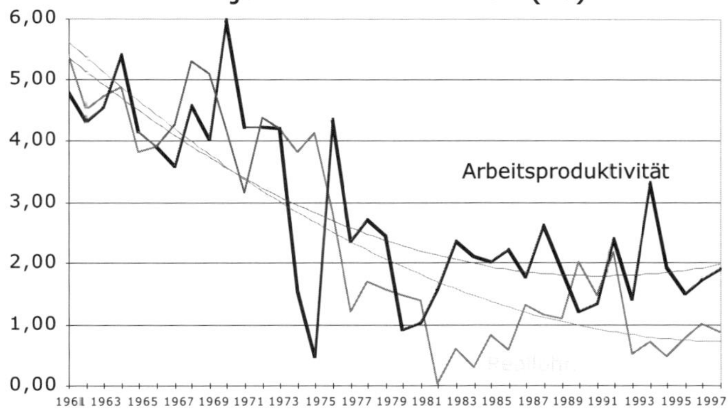

Im Endeffekt laufen strukturelle Arbeitslosigkeit und sinkende Reallöhne gesamtwirtschaftlich auf dasselbe hinaus, sind zwei Seiten einer Medaille: Die Kaufkraft der breiten Bevölkerungsschichten nimmt nachhaltig ab.

Die Wirtschaftswissenschaft bemüht für die Erklärung des Phänomens der Massenarbeitslosigkeit häufig außerökonomische Argumente. Meist wird eine falsche Wirtschaftspolitik der Regierungen angeführt und gleichzeitig behauptet, dass die Steigerung der Produktivität die Zahl der Arbeitsplätze nicht vermindert, sondern vermehrt habe. Das habe die Geschichte bewiesen, so heißt es. Das wollen wir nachprüfen.

Nehmen wir also den schon eingangs ausgelegten historischen Faden auf. Im Mittelalter hatten die Zünfte der Handwerker die Produktionsmethoden ihrer Mitglieder streng reglementiert. Niemand sollte sich durch Effizienzsteigerung einen Wettbewerbsvorteil verschaffen können. Diese Ordnung der Produktion hielt sich in weiten Teilen Deutschlands bis zur Mitte des 18. Jahrhunderts, der Einsatz von Maschinen war streng verboten. Erst als dieses Verbot zunächst in England fiel, konnte die Industrialisierung beginnen. Dampfmaschine, mechanischer Webstuhl und Spinnmaschine riefen eine Massenarbeitslosigkeit unter den in der Textilproduktion Beschäftigten hervor. Der Zustand dauerte allerdings nicht allzu lange an, denn die Steigerung der Produktivität durch die Einführung von Maschinen führte zu einem großen Angebot an kostengünstig hergestellten Waren. Aufgrund die Konkurrenz der industriellen Anbieter untereinander fielen die Marktpreise so weit, bis genügend Nachfrage vorhanden war. Dies wiederum sorgte dafür, dass die technologisch bedingte Arbeitslosigkeit zurückging. Der Markt erweiterte sich sprunghaft, und es wurden neue Arbeitskräfte benötigt. Sogar in der Textilindustrie, wo die industrielle Revolution ihren Ausgang nahm, wurden schließlich mehr Arbeiter gebraucht als vor Einführung der Maschinen.

Die maschinelle Produktionsweise wurde im 19. Jahrhundert nach und nach in allen Industriezweigen eingeführt. Die Märkte expandierten, in einem Wirtschaftszweig überflüssig werdende Handwerker fanden in der Regel schnell neue Arbeit in anderen Branchen. Die Anforderungen an spezifische Fertigkeiten waren nicht mehr besonders hoch mit der Folge, dass die Lohnarbeiter leicht über Branchen hinweg wandern konnten. So wiederholte sich die bei der Mechanisierung der Textilindustrie beobachtete technologische Massenarbeitsarbeitslosigkeit nicht. Karl Marx nannte die allgemeine „Verwohlfeilerung" der industriell hergestellten Waren eine „zivilisatorische Leistung" des Kapitalismus.[28] Die breiten Schichten der Bevölkerung konnten nach und nach die Artikel des alltäglichen Bedarfs massenhaft kaufen, und sogar bisherige Luxusgegenstände wurden allmählich erschwinglich.

Die industrielle Revolution erschöpfte sich nicht darin, vorhandene Branchen zu mechanisieren. Sie schuf neue Produkte und weckte die entsprechenden Bedürfnisse. Ein scheinbar nicht enden wollender Prozess von Produktivitätssteigerung, Expansion und Sättigung vorhandener sowie die Schaffung neuer Märkte kam in Gang. Das ließ Ökonomen wie Nikolai Kondratieff und Joseph Schumpeter ihre Theorien der langen Wirtschaftszyklen entwickeln. Diese Modelle besagen, dass bestimmte Industriezweige, beispielsweise die Technologiebranche, nach einer Phase der Expansion in einen Sättigungszustand gelangen, bis schließlich andere Sektoren an deren Stelle treten. Wir kommen hierauf in Kapitel II.6 zurück.

Standen bis ins ausgehende 19. Jahrhundert die Mechanisierung der Produktion und die Schaffung neuer Märkte im Vordergrund, begann man sich mit Beginn des Ersten Weltkriegs stärker um die Organisation der Produktion zu kümmern. Frederick Taylor, ein amerikanischer Ingenieur, entwickelte ein System der „wissenschaftlichen Betriebsführung". Zusammen mit der Einführung des Fließbands gelang Henry Ford damit eine Produktionssteigerung bei der Herstellung des legendären T-Modells ohnegleichen. Der „Taylorismus" wurde weiterentwickelt und nach und nach in allen Industriezweigen eingeführt. Der Produktionsausstoß stieg immens an und führte schließlich in den siebziger Jahren dazu, dass viele traditionelle Märkte für Massenprodukte Anzeichen von Sättigung zeigten.

Die Mikroelektronik kam auf – und die Geschichte begann sich zu wiederholen: Die Preise für Rechner verfielen rasch, der Computer verbreitete sich schnell. Die neue Industrie wuchs dynamisch und schuf neue Arbeitsplätze. Neue Produkte wie beispielsweise Mobiltelefone oder mit Halbleiter-Bildsensoren ausgerüstete Kameras entstanden. Die Telekommunikation wurde zu einem gigantischen Wirtschaftszweig. Die Halbleiter wurden zum entscheidenden Rohstoff der Informationsgesellschaft. Der Anteil der Mechanik an den Produkten nahm und nimmt ab. Verglichen mit den Schlüsselprodukten früherer Technologiephasen entwickelte sich die Massenproduktion mikroelektronischer Produkte besonders schnell.

Die neue Technologie steckt in einer Doppelrolle. Einerseits prägt sie den Charakter völlig neuer Endprodukte, andererseits ist sie der Schlüssel für eine enorme Steigerung der Produktivität. Chips steuern moderne Produktionsanlagen, die Informationstechnologie rationalisiert die Verwaltung. Moderne Logistiksysteme sind ohne den massiven Einsatz von Computern und ohne Vernetzung von Handel und Herstellern undenkbar.

Die Geschichte der industriellen Revolution zeigt deutlich: Die Steigerung der Produktivität führt unter bestimmten Voraussetzungen dazu, dass der Bedarf an Erwerbtätigen trotz eines sinkenden Anteils menschlicher Arbeit am Endprodukt steigt. Dazu bedarf es offenbar folgender Bedingungen: Erstens muss der Produktivitätssprung sehr groß sein beziehungsweise die Produktivitätszuwächse müssen im Zeitablauf gesehen steigen. Zweitens müssen die Märkte für die Endprodukte ausreichend aufnahmefähig sein, um das vermehrte Angebot für die Anbieter profitabel zu absorbieren. Damit die Effekte der Kosten- und der Nachfrageseite möglichst schnell zum Tragen kommen, müssen die Anbieter – drittens – in freiem Wettbewerb zueinander stehen. Viertens schließlich müssen genügend Arbeitskräfte verfügbar sein, damit die Wirtschaftstätigkeit schnell und kostengünstig ausgeweitet werden kann.

In der Literatur wird die These vertreten, mit dem Aufkommen der Mikroelektronik sei der Effekt der Rationalisierung größer als jener der Expansion. Robert Kurz etwa schreibt: „ ... zum ersten Mal in der Geschichte der Modernisierung wird durch eine neue Technologie absolut mehr Arbeit eingespart, als durch die Ausdehnung der Märkte für die neuen Produkte zusätzlich benötigt wird“.[29] An solchen Argumenten wird dann häufig die Forderung nach Arbeitszeitverkürzung bei gleichzeitigem Lohnausgleich festgemacht.

Wie in Kapitel I.2.a diskutiert, durchschritt die Entwicklung der Arbeitsproduktivität in den achtziger Jahren einen relativen Tiefpunkt. In der zurückliegenden Dekade stiegen die jährlichen Zuwächse dieser Kennzahl wieder leicht an. Dies ist ganz offenbar auf den massenhaften Einsatz der Mikroelektronik zurückzuführen. Allerdings haben die jährlichen Veränderungen der Arbeitsproduktivität bisher nicht mehr an das vor 1970 erreichte Niveau anknüpfen können. Damit scheint der Rationalisierungseffekt der Mikroelektronik nicht die alleinige, ja wahrscheinlich nicht einmal die Hauptursache für die aktuelle Massenarbeitslosigkeit zu sein.

Offenbar gibt es in unserem Wirtschaftssystem keinen Regelkreis, der automatisch dazu führt, dass eine verbesserte Produktivität in mehr Freizeit für die Produzenten beziehungsweise in mehr allgemeinen Wohlstand umgesetzt wird, im Gegenteil: Unter den Bedingungen der Konkurrenz und der Gewinnmaximierung nutzt jedes einzelne Unternehmen den kostensenkenden technischen Fortschritt bei Produktionsverfahren dazu, den Ausstoß an Waren zu erhöhen. Kann der Marktanteil schließlich nicht mehr wie geplant ausgebaut werden, weil alle Wettbewerber im gleichen Sinne agieren und der Markt für die Expansion des Angebots nicht (mehr) ausreichend aufnahmefähig ist, wird die gestiegene Arbeitsproduktivität dazu genutzt, Kosten zu sparen. Aufgrund der höheren Produktivität wird nun nicht mehr der gleiche Bestand an Arbeitskräften wie vorher benötigt. Also werden Arbeitskräfte entlassen.

Wie in der historischen Betrachtung gesehen, bleibt diese einzelwirtschaftliche Entscheidung nur so lange ohne gesamtwirtschaftliche Konsequenzen, wie andere – bestehende oder neue – Branchen ausreichend Beschäftigung bieten. Ist dies nicht (mehr) der Fall, muss die kaufkräftige Nachfrage auf Dauer abnehmen. Das setzt dann eine Spirale in Gang, die selbst in den Branchen zu Entlassungen von Arbeitskräften führen kann, die noch in expansiven Märkten tätig sind.

Die Ökonomie hat verschiedene Konzepte erarbeitet, um diesen „Circulus viciosus“ aufzubrechen. Das bekannteste stammt von John Maynard Keynes. Für ihn liegt der Schlüssel in den Investitionen: Sie müssen in seinem Wirtschaftsmodell genau proportional zum Produktivitätszuwachs steigen, um das Ziel der Vollbeschäftigung zu erreichen. Da die Unternehmer aber auf der Grundlage ihrer Rentabilitätserwartungen entscheiden, gibt es keinen zwingenden Grund dafür, dass sich ein solches Gleichgewicht automatisch einstellt. Für den Fall, dass in einer bestimmten Phase der wirtschaftlichen Entwicklung die Investitionen mit der Steigerung der Produktivität nicht mehr Schritt halten, schlug Keynes vor, den Konsum, insbesondere den kollektiven wohlfahrtsstaatlichen Konsum, anzukurbeln. Die so geartete Tätigkeit des Staates nimmt damit in dem Maße zu, wie die Arbeitsproduktivität steigt und der so erzeugte zusätzliche Überschuss über den Lohn hinaus aber nicht mehr für die Bildung von Realkapital verwendet wird. Der Sozialstaat beziehungsweise die Staatsquote, also der Anteil des Staates am Bruttosozialprodukt, muss sich bei konsequenter Anwendung der Keynesianischen Rezepte mit der Produktivkraft entwickeln, falls diese wohlfahrtsvermehrend gelenkt werden soll.[30] Dem entspricht auf der politischen Ebene das Konzept der partizipativen Massendemokratie, in der das Volk seinem wohlfahrtsstaatlichen Interesse Geltung verschafft. Letztendlich führt der Keynesianische Weg zu einer umfassenden staatlichen Einflussnahme auf die Einkommensverteilung und die Investitionstätigkeit.

Der Neoliberalismus betont demgegenüber die Vorzüge von Markt und Wettbewerb. Dabei geht es nicht vordergründig um die Überzeugung der klassischen Nationalökonomie, wonach sich unter diesen Bedingungen die größtmögliche Effizienz der Produktion einstellt. Im Markt findet vielmehr eine Selektion statt: Das, was persönliches Wohlergehen bringt, ist überlegen und findet Nachahmung. Hayek etwa spricht von „eingeschlossenen Wissensfragmenten", die im Wettbewerb freigesetzt werden. Da dieses Wissen auf viele Individuen verteilt sei, sei es unmöglich, das gesellschaftliche Leben bewusst zu gestalten. Der Mensch lerne zudem hauptsächlich durch Versuch und Irrtum, intellektuelle Einsicht in das eigene soziale Umfeld sei ihm nur ausnahmsweise gegeben. Aus dieser Sicht ist es nur konsequent, dass die Neoliberalen direkte staatliche Eingriffe in das Wirtschaftsgeschehen ablehnen. Der Staat soll sich auf das Setzen von (weit gefassten) Rahmenbedingungen beschränken und darf keine Ziele wie etwa soziale Gerechtigkeit oder Maximierung der Wohlfahrt vorgeben. Die Neoliberalen warnen davor, dass der Staat durch „Überdemokratie" zur Beute parasitärer Interessenverbände wird. Das gilt auch für eine parlamentarisch kontrollierte Zentralbank. Folgerichtig soll ihre Stellung autonom sein, damit sie zur Not sozialstaatliche Experimente kontern kann.

Die Rezepte von Keynes führen letztlich zum Staatskapitalismus, und auch die auf dem anderen Extrem angesiedelten Vorschläge der Neoliberalen können das Problem der Dauerarbeitslosigkeit nicht lösen. Mag sein, dass ihr Konzept in unserem Wirtschaftssystem die Gefahr von Fehlallokationen verringert. Aber es kann ebenfalls nicht verhindern, dass sich im entwickelten Kapitalismus irgendwann die Spirale aus betriebswirtschaftlicher Profitmaximierung auf der einen Seite und sinkender kaufkräftiger Gesamtnachfrage auf der anderen Seite zu drehen beginnt. Die Entwicklung der Arbeitsproduktivität – eigentlich ein Segen – wird im Kapitalismus irgendwann zum Fluch.

Welch dramatische Dimensionen die Entwicklung der Arbeitslosigkeit in Deutschland erreicht hat, zeigt Prof. Dr. Achim Trube vom Zentrum für Evaluation und Planung sozialer Dienste der Universität Siegen auf:[31] Das Arbeitsvolumen der deutschen Volkswirtschaft hat im langfristigen Trend immer weiter abgenommen – allein zwischen 1991 und 2000 um sechs Prozent –, was letztlich mit dem Megatrend immer höherer Produktivität zu tun hat. Dies habe dazu geführt, dass seit Beginn der Massenarbeitslosigkeit (1973) der Wert der pro Kopf erwirtschafteten Güter beziehungsweise Dienstleistungen um annähernd 50 Prozent gestiegen ist. Zwar kam es im Jahr 2000 zu einem bedingten Zuwachs der Beschäftigung um etwa 600 000 Stellen, doch der ist rund zur Hälfte auf die Entstehung geringfügiger Beschäftigungen zurückzuführen. Aus all dem ergibt sich nach Trube ein Arbeitsplatzdefizit in der Bundesrepublik im Jahre 2000 von rund 6,7 Millionen Stellen. Davon wurden 3,8 Millionen als registrierte Arbeitslose erfasst, während der Rest auf die statistische Dunkelziffer entfällt, beispielsweise auf Personen in Maßnahmen des Arbeitsamtes. Auf mittlere Sicht werde das Arbeitsplatzdefizit dauerhaft noch mehr als drei Millionen betragen, prognostiziert der Wissenschaftler, und das hänge im Wesentlichen mit der Abnahme der erwerbsfähigen Bevölkerung als Folge der demographischen Entwicklung zusammen.

Nach den Erhebungen Trubes sind mehr als ein Drittel aller registrierten Arbeitslosen (36,5 Prozent im September 2000) inzwischen als Langzeitarbeitslose ein Jahr und länger ohne einen Tag Beschäftigung. Im Vergleich dazu lag diese Quote 1977 bei 14,3 Prozent. Von 12,9 Prozent im Jahre 1980 stieg sie auf über 29,7 Prozent in 1990 kontinuierlich auf den derzeitigen Spitzenwert an. Noch extremer ist die Entwicklung bei den Dauerarbeitslosen mit zwei Jahren und länger ohne einen Tag Beschäftigung: Sie hatten 1977 einen Anteil von 4,4 Prozent. 1980 stieg er auf 5,1 Prozent, erreichte 1990 bereits einen Wert von 15,2 Prozent und kam im September 2000 sogar auf 18,9 Prozent.

Neben dieser Verfestigung von Langzeit- und Dauerarbeitslosigkeit ergeben sich als weitere Konsequenzen auf dem Arbeitsmarkt die Erosion der

Normalarbeitsverhältnisse und die Zunahme prekärer Beschäftigung. Die Polarisierung der Arbeitsmarktentwicklung und ein zunehmend ungleich verteiltes Arbeitsmarktrisiko sind in den Augen Trubes weitere Folgen, denen er professionell umgesetzte Konzepte öffentlich geförderter Beschäftigung gegenüberstellt. Trubes Plädoyer lautet: „Es geht vielmehr um gesellschaftlich sinnvolle Arbeit vor Ort, die durch ihre Nutzenstiftung zum Empowerment der bisher Ausgegrenzten viel nachhaltiger beitragen kann als negative Sanktionierungen."[32]

Diese Vorschläge werden das generelle Problem der Massenarbeitslosigkeit nicht lösen können. Sie geben jedoch in der aktuellen, von Sanktionen, Ausgrenzung und weiterer Verarmung der Betroffenen bis hin zu „Selbst schuld"-Vorwürfen geprägten Debatte gerade auch vor dem Hintergrund der Kürzung staatlicher Dienstleistungen interessante Denkanstöße.

Die Vorstellungen Keynes dürften nur mit noch dramatisch höherer Staatsverschuldung und hoher Inflation zu verwirklichen sein. Und dennoch wäre der Erfolg nicht von Dauer. Der neoliberale Ansatz führt auf geradem Weg zur Massenarmut. Nur wenn es gelänge, die oben genannte Bedingungen für eine (wieder-)belebende Wirkung der Produktivitätssteigerung zu schaffen, könnte die Wende gelingen. Das aber steht und fällt mit der Frage nach expansiven neuen Märkten. Woher langfristige Hoffnung kommen könnte, diskutieren wir in Teil III, wenn wir die Grundlage für Zukunftsszenarien schaffen.

„Langfristig sind wir alle tot!" Keynes wollte mit dieser Aussage seine Kritiker zu einer kurzfristiger angelegten Sichtweise bewegen. Ihm kam es neben aller wissenschaftlichen Perspektive immer auch auf die wirtschaftspolitische Praxis und die kurzfristigen Aussichten an. Nehmen wir uns des Themas also pragmatisch an. Schauen wir auf die USA, wo nach landläufiger Meinung die Lokomotive der Weltwirtschaft unterwegs ist. Der dortige Arbeitsmarkt, ja das gesamte System, scheint flexibler zu sein als in Europa. Abschwünge erfolgen dort schneller, Aufschwünge ebenfalls. Welche Signale kommen also von dort?

Vor dem recht weit verbreiteten Prinzip Hoffnung „Die USA treiben die Weltwirtschaft an", kann Stephen Roach, Chef-Ökonom von Morgan Stanley, nur warnen.[33] Er hat im Dezember 2003 die Proklamationen kritisch hinterfragt, wonach der US-amerikanische Arbeitsmarkt nun Fahrt aufnimmt und damit einen Wendepunkt in der wirtschaftlichen Erholung seines Landes markiert. Zwar sieht er auch, dass der Scheitelpunkt der Entlassungswelle erst einmal überschritten ist. Zwischen August und November 2003 seien auch monatsdurchschnittlich 82 000 Stellen neu geschaffen worden. Aber das seien bei weitem nicht die 250 000 bis 300 000, die üblicherweise im aktuellen Stadium der Konjunkturzyklus Monat für Monat neu entstünden. Sieht man genauer hin, schreibt Roach, so sind monatlich 68 000 neue Stellen bei Zeitarbeitsfirmen, im Gesundheits- und Erziehungswesen sowie in der staatlichen Verwaltung entstanden. Das könne nun keineswegs dafür sprechen, dass die amerikanische Industrie eine selbstbewusste Wende von der Schrumpfung zur Expansion vollzogen hat. In den Branchen, die besonderem Wettbewerbsdruck ausgesetzt sind, wie im Verarbeitenden Gewerbe und im Informationssektor (Telekommunikation, Presse und Fernsehen sowie Datenverarbeitung), sei der Stellenabbau sogar weiter gegangen. Und im Einzelhandel, im Transportwesen und in zahlreichen Dienstleistungssparten sei lediglich eine flache Entwicklung festzustellen.

In den genannten Branchen sind insgesamt rund 47 Millionen Menschen beschäftigt. Roach schätzt den Stellenabbau hier auf 20 000 pro Monat und kommt zu dem Schluss, dass insgesamt die Stellenanzahl in der Privatwirtschaft um 7,4 Millionen unter dem historischen Vergleichswert liege, der für ein durchschnittlich zwei Jahre währendes beschäftigungsgeführtes Wachstum erforderlich wäre. Niemals in der modernen Konjunkturgeschichte der USA habe es einen solchen Nachhang an Einstellungen gegeben, betont er.

Roach macht drei Faktoren aus, die diese Diskrepanz erklären: Erstens hätten die Outsourcing-Regionen – bei Waren ist das beispielsweise China, bei Dienstleistungen nennt er Indien – nie zuvor gesehene Bedeutung erlangt. Zweitens habe das Internet die Lieferkette in der weltweiten Produktion revolutioniert und die Übertragung von Know-how wesentlich befördert. Drittens habe der Margendruck in heimischen Endmärkten mit beschränkter anbieterseitiger Preismacht – Roach meint vor allem Elektronikprodukte – die IT-basierten Outsourcing-Modelle in Übersee gefördert. Für ihn ist es denn auch kein Zufall, dass diese drei Faktoren just dann wirksam werden, wenn in Amerika die Kopplung zwischen Neueinstellungen und Gesamtnachfrage zerbricht.

Seine Zweifel werden noch genährt durch die Tatsache, dass selbst seit Monaten deutlich steigende Wochenarbeitszeiten keine Einstellungswelle in Gang gesetzt hätten. Es scheint sich zu manifestieren, so schreibt er, dass die US-Industrie lieber weniger Arbeiter länger beschäftigt, als im eigenen Land neue Jobs zu schaffen, und ansonsten auf Outsourcing in Billiglohnländern setzt.

Die „Jobless Recovery" feiert ihren zweiten Geburtstag. Auch Anfang der neunziger Jahre ließ die Erholung auf dem Arbeitsmarkt sehr lange auf sich warten. Allerdings leben wir heute in anderen Zeiten. Es gibt keinen Ostblock mehr, der wirtschaftlich erobert werden könnte. China steht mittlerweile auf eigenen Füßen und macht den alten Industrieländern Konkurrenz, Ähnliches gilt für Indien. Der Spielraum ist heute sehr viel enger, die Chancen auf eine nachhaltige Erholung des Arbeitsmarktes sind daher deutlich geringer. Damit aber kann es auch keine deutliche Belebung der Gesamtnachfrage geben.

Bleibt nur zu hoffen, dass aus „jobless" nicht „job-loss" wird, also netto in der wirtschaftlichen Erholung sogar Arbeitsplätze verloren gehen. Roach hat einen äußerst wichtigen Punkt angesprochen: Die einfache Arbeit ist in den Industrienationen bereits weitgehend verloren gegangen. In vielen europäischen Ländern war diese Entwicklung aus den eingangs diskutierten Gründen stärker als zum Beispiel in den USA. Mit der massenhaften Nutzung von Outsourcing-Modellen hat sich dieser Effekt in den vergangenen Jahren weiter verstärkt. Bisher konnten sich die Industrienationen noch darauf berufen, die höherqualifizierten Jobs behalten zu haben. Aber das Outsourcing geht weiter und erfasst nun auch diesen Bereich. Wissen und Aufgaben insbesondere im IT-Bereich sind recht leicht transferierbar. In vielen Ländern im Nahen und Fernen Osten gibt es mittlerweile gut ausgebildete Arbeitskräfte, die für einen Bruchteil des Lohns Ergebnisse produzieren, die mit denen heimischer Programmierer und Informatiker, aber auch Hardware-Designer, vergleichbar sind.

„Wird die Produktion verlagert, dann folgen auch die Köpfe", sagt BDI-Präsident Michael Rogowski. Wenn etwa die deutsche Industrie ihre Direktinvestitionen in China innerhalb von drei Jahren von sieben auf 14 Milliarden Euro verdoppeln will, dürfte es eine Illusion sein zu glauben, dass dabei nur verlängerte Werkbänke entstehen. Hightech-Konzerne wie Infineon und Epcos schaffen Kompetenzzentren in der Nähe ihrer asiatischen Kunden, Unternehmen der Finanzbranche verlegen ihre IT-Abteilungen beispielsweise nach Indien, Softwareanbieter wie SAP beschäftigen mittlerweile 25 Prozent ihrer Entwicklungsmannschaft in Niedriglohnländern. Es scheint, als würde eine weitere Runde im Arbeitsplatzabbau eingeläutet, der nun auch die mittleren bis höheren Gehaltsregionen erfasst.

Das Fazit dieses Kapitels lässt sich wie folgt ziehen:

> Die Arbeitsmärkte spiegeln einerseits wider, wie hoch die Produktivität der Arbeit mittlerweile entwickelt ist. Andererseits kommen von den Endmärkten, die zum großen Teil Sättigungstendenzen aufweisen, wenig neue Impulse. Stagnierende bis sinkende Reallöhne dämpfen zusammen mit dem hohen Arbeitslosigkeitssockel die kaufkräftige Nachfrage.

Langfristige Abhilfe kann es wohl nur mit einem neuen Innovationszyklus geben. Die wirtschaftstheoretischen Hintergründe hierzu liefern wir vor allem in Kapitel II.6. Natürlich beschäftigt uns dieses zentrale Thema dann auch in den Szenarien in Teil III.

d Profite im Wandel

Wie heißt es so schön: „Eine Investition muss sich rechnen." Anders ausgedrückt: Die Ausgaben für Produktionsmittel sollen einen möglicht hohen Ertrag abwerfen, sie sollen sich möglichst hoch verzinsen. Eine maximale Profitrate, das ist das hauptsächliche Ziel des kapitalistischen Unternehmenslenkers. Wie weit ist die moderne Wirtschaft damit gekommen?

Prof. Dr. Peter Saß von der Hochschule für Wirtschaft und Politik (HWP), Hamburg, hat nach Angaben aus der volkswirtschaftlichen Gesamtrechnung (VGR) den Verlauf der Profitrate der deutschen Unternehmen zwischen 1950 und 1997 ermittelt.[34] Er fasst die Profitrate dabei als Rentabilität des reproduzierbaren Sachvermögens in den Unternehmen unter Ausschluss der Wohnungsvermietung auf.

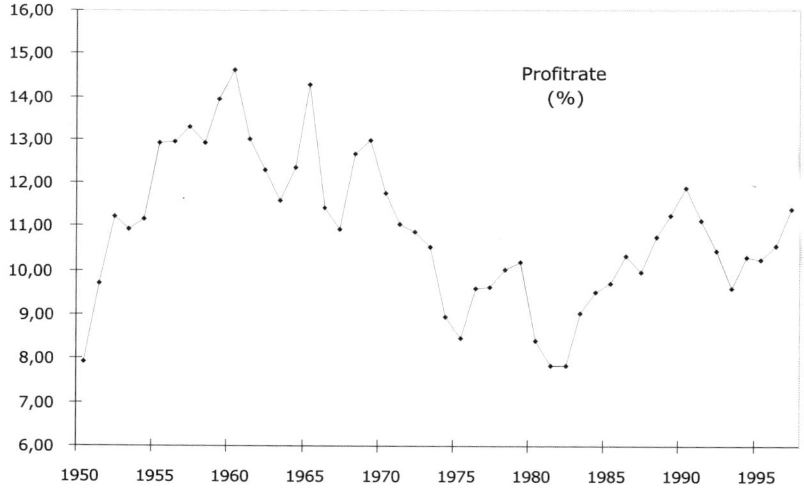

Die Kurve zeigt in der ersten Dekade des Betrachtungszeitraums einen deutlichen, nachkriegsbedingten Anstieg. Saß erklärt dies folgendermaßen: „Die Produktionsmöglichkeiten der westdeutschen Unternehmen waren nach der Währungsreform von 1948 durch außergewöhnlich günstige Expansionschancen gekennzeichnet. Am Arbeitsmarkt war bis zum Ende der fünfziger

Jahre ein Überschussangebot zu verzeichnen, das angesichts ständig hoher Zuwanderungen aus dem sowjetischen Besatzungsgebiet nur langsam abzubauen war. Dieser Wanderungsgewinn ermöglichte aufgrund des hohen Ausbildungsstandes und jugendlichen Alters der zugewanderten Arbeitskräfte besonders gute Chancen zur Durchsetzung eines dauerhaft hohen Produktivitätsniveaus. Pro Beschäftigtem stieg die Produktionsmenge des Unternehmens-Bereiches in den fünfziger Jahren um mehr als 6 Prozent pro Jahr."[35]

Danach allerdings ging es im langfristigen Trend mit der Profitrate abwärts, und zwar von 14,6 auf 11,4 Prozent im Jahre 1997. Laut Saß ist das auf eine ununterbrochene Abschwächung des Pro-Kopf-Wachstums zurückzuführen, die nur teilweise auf Arbeitszeitverkürzung zurückgeführt werden kann. Das Arbeitskräfteangebot gemessen an der Zahl der Erwerbstätigen wäre nach 1960 trotz der Anwerbung von Arbeitsimmigranten aus südeuropäischen Ländern bestenfalls stagniert. Zudem hätte sich innovatorisches Wissen zu langsam ausgebreitet.

1997, das letzte Jahr aus der Saßschen Betrachtung der deutschen Verhältnisse, gehörte in der jüngeren Vergangenheit zugleich zu den besten, was die internationale Entwicklung der Unternehmensgewinne betrifft. Das Bild hierzu aus den USA weist interessante Parallelen mit dem deutschen auf. Nach Zahlen des Bureau of Economic Analysis hat sich der Gewinnanteil aller in den USA tätigen Unternehmen in der Zeitspanne zwischen 1948 und 2002 am Bruttoinlandsprodukt (BIP) von 11,4 auf 7,5 Prozent reduziert. Während die Gewinne der Segmente „Financial Corporate" und „Rest of the world" stärker steigen als das Bruttoinlandsprodukt der USA, fällt selbst in der recht groben absoluten Darstellung auf, dass die Kurve der Gewinne des Segments „Nonfinancial Corporate" weniger stark steigt.

Gewinnentwicklung der US-Unternehmen im Vergleich zum BIP

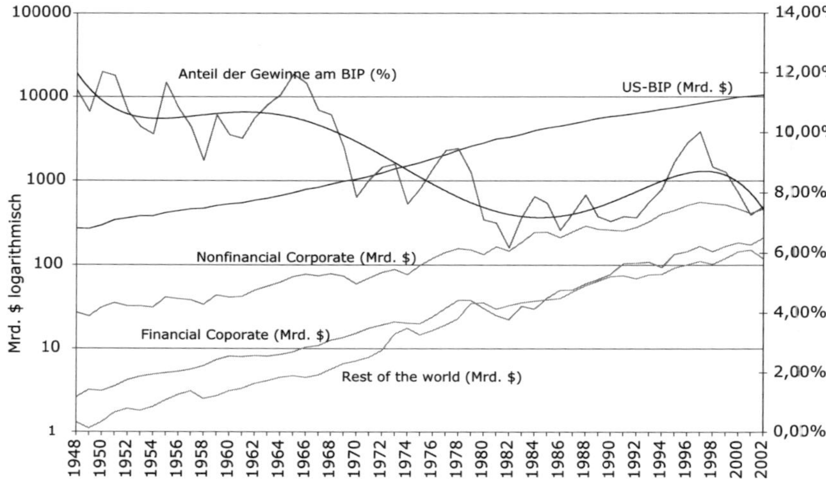

Die wird im folgenden Diagramm deutlich: Die Profitrate, indirekt gemessen durch das Verhältnis des Gewinns zum von der jeweiligen Unternehmensgruppe generierten Teil-BIP, geht bei den nicht im Finanzbereich tätigen Unternehmen deutlich zurück. Betrug sie 1948 noch 19,4 Prozent, hatte sie sich im Jahre 2002 mit knapp 8,4 Prozent mehr als halbiert.

Gewinnentwicklung im Nicht-Finanzsektor der USA

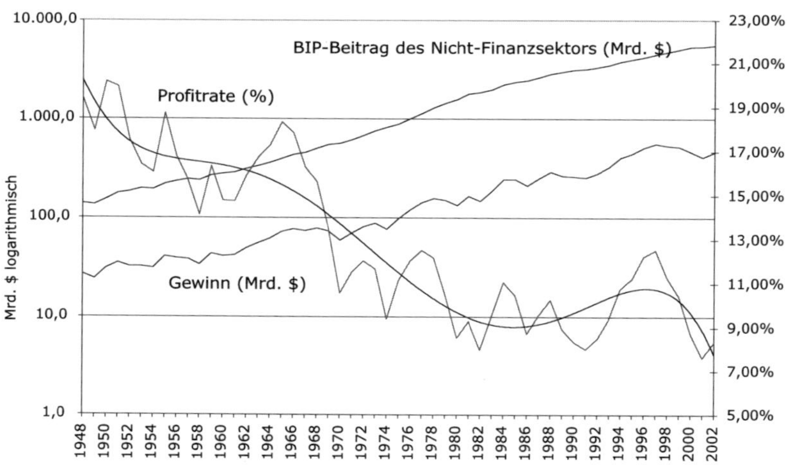

Daran änderte auch der in den fünf Jahren bis 1995 erreichte Anstieg der Unternehmensgewinne um 64 Prozent nichts. Beflügelt durch stark gefallene Zinskosten wuchs die Wirtschaft langsam, aber stetig aus der Rezession 1990/1991 heraus. Zudem waren die Abschreibungen, durch die schwache Investitionstätigkeit der Unternehmen in den achtziger Jahren bedingt, niedrig. Beides wirkte sich ausgesprochen positiv auf die Unternehmensgewinne aus. In dem anschließenden Fünf-Jahres-Abschnitt bis zum Jahr 2000, der Zeitspanne des stärksten Wirtschaftswachstums der USA, betrug der Gewinnanstieg jedoch gerade noch 18 Prozent, während das BIP um 40 Prozent wuchs. Der Abstieg sei mindestens genauso beeindruckend wie der vorherige Anstieg, meint J. Bradford DeLong, Wirtschaftsprofessor an der renommierten Berkeley-Universität.[36]

Die Gewinnmasse der nicht im Finanzsektor tätigen Unternehmen ist zwischen 1948 und 2002 um den Faktor 17 von 27 auf 460 Milliarden Dollar angewachsen. Im Vergleich dazu haben sich aber die Gewinne der US-Finanz-Unternehmen von 2,6 auf 210 Milliarden Dollar verachtzigfacht. Ihr Anteil am Bruttoinlandsprodukt verdoppelte sich im gleichen Zeitraum von knapp einem auf zwei Prozent. Daran zeigt sich, dass die Bedeutung der Finanzindustrie in den USA in den vergangenen 50 Jahren absolut wie relativ deutlich zugenommen hat. Dies veranschaulicht das folgende Diagramm.

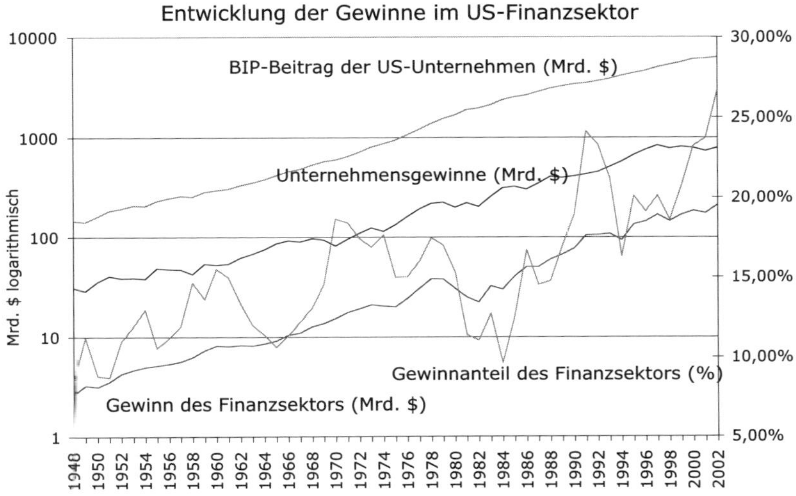

Der Anteil der Unternehmensgewinne aus dem Finanzbereich der USA verdreifachte sich in der Zeit von 1948 bis 2002 und stieg von 8,4 auf 26,6 Prozent. Der vom Finanzsektor geschaffene Beitrag zum BIP der USA erreicht mittlerweile eine Höhe, die den gesamten Unternehmensgewinnen entspricht. Der Aufwärtstrend scheint ungebrochen.

Auch Gerald Epstein und Dorothy Power von der Universität von Massachusetts belegen in einer im November 2002 erschienenen Untersuchung[37] die wachsende volkswirtschaftliche Bedeutung von Einnahmen aus Finanzsektor und Finanzanlagen: Sie analysieren für 29 Länder der Erde die Entwicklung des in Anlehnung an Keynes so genannten „rentier income" am Bruttoinlandsprodukt, unter dem sie die Unternehmensgewinne im Finanzbereich und die Zinseinkünfte der übrigen volkswirtschaftlichen Sektoren mit Ausnahme des Staatsapparates verstehen. Ihre Ergebnisse knüpfen dabei an diejenigen von Dumenil und Levy[38] an, die für die USA und Frankreich herausfanden, dass das dem Finanzbereich zuzuordnende Einkommen während der vergangenen Jahrzehnte deutlich zugenommen hat.

In den meisten der betrachteten Länder hat sich der durchschnittliche Anteil des „rentier income" am Bruttoinlandprodukt in der Dekade von 1990 – verglichen mit den sechziger beziehungsweise siebziger Jahren – dramatisch ausgeweitet. In einigen Fällen, so in Dänemark, Frankreich und Großbritannien, war eine Verdoppelung oder mehr festzustellen. In Belgien, Deutschland (plus 91 Prozent), Luxemburg, Norwegen, Österreich und den USA (92,4 Prozent) betrug die Zunahme mehr als 50 Prozent. Nur in vier Fällen, nämlich in Island, Korea, Spanien und Schweden, fiel der Anteil. In Korea, das 1990 mit einer schweren Finanzkrise zu kämpfen hatte, fiel der Anteil sogar um über 200 Prozent.

Der Anteil der Profite aus dem Nicht-Finanz-Sektor am Bruttoinlandsprodukt hingegen stieg zwar in vielen Ländern – allerdings meist in geringerem Umfang als die Quote des „rentier income". In den USA stagnierte der Wert mit 4,6 Prozent nahezu. In vier Ländern fiel er sogar. Neben Finnland, Japan und Österreich ist auch Deutschland zu nennen, wo der Wert um 26 Prozent zurückging. Lediglich in Korea entwickelte sich dieser Anteil mit knapp zehn Prozent besser als derjenige des Finanzeinkommens – aus den schon dargelegten Gründen. In den USA begann sich der Anstieg der Quote des „rentier income“ um 1979/1980 zu beschleunigen, als unter dem damaligen FED-Gouverneur Volcker eine Politik hoher Realzinsen und unter Präsident Reagan eine Politik hoher Staatsverschuldung verfolgt wurde. Deregulierung im Finanzsektor und Wiederauferstehung des ökonomischen Neoliberalismus begünstigten die Entwicklung ebenfalls. In den frühen neunziger Jahren nahm der Wert zwar ein wenig ab, zog dann aber – getrieben durch die Gewinnentwicklung der Finanzunternehmen – wieder an.

Letztlich machte der Zusammenbruch des 1944 geschaffenen, auf der Gold-Konvertierbarkeit des Dollar beruhenden Bretton-Woods-Systems den Weg im Jahre 1971 frei für die globale Finanzindustrie, für Banken, Versicherungen, Fondsgesellschaften sowie die Finanzabteilungen der transnationalen Konzerne. Als Reaktion auf die Profit-Krise der siebziger Jahre erlangte das Finanzwesen bei Akkumulation und Restrukturierung von Kapital eine immer größere Bedeutung. Der schärfer gewordene Wettbewerb führte zu einer starken Kapitalkonzentration. Aufkäufe und Fusionen von Unternehmen ließen den Finanzmärkten mehrere hundert Milliarden Dollar zufließen. Speziell in den USA entstanden gigantische Banken, deren Geschäfte kaum zu kontrollieren sind. Die Deregulierung der Finanzmärkte gab den Kapitalbesitzern die Möglichkeit, ihr Geld weltweit zu bewegen, um kurzfristige Profite zu maximieren. Manien und Paniken begleiten die Spekulation. Die ökonomischen Risiken steigen.

Fassen wir zusammen:

> Der langfristige Trend der Profitrate der nicht im Finanzsektor tätigen Unternehmen in den USA weist deutlich nach unten. Diese Beobachtung deckt sich mit der Entwicklung in Deutschland und vielen wichtigen Industrienationen.
>
> Die Bedeutung des Finanzsektors nimmt absolut und relativ zu. Es gibt keinen Grund, daran zu zweifeln, dass hier ein vitaler, weltweiter Trend vorliegt, der die ökonomische Instabilität weiter steigen lässt.

e Schulden ohne Ende

29. Mai 2003, 9:47 (GMT): Die Schuldenuhr der Vereinigten Staaten von Amerika zeigt 6 544 743 968 302,63 Dollar. Sechstausendfünfhundert Milliarden Dollar „Miese"! Manch einer wünscht sich in aller Bescheidenheit nur ein Tausendstel Promille davon – als Guthaben, versteht sich. Das wären dann immerhin noch 6,5 Millionen Dollar. Umgelegt auf jeden der rund 291 080 832 Amerikaner entfielen an jenem Tag im Mai 22 484,28 Dollar an Staatsschulden. Aber das war schnell Schnee von gestern, denn seit dem 30. September 2002 wächst die Verschuldung der öffentlichen Hand um täglich mehr als 1,31 Milliarden Dollar. Nicht einmal sechs Monate später war die Pro-Kopf-Verschuldung der Amerikaner um über 1000 auf 23 543,07 Dollar angewachsen.[39]

Und das geht nicht erst seit kurzem so. Waren es im Jahr 1800 noch knapp 83 Millionen Dollar, verfünfundzwanzigfachte sich der öffentliche Schuldenberg 100 Jahre später auf 2,14 Milliarden Dollar.[40] Zwischendurch, im Jahr 1835, wäre man sogar schon einmal fast schuldenfrei gewesen. 1920, nach dem Ende des Ersten Weltkriegs, waren die Schulden bereits auf fast 26 Milliarden Dollar angewachsen. 1950 – der Zweite Weltkrieg war vorbei – lag der Schuldenstand mehr als 120-mal so hoch wie zur Jahrhundertwende, nämlich bei knapp 260 Milliarden Dollar. Bis 1970 verlief die Steigerung auf 390 Milliarden Dollar recht moderat. Schon 1975 allerdings – die Goldkonvertierbarkeit des Dollar war einige Jahre zuvor mit der Aufhebung der Verträge von Bretton Woods endgültig Geschichte geworden – stand ein Minus von fast 577 Milliarden Dollar in den Büchern. Von da an kam richtig Schwung auf. Die Stationen führten von 1985 mit fast 2 000 Milliarden Dollar auf nahezu 5 000 Milliarden Dollar in 1995.

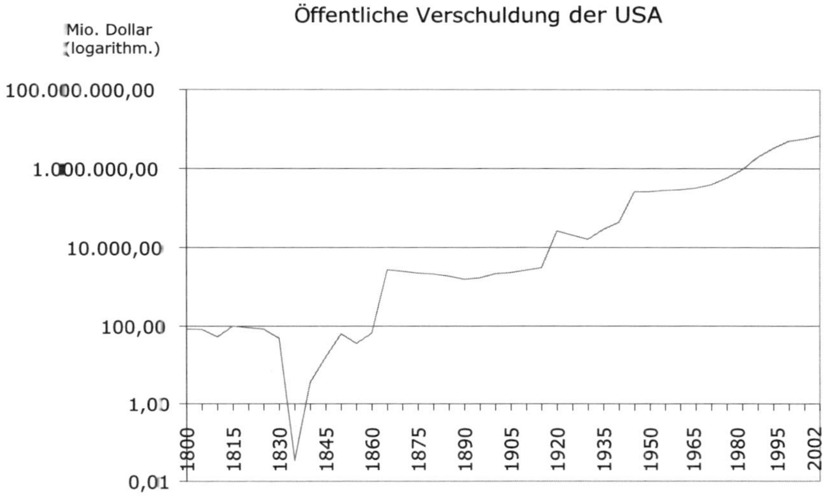

Das Schaubild „Öffentliche Verschuldung der USA" zeigt für die jüngere Vergangenheit bis zum Jahr 2000, als 5674 Milliarden Dollar erreicht wurden, eine Art Plateau in der Entwicklung des Schuldenstands. Nach 6228 Milliarden Dollar in 2002 dürfte das Jahr 2003 mit einem Rekordstand von mindestens 6850 Milliarden Dollar abgeschlossen haben. Die zuletzt recht moderate Entwicklung ist zum einen rein optisch durch den halblogarithmischen Maßstab bedingt, zum anderen lassen sich auch weiter zurückliegend immer wieder Phasen identifizieren, in denen sich die Verschuldung relativ langsam entwickelte. Von solchen „Plattformen" aus sprang sie dann aber jedes Mal deutlich an. Zum Beispiel legten die öffentlichen Schulden zwischen 1950 und 1970 nur moderat zu, dann folgte eine Phase der Beschleunigung. Seit 1995 entwickelte sich die Verschuldung wieder nur mäßig, bricht jetzt aber nach einer Periode von lediglich sechs Jahren „ruhiger" Entwicklung wieder nach oben aus.

Zwischen 1947 und 1970 lag die Pro-Kopf-Verschuldung der öffentlichen Hand in den USA recht konstant bei etwas über 2000 Dollar. 1987 wurde die Schwelle von 10 000 Dollar überschritten, heute sind es bereits mehr als 22 500 Dollar. Wenn das Verhältnis zwischen öffentlichen Schulden und Bruttosozialprodukt heute so hoch wäre wie in den frühen siebziger Jahren, wäre die Pro-Kopf-Verschuldung um 11 000 Dollar niedriger.[41] In den vergangenen 30 Jahren hat man also die Belastung künftiger Generationen noch einmal verdoppelt.

Natürlich sind die USA keine unrühmliche Ausnahme beim Schuldenmachen. Der Schuldenstand des deutschen öffentlichen Gesamthaushalts stieg von 43,16 Milliarden Euro oder 18,4 Prozent des Bruttoinlandsprodukts (BIP) im Jahre 1965 auf 1282,8 Milliarden Euro Ende 2002. 2001 entfielen auf jeden Einwohner Deutschlands rund 15 000 Euro an öffentlichen Schulden. Zum selben Zeitpunkt lag der Wert für Japan bei 39 700 Euro, in den USA wurden 23 700 Euro ausgewiesen. Das nominale Bruttoinlandsprodukt (entsprechend dem GDP[42] in den USA) je Einwohner in Kaufkraftparitäten betrug für Deutschland und Japan rund 26 800 beziehungsweise 25 800 Euro, während für die USA ein Wert von 36 400 Euro errechnet wurde. Die Einbeziehung der Leistungsfähigkeit verschiebt die Verhältnisse zwar ein wenig, zeigt die USA in diesem Vergleich aber immer noch als den Staat mit der höchsten relativen Pro-Kopf-Verschuldung. Im Jahre 2002 lag der öffentliche Schuldenstand in Deutschland bei 60,8 Prozent des Bruttoinlandsprodukts, während in den USA ein Wert von 58,0, in Japan einer von 105,2 Prozent ausgewiesen wurde. In den Ländern der EU-12 lag die öffentliche Verschuldung im Übrigen bei 69,1 Prozent des Bruttoinlandsprodukts.[43]

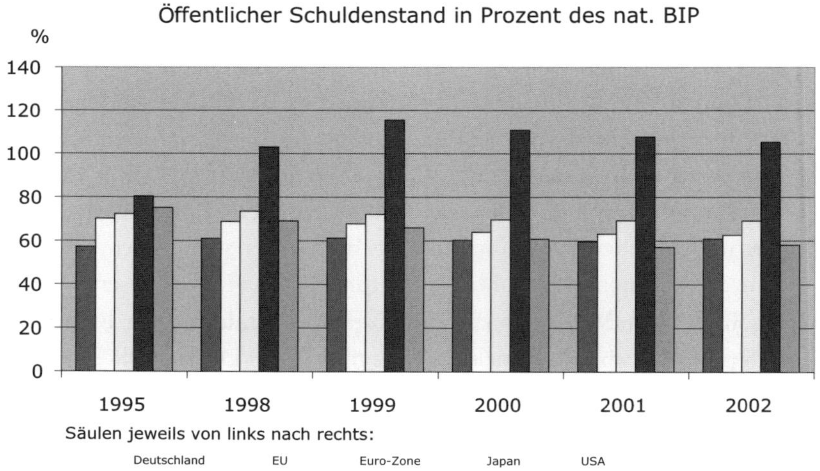

Im Jahre 1992 waren in den USA das Defizit mit 5,9 Prozent und der Schuldenstand mit 74,8 Prozent des GDP deutlich höher als in Deutschland. In der Folgezeit wurden die Defizite kontinuierlich zurückgeführt. 1995 war noch ein Defizit von 3,1 Prozent zu verzeichnen, im Jahre 2000 wurde sogar ein Haushaltsüberschuss von 1,5 Prozent des GDP erzielt. Der Schuldenstand wurde bis Ende 2001 auf 56,9 Prozent des GDP reduziert und lag damit unterhalb der Durchschnittswerte der Staaten der EU-15 und EU-12. In 2002 wurde nach vier Jahren an Haushaltsüberschüssen wieder ein Defizit von 3,2 Prozent ausgewiesen. Die Bush-Administration steuert in Abgrenzung zum Stabilitätskurs der Clinton-Regierung eine längerfristig defizitorientierte Budgetpolitik an, um z. B. Steuersenkungsprogramme zur Konjunkturbelebung und höhere Militärausgaben zu finanzieren. Auf der Homepage des „White House“ wurde Anfang 2003 die mittelfristige Haushaltsplanung vorgestellt, wonach das Defizit in den Jahren 2003 und 2004 rekordverdächtig bis auf 16,6 Prozent der Gesamtausgaben steigen soll.[44] Bis 2008 soll der Defizitanteil wieder auf 7,5 Prozent der Gesamtausgaben oder 1,4 Prozent des GDP zurückgeführt werden. Die Finanzplanung ist so konzipiert, dass die Verschuldung nicht schneller wächst als das prognostizierte GDP. Was aber, wenn diese Wette auf die Zukunft nicht aufgeht? Angesichts des hohen Außenhandelsdefizits, der geringen Sparquote und der relativ hohen Auslandsverschuldung kommen dann erhebliche Probleme auf die USA zu.

Wie im Zeitalter der Globalisierung nicht anders zu erwarten, sind die Eigentümer der Schulden weltweit verteilt. Die US-staatlichen Treasury-Bonds und T-Bills sind zu fast 40 Prozent in ausländischer Hand. Japanische Investoren stellen davon einen Anteil von 30 Prozent. Seit 1992 hat sich der Anteil der Ausländer hier verdoppelt. Im Jahr 2002 ging er wieder etwas zurück, weil Länder Europas und der OPEC ihre Quote aus Bedenken über den künftigen Außenwert der amerikanischen Währung zurückführten. Der sehr informative Webseite des in der staatlichen Schuldenverwaltung beschäftigt gewesenen Ministerialrats a. D. Dieter Meyer ist zu entnehmen, dass auch 34,1 Prozent der Gläubiger des per Ende 1998 aufgelaufenen Schuldenbergs des deutschen öffentlichen Gesamthaushalts von rund 1150 Milliarden Euro im Ausland sitzen.[45]

Was ist eigentlich so schlecht am Schuldenmachen? Schließlich hat es bisher meist funktioniert – von den paar Währungsreformen einmal abgesehen …

Bei der Antwort abstrahieren wir zunächst von der Frage nach dem Schuldner. Ob öffentlich oder privat, das interessiert uns auf dieser Ebene zunächst nicht. Schulden sind nicht per se schlecht. Wenn zum Beispiel Investitionen mehr einbringen, als sie insgesamt einschließlich ihrer Finanzierung kosten, kann eine Anschaffung auf Pump durchaus sinnvoll sein. Das gilt auch dann, wenn an sich genügend Liquidität vorhanden ist, diese Mittel aber anderswo mindestens gleich effizient eingesetzt werden können.

Laufende Verbrauchsausgaben per Kredit zu finanzieren ist wirtschaftlich allerdings nur in den seltensten Fällen vertretbar. Problematisch wird eine Schuldenfinanzierung zudem bei Investitionen immer dann, wenn sich im Nachhinein herausstellt, dass sie sich „nicht rechnet". Problematisch ist sie von vornherein, wenn damit laufende Ausgaben, etwa auch Schuldendienste, bedient werden. Absolut verfehlt ist sie generell, wenn keine Aussicht besteht, von einem Schuldensockel in überschaubarer Frist herunterzukommen, weil dann der Finanzierungsdienst schnell aus dem Ruder läuft. Wichtigste Rahmenbedingung beim Schuldenmachen ist damit stets, wie sich die künftige Einnahmesituation gestaltet. Aus Sicht der Einzelunternehmung stellt sich die Frage nach der Entwicklung des Zielmarktes und des eigenen Marktanteils. Aus Sicht einer Regierung ist ein entscheidender Punkt, wie sich das Bruttoinlandsprodukt entwickelt, weil man gemeinhin unterstellt, dass sich die Steuereinnahmen hierzu mindestens proportional entwickeln. Damit können wir also festhalten: Schulden zu machen ist nicht per se schlecht, es kommt darauf an, konsequent ein paar wirklich einfache Regeln einzuhalten. Und auf die wirtschaftlichen Perspektiven zu achten.

Wie sieht die bundesrepublikanische Wirklichkeit aus? Auch in Deutschland ist die Staatsverschuldung keine neue Erscheinung. Sie stieg zwischen 1882 und 1918 um das 32fache. In den 21 Jahren zwischen 1924 und 1945 kam der Faktor schon auf 53. Richtig los ging es dann aber nach dem Zweiten Weltkrieg. Zwischen 1950 und 1999, also innerhalb eines halben Jahrhunderts, wuchs der staatliche Schuldenberg um das 130fache. Von 1965 bis 2001 wurden im öffentlichen Gesamthaushalt 930,2 Milliarden Euro neu an Krediten aufgenommen, die Zinsausgaben summierten sich auf 1057,1 Milliarden Euro. Beide Blöcke sind im langfristigen Mittel also etwa gleich groß. 1990 betrugen die Zinsausgaben noch 33,1 Milliarden Euro, 2001 sind sie um

33,4 Milliarden Euro auf 66,5 Milliarden Euro angewachsen. Das zinseszinsbedingte Haushaltsloch, schreibt Meyer[46], „hat sich also nach elf Jahren um 33,4 Milliarden Euro erhöht. Es entsteht nicht einmalig, sondern jährlich wiederkehrend und wird weiter wachsen, solange es mit neuen Schulden finanziert wird. Die staatliche Kreditfinanzierung wird faktisch nicht mehr für Investitionen eingesetzt. Sie dient nur noch der Finanzierung des von ihr selbst verursachten wachsenden Schuldendienstes (Zins- und Tilgungsausgaben) und ist damit zum sinnlosen und gefährlichen Selbstzweck entartet." Die Deutsche Bundesbank hatte schon in ihrem Monatsbericht März 1997 festgestellt: „Damit nährt sich die Verschuldung aus sich selbst heraus."

Seit Jahr und Tag wird also von unterschiedlichen Regierungen gegen einfachste Finanzierungsgrundsätze verstoßen, laufende Ausgaben werden kreditfinanziert. Zwar wurde immer wieder versprochen, die Kreditlast in Zeiten höherer Staatseinnahmen zurückzufahren, passiert ist aber nichts. Stattdessen wird das zu niedrige Wirtschaftswachstum verantwortlich gemacht, dem mit der nächsten Steuersenkung Beine gemacht werden soll. Aus den daraufhin steigenden Steuereinnahmen soll dann jedes Mal endgültig (!) der Schuldenberg reduziert werden. So haben wir es immer wieder gehört, mit welcher Farbe die jeweilige Regierung auch angestrichen war. Aber dann wurde es entweder mit dem Wirtschaftswachstum nichts, oder es kamen trotzdem nicht mehr Steuern herein. Und wenn doch, dann wurde trotzdem keine Mark zur Tilgung verwendet. Und die Zinseszins-Spirale, einmal in Gang gekommen, dreht sich munter weiter.

Wir wollen nicht übertreiben, es gab in den vergangenen Jahren tatsächlich eine Ausnahme. Die Lizenzeinnahmen aus der UMTS-Versteigerung in Höhe von annähernd 50 Milliarden Euro wurden im Jahre 2000 eingesetzt, um Staatsschulden abzubauen. Das führte zu einem einmaligen Haushaltsüberschuss in Höhe von 22,8 Milliarden Euro. Doch schon im darauf folgenden Jahr betrug die Neuverschuldung wieder 57,5 Milliarden Euro.

Nicht umsonst wurden die so genannten Maastrichter Konvergenzkriterien aufgestellt, nach denen die Mitgliedsstaaten der Europäischen Union die Schuldenstände ihrer öffentlichen Haushalte auf 60 Prozent und die Neuverschuldung auf höchstens drei Prozent des BIP zu begrenzen haben. In der öffentlichen Diskussion wird gerne so getan, als seien diese das eigentliche haushaltspolitische Ziel der Länder der Europäischen Union. Aber schon 1997 war in Amsterdam beschlossen worden, längerfristig die Defizite ganz zurückzufahren und Überschüsse zu erwirtschaften.

Es ist bekannt, dass die Maastricht-Grenzwerte zum Beispiel von Deutschland und Frankreich überschritten wurden und weiter werden. Wieder wird argumentiert, der Staat müsse sich vorübergehend stärker verschulden, um die Wirtschaft in Gang zu bringen. Das sind alte wirtschaftpolitische Rezepte, die die Bundesrepublik Deutschland bereits mit der Haushaltsreform 1967 gem. Art. 109 Abs. 2 GG in das „Gesetz zur Förderung der Stabilität und des Wachstums der Wirtschaft" (StWG) vom 8. Juni 1967 aufgenommen hatte. Man mag diese antizyklische Haushalts- und Finanzpolitik gutheißen oder kritisieren. Tatsache ist, dass eine solche in den vergangenen 30 Jahren niemals konsequent betrieben wurde. Und es besteht eine sehr hohe Wahrscheinlichkeit, dass es auch dieses Mal so läuft wie in der Vergangenheit.

Wieder werden in der öffentlichen Diskussion zwei Fragen klammheimlich nicht gestellt oder schöngeredet: Wie sind die realen Wachstumsaussichten? Und: Stimmt es denn überhaupt, dass der Staat im Konjunkturaufschwung mindestens proportional zur Steigerung des Bruttoinlandsproduktes mehr einnimmt? Besonders nachdenklich muss stimmen, wenn der Anteil der Staatsverschuldung nachhaltig wächst – bei gleichzeitig langfristig eher trüben Wachstumsaussichten. Letztlich hängt das Wirtschaftsgeschehen und damit der Spielraum für staatliche Haushalts- und Finanzpolitik an der Frage der Entwicklung der kaufkräftigen Nachfrage. In der zurückliegenden Dekade kamen einige günstige Faktoren zusammen, die uns alle vorübergehend im Schlaraffenland wähnen ließen. Wie es wirklich aussieht mit den Perspektiven, haben wir hinsichtlich der Bevölkerungsentwicklung in Kapitel I.1 beleuchtet. Was die relevanten Endmärkte angeht, haben wir in Kapitel I.2.b die nicht zu übersehenden Sättigungstendenzen aufgezeigt.

Wir wollen den schon erwähnten Ministerialrat a. D. Meyer noch einmal ausführlich zu Wort kommen lassen: „Das Prinzip Hoffnung soll den öffentlichen Gesamthaushalt aus der Schuldenkrise herausführen, was aber nicht gelingen kann, wenn sich die Hoffnungen nicht erfüllen und die Wirtschaft trotz vorangegangener Steuersenkungen nicht wächst. Dann führen die Steuersenkungen selbstverständlich zu Steuermindereinnahmen, die jetzt beklagt werden. Wirtschaftswachstum kann und muss unter anderem mit finanzpolitischen Maßnahmen gefördert werden, aber es lässt sich damit nicht erzwingen. Solche Maßnahmen erzeugen keinen Wachstumsautomatismus. Für eine Wachstumsschwäche können durchaus auch andere Gründe maßgeblich sein, wie zum Beispiel ein gewisser Sättigungsgrad, politisch unsichere Verhältnisse, hohe Sparquoten. Wachstumszwang kann, darf und muss nicht Voraussetzung für den Bestand unserer Gesellschaft sein. In Deutschland betrug im Jahre 1999 das BIP je Einwohner 24 150 Euro und lag damit deutlich über dem EU-Durchschnitt von 21 140 Euro (Quelle: Statistisches Bundesamt – Datenreport 2002). Es ist nur langsamer gewachsen. Das darf kein Rechtfertigungsgrund dafür sein, Steuermindereinnahmen wie seit Jahrzehnten weiterhin mit höherer Neuverschuldung auszugleichen, denn die Schulden von heute sind die Steuererhöhungen und Sparpakete von morgen. Angesichts des immer noch überdurchschnittlichen Bruttoinlandsproduktes je Einwohner in Deutschland muss es möglich sein, dieses im Rahmen ohnehin notwendiger tiefgreifender Reformen so umzuverteilen, dass ein ausgeglichener öffentlicher Gesamthaushalt ohne Neuverschuldung erzielt werden kann."[47]

Bisher haben wir uns mit den Schulden der öffentlichen Hände beschäftigt. Betrachten wir aber den gesamten Schuldenstand der öffentlichen und der privaten Wirtschaft, so erscheinen die Erstgenannten wie die berühmt-berüchtigten „Peanuts". Zählt man am Beispiel der USA zu den Schulden der Bundesregierung in Höhe von rund 22 500 Dollar je Einwohner per Mai 2003 noch die der Bundesstaaten, der Gemeinden und des privaten Sektors hinzu, also der privaten Haushalte, der Unternehmen und der Finanzindustrie, so summiert sich der Schuldenberg per Ende 2002 auf 119 000 Dollar pro Kopf der Bevölkerung.

Früher hätte man gesagt, ein so wie Hans Eichel und seine zahlreichen Vorgänger wirtschaftender Finanzminister hätte ein privatwirtschaftliches Unternehmen längst in die Pleite geführt. Das kann man heute nicht mehr, denn viele der großen Konzerne werden genauso geführt – auf Pump unter Missachtung der oben umrissenen wirtschaftlichen Prinzipien.

1999, als die US-interne Verschuldung viermal so schnell wie das Bruttoinlandsprodukt stieg, hielten die zwei großen Hypotheken-Agenturen der US-amerikanischen Regierung mit jeweils rund 70 Milliarden Dollar Neuverschuldung den traurigen Rekord. Aber mit jeweils 42 Milliarden Dollar folgten schon zwei privatwirtschaftliche Unternehmen: Vodafone und Daimler-Chrysler.

Leo Hindery, der frühere Chef des pleite gegangenen Betreibers von Glasfasernetzen Global Crossing, hat bereits 2001 davor gewarnt, dass amerikanische Telekommunikationsunternehmen von ihren seit 1995 insgesamt gemachten 900 Milliarden Dollar Schulden möglicherweise bis zu 80 Prozent der noch ausstehenden Beträge nicht zurückzahlen könnten. Die europäischen Wettbewerber standen damals mit insgesamt rund 300 Milliarden Euro in der Kreide. Die entwickelten Volkswirtschaften sitzen damit auf einem Pulverfass, das mehr Sprengstoff beinhaltet als die amerikanische „Savings and Loan"-Krise der ausgehenden achtziger beziehungsweise frühen neunziger Jahre.

Im April 2003 meldete die Rating-Agentur Standard & Poor's, dass von den ihrer Rechnung nach rund 306 Milliarden Dollar ausstehenden Schulden der Telekommunikationsunternehmen bis 2005 etwa 63 Milliarden Dollar fällig sind.[48] Davon werden bis zu 18 Milliarden Dollar als riskant eingestuft. Gelingt es auch nur bei einem kleinen Teil fälliger Schulden nicht, die Zahlungstermine einzuhalten oder rechtzeitig zu refinanzieren, könnte das eine Lawine lostreten. Nicht zu vergessen auch die Anbieter von Ausrüstung für die Telekommunikation. So stehen bei Lucent Technologies zum Beispiel 6,5 Milliarden Dollar an Verbindlichkeiten in der Bilanz. Dabei ist es in den Augen der Agentur um den Telecom-Sektor nicht einmal am schlechtesten bestellt. Branchen wie etwa Kraftfahrzeuge und Investitionsgüter werden negativer eingeschätzt.

Prominente Schuldner aus dem Telecom-Bereich sind in Europa etwa France Télécom mit rund 54 Milliarden Dollar an per Ende März 2003 ausstehenden Verpflichtungen. British Telecom kommt auf 42 Milliarden Dollar, Vodafone steht mit mittlerweile lediglich noch 13 Milliarden Dollar nun relativ gut da. Auch die Deutsche Telekom ist dabei, ihren Schuldenberg von ehemals rund 65 Millionen Euro abzubauen. Es bleibt abzuwarten, wie schnell sie damit weiter vorankommt.

Eine deutliche Warnung vor einem Finanz-Crash im Telekommunikationsbereich war im März 2003 in „Business Week" zu lesen. Der Artikel zitierte eine Schätzung von Thomson Financial Securities Data, wonach die Telecom-Giganten seit 1996 insgesamt 650 Milliarden Dollar an Krediten aufgenommen hätten. Er kommt zu dem Schluss, dass die Gesundheit einiger US-amerikanischer Finanzinstitute auf dem Spiel steht, wenn die Schuldner weiterhin ihre Schulden nicht zurückzahlen.[49]

Wir hatten schon die Verschuldung der deutschen öffentlichen Hand aufgezeigt, die im Jahre 2000 starke 61 Prozent des BIP betrug. Zum selben Zeitpunkt war der Schuldenberg der Unternehmen und Privathaushalte in Deutschland auf 239 Prozent des BIP angewachsen. Gestartet waren beide 1950 mit 21 beziehungsweise 46 Prozent des BIP.[50] Die gesamte Verschuldung der deutschen Unternehmen lag 1960 noch bei knapp 241 Milliarden DM. Bis 1990 wuchs sie auf fast 3000 Milliarden DM und erreichte 1998 einen Betrag von 5600 Milliarden DM. Während sich das BIP im Zeitraum zwischen 1960 und 1998 verzwölffachte, stieg die Verschuldung der Privatwirtschaft fast doppelt so stark an.[51]

Der Bundesminister für Wirtschaft und Arbeit, Wolfgang Clement, scheint diese Entwicklung für einen erst kürzlich passierten Betriebsunfall zu halten, wenn er anlässlich der Konferenz „Progressive Governance" am 11. Juli 2003 in London ausführt: „Zwar haben sich – seit dem Ende des Irak-Krieges – die (vertrauensbelastenden) Ölpreis- und Aktienmarktentwicklungen abgeschwächt, zwar konnte das Verbrauchervertrauen zumindest teilweise zurückgewonnen werden. Aber wichtige Investitionshemmnisse – wie Überkapazitäten und die hohe Unternehmensverschuldung als Nachwirkung der „geplatzten" Aktienblase – wirken immer noch nach."[52] Tatsache ist, dass es sich auch bei der Unternehmensverschuldung um eine exponentielle Entwicklung handelt, deren Anfang weit zurückliegt. Zur Zeit des „Wirtschaftswunders" in den sechziger Jahren war die Kreditfinanzierung einer Produktionsausweitung noch kein Problem. Die Märkte waren weit von ihrer Sättigung entfernt, der Absatz wuchs beständig, Kapitalkosten ließen sich bequem „in den Preisen unterbringen". Doch als in den Siebzigern das Wachstum abflachte, wendete sich das Blatt. Umsatz und Gewinn stagnierten oder schrumpften, die Zins- und Tilgungskosten blieben. Die Investitionen rechneten sich plötzlich nicht mehr, der Bewegungsspielraum der Unternehmen wurde immer enger. Diejenigen, die diese Phase überlebten, packten in der nächsten Erholung auf ihre noch bestehenden Kredite neue drauf, um möglichst schnell, möglichst stark am Markt präsent zu sein – bis zur nächsten konjunkturellen Delle ... Wir sehen letztlich denselben Teufelskreis wie bei der Staatsverschuldung, die Zinseszins-Spirale.

Der „Economist" befasste sich im September 2003[53] ausführlich mit dem Zustand der Weltwirtschaft und widmete sich dabei auch dem Thema der Unternehmensverschuldung. Demnach sind die „roten Zahlen" hier 1997 in den USA und in Japan gleichauf bei knapp 900 Milliarden Dollar. Per Ende 2002 waren in den USA rund 1850 Milliarden Dollar aufgelaufen, während im Land der aufgehenden Sonne sogar ein leichter Rückgang zu verzeichnen war. Im gleichen Zeitraum stiegen die Verbindlichkeiten der europäischen Unternehmen von unter 300 auf fast 1000 Milliarden Dollar. Wir führen diese Zahlen an, weil der internationale Vergleich interessant ist. Sie liegen allerdings mit ihren absoluten Niveaus deutlich unter denen der im folgenden zitierten Quellen, die wiederum den offiziellen Zahlen der jeweiligen Statistikbehörden entsprechen.

Die „Bank for International Settlement" beziffert in ihrem aktuellen Wirtschaftsbericht die ausstehenden Schulden von als Kapitalgesellschaften firmierenden Wirtschaftsunternehmen für den Euro-Raum auf unter 95 Prozent des nominalen BIP. Die Kreditnachfrage europäischer Unternehmen war 2002 leicht rückläufig. Die Nettoneuverschuldung von US-Unternehmen fiel dem Bericht zufolge auf das niedrigste Niveau in nahezu einem Jahrzehnt, blieb aber weiterhin positiv. Die Schulden von US-Unternehmen erreichen einen Wert von rund 45 Prozent des BIP. Japanische Unternehmen fuhren fort, ihre Schulden zu reduzieren. Das Hoch hatte im Jahre 1990 bei knapp 130 Prozent des BIP gelegen, jetzt wird es auf etwa 95 Prozent taxiert.[54]

Die Kreditanstalt für Wiederaufbau (KfW) sieht die Unternehmensverschuldung in den USA im Jahr 2002 in Relation zum nominalen BIP leicht von 68,8 auf 68,4 Prozent zurückgehen. Bei den Kapitalgesellschaften sei die

Verschuldungsquote von 48 auf 47 Prozent gesunken. Absolut betrug deren Verschuldung Ende 2002 insgesamt 4873 Milliarden Dollar. Mitte der neunziger Jahre hatten die Quoten noch bei 55,6, beziehungsweise 39,3 Prozent gelegen. Die Unternehmen hätten die günstige Zinsentwicklung an den Finanzmärkten zu einer Restrukturierung ihrer Verbindlichkeiten genutzt. Als Folge davon sei das Verhältnis von kurz- zu langfristigen Verbindlichkeiten Anfang 2003 auf unter 45 Prozent und damit auf den tiefsten Stand seit 1959 gefallen, während das Verhältnis der liquiden Assets zu den kurzfristigen Verbindlichkeiten Anfang 2002 den höchsten Stand seit Mitte der sechziger Jahre erreichte. Der Schuldendienst, der 2000 und 2001 mehr als 30 Prozent des Cashflow absorbierte, wäre zuletzt auf rund 25 Prozent zurückgeführt worden.[55] Der Vollständigkeit halber ist anzumerken, dass in den Zahlen die Verschuldung der Finanzunternehmen nicht enthalten ist. Sie betrug für die USA per Ende 2002 insgesamt 10 734 Milliarden Dollar.

Sind beim Verschuldungsgrad der Unternehmen in der jüngeren Vergangenheit überall leichte Konsolidierungstendenzen festzustellen, hat sich das Wachstum des Obligo-Bestandes bei den privaten Haushalten der USA weiter beschleunigt. „Mit einer annualisierten Zuwachsrate von zehn Prozent im ersten Quartal 2003 und ebenfalls zehn Prozent im Gesamtjahr 2002 wurden erstmals seit Mitte der achtziger Jahre wieder zweistellige Zuwachsraten verzeichnet", schreibt die KfW.[56] Heute wie damals sei eine rege Ausweitung der Hypothekenkredite aufgrund des durch die derzeit niedrigen Zinsen angeheizten Immobilien-Booms die treibende Kraft. So wuchsen die Hypothekendarlehen im ersten Quartal 2003 mit einer Jahresrate von zwölf Prozent nach 12,4 Prozent in 2002, während die Konsumentenkredite um lediglich 4,3 beziehungsweise 3,5 Prozent in 2002 zulegten. In Bezug zum nominalen BIP stieg die Gesamtverschuldung der privaten Haushalte im Jahr 2002 mit rund 8,5 Billionen Dollar von 76,2 auf 80,9 Prozent, der Anteil der Hypothekendarlehen legte von 53 auf 58 Prozent zu. Dies bedingt eine höhere Anfälligkeit der US-Wirtschaft für negative Entwicklungen der Immobilienpreise. Allerdings liegt die Quote immer noch niedriger als in Großbritannien, wo 64 Prozent verzeichnet werden. In Euroland kommt der Wert auf etwa 31 Prozent.

Zum Vergleich: Die Gesamtverschuldung der privaten deutschen Haushalte betrug im Dezember 2000 1800 Milliarden DM. Auf den privaten Wohnungsbau entfielen dabei 1335 Milliarden DM, den Rest machten Konsumentenkredite aus.[57]

Viele private Haushalte in den USA hatten den gestiegenen Wert ihrer Häuser und das niedrige Zinsniveau dazu genutzt, die Beleihungssumme zu erhöhen und sich einen Teil des Differenzbetrages für Konsumzwecke auszahlen zu lassen. Das führte zu einer willkommenen Stützung des privaten Konsums, der rund zwei Drittel der amerikanischen Wirtschaftsleistung hebelt, birgt auf mittlere Sicht aber erhebliche Risiken. Wenn nämlich die Zinsen wieder deutlich anziehen, sind negative Auswirkungen auf die Konsumnachfrage ebenso wahrscheinlich wie für den Fall einer nachhaltigen Korrektur am Immobilienmarkt. Beide Effekte ergänzen sich insofern, als eine steigende Zinsbelastung zu einer Verkaufswelle auf dem Häusermarkt führen kann, dem ein allgemeiner Preisverfall folgt. Wenn der Wert eines Hauses dann nicht mehr zur Besicherung ausreicht, müssen Hypothekendarlehen teilweise fällig gestellt werden. Das führt zu erneutem Verkaufs- und Preisdruck. Kommt ein solcher Kreislauf in Schwung, dürfte der private Konsum einbrechen und der Wachstumslokomotive der Weltwirtwirtschaft, wie die USA gerne genannt werden, erst einmal der Dampf ausgehen. „Noch ist die Katastrophe nicht da“, bestätigt David Wyss, Chefökonom bei Standard & Poor's in New York. „Die Probleme fangen an, wenn die Zinsen nach oben gehen.“

Die Schuldenabzahlungen einschließlich Hypothekenzahlungen verschlingen mittlerweile 14 Prozent des verfügbaren Einkommes. Diese Quote war zuletzt im zweiten Quartal 1987 überschritten worden. Damals befanden sich die USA mitten in einem schon einige Jahre anhaltenden Konjunkturaufschwung. 1988 begann die Zentralbank, die Zinsen zu erhöhen. Kurz darauf gingen die Konsumausgaben in zwei aufeinander folgenden Quartalen zurück. Im Juli 1990 glitt das Land in die Rezession ab. Anfang der neunziger Jahre waren die Haushalte mit 3700 Milliarden Dollar verschuldet, aktuell sind es fast zweieinhalbmal so viel. Insgesamt liegt die private Verschuldung heute bei 100 Prozent des verfügbaren Einkommens. „Hier tickt eine Zeitbombe“, prognostiziert auch Christopher Low, Chefvolkswirt bei „FTN Financial.“ „Das Ticken ist schon zu hören, und sie wird explodieren, wenn die Zinsen nach oben gehen.“

Kommen wir noch einmal zurück zur deutschen Staatsverschuldung. Bei der Frage nach dem Ausweg aus der Schuldenfalle entwirft Meyer drei Szenarien[58], die alle Prognoseszenarien einheitlich von einer künftigen Durchschnittsverzinsung von 7,1 Prozent, einem jährlichen BIP-Wachstum von 3,5 Prozent und einer gleich bleibenden Steuerquote ausgehen. Im ersten Fall unterstellt er eine Neuverschuldung in Höhe der Zinsausgaben, also eine Finanzpolitik, wie sie in den vergangenen 25 Jahren betrieben wurde. Sie führt im Jahre 2025 zu einer Gesamtverschuldung der öffentlichen Hand von fast 150 Prozent des BIP. Absolut steht dann eine Zahl von 7200 Milliarden Euro in den Büchern – in roter Farbe, versteht sich. Die folgende Tabelle, die wir der zuvor genannten Quelle entnommen haben, gibt das „Horror-Szenario" wider.

Öffentlicher Gesamthaushalt (in Mrd. Euro)
Prognose-Szenario: Steuerquote gleich bleibend

Jahr	Neuverschuldg.	Schuldenstand	Zinsausgaben	Steuereinnahmen	Primärsaldo	BIP	ZiSt-Quote	Neuverschuldg. i.% BIP	Schustand i.% BIP
1999	29,7	1.210,3	69,8	454,4	- 40,1	1.978,6	15,4	1,5	61,2
2000	85,9	1.296,3	85,9	470,3	0	2.047,9	18,3	4,2	63,3
2001	92,0	1.388,3	92,0	486,8	0	2.119,5	18,9	4,3	65,5
2003	105,6	1.592,4	105,6	521,5	0	2.270,5	20,2	4,6	70,1
xxx	xxx	xxx	xxx	xxx	0	xxx	xxx	xxx	xxx
2006	129,7	1.956,3	129,7	578,2	0	2.517,3	22,4	5,2	77,7
xxx	xxx	xxx	xxx	xxx	xxx	xxx	xxx	xxx	xxx
2012	195,7	2.952,4	195,7	710,7	0	3.094,4	27,5	6,3	95,4
xxx	xxx	xxx	xxx	xxx	xxx	xxx	xxx	xxx	xxx
2020	338,8	5.110,8	338,8	935,9	0	4.074,8	36,2	8,3	125,4
2025	477,4	7.201,7	477,4	1.111,6	0	4.839,6	43,0	9,9	148,8

Meyers zweites Szenario sieht eine Neuverschuldung im Rahmen der Maastrichter Konvergenzkriterien vor. 2025 beträgt damit die Staatsverschuldung 60 Prozent des BIP oder rund 2450 Milliarden Euro insgesamt. Seine dritte Alternative sieht ab 2000 eine schrittweise Rückführung der Neuverschuldung auf Null vor. Damit ergibt sich 2025 eine Staatsverschuldung von 26,9 Prozent des BIP oder 1300 Milliarden Euro.

Auch wenn man die von Meyer getroffenen Voraussetzungen für seine Szenarien im Einzelnen kritisch hinterfragen kann – so könnte die Annahme eine jährlichen, kontinuierlichen BIP-Wachstums von 3,5 Prozent über die nächsten mehr als 20 Jahre zu hoch gegriffen sein –, ändert das nichts daran, welch riesige Lasten künftigen Generationen aufgebürdet werden. Zudem scheint der politische Wille zu fehlen, an eine Rückführung der Verschuldung auch nur zu denken. Wir neigen aus diesen Gründen dazu, Meyers erstes Szenario, das wir das „Horror-Szenario" genannt haben, für das wahrscheinlichste zu halten.

Die Frage ist mittlerweile auch eher: Gibt es überhaupt noch ein Zurück? Sind uns die Schulden, egal ob staatlich oder privatwirtschaftlich, nicht längst über den Kopf gewachsen?

Die Zentralbanken haben in jüngster Zeit vor einem Deflationsszenario gewarnt, das sie scheuen (müssen) wie der Teufel das Weihwasser. Das ging so weit, dass man kaum wagte, das Wort Deflation in den Mund zu nehmen, sondern stattdessen vom „D-Wort" sprach. Wurde die Gefahr nur deshalb an die Wand gemalt, um davon abzulenken, was man eigentlich vorhat?

Einer der wenigen systemimmanenten Auswege aus der Schuldenfalle ist die Inflation. Der Inflationsschub in den siebziger Jahren führte in Deutschland zu einem schnellen Anstieg der Preise und der Einkommen. Schulden und Schuldendienst für Ende der sechziger Jahre getätigte Investitionen nahmen relativ zum gestiegenen Preis- und Einkommensniveau ab. Diejenigen, die auf Pump investiert hatten, waren die Nutznießer. Wird versucht, diese Karte – auf sehr viel höherem Niveau – wieder zu spielen?

Ein anderer, durchaus systemimmanenter Ansatz, der Schuldenfalle zu entgehen, ist der Krieg, die Vernichtung von Gütern, die Eroberung neuer, unterentwickelter Märkte und billiger Rohstoffquellen.

Wir werden an diesem Punkt im dritten Teil unseres Buches anknüpfen. Der Faden wird auch noch einmal in Kapitel I.2.g aufgegriffen.

f Wirtschaft – global

Verschiedentlich wird die Globalisierung der Wirtschaft als ein erst kürzlich eingetretenes Ereignis dargestellt und dieses vermeintliche Novum dann zu einem qualitativen Sprung hochstilisiert. Dabei sehen neoliberale Beobachter nun endlich das Zeitalter des „reinen Wettbewerbs" angebrochen und jauchzen: „Alles wird gut." Für viele sozialmarktwirtschaftlich orientierte Kräfte ist das hingegen die Katastrophe schlechthin.

So falsch es aber ist, die Globalisierung als ein neues, je nach Standpunkt begrüßenswertes oder verdammungswürdiges Ereignis anzusehen, so falsch ist es auch, den mittlerweile erreichten Grad der Internationalisierung der Wirtschaft als alten Hut, als bloße Fortschreibung schon lange wirksamer Trends abzutun.

Schon im 19. Jahrhundert waren Handel und Finanzen in hohem Maße internationalisiert. Dieser Trend setzte sich, kurz gehemmt durch die beiden Weltkriege, unvermindert fort. Der Wettbewerb auf den zunehmend internationalisierten Gütermärkten ist dramatisch gewachsen, aber wichtiger ist die zunehmende Internationalisierung des Kapitalmarkts. Die in den vergangenen zwei bis drei Jahrzehnten extrem angestiegene Mobilität des Kapitals ist das, was die heutige Globalisierung vom langen historischen Trend der Internationalisierung von Handel und Finanzen abhebt. Sie hat mannigfache Gründe und Auswirkungen, die wir im Folgenden untersuchen wollen.

Mit der Auflösung der Verträge von Bretton Woods im Jahre 1971 brach eine neue Ära der internationalen Handelsbeziehungen an. 1944 war in Bretton Woods eine weltwirtschaftliche Ordnung konzipiert worden, die den beteiligten Nationalstaaten unter der hegemonialen Führung der USA ein hohes Maß an gegenseitig gestützter Handlungsfähigkeit bei der Steuerung ihrer Wirtschaft verschafft hatte. Die von den USA garantierte kooperative Freihandels- und Währungsordnung lieferte den äußeren Rahmen für eine antizyklische Keynesianische Wirtschaftspolitik in den Einzelstaaten. Diese wiederum war eine wichtige Bedingung für den Nachkriegskompromiss zwischen Kapital und Arbeit, der politisch Vollbeschäftigung garantierte.[59] Um die politische Stabilität der Einzelstaaten in einer Zeit des Wettstreits von Kapitalismus und „Kommunismus" sicherzustellen, zielte dieser Kompromiss darauf ab, der Bevölkerung ein Mindestniveau an sozialer Gleichheit und materieller Versorgung zuzugestehen. John Ruggie bezeichnete dies einmal als „embedded liberalism".[60] Es sei den kapitalistischen Ländern nicht leicht gefallen, die unvermeidliche Lektion zu lernen, wie die Leistungsfähigkeit der Märkte mit den Werten der Sozialgemeinschaft verbunden werden kann.

Nach 1944 wurden international akzeptierte Schranken installiert, innerhalb derer sich der Welthandel bewegen musste. Huffschmid schreibt dazu: „Die ersten drei Jahrzehnte nach dem Zweiten Weltkrieg waren die Jahrzehnte der dichtesten Kapitalverkehrsbeschränkungen in der bisherigen Geschichte des internationalen Kapitalismus."[61] An deren Stelle trat mit dem Ende des Systems von Bretton Woods die direkte und ungebremste internationale Abhängigkeit und Verflechtung. Damit verschwand die Möglichkeit der Nachkriegsperiode, in einer internationalisierten Wirtschaft nationale Wirtschaftspolitik zu betreiben. Vieles von dem, was innerhalb eines Landes geschieht, ist heute unmittelbar von Ereignissen abhängig, die außerhalb seiner Grenzen stattfinden und mit innenpolitischen Mitteln nicht zu beeinflussen sind. Der Wegfall der Institutionen von Bretton Woods hat die Mobilität des Produktionsfaktors Kapital drastisch gesteigert. Es kann jetzt noch einfacher dorthin transportiert werden, wo es optimale Verwertungsbedingungen vorfindet. Damit reduzieren sich die Möglichkeiten der Organisationen des weniger mobilen Produktionsfaktors Arbeit, aber auch diejenigen anderer nationaler Institutionen, mit dem Kapital Bedingungen auszuhandeln oder ihm Beschränkungen aufzuerlegen. Bei Nichtgefallen wandert es eben ins Ausland ab. Mit den zwischen den Produktionsfaktoren einseitig veränderten Macht- und Gestaltungsmöglichkeiten verschiebt sich das gesamte soziale und politische Gefüge innerhalb der Einzelstaaten.

Im Rahmen der Globalisierung hat die Verflechtung der Wirtschaftsräume stark zugenommen. Die Finanzmärkte verzahnen sich ebenso wie die Gütermärkte. Die USA importieren etwa ein Viertel der gesamten Weltimporte, wobei Lateinamerika, Rest-NAFTA und Südostasien besonders stark von der Aufnahmefähigkeit des US-Marktes abhängen. Der Außenhandel der Europäischen Union mit den USA und dem Dollar-Raum insgesamt wächst schneller als der Handel zwischen den Mitgliedsstaaten der EU. Das BIP aller Länder dieser Erde stieg in der letzten Dekade des 20. Jahrhunderts um 25 Prozent, die Exporte legten im gleichen Zeitraum um 85 Prozent zu. Deutsche Tochtergesellschaften von US-Konzernen in Deutschland setzten schon 1997 viermal so viel um, wie die US-Exporte nach Deutschland ausmachten. Bei den amerikanischen Töchtern deutscher Konzerne sah es ähnlich aus: Sie setzten in den USA ebenfalls das Vierfache dessen um, was die gesamten Exporte Deutschlands in dieses Land ausmachten. Britische US-Töchter kommen sogar auf das Fünfeinhalbfache britischer US-Exporte.

Noch stärker haben sich die Kapitalverflechtungen entwickelt. Die Direktinvestitionen hatten sich im Jahr 2000 gegenüber dem Stand von 1990 versechsfacht. Die Wirtschaftsräume Nordamerika und Europäische Union, die im Jahr 2000 fast zwei Drittel der Weltwirtschaftsleistung erbrachten, stellten gleichzeitig über 85 Prozent der exportierten Direktinvestitionen. Die USA haben als größter Einzelinvestor der Welt im vergangenen Jahrzehnt fast 1000 Milliarden Dollar im Ausland direkt investiert. Mehr als die Hälfte, nämlich 55 Prozent, flossen dabei in die EU. Die Länder der Europäischen Union ihrerseits haben in den acht Jahren seit 1990 etwa 1600 Milliarden Dollar direkt investiert. Etwa die Hälfte ging in Gebiete außerhalb der EU. Rund 55 Prozent davon wiederum flossen in die USA.[62]

Die United Nations Conference on Trade and Development (UNCTAD) machte in ihrem „World Investment Report 2000“ als wesentlichen Grund für die starke Zunahme der Direktinvestitionen die Privatisierungstendenzen in den Industrie- und Schwellenländern aus. UNO-Generalsekretär Kofi Annan sprach damals in seinem Geleitwort von einer wahren Explosion von Fusionen und Übernahmen, die in diesem Zusammenhang stattgefunden hat. Im „World Investment Report 2002“ wird herausgestellt, dass die ausländischen Direktinvestitionen als Folge der Abkühlung der Weltwirtschaft und des

Aktienkurseinbruchs zum ersten Mal seit zehn Jahren gefallen sind. Während der Rückgang im Jahre 2001 in den entwickelten Ländern mit minus 59 Prozent signifikant war, nahmen die Aktivitäten bezüglich der sich entwickelnden Länder nur um 14 Prozent ab. Ihr Anteil an den gesamten Direktinvestitionen stieg weiter. Zwischen 1998 und 2000 haben die Länder der EU 1,7-mal so viel Direktinvestitionen angezogen, wie dem Verhältnis ihrer Bruttoinlandsprodukte zum Welt-BIP entspricht. Lateinamerika folgt mit 1,37, die rote Laterne trägt Japan mit 0,1. Die UNCTAD erwartete zwar damals für 2002 noch kein erneutes Ansteigen der Investitionstätigkeit, zeigte sich aber mittelfristig optimistisch, weil die internationale Produktion weiter wachse und die transnationalen Konzerne unverändert an Plänen zur internationalen Expansion festhalten. Tatsächlich gingen die Direktinvestitionen in 2002 um weitere 21 Prozent zurück, ihre Struktur zeigte sich dabei so ungleich wie schon im Vorjahr. 65 000 transnationale Konzerne mit 850 000 Tochterunternehmen hätten per 2001 rund 7000 Milliarden Dollar an direkten Investitionen kontrolliert. Die Wertschöpfung dieser Unternehmensgruppe wurde in dem Bericht auf 3500 Milliarden Dollar geschätzt. Deren Umsatz wird mit 18 500 Milliarden Dollar auf mehr als das Doppelte der Welt-Exporte veranschlagt. Wie spitz die Pyramide der Verteilung innerhalb dieser Konzerne ist, wird deutlich, wenn man weiß, dass die 100 Größten im Jahre 2000 mehr als die Hälfte der gesamten Umsätze ihrer Gruppe generiert haben.[63]

Diese Zahlen dürften die extreme Abhängigkeit der Weltwirtschaft von wenigen international operierenden Großunternehmen anschaulich belegen. Schon Marx wies auf die dem Kapitalismus innewohnende Tendenz zur globalen Ausdehnung hin. „Die Tendenz, den Weltmarkt zu schaffen, ist unmittelbar im Begriff des Kapitals selbst gegeben“, schreibt er in „Grundrisse der Kritik der politischen Ökonomie“. Die Ausdehnung der Märkte soll das weitere Wachstum des akkumulierten Kapitals sicherstellen. Aber das ist nur der eine Teil der Globalisierung, der Teil nämlich, der sich mehr oder weniger direkt mit der Güterproduktion beschäftigt.

Das Ende des Bretton-Woods-Systems war zugleich der Schlusspunkt des Systems fester Wechselkurse. In der Folge kam es zu in ihrem Außenwert heftig schwankenden Währungen. Das öffnete der Finanzspekulation zusammen mit Deregulierung und Liberalisierung der Finanzmärkte die Tür zu ihrer

Globalisierung. Natürlich gab es auch die Finanzspekulation schon immer, neu sind aber nun ihr Umfang und ihr weltweiter Aktionsradius. Die Branche erlebte seitdem, befreit von Grenzkontrollen, einen Aufstieg, den die Menschheit so bisher noch bei keinem Wirtschaftszweig gesehen hat. Der Handel mit Devisen und Wertpapieren entwickelte sich zum mit Abstand umsatzstärksten Gewerbe der Welt, schreibt etwa ATTAC, ein Netzwerk von Globalisierungskritikern. In „Kapital braucht Kontrolle – Die internationalen Finanzmärkte: Funktionsweisen – Hintergründe – Alternativen“[64], einer Broschüre von WEED und Kairos Europa, heißt es: „Das Volumen der Anleihemärkte ist seit 1970 um etwa 2500 Prozent auf mehr als 23 Billionen (23 000 000 000 000) US-Dollar gestiegen (BIZ[64] Jahresbericht 2000).“

Die nach der Deregulierung enorm angestiegene Aktivität auf den globalen Finanzmärkten zeigt sich zum Beispiel auch in den Umsatzdaten auf den Devisenmärkten: Ende der neunziger Jahre erreichten die täglichen Umsätze hier Werte von bis zu 1,5 Billionen Dollar. Ende der achtziger Jahre wurden lediglich Spitzenwerte von 600 Milliarden Dollar erreicht, im Jahre 1970 waren es gerade einmal 70 Milliarden Dollar täglich. Rechnet man 30 Milliarden Dollar heraus, die heute täglich zur Abwicklung des Welthandels genügen sollten, so sind von den im Mittel rund 1,2 Billionen Dollar Tagesumsatz 1,16 bis 1,17 Billionen Dollar reine Geldanlagen. Dieses spekulative Kapital, so schreiben die Verfasser, rast mit Höchstgeschwindigkeit um die Welt: 80 Prozent der Gelder werden alle acht Tage wieder in andere Währungen umgetauscht.

Der Bestand an Aktien hat sich seit 1980 fast verzehnfacht, der Handel mit ihnen ist im selben Zeitraum um das Hundertfache gestiegen. Während das Anleihengeschäft noch recht national ausgerichtet ist, sind die Aktienmärkte sehr viel stärker internationalisiert. Die Welt der Derivate hat sich längst von ihrer Grundfunktion, der Absicherung von real stattfindenden Handelsgeschäften, losgelöst. In der genannten Broschüre ist dazu zu lesen: „Vor 25 Jahren praktisch kaum vorhanden, betrug die Summe der Ende 1998 bestehenden Finanzderivate 65 Billionen Dollar, ihr Jahresumsatz lag bei 388 Billionen Dollar. Bei 250 Arbeitstagen sind das 1,6 Billionen US-Dollar pro Tag (Huffschmid 1999: 51).“ Selbst wenn jedes Geschäft im Welthandel mit Waren, Dienstleistungen und Direktinvestitionen durch Derivate abgesichert würde, liegt der realwirtschaftlich bedingte Anteil immer noch bei weit unter fünf Prozent. Die BIZ geht dabei von lediglich etwa einem Prozent des gesamten Derivatevolumens aus, das sich auf stoffliche Gegenstände wie Getreide, Gold oder Rohöl bezieht. Die überwiegende Masse betrifft Finanzprodukte. Der weitaus größte Teil der Derivate von 95 Prozent und mehr wird demzufolge für spekulative Geschäfte eingesetzt.

Woher kommt das Kapital, das zur Spekulation eingesetzt wird? Wir hatten in Kapitel I.2.e die wachsende Profitmasse bei gleichzeitig sinkender Tendenz der Profitrate in den Nicht-Finanz-Bereichen der unternehmerischen Wirtschaft herausgearbeitet. Unter anderem wegen der latenten Nachfrageschwäche als Folge der real seit 1980 in vielen Ländern der Erde kaum gestiegenen Löhne findet die Unternehmensgewinne nicht mehr genügend lukrative Anlagemöglichkeiten. Dieses überschüssige Geldkapital ist die Basis für die überschäumende Finanzspekulation. Je mehr hier hineinströmt, desto weiter entfernt sich der Finanzsektor von der realen Basis. Hierzu trägt natürlich auf die Schaffung innovativer Finanzinstrumente (zum Beispiel Derivate) bei. Die Besitzer solcher Instrumente verdienen vor allem an schnellen Schwankungen. Also müssen sie daran interessiert sein, dass das wirtschaftliche Geschehen partiell destabilisiert wird. Dies wiederum ist Gift für die Realwirtschaft, die auf stabile Rahmenbedingungen angewiesen ist, und erschwert die Investitions- und Finanzplanung von Konzernen und Staaten. Zwar liegt die Ursache von Finanz- oder Währungskrisen nach wie vor in den fundamentalen ökonomischen Daten von Konzernen und Volkswirtschaften. Die Bewegungen der Finanzmärkte und vor allem der Finanzspekulation setzen aber an vorhandenen Ungleichgewichten oder Intransparenzen an und verstärken deren Schwankungen. Das internationale Finanzkapital wirkte in jüngerer Zeit zum Beispiel in den südostasiatischen Tiger-Ökonomien und lateinamerikanischen Schwellenländern krisenauslösend beziehungsweise -verstärkend.

1980 brach eine weitere entscheidende Entwicklungsetappe der Finanzmärkte an. Die USA und bald danach die anderen Industrienationen reduzierten die ursprünglich als Instrument zur Konjunktursteuerung konzipierte Zinspolitik auf eine reine Anti-Inflationspolitik. Die Verantwortung hierfür wird den Zentralbanken übertragen, deren Rolle sich fortan darauf beschränkt, die Geldwertstabilität zu hüten und das Instrument der Leitzinsen nur zu diesem Zweck einzusetzen. Die Kreditzinsen sollen sich hingegen an den Märkten orientieren. Dies führte zu einer Phase dauerhaft hoher realer, das heißt inflationsbereinigter langfristiger Zinsen, die die Wirtschaftsgeschichte zuvor noch nicht erlebt hatte.[66] So stiegen die Realzinsen in den achtziger Jahren rasch auf Werte zwischen vier und zehn Prozent.

Diese Politik hatte eine Reihe von „Nebenwirkungen", wie die Verfasser dieser Dokumentation schreiben. Einerseits folgte daraus die Verschärfung der öffentlichen Verschuldung in den Industrieländern. Andererseits liegen hohe Zinsen natürlich im Interesse der Geldbesitzern. Die wichtigste Nebenwirkung dürfte allerdings der Umstand sein, dass Investitionen in reine Finanzgeschäfte nun dauerhaft attraktiver werden als Investitionen in die reale Wirtschaft. Dies fördert den Abfluss von Kapital aus der Güterwirtschaft und somit die Akkumulation des Geldkapitals.

Wenn die Realzinsen nachhaltig über der Wachstumsrate des Bruttoinlandsprodukts von Industrie- und Schwellenländern liegen, sind Finanzkrisen die unausweichliche Folge. Die Schuldner können die Zinsen nämlich nicht aus realen Zuwächsen bezahlen, sondern müssen an ihre Substanz gehen. „Irgendwann ist das Ende der Fahnenstange erreicht", schreibt Altvater, „und dann bricht die Finanzkrise aus. Wenn die Geldflüsse immer von den Schuldnern zu den Gläubigern, also zu den Geldvermögensbesitzern einseitig erfolgen, dann heißt dies auch, dass die Ungleichheit in der Welt zunehmen muss. Wenn die einen durch den Schuldendienst immer an die anderen zahlen, bedeutet dies, dass die einen reicher und die anderen ärmer werden."[67] Baldige Folge dieser neuen Zinspolitik war, dass Brasilien und Mexiko 1983 zahlungsunfähig wurden. Schließlich brach in den Entwicklungsländern eine Schuldenkrise aus.

Rekapitulieren wir an dieser Stelle: Als in den siebziger Jahren die Ära von Bretton Woods endgültig zu Ende ging, traten im Zuge der allgegenwärtigen Deregulierung die Kräfte des kapitalistischen Marktes kaum gezügelt an die Stelle eines Systems von internationalen Beschränkungen, die den Nationalstaaten bis dahin einen eigenen, abgesicherten Bewegungsspielraum zur politischen Gestaltung gaben. Dies schuf die Voraussetzungen für das internationale Finanzkapital, sich noch ungehemmter entfalten zu können. Seine spekulative

Komponente gewann im Verlauf der vergangenen 30 Jahre so sehr an Bedeutung, dass dessen Bewegungen heute immensen Einfluss auf das wirtschaftliche und politische Geschehen haben. Die nationalen Teilmärkte und die großen Blöcke sind heute wirtschaftlich sehr eng verflochten. Güterwirtschaftlich bestimmen wenige 100 transnationale Konzerne, was auf dem Weltmarkt geschieht. Die zunehmende Mobilität des Kapitals hat den Aktionsradius nationaler Regierungen bis zur Bedeutungslosigkeit beschnitten.

Was sind nun die Auswirkungen der Globalisierung? Die lang andauernde Phase hoher Realzinsen trug dazu bei, das Kräfteverhältnis zwischen Gläubigern und Schuldnern zugunsten der Kreditgeber zu verschieben. Über Zinsen und Spekulationsgewinne aus Aktien- und Devisenspekulation werden per saldo keine neuen Werte geschaffen, sondern Vermögenswerte zugunsten der großen Finanzanleger und Geldkapitalbesitzer umverteilt. Was an Zinsen gezahlt worden ist, kann nicht mehr als effektive Nachfrage nach Investitions- oder Konsumgütern auftreten. Hohe Zinsen wirken sich daher negativ auf Wachstum und Arbeitsmarkt aus. Das beschleunigte zum Beispiel in den Entwicklungsländern den Prozess der Verarmung und wachsenden Abhängigkeit noch. Verschärft wird dieser Zusammenhang dann, wenn – wie geschehen – das Zinsniveau real nachhaltig über dem Wachstum der jeweiligen Volkswirtschaft liegt.

Genau diese Synchronität von fortschreitender Globalisierung und nachlassendem Wachstum wird in dem Aufsatz „Die Wertungsliste der Globalisierung 1980 bis 2000: 20 Jahre abnehmenden Fortschritts“ aufgezeigt: „Ausnahmslos am entscheidendsten war für alle Gruppen und Länder der Rückgang der Wirtschaftswachstumsraten“, schreiben die Verfasser. „Die ärmste Gruppe war von einem Wachstum des Pro-Kopf-BIP um 1,9 Prozent pro Jahr im Zeitraum 1960–1980 ausgegangen und musste Verluste bis zu 0,5 Prozent pro Jahr (1980–2000) hinnehmen. Für die mittlere Gruppe (die zum Großteil aus armen Ländern besteht) fiel das Pro-Kopf-Wachstums mit einer starken Verlangsamung von 3,6 Prozent auf weniger als ein Prozent. Über einen Zeitraum von 20 Jahren bedeutet dies eine Verdopplung des Pro-Kopf-Einkommens gegenüber einem Einkommenswachstum von nur 21 Prozent. Die anderen Gruppen weisen ebenfalls einen signifikanten Rückgang der Wachstumsraten auf.“[68]

Als wirtschaftliche Folge der durch die zunehmende Mobilität des Kapitals bewirkten Machtverschiebung zwischen den beiden Produktionsfaktoren Kapital und Arbeit werden, anders als noch bis zu den siebziger Jahren, Produktivitätsfortschritte in den meisten Industrieländern nicht mehr (anteilig) an die abhängig Beschäftigten weitergegeben. Und so bewegen sich, wie in Kapitel I.2.c näher ausgeführt, zum Beispiel in den USA und Deutschland die Reallöhne heute bestenfalls auf dem Niveau von 1980. Dies wiederum ist eine der Bedingungen dafür, dass die kapitalistische Wirtschaft in den Neunzigern mit verringerten Raten wuchs. Die neoliberalen Verfechter der Globalisierung hatten durch den Weltmarkt neue Dynamik versprochen, stattdessen verstärkten und verstärken sich stagnative Tendenzen. Es kann in diesem Zusammenhang nur als Glücksfall bezeichnet werden, dass sich mit dem Wegfall des Ost-West-Konfliktes für die kapitalistischen Systeme riesige neue Märkte geöffnet haben. Sonst sähe die Bilanz noch düsterer aus.

Immer wieder wird behauptet, die Globalisierung beseitige den Konjunktur- und Krisenzyklus der kapitalistischen Wirtschaft, und der Wachstumstrend der zurückliegenden Dekade setze sich ungebrochen fort. Die Argumentationskette verläuft stets ähnlich: Die moderne Informations- und Kommunikationstechnologie lässt die Produktivität immer weiter steigen, die weltweite Produktion führt zu immer geringeren Kosten. Hieraus ergäbe sich dann wachsender Wohlstand für alle. Der globale Aktionsradius der transnationalen Konzerne sorge für einen regionalen Ausgleich der Konjunkturen, die Überproduktionskrisen beseitigt. Diese Stimmen sind seit dem Börsencrash, der pünktlich zu Beginn des neuen Jahrtausends begann, leiser geworden. Nun drehen sie die Argumentation herum und sagen, „wir“, das heißt die entwickelten Industrieländer, müssten „abspecken“, damit wir wieder konkurrenzfähig werden. Die Kosten, dieses Mal die Kosten des Gemeinwesens, sind also immer noch zu hoch. Das Paradies, das uns die Globalisierung versprach, lässt auf sich warten.

Was ist eigentlich im Jahre 2000 genau passiert? In den neunziger Jahren erlebte die Weltwirtschaft einen deutlichen Anstieg der Produktivität, vor allem aber öffnete sich durch das Ende der staatskapitalistischen Systeme ein riesiger Markt für westliche Produkte. Quasi als Sahnehäubchen kam noch der Jahrtausendwechsel hinzu, der als willkommener Anlass diente, für die Erneuerung der EDV-Infrastruktur zu trommeln, gerade so, als ginge sonst die

Welt unter. Kaum war der schrille Schlussakkord verklungen, war es vorbei. Es ist müßig, darüber zu streiten, was zuerst da war, die Erkenntnis der Überproduktion oder die crashenden Kurse. Plötzlich war klar: Die Märkte sind nicht mehr aufnahmefähig. Und das überall auf der Welt. Die Wirtschaftsräume sind gerade durch die Aktivitäten der international agierenden Konzerne so eng verzahnt, dass es kaum noch Sonderkonjunkturen gibt. Damit ist auch die Chance auf ausgleichendes Wandern zwischen den Wirtschaftsräumen gering. Was sich im Jahr 2000 offenbarte, war eine handfeste Überproduktionskrise, die besonders gut am weltweiten Halbleiterumsatz abzulesen war. Wie in Kapitel I.2.c dargestellt, schäumte der Chip-Umsatz in 2000 mit einem Jahreszuwachs von 37 Prozent über. Im Jahr darauf brachen die Erlöse um 32 Prozent ein und verfehlten damit sogar das Ergebnis von 1999 deutlich.

Das dem Kapitalismus zugrunde liegende Streben nach Profitmaximierung führt in regelmäßigen Abständen dazu, dass zu viel produziert wird. Jeder Unternehmer will einen möglichst großen Teil des (Markt-)Kuchens, also setzt er alles daran, sein Angebot auszuweiten. Seine Wettbewerber agieren genauso, und daher entstehen im Vergleich zur kaufkräftigen Nachfrage Überkapazitäten. Andererseits zählen die Konsumenten, die letztlich die produzierten Güter abnehmen sollen, „dummerweise" im Einzelbetrieb zu den Kosten. In dem Augenblick, da sich herausstellt, dass das Überangebot am Markt einen etwas nachhaltigeren Charakter hat, muss der Unternehmer darüber nachdenken, wie er den abnehmenden Margen entgegenwirken kann. Ein von ihm kontrollierbarer Faktor sind die Kosten. Wesentlicher Bestandteil sind die Lohnkosten. Also werden Kosten gespart, sprich Arbeitskräfte entlassen. Da sich alle Unternehmen ähnlich verhalten, sinkt damit die kaufkräftige Nachfrage, was die Situation des Überangebots weiter verschärft. Überakkumulation von Kapital und mangelnde Nachfrage sind zwei Seiten derselben Medaille. Man muss kein Anhänger der marxistischen Ökonomie sein, um diesem Zusammenhang zu folgen.

Das Jahr 2000 hat uns gezeigt, dass die Globalisierung den Konjunkturzyklus mit den Phasen Aufschwung, Boom, Abschwung, Rezession nicht aufgehoben hat. Natürlich beeinflusst sie die konkrete Ausformung genauso, wie dies auch moderne finanzpolitische Maßnahmen tun, aber abgeschafft hat sie ihn nicht. Noch wichtiger ist aber die Frage, ob die Globalisierung den Konjunkturzyklus nach einer Rezession bald wieder sozusagen mit frischer Kraft neu startet oder eher eine Depression begünstigt.

Die moderne Informations- und Kommunikationstechnologie führt zu äußerst flexiblen Fertigungskonzepten. Die Produktion kann ohne große Lagerhaltung oder Beschäftigungsreserve schnell der Nachfrage an den Märkten folgen. Wolfgang Streeck weist in diesem Zusammenhang zu Recht auf die Fortschritte in der Logistik hin.[69] Sie eröffnen eine neue Dimension in der internationalen Ausbreitung und Koordination von Investitionen, Produktionsstätten und Aufträgen. Globale Wertschöpfungsketten, massiver Druck auf Zulieferer, vornehm „Global Sourcing" genannt, neue Organisationsformen in der Produktion ermöglichten Kostenvorteile im globalem Maßstab. Das alles veranlasste die Nationalstaaten, Grenzhindernisse für Kapital-, Auftrags- und Handelsströme weiter abzubauen, um sich für das internationale Kapital interessant zu machen. EDV und Internet lassen zudem die Produktivität steigen. Da mit jeder neuen Einheit Investitionskapital eine größere Menge produziert werden kann, nimmt die Nachfrage nach Arbeitskräften verhältnismäßig ab. Wir haben diesen Zusammenhang in Kapitel I.2.c näher erläutert. Dies geht dann so weit, dass selbst in Zeiten einer wachsenden Wirtschaft die Beschäftigung sinken kann. Daraus resultiert letztlich eine Abnahme der kaufkräftigen Nachfrage. Wenn dieser Prozess nachhaltig ist und weltweit stattfindet, hat die Globalisierung dem nichts entgegenzusetzen.

Das Auseinanderklaffen von Angebot und Nachfrage wird durch die Übernahmen und Fusionen der transnationalen Konzernen noch verstärkt. Ihre Produktionskapazitäten stiegen mit einer Zuwachsrate, die weit über der des Weltwirtschaftswachstums liegt. Allerdings erreichen gerade diese Unternehmen eine Produktionselastizität, die sie die Gewinnschwelle schon mit einer Kapazitätsauslastung von 70 Prozent und weniger erreichen lässt. Die Kehrseite ist, dass sie zusätzliche Nachfrage ohne nennenswerte Neueinstellungen von Arbeitskräften bedienen können[70].

Von der „Jobless" zur „Job-loss" Recovery – dies ist die Richtung, die der kapitalistische Konjunkturzyklus nimmt, wenn die Arbeitsproduktivität immer weiter steigt, die kaufkräftige Nachfrage stetig sinkt und der Weltmarkt weitgehend erobert und verteilt ist.

Einige gegenläufige Entwicklungen haben bisher schlimmere Auswirkungen der Globalisierung verhindert. Hierzu zählen das schon mehrfach erwähnte Ende der staatsmonopolistischen Regime in den neunziger Jahren ebenso wie die Öffnung der Volksrepublik China und Indiens. In diesen bisher kaum zugänglichen Regionen konnten nun Güter der entwickelten Industrieländer abgesetzt und Direktinvestitionen getätigt werden. Was China angeht, so dürften hier allerdings die besten Zeiten für Absatzmöglichkeiten von Waren vorbei sein. Das Land wird sich in nicht allzu ferner Zukunft eher zu einem Wettbewerber auf den Kernmärkten entwickeln. Die Privatisierung staatlicher Unternehmen und Sektoren in den Industrie- und Schwellenländern machte in den neunziger Jahren lukrative Bereiche für die Kapitalverwertung zugänglich. Diesen Punkt hob die UNCTAD im schon erwähnten „World Investment Report 2000" besonders hervor. So wurde im Zuge von wahren Privatisierungsorgien fast überall der Telekommunikationsbereich in private Hände gelegt. Gleiches gilt für Verkehrsbetriebe, Versorgungsunternehmen und Logistikdienstleister. Besonders in den USA sorgte ungebremste Kauflust der Bürger für kräftige Nachfrageschübe. Mangelnde Kaufkraft durch real sinkende Einkommen wurde durch die Bereitschaft zu Mehrarbeit und Nebenerwerbstätigkeit ausgeglichen. Als das nicht mehr reichte, begannen die privaten Haushalte, sich so zu verschulden, dass heute historische Höchststände im Verschuldungsgrad und Tiefststände bei der Sparquote zu verzeichnen sind.

Auch die Mitte der neunziger Jahre startende Börsen-Hausse verkehrte die Auswirkungen der Globalisierung zeitweise in ihr Gegenteil. Die Gewinnaussichten vor allem der US-Konzerne ließen das internationale Finanzkapital an die Börsen der Metropolen strömen. Einen weiteren Kapitalisierungsschub brachte die private Alterssicherung über Lebensversicherungen. Pensionsfonds explodierten förmlich und legten ihre Gelder in Wertpapieren an. Privatanleger trugen ihre Spargroschen zu den Fondsgesellschaften. Der daraus resultierende private Vermögenseffekt gab der Realwirtschaft einen Extra-Schub. Gerade in den USA, wo mehr als jeder zweite Haushalt Aktien besitzt, verstärkte das den Konsum.

Die Spirale wurde weiter angetrieben durch den Glauben an die Segnungen moderner Technologie. Das Internet-Fieber ließ die Börsenwerte hochschießen. Die Preise für Firmenübernahmen kannten nur den Himmel als Grenze. Die Aussicht auf Traumrenditen zog weiteres Kapital an. Was letzten Ende blieb, war die Erkenntnis einer solch umfassenden Fehlallokation von Kapital, wie sie die Geschichte noch nie gesehen hatte. Es wurden nicht tragfähige Geschäftsmodelle finanziert, Überkapazitäten aufgebaut, Entwicklungen in Sackgassen getrieben. Betroffen war keineswegs nur die so genannte New Economy. Vor allem die großen Anbieter von Telekommunikations-Dienstleistungen hatten im Kampf um Marktbeherrschung in einem solchen Umfang akquiriert und überinvestiert, dass sie nun auf einem riesigen Schuldenberg sitzen. Die Versteigerung der UMTS-Lizenzen in Deutschland mit ihren aberwitzigen Bietersummen im Jahres 2000 markierte das vorläufige Ende dieser Ära.

Jetzt drehte sich das Rad anders herum. War das Finanzkapital in den neunziger Jahren die treibende Kraft der Börsen-Hausse, so dreht der Absturz der Aktienbörsen den hochverschuldeten Unternehmen nun den Hahn radikal zu. Die Betreiber zum Beispiel von Kommunikationsnetzen stoppten ihre Investitionen und trieben damit die Ausrüster an den Rand des Ruins. Noch schneller, als es im Boom aufwärts ging, schlitterte die gesamte Telekommunikation und Informationstechnologie in die Krise. Deregulierung und Privatisierung haben nicht nur in diesen Branchen zur Fehlallokation geführt. Der Investitionsrausch fand letztlich in nahezu allen Sektoren statt. Besonders krasse Formen nahm er allerdings in denen an, die noch vor kurzem staatlich kontrolliert waren. Die neoliberale Deregulierung sollte den Marktkräften in diesen Bereichen zur Geltung verhelfen. Das hat sie auch – nur: So hatte man sich das vermutlich nicht vorgestellt.

Das spekulative Finanzkapital hat sich von der Güterwirtschaft losgelöst. Das bedeutet aber nicht, dass es sich neben dem realwirtschaftlichen Geschehen bewegt. Im Gegenteil, es beeinflusst diesen Bereich immer stärker. Der Shareholder-Value-Gedanke ist eine vornehme Umschreibung dafür, dass das internationale Geldkapital maximale Rendite sehen will und auch die Möglichkeiten hat, seine Macht gegenüber den Konzernen der Realwirtschaft zur Geltung zu bringen. Diesem Interesse entspricht eine Unternehmenspolitik, die durch Übernahmen und Fusionen eine marktbeherrschende Stellung in einer Branche erreichen will, um dann Monopolpreise verlangen zu können. Mit seiner immer bedeutenderen Rolle verstärkt das Geldkapital Bewegungen auf den Finanzmärkten und destabilisiert diese. Deren Risikopotenzial steigt. Platzen spekulative Blase, so reißen gewöhnlich auch Kreditketten. Das führt zu Erschütterungen der Realwirtschaft. Das war 1989/90 in Japan so, als die dortige Aktien- und Immobilienblase platzte und die Banken auf faulen Krediten sitzen ließ. Das ist auch jetzt wieder so. Und seitdem ist die Verschuldung nicht nur der öffentlichen Hände explodiert. Bei all dem wirken die heutigen elektronischen Möglichkeiten letzten Endes verstärkend. Je schneller auf bestimmte Ereignisse irgendwo auf der Welt reagiert werden kann, je größer ist die Wahrscheinlichkeit, dass Aktionen und Reaktionen überschießen.

Pensionsfonds, die 1999 insgesamt 28 Prozent des addierten Vermögens der institutionellen Investoren kontrollierten, zeigen sich zwar zunehmend risikobereiter, müssen aber ihrem Auftrag gemäß dem Sicherheitsbedürfnis ihrer Einzahler gerecht werden. Sie werden sich daher als Erste aus einem Engagement zurückziehen, wenn das tatsächliche oder vermeintliche Risiko zu groß wird. Da keiner der konkurrierenden Pensionsfonds Verluste machen möchte, wird der Ausstieg mehr oder gleichzeitig passieren. Dieser schnelle Abfluss von Geldkapital führt zu erheblichen Verwerfungen. Handelt es sich bei dem „Investitionsgegenstand" um ein Entwicklungs- oder Schwellenland, kann dies den nationalen Kapitalmarkt in starke Bedrängnis bringen. So war es beispielweise bei der Peso-Krise Ende 1994, als US-Pensionsfonds ihre Positionen in Mexiko bei den ersten Anzeichen von Problemen sofort abzogen und damit eine Lawine ins Rollen brachten.[71]

Wie sehr das Finanzwesen mittlerweile unidirektional auf die Großunternehmen ausgerichtet ist, zeigt ein weiterer Punkt. Der traditionelle Bankkredit verliert für die Unternehmensfinanzierung zunehmend an Bedeutung. So lag in den siebziger Jahren der Anteil des Bankkredits an der betrieblichen Finanzierung bei rund 45 Prozent. 1993 war dieser Wert auf rund 25 Prozent abgesunken. Aktuell dürfte er immer noch deutlich unter 30 Prozent liegen. Große Unternehmen haben Zugang zu den internationalen Wertpapiermärkte und emittieren Anleihen. Kleineren Betrieben ist das verwehrt. Ihr Wachstum oder auch schon ihr Fortbestehen ist durch diese Entwicklung in Frage gestellt.[72]

Wir haben gelegentlich von institutionellen Investoren gesprochen, die einen Teil des Finanzkapitals bilden. Hierzu hat die OECD[73] in ihrem statistischen Jahrbuch 2001 einige interessante Angaben gemacht.[74] Demnach stellen die Versicherungen mit rund einem Drittel die stärkste Gruppe. Sie kontrollierten 1999 über 12 000 Milliarden Dollar. 1990 waren es noch unter 6000 Milliarden Dollar. Die Pensionsfonds bringen mehr als 10 000 Milliarden Dollar auf die Waage, mehr als zweieinhalbmal so viel wie 1990. Die Investmentgesellschaften sind die am stärksten wachsende Gruppe. Sie kontrollierten 1990 knapp 3000 Milliarden Dollar. 1999 waren es über 10 000 Milliarden Dollar. Die Gruppe der „Anderen" brachte es zuletzt auf über 3000 Milliarden Dollar nach unter 2000 Milliarden Dollar im Jahr 1990.

Heruntergebrochen auf einzelne Länder ergibt sich folgendes Bild: Die Gesamtmenge des Finanzvermögens der institutionellen Investoren machte 1999 in den USA 207 Prozent des GDP[75] aus. Großbritannien meldet 227 Prozent. Der Wert für Deutschland kommt auf 77 Prozent. Wenn eine wirtschaftliche Interessengruppe über Vermögen verfügt, das beispielsweise in den USA dem Wirtschaftsprodukt dieses großen Landes von über zwei Jahren entspricht, kann man sich lebhaft vorstellen, welche ungeheure Macht hier konzentriert ist. Das folgende Diagramm veranschaulicht die Verhältnisse.

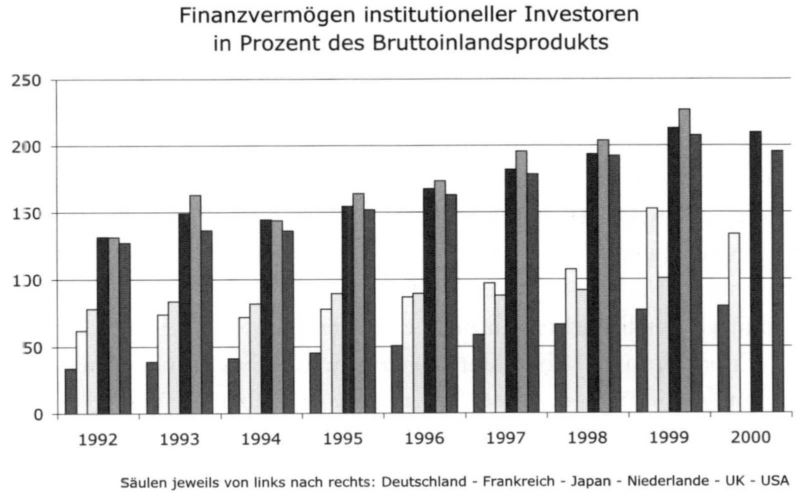

Ein zunehmender Teil des gesamten Wirtschaftlebens einschließlich des wirtschaftlichen Verhaltens der privaten Haushalte wird heute vom Börsengeschehen beeinflusst. Schon diskutiert wurde die wachsende Abhängigkeit der Unternehmen von den Kapitalmärkten. Die schlechter werdende gesetzliche Alterssicherung treibt die Haushalte in Lebensversicherungen, Betriebsrenten und Pensionsfonds. Die entsprechenden Institutionen investieren ihre Überschüsse an der Börse. In der Baisse treten nun bei einer Reihe von privaten Versicherungen und betrieblichen Pensionsfonds riesige Deckungslücken auf. Wenn sie zum Verkauf von Wertpapieren gezwungen sind, setzen sie damit eine Abwärtsspirale an den Börsen in Gang. Das Engagement von privaten Haushalten an den Finanzmärkten verursacht einen Vermögenseffekt. Nach Untersuchungen der OECD konsumierten US-Privatanleger Ende der neunziger Jahre bei einem Kursanstieg von einem Dollar zusätzliche vier bis fünf Cent.[76] Bei einem Kurssturz von zehn Prozent geht der Konsum in den USA um 0,45 bis 0,75 Prozent zurück. In Großbritannien sind es 0,5 Prozent. Deutschland kommt auf lediglich 0,2 Prozent, was daran liegt, dass hier erst jeder vierte Haushalt Aktien besitzt.

Die starke Verzahnung der Wirtschaftsräume beschneidet Möglichkeiten eines regionalen Konjunkturausgleichs. Entscheidend ist dabei das Gewicht der US-Wirtschaft. Eine wirkliche Rezession dort kommt einer Weltwirtschaftskrise gleich. Wie groß die Abhängigkeit ist, zeigt sich zum Beispiel daran, dass die Börsenkapitalisierung von NYSE (New York Stock Exchange) und Nasdaq zusammen größer ist als das addierte Aktienkapital an den restlichen Börsen der Welt. Die hohe Abhängigkeit der Weltbörsen von Wall Street, an der alle führenden transnationalen Konzerne notiert sind, wird in einer Studie des IWF belegt: In den neunziger Jahren ist der Korrelationskoeffizient zwischen den US- und den EU-Börsen von 0,4 auf 0,8 gestiegen[77]. Dabei bedeutet „1" hundertprozentige Synchronität.

Die Politik der Einzelstaaten oder der durch sie gebildeten Blöcke orientiert sich im Zuge der Globalisierung immer mehr daran, dem internationalen Kapital möglichst genehme Bedingungen zu garantieren. Wegen seiner hohen Mobilität treten die einzelnen Länder in Wettbewerb um den ihm genehmsten Standort. Die Verbesserung der Angebotsbedingungen transnationaler Konzerne durch Kostenreduzierungen, Steuersenkunkungen und

Deregulierungen steht bei der staatlichen Wirtschaftspolitik obenan. In der Logik neoliberaler Ökonomen und deren politischer Trendfolger resultieren daraus höhere Profite, die dann zu mehr Wachstum, Ausweitung der Investitionen und Schaffung neuer Arbeitsplätze führen. Was sich aus der einzelwirtschaftlichen Perspektive noch schlüssig anhören mag, führt aber zum genauen Gegenteil, wenn überall auf der Welt die gleichen Maßnahmen ergriffen werden. Die Senkung der realen Masseneinkommen, die Kürzung der Sozialleistungen und der öffentlichen Daseinsvorsorge lässt die globale Nachfrage im Verhältnis zur Produktionskapazität sinken.[78]

Die Gleichung „Im Welthandel ist nur der mit einem niedrigen Niveau sozialer Sicherung erfolgreich" ging in der Vergangenheit allerdings längst nicht für alle Länder auf. In Deutschland zum Beispiel waren lange Zeit (und sind noch) hohe staatliche Sozialleistungen Standard, trotzdem zählt das Land zu den großen Playern im internationalen Geschäft. Arbeitskosten gaben bei der Standortwahl multinationaler Unternehmen also nicht zwangsläufig den Ausschlag. Die jeweilige Infrastruktur erschien ebenso wichtig wie eine gewisse Nähe zum Absatzmarkt. Auch die Frage nach der Verfügbarkeit von Spezialisten und gut ausgebildeten Arbeitskräften konnte Standortentscheidungen beeinflussen.

Doch je weiter sich die Bedingungen international angleichen, je ausgefeiltere Methoden die moderne Logistik entwickelt, je mobiler und standardisierter die physische Produktion selbst wird, desto mehr zählen am Ende die nackten Kosten. Diesem angebotszentrierten Wettbewerb wird sich auf Dauer kein Einzelstaat entziehen können. Staaten wie die USA, die schon seit langem vergleichsweise geringe Sozialleistungen bieten, könnten in diesem Wettlauf weiterhin vorne bleiben. Denn der Um- beziehungsweise Abbau der sozialen Sicherungssysteme ist komplex und langwierig. Wenn er allerdings erst einmal vollzogen ist, ist damit ein wichtiger „Standortvorteil" der USA obsolet.

Die Globalisierung hat es also weder vermocht, den kapitalistischen Konjunkturzyklus zu beenden, noch konnte sie offenbar das Wachstum der meisten Volkswirtschaften positiv beeinflussen. Die steigende Arbeitsproduktivität wirkt zusammen mit der sinkenden kaufkräftigen Nachfrage und dem weitgehend durchdrungenen Weltmarkt wachstumsdämpfend. Die zunehmende

Mobilität des Kapitals sorgt in Verbindung mit der wachsenden Bedeutung des Spekulationskapitals letztlich für eine Verschärfung der Krisenerscheinungen. Vor allem kurzfristiges Kapital agiert prozyklisch. Die Realwirtschaft verflechtet sich immer mehr mit Finanzwirtschaft und Börsengeschehen. Das alles wirkt in jeder Phase zyklusverstärkend. Durch die Eingliederung des staatlichen Infrastruktursektors in die privatkapitalistische Wirtschaft entfällt zudem ein potenziell krisenstabilisierendes Moment. Hier war früher ein Ansatzpunkt staatlicher antizyklischer Konjunktur- und Beschäftigungsprogramme. Die Einflussmöglichkeiten des Staates werden insgesamt weiter zurückgedrängt. Das muss nicht automatisch schlecht sein. Wir alle wissen um die Ineffizienz staatlicher Bürokratie. Es fällt damit aber ein Gewicht weg, das in bestimmten Situationen zum Gegengewicht gegen die Willkür des Kapitals werden könnte. Und schließlich, so sagt es die Theorie, verkörpert der Staat die Macht des Volkes.

Das führt zur gesellschaftspolitischen Beurteilung der Globalisierung. Wir lassen Prof. Jörg Huffschmid zu Wort kommen:[79] „Die Liberalisierung des Kapitalverkehrs ist (…) nicht einfach eine ökonomische Maßnahme unter anderen. Sie ist zur Grundlage und zum Haupthebel für ein breit angelegtes Projekt der gesellschaftlichen Gegenreform geworden." Alle Reformen und „Zähmungen" des Kapitalismus, die in den vergangenen 100 Jahren in harten Auseinandersetzungen durchgesetzt wurden, würden nach und nach geschleift. Das (Zwischen-)Ergebnis könne sich sehen lassen, fährt er fort: „… Die Armen werden mehr, die Reichen werden reicher. Die Reichen können sich soziale Sicherheit auf dem Markt kaufen, die Armen können das nicht und leben in Unsicherheit. Der soziale Zusammenhalt wird destabilisiert, gesellschaftliche Stabilität muss durch disziplinierende und polizeiliche Maßnahmen hergestellt werden. Zunehmende Freiheit des Kapitals bedeutet zunehmende Beschränkung und Disziplinierung für die Mehrheit der Menschen." Die Interessen des Finanzkapitals auf internationaler Wanderschaft sind auf der Einnahmenseite hohe Rendite und auf der Kostenseite vor allem niedrige Steuern. Aus diesem Blickwinkel sind auch stabile Preise wichtiger als (Voll-)Beschäftigung. Nichts liegt in dieser Logik näher, als auch die Systeme der sozialen Sicherheit der staatlichen Einflusssphäre zu entziehen und der Kontrolle der Finanzmärkte zu unterstellen.

Man muss diesem tristen Zukunftsbild nicht bis in alle Details folgen. Tatsache ist jedoch, dass der Weg dorthin angelegt ist. Wie weit die modernen Industriegesellschaften diesen gehen, hängt auch davon ab, ob deren Bevölkerung mitgeht. Allzu viel „Fun“ trübt den Blick. Soll es auch.

Die aufgrund der Macht des Finanzkapitals allgegenwärtige Forderung nach angemessener, im Klartext höchstmöglicher, Rendite beeinflusst den Kampf um die Verteilung der in der Wirtschaft erzielten Erträge massiv. Einkommensunterschiede zwischen armen und reichen Ländern vergrößern sich ebenso wie die Verteilung des Reichtums innerhalb der Einzelstaaten. Diese Polarisierung verschärft sich mit dem Umstand noch, dass die Wirtschaft der Industrienationen nicht mehr stärker als durchschnittlich drei Prozent pro Jahr zulegt. Daraus resultiert eine latente soziale Instabilität, die sich rasch zur ökonomischen auswachsen kann.

Lassen wir an dieser Stelle den früheren Konzernchef von Asea Brown Bovery (ABB), Percy N. Barnevik, zu Wort kommen: „Ich definiere Globalisierung als die Freiheit unserer Firmengruppe, zu investieren, wo und wann sie will, zu produzieren, was sie will, zu kaufen und zu verkaufen, wo sie will, und alle Einschränkungen durch Arbeitsgesetze oder andere gesellschaftliche Regulierungen so gering wie möglich zu halten.“ Damit ist alles gesagt.[80]

Wir haben gezeigt, dass die Entwicklungen, die die Globalisierung und die zunehmende Bedeutung des Finanzkapitals los getreten haben, an den grundlegenden Mechanismen des Kapitalismus nichts ändert. Die Frage, die noch offen ist: Wird dadurch die Gefahr einer großen Krise oder einer Depression begünstigt?

Die Weltbank hat in ihrem Bericht „Global Development Finance 2000“ im Rahmen einer historischen Betrachtung seit der industriellen Revolution vier große Kapitalströme identifiziert. Die erste Welle startete 1870 und lief bis zum Ausbruch des Ersten Weltkrieges. Unter der Führung Großbritanniens sollte die Infrastruktur, das heißt im Wesentlichen Eisenbahn-Verbindungen, in den USA, Australien, Neuseeland und Südafrika ausgebaut werden. Die zweite Welle fällt in die zwanziger Jahre. Das meiste Kapital kam wiederum aus Großbritannien, aber auch aus den aufstrebenden USA. Hauptschuldner waren Regierungen auf dem europäischen Kontinent, die mit den Mitteln in erster Linie öffentliche Investitionen finanzierten. Mitte der siebziger Jahre wurden Entwicklungsländer, unter anderem die Schwellenländer Brasilien, Mexiko und Südkorea, mit westlichem Kapital „versorgt". Viertens schließlich strömte in den neunziger Jahren westliches Kapital in die Emerging Markets, vor allem nach Südostasien.

Bei allen vier großen Wellen macht die Weltbank ähnliche Muster aus: Der jeweilige Internationalisierungsschub des Kapitals fiel immer mit neuen Kommunikationstechnologien zusammen. Waren das zunächst Telegraphie und Transatlantik-Kabel, kamen dann Radio und Telefon und schließlich Satellitenkommunikation und Internet. Außerdem war die jeweilige Expansion stets mit Finanzinnovationen verbunden. So spielten in den achtziger Jahren die Investmenttrusts dieselbe Rolle wie später öffentliche Wertpapiere und ab den siebziger Jahren die Derivate. Und schließlich wurde die Expansion des internationalen Finanzkapitals immer vom Wachstum der Produktion und des Welthandels begleitet. Die vierte Bedingung war, dass die politischen Entscheidungsträger die Liberalisierung im Güter- und Geldverkehr auch wirklich wollten und daher den entsprechenden Rahmen schufen.

All diesen bisher vier Wellen war aber noch etwas gemein: Sie endeten mit einem Crash. So folgte auf den Finanz-Boom im späten 19. Jahrhundert schließlich der Erste Weltkrieg mit seinen krisenhaften Vorboten. Die Wiederbelebung des internationalen Kapitalverkehrs ab 1920 wurde durch die Weltwirtschaftskrise 1929 und den Zweiten Weltkrieg beendet. Die Schuldenkrise der Entwicklungsländer setzte einen Schlusspunkt hinter den Finanz-Boom der siebziger Jahre. Das Ende der vergangenen Dekade sah schließlich die Mexiko-, die Asien-, die Russland- und die Brasilien-Krise, womit auch die vierte Welle verebbte.

Die Weltbank resümiert: „Jede dieser vergangenen Episoden von wellenartigen Kapitalflüssen in die aufstrebenden Ökonomien endete in internationalen Finanz- oder politischen Krisen – eher in einer ‚harten Landung' als in einer ‚weichen Landung'. Im Gegensatz dazu waren Finanzkrisen und Überschuldung während der Zeit des Bretton-Woods-Regimes eher selten, als feste Wechselkurse, Kapitalverkehrskontrollen und eine strenge Finanzmarktregulierung auf der politischen Tagesordnung standen."[81]

Die Brisanz einer jederzeit möglichen, von Schwellen- oder Entwicklungsländern ausgehenden Krise wird deutlich, wenn man sich die Entwicklung der kurzfristigen Verschuldung ansieht. Nach Zahlen des International Monetary Fund stiegen zwischen 1990 und 1970 die kurzfristigen Ausleihungen ausländischer Banken von 176 auf 454 Milliarden Dollar.[82] Für den IMF ist diese Entwicklung ein Auslöser der Mexiko-Krise 1994/1995, der in Südostasien im Jahre 1997/1998 und in Russland sowie in Brasilien 1998/1999. 1997 hatten fast 60 Prozent aller fälligen Ausleihungen von internationalen Banken an Entwicklungsländer eine Laufzeit von unter einem Jahr. Rund 50 Prozent aller neuen Kredite besaßen ebenfalls eine Laufzeit von einem Jahr oder weniger. 1988 lag dieser Prozentsatz bei knapp über 40 Prozent.

Die Institution sieht Probleme. Kurzfristige Ausleihungen würden mit hoher Wahrscheinlichkeit in schwierigen Zeiten zurückgerufen. Das sei für den Kreditgeber mit minimalen Kosten verbunden, der Schuldner jedoch müsse vermutlich Maschinen, Anlagen oder andere Investments verkaufen, was in der Regel während einer Krise Verluste mit sich bringt. Während Entwicklungsländern 1997 kurzfristige Gelder im Volumen von 43,5 Milliarden Dollar zuflossen, mussten sie ein Jahr später 85 Milliarden Dollar zurückzahlen. Aufgeführt sind hier nur Transfers von Banken, die an die „Bank for international Settlement" berichten. Die tatsächliche Summe dürfte daher höher liegen.

Der Zusammenhang zwischen überbordenden kurzfristigen Ausleihungen und nachfolgenden Finanzkrisen ist nicht neu. So lag der Anteil der kurzfristigen Darlehen am gesamten externen Kreditvolumen der Entwicklungsländer zwischen 1977 und Mitte 1982 konstant über 40 Prozent, nachdem er noch 1974 rund 27 Prozent ausgemacht hatte. Im Vorlauf der folgenden Schuldenkrise fiel der Wert bis Anfang 1984 unter die Marke von 30 Prozent.

Malaysia hat im Rahmen der letzten Ostasien-Krise mit scharfen, unilateralen Maßnahmen reagiert. Die wurden zwar Anfang 1999 wieder entschärft, aber es blieb zunächst bei einer Besteuerung großer ausländischer Direktinvestitionen. Ziel war es, den kurzfristigen Kapitalabzug mit einer Sonderabgabe von 30 Prozent zu bestrafen, die nach mehr als einem Jahr Verweildauer gestrichen wurde.

Die Währungs- und Finanzkrise der Jahre 1997 und 1998, die in Thailand ausbrach, sich bald in der gesamten Region ausbreitete und später Russland sowie Brasilien befiel, wird vielfach als die erste Krise der finanziellen Globalisierung angesehen. Sie führte in diesen Ländern zu Rezessionen, ließ auch die westlichen Börsen kurz erzittern, wirkte sich ansonsten aber in den Realwirtschaften dieser Länder nicht direkt aus. Da man jedoch allgemein eine globale Systemkrise befürchtete – Warnungen vor einer Wiederholung der dreißiger Jahre machten die Runde –, wurde eine Reihe von Reformvorschlägen erarbeitet. Als die unmittelbare Gefahr vorüber war, wanderten sie in die Ablage. Ob der Auslöser der nächsten Finanzkrise nun aus den sich entwickelnden Märkten dieser Erde kommt oder nicht – wer die Lunte ansteckt, ist zweitrangig. Tatsache ist, dass die rapide angeschwollene Verschuldung, die immer engere Verflechtung der Märkte und die zunehmend wichtigere Rolle des Spekulationskapitals genügend Sprengstoff angehäuft haben.

Fassen wir zusammen:

> Weil die kaufkräftige Nachfrage sinkt, die wesentlichen Marktplätze auf der Erde längst erobert sind und ein immer größerer Teil des Kapitals lieber spekuliert als produziert, wächst die Weltwirtschaft mit immer geringeren Raten. Wenn der größer werdende Schuldendienst einen immer größeren Teil des kleiner werdenden Zuwachses der Wirtschaftsleistung wegfrisst, wird immer weniger investiert. Wird weniger investiert, sinken die Wachstumschancen weiter. Angesichts dieser Negativspirale könnten gewisse herrschende Kreise irgendwann auf den Gedanken kommen, „Tabula rasa" zu machen.

Die Wahrscheinlichkeit einer Depression, einer großen Krise beziehungsweise eines großen Krieges und die möglichen Szenarien wollen wir in Teil III des vorliegenden Buches noch genauer untersuchen.

g Inflation oder Deflation?

Schulden ohne Ende, Arbeitslosigkeit auf hohem Niveau, stagnierende Endmärkte, sinkende Profitraten in der Realwirtschaft – welche Auswirkungen hat dieses in den vorigen Kapiteln skizzierte Szenario auf die Preisentwicklung? Das ist schließlich die Größe, die den Rahmen der mittelfristigen privaten Wirtschaftstätigkeit entscheidend bestimmt. Aber auch für die Notenbanken dieser Welt ist der Verlauf der Preise ein entscheidender Indikator.

Im Frühsommer 2003 schreckte die amerikanische Notenbank die Finanzwelt auf, als sie in den USA eine deflationäre Entwicklung für möglich hielt. Eiligst verabschiedeten sich die Anleihenbesitzer insbesondere von amerikanischen Staatspapieren und beobachteten das Geschehen zunächst einmal von der Seitenlinie aus. Rund um den Globus geisterte plötzlich das Gespenst der Deflation. Überall wurden japanische Verhältnisse heraufbeschworen. Der Spuk war bald vorbei. Heute redet kaum noch jemand davon, und auch die FED hielt einige Monate später schon das Risiko einer deflationären Entwicklung für wenig ausgeprägt.

Was war das? Kurz nach ihrer Warnung versprachen die amerikanischen Währungshüter um Alan Greenspan, die Leitzinsen für beträchtliche Zeit auch dann nicht zu erhöhen, wenn sich die Konjunktur weiter erholen sollte. Hat die amerikanische Notenbank „Haltet den Dieb“ gerufen, um davon abzulenken, was sie wirklich im Auge hat?

Inflation ist schon seit vielen Jahren in den entwickelten Industrieländern kein akutes Problem mehr. Die Kernrate der Verbraucherpreise, also ohne Energie und Nahrungsmittel, liegt in den USA derzeit bei 2,2 Prozent. In der Eurozone werden 2,1 Prozent berechnet, das liegt nur noch knapp über der Zielmarke der Europäischen Zentralbank (EZB) von zwei Prozent. Allerdings differiert die Inflationsrate innerhalb der Euro-Zone sehr deutlich. In Europa kommt Deutschland einer Deflationsgefahr mit einer Verbraucherpreissteigerung von 1,1 Prozent bei sehr niedrigem Wirtschaftswachstum im Jahre 2003 noch am nächsten.

Die Abbildung „CPI-Index USA" zeigt die Entwicklung der Verbraucherpreise seit 1969.[83] Daraus wird klar, dass seit 1983 Inflation kein Thema mehr ist. In vielen entwickelten Industrienationen haben sich die Preisniveaus analog entwickelt, deshalb nehmen wir den Chart stellvertretend für eine breit angelegte Entwicklung.

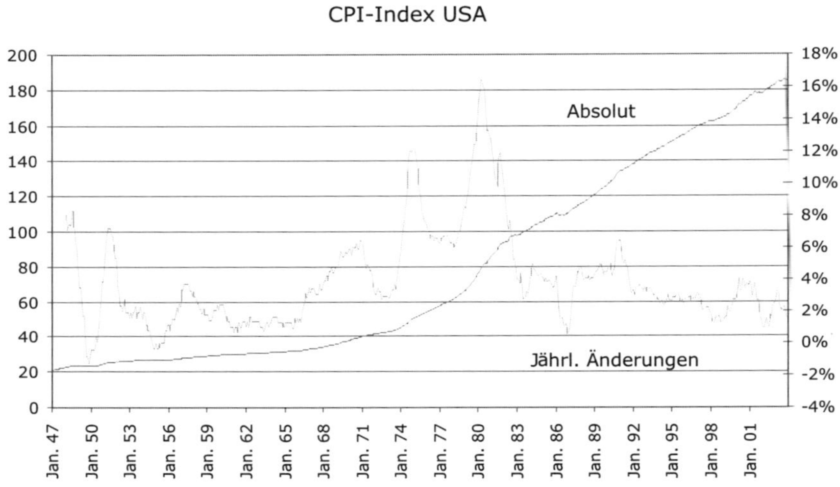

Deflation beschreibt eine volkswirtschaftliche Situation, in der die Preise auf breiter Front nachhaltig fallen. Sie sollte nicht verwechselt werden mit Desinflation, bei der lediglich die Geschwindigkeit der Geldentwertung abnimmt. Die Preisentwicklung in den USA von sehr hohen Inflationsraten aus auf stabile, niedrige Raten seit Mitte der neunziger Jahre ist ein typisches Beispiel für Desinflation.

Beim Stichwort Deflation muss man noch weiter unterscheiden. Was ist die Ursache eines längerfristigen, breit angelegten Nachgebens der Preise? Solange Deflation durch die Angebotsseite bedingt ist, wenn also etwa steigende Produktivität zu sinkenden Stückkosten führt, ist die Welt in Ordnung. Ein Teil der sinkenden Kosten wird an die Verbraucher weitergegeben, die können auf ungesättigten Märkten günstiger einkaufen. Die Margen der Anbieter steigen dennoch und kurbeln über neue Investitionen die Wirtschaftstätigkeit weiter an. Die Produktion legt weiter zu, Arbeitskräfte werden eingestellt, die Preise sinken, die Wirtschaft expandiert. Das war die Situation im 19. Jahrhundert in Europa, als sich der Kapitalismus entwickelte. In Grenzen dürfte die Lage im heutigen China mit der Situation von damals vergleichbar sein.

Die Deflation, die ihre Ursachen auf der Nachfrageseite hat, ist das eigentliche Problem und die Gefahr für die Stabilität einer Volkswirtschaft. Entweder können die Verbraucher nicht konsumieren, weil die kaufkräftige Nachfrage beständig sinkt, oder sie wollen nicht. Beides führt zum selben Effekt. Der zweite Fall ist der, der allgemein als der gefährlichere angesehen wird, weil sich eine solche Situation als besonders hartnäckig erweisen kann.

Weithin gefürchtet ist diese Art der deflationären Entwicklung deshalb, weil sie mit finanzpolitischen Instrumenten schwer zu beherrschen ist. In der Tat löst sie ein keineswegs willkommenes Konsumentenverhalten aus. Die Verbraucher rechnen damit, dass die Preise von Gütern, deren Erwerb zwar wünschenswert, aber nicht dringend ist, in absehbarer Zeit weiter nachgeben. Also ist es aus dieser Sicht sinnvoll, mit dem Kauf zu warten. Durch die sinkende Nachfrage werden die Anbieter früher oder später die Preise tatsächlich senken. Dieser sich selbst verstärkende Abwärtsprozess entwickelt sich bis zu dem Punkt, an dem sich entweder die Erwartung durchsetzt, dass die Preise nun ihren Boden gefunden haben, oder der Kauf der Produkte aus anderen Gründen nicht länger hinausgeschoben wird.

Es ist klar, dass eine solche Situation zur Schrumpfung der gesamten Wirtschaftstätigkeit führt. Am Beispiel Japan erkennt man, dass Deflation keine vorübergehende Erscheinung ist, sondern sich über viele Jahre etablieren kann. Die Verbraucher sparen lieber, als zu konsumieren, selbst niedrigste Zinsen veranlassen sie nicht, von ihrem Kurs abzugehen.

Deflation wird stark begünstigt durch Schlüsselmärkte, die sich in oder nahe ihrer Sättigung bewegen. Viele Verbraucher verfügen dann schon über solche Produkte und können es sich leisten, auf das neueste Produkt zu verzichten. Wer etwa ein Handy hat, braucht nicht unbedingt ein neues. Fotografieren kann man auch mit einer ebenfalls im Haushalt vorhandenen Kamera. Dabei stört es nicht, wenn das ein älteres Modell ist. Zur Not tut es ein längst beschaffter Scanner, um Papierfotos in den schon vor einiger Zeit gekauften PC zu ziehen. Dort werden sie mit einer Software bearbeitet, die auch nicht mehr ganz neu, aber immer noch brauchbar ist.

Gesättigte Märkte, wie die für viele moderne Elektronikprodukte, zeichnen sich immer auch dadurch aus, dass die Anbieter keine wirkliche Preismacht mehr haben. So müssen sie auf die schwache Nachfrage mit sinkenden Preisen reagieren. Zwar versuchen sie, durch das Ausnutzen von Modeströmungen und die Implementierung neuer Features neue Kaufanreize zu schaffen. Aber wenn ein Konsument sparen will, kann er das auch. Er verfügt ja schon über ein entsprechendes Gerät. Die schwache Stellung der Anbieter wird noch verschärft, wenn sie zum Beispiel im Überschwang der Erwartungen eines immerwährenden Booms Überinvestitionen getätigt haben. Der Druck, zu jedem Preis zu verkaufen, ist dann besonders hoch.

Es ist die Haltung des Attentismus, des Abwartens, die die Deflation so schwer beherrschbar macht. Dieses Herauszögern von Kaufentscheidungen muss man sich leisten können. Daher entsteht eine solche Situation hauptsächlich in hoch entwickelten Volkswirtschaften.

Die Geldpolitik ist allerdings nicht völlig machtlos, wenn es um die Bekämpfung deflationärer Gefahren geht. Deflation geht mit einer Kontraktion der umlaufenden Geldmenge einher. Also können die Notenbanken die Geldversorgung erhöhen, mehr Geld in den Wirtschaftskreislauf pumpen und damit inflationäre Tendenzen stärken. Das Anwerfen der Druckerpresse führt zu einem relativen Überangebot an Geld. Solange dieses nicht gehortet, sondern ausgegeben wird, entsteht alsbald ein Preisauftrieb.

Wie gelangt das Zentralbankgeld in die Wirtschaft? Dies geschieht zum Beispiel durch den Ankauf von Vermögenstiteln, etwa staatlichen Wertpapieren, durch die Notenbank, die mit frischem Geld bezahlt. Wird das jedoch erst einmal in den Finanzmärkten eingesetzt, treibt es nur dort die Preise, sprich Kurse. Das allgemeine Niveau der Güterpreise wird davon zunächst nicht tangiert. Diese Wirkung tritt erst dann ein, wenn die Buchgewinne der Finanzanlagen realisiert und konsumiert beziehungsweise investiert werden. Ein weiterer Inflationsmechanismus funktioniert über die

Arbeitseinkommen: Wenn Löhne und Gehälter den Geldbeutel der Empfänger praller machen, weil die Arbeitgeber mehr zahlen, Abgaben sinken oder weil der Staat Steuern senkt, kann mehr ausgegeben werden. Die nächste Möglichkeit, frisches Geld in die Wirtschaft zu pumpen, führt über die Kreditgewährung. Kunden von Geschäftsbanken erhalten für betriebliche oder private Investitionen Darlehen, die diese über einen Kredit bei der Zentralbank gegenfinanzieren. Wenn der Kunde der Geschäftsbank den Kredit abruft, gelangt Zentralbankgeld in den Wirtschaftskreislauf. Auch der Wirtschaftsverkehr mit dem Ausland beeinflusst die inländische Geldmenge zum Beispiel durch Bezahlung von Exporten, durch Kredite, Devisen oder Valuten, die ins Inland hineinkommen. Und schließlich gibt es noch eine Methode, Geld von der Zentralbank in die Wirtschaft fließen zu lassen: Wenn alle Stricke reißen, so versprach FED-Chef Greenspan einmal, dann werde man Geld aus Hubschraubern abwerfen.

Inflation begünstigt diejenigen, die verschuldet sind. Ihre Nominalschuld sinkt mit der Geldentwertung. Umgekehrt bestraft die Deflation die Schuldner und begünstigt die Besitzer von Geldvermögen, das an Wert zulegt, wenn die Preise für Konsum- und Vermögensgüter fallen. Besitzer von dinglichen Vermögensgegenständen sind wiederum in der Inflation besser gestellt als in der Deflation, wo deren Wert beziehungsweise deren Preis abnimmt. Das gilt aber nicht für alle Sachwerte gleichermaßen. In der Regel verteuert sich Gold in solchen Phasen, weil es als sicherer Hafen oder auch als Geldersatz angesehen wird. Gleiches gilt zunächst für viele Rohstoffe, über deren weiteres Preisschicksal dann aber die mittelfristigen wirtschaftlichen Aussichten entscheiden. Und noch eines ist wichtig: Da in der Deflation keine Entwertung der Schulden stattfindet und zudem die allgemeine Wirtschaftstätigkeit nachlässt, wird der Spielraum zur Bedienung des Schuldendienstes immer enger. Schließlich können Darlehen nicht mehr zurückgezahlt werden, eine Bankenkrise ist die Folge.

Bill Gross, der angesehene Rentenfonds-Manager bei PIMCO, dem größten Vermögensverwalter der Welt, hat seinen Kunden für das Jahr 2004 Folgendes mit auf den Weg gegeben: „Angesichts eines schwächer werdenden Dollars und des Verlustes von Millionen von Arbeitsplätzen an die asiatisch-indische Konkurrenz führt unsere Regierung eine weltweite Bewegung zur

Reflationierung an, um den Lebensstandard der US-Bürger zu halten. Negative kurzfristige Realzinsen, 500 Milliarden Dollar Staatsdefizit, deutlich niedrigere Steuersätze, neue Vergünstigungen (...) usw. – alles ist darauf gerichtet, unsere Wirtschaft wieder in Gang zu bringen. ‚Verdammte Inflation, volle Kraft voraus', sagt Greenspan und lässt Taten folgen. Ich denke, ein Investor sollte ihm glauben und entsprechend handeln."[84]

Gross geht zwar nicht davon aus, dass uns die Inflation sofort einholt. Es gäbe dazu noch zu viel freie Produktionskapazität und Unterbeschäftigung, um mehr als die üblichen zwei bis drei Prozent Teuerung in 2004 hervorzubringen. Aber kurzfristige Nominalzinsen in Höhe von einem Prozent, eine jährliche Dollar-Entwertung von zehn Prozent, Hunderte von Millionen an Gewehren, Milliarden an Schulden, das sei der fruchtbare Boden für einen inflationären Schwenk.

Seiner Meinung nach werden die kommenden Jahre weitere reflationäre politische Maßnahmen vor allem in den USA hervorbringen, um die Schuldner, gleich ob in Unternehmen oder Staat, zu begünstigen. Die Märkte begännen jetzt, einen solchen inflationären Schwenk vorwegzunehmen, und würden wohl auch diesen Trend so überdehnen wie viele vorher. Gross vermutet demgegenüber, dass ein solches Szenario in der Realität angesichts von Globalisierung, Produktivität und gesättigten Märkten in den Kinderschuhen stecken bleibt.

Wenn zu hohe Schulden das Herz des Kapitalismus infizieren, so schreibt er weiter, macht man entweder Pleite oder man inflationiert. Das Letztere sei bei weitem das Einfachste, was man tun kann, wenn auch nicht immer das weiseste. Er vermutet, ausländische Regierungen und Zentralbanken dürften willige Bond-Käufer bleiben, um ihre eigene Wirtschaft zu stützen. Und die FED dürfte den Kreditpreis noch lange durch niedrige kurzfristige Realzinsen monopolistisch verzerren.

Viele Beobachter nehmen den bekannten CRB-Index zur Hand, wenn es um den Blick in die weitere Zukunft der Entwicklung des Geldwertes geht. Dem Index liegt ein Korb an industriellen, agrarischen und energetischen Rohstoffen zugrunde. Er hat in den vergangenen zwei Jahren klar eine Trendwende vollzogen; so liegt der Schluss nahe, dass steigende Rohstoffpreise früher oder später auf die Verbraucherpreise durchschlagen und so die Inflation begünstigen. Wie stark der Effekt sein wird, hängt zum einen davon ab, wie gut die Überwälzungschancen für die Anbieter tatsächlich sind. Zum anderen dürfte die jüngere Entwicklung stark von der Abwertung des Dollar beeinflusst worden sein. Das verzerrt das Bild und erschwert eine klare Trendaussage hinsichtlich der Verbraucherpreise. Klar scheint aber auch vom CRB-Index her, dass die Finanzprofis gegenwärtig die inflationäre Variante „spielen“.

CRB-Future-Index

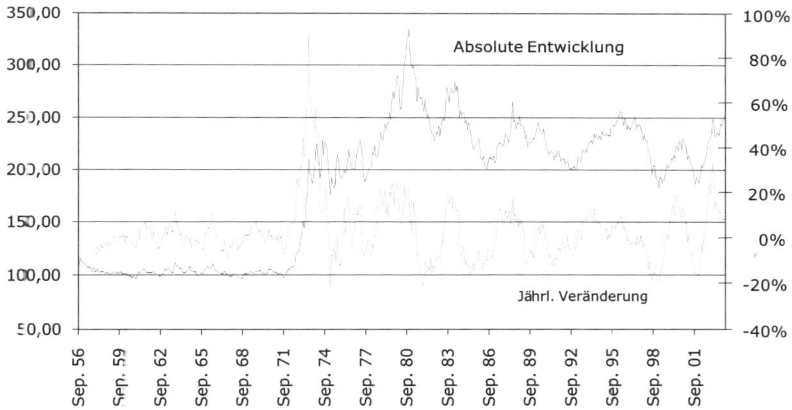

Die „wohltuende“ Wirkung eines kräftigen Inflationsschubs auf Schulden und darauf zu leistenden Zinszahlungen konnten vor gar nicht allzu langer Zeit deutsche Hausbesitzer kennen lernen, die sich Ende der sechziger Jahre auf Pump ein eigenes Heim zugelegt hatten. Der Inflationsschub in der folgenden Dekade führte zu einer überdurchschnittlichen Steigerung des Preisniveaus, aber auch der Einkünfte. Schulden und Schuldendienst reduzierten sich relativ zum gestiegenen Preis- und Einkommensniveau – die Investoren waren die Nutznießer dieser Situation.

Der in Kapitel I.2.e schon ausführlich zu Wort gekommene Dieter Meyer bestreitet allerdings, dass ein Inflationsschub einen Ausweg für eine Entschärfung des heutigen Problems der Staatsverschuldung darstellen kann. Dies trifft dann zu, wenn die durch Inflation zustande kommende Steigerung des Bruttoinlandsproduktes den progressiven Zinseszins-Effekt nicht kompensieren kann. Meyer rechnet seine Szenarien mit einer jährlichen Zunahme des Bruttoinlandprodukts (BIP) von zehn Prozent durch. Nun, dann muss die Inflation eben weiter steigen – irgendwann klappt es schon … Die Lage ist ernst, da muss schon ein wenig Sarkasmus erlaubt sein.

In der Tat – die Lage ist sehr ernst. Pleite machen oder inflationieren – das sind die Alternativen, vor denen die hochverschuldete kapitalistische Weltwirtschaft steht. Deflation führt sicher in die Pleite, Inflation birgt zumindest einen Funken Hoffnung, es vielleicht schaffen zu können. Die Frage ist nur, ob die Zentralbanken wirklich noch Herren des Geschehens sind.

Wenn man sich die hauptsächlichen Transportwege von frischem Zentralbankgeld in die Wirtschaft ansieht, so hängt es eigentlich immer an der Stimmung der Verbraucher. Wenn die nicht konsumieren wollen oder können, verpufft selbst eine explodierende Geldmenge ohne den gewünschten Effekt. Das gilt auch für den Weg, der über Ausleihungen der Geschäftsbanken führt. Wenn die Wirtschaftstätigkeit durch mangelnde Bereitschaft oder Fähigkeit zum Konsum darnieder liegt, werden sich die Banken bei Darlehen sehr zugeknöpft geben. Davon abgesehen haben sie sich sowieso schon weitgehend aus dem Kreditgeschäft zur Unternehmensfinanzierung verabschiedet und werden das mit Veranstaltungen wie „Basel II" weiter tun. Selbst der absurde Abwurf von Dollars aus Hubschraubern bricht nicht zwangsläufig deflationäres Verhalten und treibt die Preise. Wenn der Verbraucher die Dollars nämlich hortet, statt sie auszugeben, sind sie der Realwirtschaft gleich wieder entzogen.

Damit wird klar, warum die Zentralbanken die Deflation fürchten wie der Teufel das Weihwasser: Sie haben zwar gewisse Möglichkeiten zur Bekämpfung, aber die sind auf die frühen Phasen einer deflationären Entwicklung beschränkt. Die wiederum rechtzeitig zu erkennen ist sehr schwierig.

Und noch etwas wird deutlich: Der Weg, über die Börsen frisches Geld in die Wirtschaft zu schleusen, scheint sich in der Vergangenheit als nahezu einzig wirklich effiziente Möglichkeit erwiesen zu haben. Das könnte aber im Umkehrschluss bedeuten, dass die traditionellen, über Mechanismen in der

Realwirtschaft laufenden Wege nicht mehr richtig funktionieren. Niedrige Zinsen heizen also das Investitionsklima nicht mehr so ohne weiteres an. Steuersenkungen – sowieso ein heißes Eisen bei der exorbitanten Staatsverschuldung – erfüllen ihren Zweck nicht mehr sicher. Und über steigende Lohnzahlungen brauchen wir zurzeit nicht lange nachzudenken. Das alles ist wiederum nur ein weiterer Hinweis darauf, dass sich unsere entwickelten Volkswirtschaften einem Stadium der Agonie nähern.

An dieser Stelle ist ein Einwand fällig. Wir haben in den vergangenen Jahren in den USA eine sehr effiziente Methode erleben können, wie frisches Geld der Zentralbank unter die Leute kommt. Verbraucher beleihen zum Niedrigzins ihre Häuser bis zum Dachfirst. Über die Auszahlung der entsprechenden Kredite bekommen sie freies Geld, das sie willig zum Konsum einsetzen. Die Häuserpreise steigen und erhöhen den Kreditrahmen, frisches Geld fließt nach. Dies hat die USA zwar zunächst von den schlimmsten Folgen der zurückliegenden Rezession verschont, die werden aber mit der völligen Verschuldung der Konsumenten nur auf später vertagt. Die Rechnung wird dann fällig, wenn sich das Rad aus Häuserpreisen und Zinsen rückwärts dreht. Das Verrückte daran ist, dass gerade eine nachhaltige wirtschaftliche Erholung mit anziehenden Zinsen Gefahr heraufbeschwört. Hier schließt sich der Kreis zur Verschuldungsthematik des Kapitels I.2.e.

Private Investitionen, wie zum Beispiel Kauf und Beleihung von Immobilien und betriebliche, kreditfinanzierte Anschaffungen, unterscheiden sich in einem wesentlichen Punkt: Mit Hilfe von Maschinen und Anlagen können mehr Werte geschaffen werden, als sie selber wert sind. Demgegenüber kann sich ein Haus nicht multiplizieren. Die Tatsache, dass die Finanzpolitik zu einem solch „unkonventionellen" und zugleich wenig produktiven Rezept greifen musste, um Geld unter die Leute zu bringen, belegt, wie prekär die Lage eigentlich ist, und bestätigt damit indirekt die Diagnose. Die private produzierende Wirtschaft hat keine große Neigung zu investieren – sprich über Geschäftskredite Zentralbankgeld anzunehmen. Also muss der Verbraucher ran.

Das erreichte Niveau der Produktivität lässt zusammen mit gesättigten Märkten und stagnierender kaufkräftiger Nachfrage in der Realwirtschaft kaum noch profitable Einsatzmöglichkeiten für zusätzliches Geld erkennen. Also wird damit gespielt – an der Börse. Und hier entwickelt sich dann der Preisauftrieb, den man eigentlich woanders haben wollte. Letztlich also bleibt ein großer Teil des frischen Geldes im Finanzbereich stecken. Es macht diesen Sektor immer schwergewichtiger. Hier häuft sich immer mehr Kapital an und vagabundiert um den Globus. Preisauftrieb an den Börsen – das führt zu spekulativen Blasen. Je mehr Liquidität zufließt, desto häufiger und schneller erscheinen sie. Hierdurch wird das System nicht gerade stabiler – im Gegenteil: Die Wahrscheinlichkeit schwerer Finanzkrisen dürfte deutlich zunehmen.

Werfen wir zum Abschluss noch einen Blick auf die Entwicklung der Kapitalmarktzinsen, die zusammen mit der Entwicklung der Verbraucherpreise und dem Rohstoffpreisindikator zuverlässige Aufschlüsse über inflationäre Tendenzen gibt. Die Darstellung der maßgeblichen „Rendite der zehnjährigen US-Staatsanleihen" zeigt 1981 einen bedeutenden langfristigen Wendepunkt. So stark sie vorher gestiegen war, so deutlich fiel sie in vier großen, jeweils fünf bis sieben Jahre dauernden Schüben. Das Chartbild legt nahe, dass die Renditekurve im Jahr 2004 einen Ausbruch aus dem zuletzt gebildeten Abwärtskanal versucht. Ob das gelingt, ist nicht ausgemacht. Und falls doch, dürfte sich daraus wohl kein neuer nachhaltiger Aufwärtstrend ergeben.

Ein nachhaltig steigendes Zinsniveau wäre eine schwere Belastung. Dieser Bewegung läge mittels der inversen Beziehung zwischen Anleihenkursen und Renditen zugrunde, dass die internationalen Finanzmärkte die Schuldscheine der US-amerikanischen Regierung nicht mehr haben wollen. Dieses Misstrauensvotum könnte gravierende Folgen für die laufende, zarte Konjunkturerholung haben. Abgesehen davon käme sie durch dauerhafte Zinssteigerung zum jetzigen Zeitpunkt zugleich auch direkt in Bedrängnis. Und drittens würde dadurch auf Dauer die Zinslast für die hochverschuldete US-Wirtschaft – Konsumenten, Unternehmen und Staat – anwachsen. Dieses Szenario käme den für die Finanzpolitik zuständigen Stellen äußerst ungelegen. Sie werden alles daran setzen, um es zu verhindern.

Noch etwas spricht gegen einen nachhaltigen Dreh nach oben: Der langfristige Wendepunkt der Renditeentwicklung fiel in eine Phase explodierender Verschuldung der öffentlichen Hand der USA, die sich zwischen 1975 und 1985 mehr als verdreifachte. Überträgt man diese Entwicklung auf die Gegenwart, so dürfte es angesichts der neuerlichen massiven Zunahme der Verschuldung wenig wahrscheinlich sein, dass der Ausbruch nach oben wirklich gelingt.

Vergleicht man den CRB-Future-Index und die jährlichen Veränderungen der Verbraucherpreise mit der Entwicklung der Kapitalmarktzinsen, so lässt sich leicht eine – wenn auch lockere – Synchronität dieser drei, Inflationsbewegungen widerspiegelnden makroökonomischen Werte erkennen. Sie haben sich bis zum Jahr 2000 stets gegenseitig bestätigt. Seit 2001 schert der Rohstoffindex allerdings aus diesem Verbund aus. Ob die Bewegung nachhaltig ist, lässt sich aktuell nur schwer beurteilen. Es ist durchaus denkbar, dass sie sich in Maßen abkoppelt, weil einerseits die relative Knappheit an Rohstoffen zum Tragen kommt, andererseits die Weltbevölkerung noch längere Zeit dynamisch wächst. Die Nachfrage nimmt zu, das Angebot ist knapp, die Preise müssen steigen.

Damit tut sich für die Finanzpolitik der entwickelten Industrieländer eine Zwickmühle auf: Sie muss die Inflation anschieben, gleichzeitig aber verhindern, dass die Kapitalmarktzinsen steigen. Sie muss also eine der makroökonomischen Größen deckeln, die mit der Preisentwicklung eng verkoppelt sind. Die einzige Möglichkeit, Inflation zu induzieren, führt damit über steigende Rohstoffpreise. Wenn jedoch die Marktmacht der Unternehmen angesichts des Zustands der Endmärkte und der kaufkräftigen Nachfrage für eine Überwälzung nicht ausreicht, bleibt ein inflationärer Schwenk in der Realwirtschaft in den Kinderschuhen stecken.

Was sagte Bill Gross? Finanzmärkte neigen dazu, Trends zu überzeichnen. Also werden sie vermutlich die Rohstoffkarte noch ein wenig weiter spielen und schließlich überreizen. Was sagte Gross noch? Wenn zu hohe Schulden das Herz des Kapitalismus infizieren, macht man entweder Pleite oder man inflationiert. Steht also am Ende über den Umweg einer stotternden Inflation doch Deflation und Pleite? Dann wäre man den leichtesten Weg gegangen und beim weisesten herausgekommen.

3 Die „moderne" Gesellschaft

a Bedürfnisse

Ein Ausblick auf das 21. Jahrhundert kann nicht ohne Kenntnis gesellschaftlicher Tendenzen erfolgen. Uns geht es darum, die Entwicklung unserer Gesellschaft dynamisch zu beschreiben; ein Blick in die Historie ist dabei unerlässlich. Wer den Status quo ohne eine geschichtliche Dimension beschreibt beziehungsweise beklagt und daraus Konsequenzen für die Zukunft ableiten möchte, wird seine Schwierigkeiten haben.

Wir haben für dieses Kapitel Themen ausgewählt, die in unseren Augen eine besondere Bedeutung für die weitere gesellschaftliche Entwicklung besitzen. Die Auswahl ist im strengen Wortsinne zu verstehen: eine Auswahl, kein vollständiges Abbild. Ferner ist sie subjektiv. Nachfolgend haben wir – so glauben wir – wesentliche Merkmale herausgearbeitet, die letztendlich Rückschlüsse auf den Gesamtzustand der Gesellschaft zulassen. Gleichzeitig erscheint es uns möglich, aus diesen Rückschlüssen Szenarien für die mögliche weitere Entwicklung zu entwerfen.

Der Schlüssel zur korrekten Analyse gesellschaftlicher Entwicklungen liegt in der Wahrnehmung und Beschreibung von Bedürfnisveränderungen. Diese Aussage ist leicht nachvollziehbar, wenn man weiß, dass zum Beispiel Moden oder das Aufkommen von Trendsportarten – „Roller Skating", „Carving", „Nordic Walking" – Bedürfnisse verändern. Ein anderes Beispiel ist der 11. September 2001, der das Sicherheitsbedürfnis vieler Gesellschaften erhöht hat. Deshalb lohnt es sich, einen Blick auf Aufbau und Rangfolge von Bedürfnissen zu werfen.

Maslow[85] hat diese Rangordnung in Form einer Bedürfnispyramide entwickelt. Er unterscheidet zwischen Defizit- und Wachstumsbedürfnissen. Im Falle des Auftretens eines Defizitbedürfnisses haben Mensch und Gesellschaft keine Wahl: Es muss befriedigt werden. Ein Wachstumsbedürfnis hingegen kann befriedigt werden.

Bedürfnispyramide nach Maslow

Die Defizitbedürfnisse finden sich in den unteren Rängen der Pyramide. An erster Stelle stehen die Befriedigung physiologischer Bedürfnisse (Schlafen, Essen, Trinken); darauf folgen das Bedürfnis nach Sicherheit, anschließend soziale Bedürfnisse (Familie, Liebe, Zuneigung). Das soziale Bedürfnis ist nach Maslow sowohl Teil des Defizit- als auch des Wachstumsbedürfnisses.

Erst wenn die Defizitbedürfnisse befriedigt sind, strebt der Menschen verstärkt nach Erfüllung der Wachstumsbedürfnisse wie Anerkennung durch Dritte und Selbstverwirklichung. Maslows Kategorisierung der menschlichen Bedürfnisse wird uns in den folgenden Kapiteln behilflich sein.

b Arbeit, Freizeit und Tourismus

Die Entwicklung des Freizeitverhaltens ist untrennbar verbunden mit der Entwicklung von Arbeit. Zunächst ein Blick zurück in die Antike. Die Römer verfügten über viel mehr Freizeit als die heutigen Europäer. Sie arbeiteten sechs bis sieben Stunden am Tag, auch die Mehrheit der Sklaven. Etwa jeder zweite Tag war im römischen Kalender ein Fest- beziehungsweise Feiertag. Nicht jeder dieser Tage war arbeitsfrei, aber an etwa zwei Tagen in der Woche ruhte die Arbeit.

Das Freizeitverhalten der Römer wurde geprägt durch den Besuch öffentlicher Bäder, der Teilnahme an den Festveranstaltungen der Feiertage sowie den Attraktionen im Circus Maximus (zum Beispiel Wagenrennen, bis zu 300 000 Besucher) und Kolosseum (etwa Gladiatorenspiele, bis zu 50 000 Besucher). Damit es den Römern gut ging, musste in den Provinzen umso härter gearbeitet werden. Die großen Weizenfelder Nordafrikas – der Kornkammer Roms – und auch die Arbeit in den Minen erforderten einen hohen Einsatz an Arbeitskräften.

Von Rom ist es ein weiter Sprung in das Deutschland des 19. Jahrhunderts. Es war die Zeit der beginnenden Industrialisierung. Freizeit im heutigen Sinne war kaum bekannt, wenn man einmal vom Sonntag als weitgehend arbeitsfreiem Tag absieht. Die Mehrheit der Erwerbstätigkeit fand im landwirtschaftlichen, also im primären Sektor statt.

Die gerade entstehenden Fabriken boten wetterunabhängige Arbeit bei für damalige Verhältnisse hohen Löhnen. Dies zog die Landarbeiter in die Städte. In nachfolgender Erwerbstätigenstatistik für Deutschland zeigt sich, dass der Anteil der Erwerbstätigen im primären Sektor (Landwirtschaft) bereits 1882 in die Nähe der 40-Prozent-Marke rutschte.

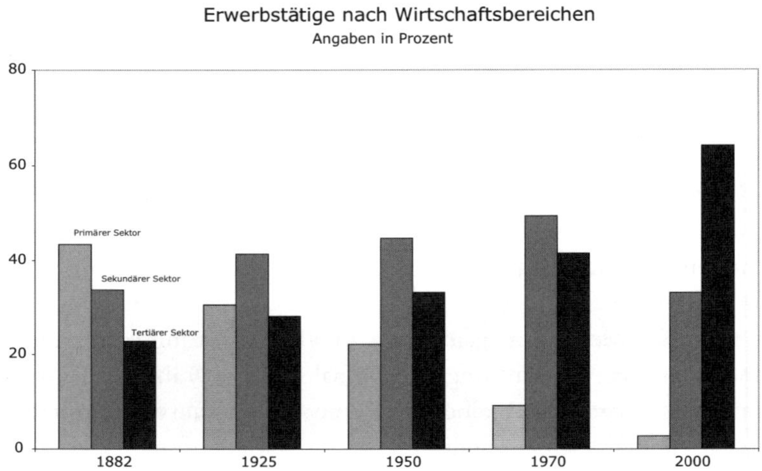

Quelle: Statistisches Bundesamt

33 Prozent der Erwerbstätigen fanden in der aufstrebenden Industrie, dem sekundären Sektor, Lohn und Brot, während der Anteil des tertiären Sektors, also der Dienstleistungen, an der Erwerbstätigkeit ein gutes Fünftel betrug.

Die Industrialisierung setzte sich nach dem Ende des Ersten Weltkrieges unvermindert fort. Die Produktion von Massenkonsumgütern ließ den sekundären zum größten Sektor werden. 1925 fanden sich zwei von fünf Arbeitnehmern dort wieder.

In jener Zeit begannen sich die Bedürfnisse der Menschen drastisch zu verändern, ähnlich wie dies heute in China der Fall ist. Die zunehmende Verstädterung und die geregelte Arbeitszeit führten zu einer erhöhten Nachfrage nach Wohnungen, Fortbewegungsmitteln, Mobiliar, Haushaltsartikeln und Freizeitangeboten. Es ist kein Wunder, dass viele der „Eckkneipen" in der damaligen Zeit entstanden sind.

Das Wirtschaftswunder nach dem Zweiten Weltkrieg ist maßgeblich der weiteren Industrialisierung zu verdanken. Für Deutschland bestimmte die Auto- und Maschinenindustrie das Tempo. 1970 arbeitete jeder zweite Erwerbstätige in der Industrie. Mit dem Ende des Wirtschaftswunders in den siebziger Jahren begann sich der Anteil des sekundären Sektors an der Erwerbstätigkeit abzuschwächen. Im Jahr 2000 wurde nur noch jeder dritte Erwerbstätige diesem Sektor zugerechnet.

Der Dienstleistungssektor hat mit einem Anteil von 64,2 Prozent das Regime übernommen. Der primäre Sektor dagegen ist zur Bedeutungslosigkeit verkommen. In ihm erzielten im Jahr 2000 gerade mal 2,7 Prozent aller Erwerbstätigen ihr Einkommen.

Der Trend von der Industrialisierung zur Dienstleistung in den entwickelten Ländern ist eine Auswirkung der Globalisierung. Während die Fabrik ins Ausland verlagert wird, verbleiben Management und Verwaltung im eigenen Land. Die Globalisierung wiederum ist die Folge unseres kapitalistischen Wirtschaftssystems und der damit einhergehenden Entstehung und Konzentration multinationaler Unternehmen.

Mit dem Abbau von Handelsschranken, dem Verfall von Telekommunikationstarifen, dem Aufkommen des Internets, der allgemeinen Anerkennung einer einheitlichen Geschäftssprache (Englisch) und der enormen Bereitschaft zum Lernen in den Schwellenländern wurde das globale wirtschaftliche Betätigungsfeld eingeebnet. Doch wesentliche Unterschiede bleiben bestehen: Der gravierendste ist die Entlohnung der Arbeitnehmer für eine vergleichbare Tätigkeit. Ein weiterer ist die Bereitschaft in Ländern wie China, sich als Arbeitnehmer total in den Dienst der Firma zu stellen.

Multinationale Unternehmen werden im Rahmen interner Optimierungsprozesse immer danach streben, Güter dort zu erstellen, wo die Produktionsfaktoren preiswert sind. Und sie werden die Güter dort verkaufen wollen, wo die relativ gesehen höchsten Preise erzielt werden können. Aus dieser Differenz speist sich grob gesprochen der Profit. Die höchsten Preise für die Produkte werden dort erzielt, wo die Kaufkraft am höchsten ist. Das ist derzeit in den USA der Fall, gefolgt von Europa.

Die Verlagerung der Arbeit in die Schwellenländer wird so lange erfolgen, bis entweder erneut Handelsschranken errichtet werden oder Lebensstandard und Kaufkraft in den Schwellenländern derart ansteigen, dass die Unterschiede in der Entlohnung vernachlässigbar sind. Beides ist für die kommenden Jahre nicht zu erwarten.

An dieser Stelle müssen wir konstatieren, dass der Trend zum Verlust von Industriearbeitsplätzen in absehbarer Zeit nicht aufzuhalten ist. Der primäre Sektor, die Landwirtschaft, ist ebenfalls keine Alternative. Rettet uns der tertiäre Sektor?

Gerade hier sind die Arbeitslosenzahlen in den vergangenen Jahren rasant angestiegen. Die gegenwärtige Wirtschaftskrise ist in erster Linie eine Krise des Kapitals. Von Arbeitslosigkeit betroffen sind insbesondere Banken, Versicherungen, Medien, Einzelhandel, Telekommunikation und die Softwarebranche.

Der amerikanische Wirtschaftswissenschaftler Jeremy Rifkin konstatiert denn auch in seinem Buch „Das Ende der Arbeit“: „Wenn in der Vergangenheit in einem Wirtschaftssektor durch eine technologische Revolution die Mehrzahl der Arbeitsplätze verloren zu gehen drohte, entstand immer rechtzeitig ein neuer Sektor, der die überschüssigen Arbeitskräfte aufnahm. Viele Millionen Menschen, die durch die schnelle Mechanisierung der Landwirtschaft arbeitslos geworden waren, fanden Unterschlupf in der aufblühenden Industrie. Als diese von der Automatisierung erfasst wurde, wanderten die Arbeiter in den schnell wachsenden Dienstleistungsbereich ab. Heute aber, da alle diese Sektoren neuerlichen Umstrukturierungen und einer weiteren Automation ausgesetzt sind, gibt es keinen Bereich mehr, der die Abermillionen Arbeitslosen aufnehmen könnte.“[86]

Rifkin sieht in der zunehmenden Anwendung technologischer Errungenschaften (grob gesagt im Ersatz des Menschen durch Maschinen) die große Gefahr und bezieht sich dabei auf Karl Marx. „Schon Marx vertrat die These, dass Unternehmer immer bestrebt seien, die Lohnkosten zu senken und die Produktionsmittel so weit wie möglich in ihre Verfügungsgewalt zu bekommen. Sie ersetzen daher, wo immer möglich, Menschen durch Maschinen. Marx sagte voraus, dass die wachsende Automatisierung schließlich alle Arbeiter überflüssig machen würde. Nach Marx‘ Theorie graben sich die Unternehmer aber ihr eigenes Grab, wenn sie fortdauernd menschliche durch maschinelle Arbeitskraft ersetzen, da auf diese Weise die Arbeiter nicht mehr genügend Kaufkraft hätten, um sich noch irgendwelche Produkte leisten zu können."[87]

Dieser Prozess schädigt nicht nur die Arbeitnehmer, sondern letztendlich die Unternehmen selbst. Interne Kostensenkungsmaßnahmen können zwar ein Unternehmen wettbewerbsfähiger gestalten, nicht jedoch den Umsatz erhöhen. Es entsteht ein Teufelskreis aus Kostensenkungen, daraus folgenden Entlassungen, daraus folgenden Kaufkraftverlusten und wiederum daraus folgenden Kostensenkungen.

Welche Lösung schlägt Rifkin zur Bewältigung dieser Probleme vor? Er sieht die Menschheit endlich an ihrem Ziel angelangt: Der komplette Ersatz von Menschen durch Maschinen führt dazu, dass sich die Menschen von den Zwängen des Marktes befreien und ihre Zeit mit ehrenamtlichen Tätigkeiten in Non-Profit-Organisationen verbringen. Diese Vision erscheint in einem marktwirtschaftlichen System unrealistisch. Das Heer der Menschen, die keinen Mehrwert (im kapitalistischen Sinne) produzieren, würde dramatisch ansteigen. Schon heute beträgt die Erwerbsquote in Deutschland rund 40 Prozent. Sie schwankte in den vergangenen 100 Jahren bemerkenswert konstant zwischen 40 und 50 Prozent, bezogen auf die ständige Wohnbevölkerung. Gemäß Rifkin würde diese Quote fallen müssen. Noch weniger Menschen würden einen volkswirtschaftlich relevanten Mehrwert produzieren.

Die zweite mögliche Vision ist düsterer: Die gesellschaftlichen Gegensätze verschärfen sich. Einige wenige Mega-Reiche stehen einem Millionenheer an Arbeitslosen gegenüber.

Den Szenarien ist eines gemeinsam: Der Mensch erhält deutlich mehr Zeit, seinen Interessen nach zu gehen. Ob Reisen, Sport, Lesen oder sonstige Freizeitbeschäftigungen: Es scheint so, als ob die Freizeitindustrie einer goldenen Zukunft entgegensieht. Wenn da nicht die Tatsache wäre, dass die Gesetze des Marktes auch für diese Industrie gelten. Letztendlich wird vieles davon abhängen, ob und für wie viele Menschen Freizeitbeschäftigungen bezahlbar bleiben oder nicht. Arbeit ist und bleibt das zentrale lebens- und sinnerhaltende Element der Menschheit. Steht dieser Faktor nur noch einer Minderheit zur Verfügung, ist ein Verfall der Gesellschaft unausweichlich.

Der Tourismus als Teil der Freizeitbeschäftigung ist ein Spiegelbild gesellschaftlicher Veränderungen. Um existieren zu können, benötigt er ganz bestimmte, eng definierte Voraussetzungen. Der Tourismus ist gegenwärtig der Welt größter Arbeitgeber und eine direkte Folge von Erfindungen, die im 19. sowie Anfang des 20. Jahrhunderts gemacht wurden: Eisenbahn, Automobil, Flugzeug.

In den Zielländern wurden gigantische Infrastrukturmaßnahmen verwirklicht. Straßensysteme, Flughäfen und Hotels wurden und werden gebaut, um den Touristenstrom fassen zu können. Millionen von Arbeitsplätzen wurden geschaffen. Ganze Staaten hängen mit einem Großteil ihres Bruttosozialprodukts vom weiteren Wachstum des Tourismus ab. Beispielsweise generiert Mallorca 80 Prozent seiner Einnahmen durch den Tourismus.

Man kann über vieles streiten, aber der Wunsch nach dem Verbringen des Jahresurlaubs ist nach Maslow weder ein physiologisches Grundbedürfnis, noch findet sich darin das Bedürfnis nach Sicherheit wieder. Erst die dritte Stufe – Bedürfnis nach Gesellschaft, Liebe, Kameradschaft und Freundschaft – lässt sich mit dem Tourismus verbinden. Das Geltungsbedürfnis sowie das Bedürfnis nach Selbstverwirklichung sind starke Motive für das Verbringen der schönsten Wochen des Jahres.

Der Tourismus benötigt drei Voraussetzungen, um existieren zu können: eine breite Mittelschicht, die über ausreichend Zeit und Geld verfügt, fossile Brennstoffe zur Sicherstellung der Mobilität durch Transportmittel sowie Frieden und Sicherheit. Diese Voraussetzungen sind aus verschiedenen Gründen gefährdet. Um den heutigen Status quo einschätzen zu können und ein Gefühl für die historischen Wellenbewegungen im Tourismus zu bekommen, soll nachfolgend ein Blick auf die touristischen Aktivitäten von Kulturkreisen geworfen werden. Tourismus ist keinesfalls eine Erfindung der Neuzeit. Die antiken Griechen haben bereits in einigen Herbergen Tanzvorführungen und Glückspiele veranstaltet und somit eine Art Vorläufer von Las Vegas geschaffen. Tourismus war in allen Kulturkreisen der Historie, ob bei Babyloniern, Assyrern, Ägyptern, Griechen oder Römern, en vogue. Allen Kulturkreisen ist gemeinsam, dass der Tourismus jeweils zur Blütezeit dieser Kulturen einen rapiden Aufschwung nahm. Exemplarisch soll hier das Reiseverhalten der antiken

Griechen und Römer dargestellt werden, weil deren Überlieferungen uns noch am besten erhalten sind. Die Epoche zwischen 500 und 200 vor Chr. brachte den Griechen Wohlstand und politische Expansion. Das Reisemittel der Wahl war das Schiff. Städte, Handel und Tourismus entwickelten sich entlang der Küste. Um den Handel zu vereinfachen, wurden Silbermünzen als Zahlungsmittel eingeführt. Ware musste nicht mehr gegen Ware getauscht werden. Die griechische Sprache verbreitete sich im gesamten Mittelmeerraum; dies vereinfachte Handel und Tourismus. Mit der Zeit entstanden Gästehäuser, in denen die Reisenden beherbergt wurden. Die ersten „Shows" mit Tanzvorführungen und der Möglichkeit zum Glücksspiel wurden entwickelt. Der Beruf des Reiseleiters entstand. Attraktive Reiseanlässe waren zum Beispiel religiöse Festivitäten, der Besuch von Sportveranstaltungen, etwa der Olympischen Spiele, sowie Städtereisen, besonders nach Athen. Die Römer reisten noch viel ausgeprägter als die Griechen. Das römische Reich besaß im Zeitraum der „Pax Romana" (30 v. Chr. bis 162 n. Chr.) eine große, finanziell gut gestellte Mittelklasse, die an Zeitvertreib und Amusement Interesse zeigte. Die heute bekannteste Art des römischen Zeitvertreibs waren die Gladiatorenkämpfe, die in vielen Arenen des Imperiums stattfanden. Der römische Kalender kannte eine Vielzahl von Feiertagen und Festivitäten, an denen die Bevölkerung regen Anteil nahm. Das römische Transportsystem war exzellent. Kutschen und Pferde konnten 90 000 Kilometer Straße in Anspruch nehmen. Die römischen Schiffe waren schnell und groß. Die Zahl der Besatzungsmitglieder – zumeist Ruderer – betrug oft über 1000 Personen, die Zahl der Passagiere lag häufig noch darüber. Latein und Griechisch waren die Sprachen des Reiches. Das römische Rechtssystem, auf dem das unsere aufbaut, schützte die Touristen. Die Römer reisten, um große Monumente, Skulpturen oder sonstige Kunst zu sehen. Interessiert waren sie an den Gräbern von Königen, Historikern und Dichtern. Sie reisten in Kurorte, was zum Bau von Zweitwohnungen südlich von Neapel führte. Auch Stätten und Orte, in denen historische Schlachten stattfanden, wurden gern besucht. Viele Römer zog es zudem übers Meer nach Griechenland oder Ägypten. Sie besuchten unter anderem die Pyramiden und kauften extra für Touristen hergestellte Souvenirs. Das Reisen war jedoch nicht ungefährlich: Auf dem Meer konnte man in Stürme geraten oder Piraten zum Opfer fallen; die Straßen waren unsicher; es gab Plünderer und Wegelagerer sowie Angriffe wilder Tiere. Reisen übers Land wurden nur bei Tageslicht durchgeführt.

Ein Großteil der rund eine Million Einwohner Roms reiste. Umgekehrt kamen aus dem gesamten Reich Touristen nach Rom, um die Attraktionen der Hauptstadt zu sehen und zu erleben. Man kann davon ausgehen, dass die damalige Tourismusindustrie tatsächlich eine Industrie war, die für Rom selbst eine wichtige Einnahmequelle darstellte. Der Tourismus wurde staatlich gebilligt und gefördert.

Aus der historischen Betrachtung sowie aus den Erfahrungen der heutigen Zeit lassen sich folgende Voraussetzungen für die Entwicklung von Tourismus ableiten:

- Sicherheit des Aufenthaltes: Kriegerische Auseinandersetzungen, Terrorismus und hohe Kriminalitätsraten sind Gift für die Tourismusindustrie.
- Sicherheit der Anreise: Das Verkehrsmittel der Wahl, ob Kutsche, Schiff, Auto oder Flugzeug, muss beziehungsweise musste eine sichere Anreise gewährleisten.
- Vorhandensein einer ausgeprägten Mittelschicht: Ausgeprägte Mittelschichten mit ausreichenden finanziellen Mitteln und ausreichender Freizeit entstehen in der Blütezeit eines Kulturkreises.
- Eine im Reiseziel akzeptierte Währung: Akzeptanz beziehungsweise Tauschbarkeit von Währungen schaffen für Touristen die Voraussetzung, kommerzielle Dienstleistungen von „Besuchten“ in Anspruch nehmen zu können.
- Eine gemeinsame Reisesprache: Sie schafft Identität und das Gefühl, im wahrsten Sinne des Wortes „verstanden“ zu werden.
- Attraktive, tourismusorientierte Reiseziele: Gereist wird nur, wenn es ein Reiseziele oder Reisegründe gibt, die es sich anzuschauen oder zu erleben lohnt.

Tourismus oder gar eine Tourimusindustrie entwickelt sich nicht zu beliebigen Zeitpunkten im Rahmen der Entwicklung eines Kulturkreises, sondern beginnt seinen Aufstieg unter ganz bestimmten Voraussetzungen. Betrachten wir die Entwicklungsstufen von Kulturkreisen.

Die folgenden Entwicklungsstufen sind vereinfacht dargestellt, treffen jedoch den Kern. Zunächst schält sich aus der sesshaften Landbevölkerung ein zentraler Markt heraus, an dem die Bauern Ware gegen Ware tauschen können. Aus diesem Platz wird langsam eine Ortschaft; Händler kaufen Waren von der Landbevölkerung an und verkaufen andere an diese zurück. Eine von der Bevölkerung akzeptierte, meist in Gewicht gemessene Währung, etwa das Pfund, entwickelt sich. Sie vereinfacht den Handel: Ware wird nicht mehr gegen Ware getauscht, sondern gegen Geld. Aus den Märkten werden Städte; einige wenige Großstädte oder nur eine einzige kristallisieren sich heraus. Von diesen wird Macht ausgeübt, der Zentralismus nimmt zu. Der Kulturkreis versucht, den Status quo zu erhalten, was aber nicht mehr gelingt. Der einsetzende Zerfall wird durch Invasionen und ähnliche kriegerische Auseinandersetzungen beschleunigt.

Der Zerfall ist, historisch gesehen, die Variante mit der höchsten Wahrscheinlichkeit. Die zweite Möglichkeit ist eine Erneuerung des alten Kulturkreises, wobei die Erneuerung mit massiven, für die Bevölkerung schmerzhaften strukturellen Einschnitten verbunden ist. Auf diese Aspekte werden wir im zweiten Teil des Buches näher eingehen.

Dieser Ausflug in die Vergangenheit hat uns gezeigt, dass der Tourismus kein typisches Phänomen der heutigen Zeit ist, sondern in vielen Kulturkreisen verbreitet war. Betrachten wir noch einmal die Voraussetzungen für das Wachstum von Tourismus, um zu erkennen, in welchem Stadium sich die heutige Tourismusindustrie befindet.

Sicherheit des Aufenthaltes: Terroristische Akte und Kriegshandlungen in den vergangenen 30 Jahren (zum Beispiel Anschläge in Ägypten und der Türkei sowie der Krieg in Kroatien) hielten den Tourismus nur temporär von seiner beständigen Aufwärtsentwicklung ab, da sie streng lokal begrenzt waren. Derzeit besteht die Gefahr, dass ein ganzer Kulturkreis – der islamische – als Zielgebiet mindere Bedeutung erlangt. Die subjektiv wahrgenommene Sicherheit ist entscheidend. Mag es beispielsweise in Jordanien noch nicht zu terroristischen Anschlägen durch „Al Kaida“ gekommen sein – subjektiv fühlt sich der Tourist dort weniger sicher als noch vor dem 11. September 2001. Die deutsche Tourismusindustrie verfügt über genügend Alternativen, diese Nachteile auszugleichen. Sollten jedoch geplante, regelmäßige Anschläge auch in westeuropäischen Urlaubsländern wie zum Beispiel in Spanien erfolgen, wäre das mit Abstand beliebteste Reiseziel der Deutschen gefährdet.

Sicherheit der Anreise: Zu griechischen und römischen Zeiten waren Reisende in ihrem jeweiligen Verkehrsmittel durch Piraten und Räuber gefährdet. Die Babylonier „erfanden“ als Gegenmittel den Zusammenschluss vieler Reisender zu einer Karawane. Angriffen Einzelner konnte so besser standgehalten werden. Heute ist die Sicherheit der Verkehrsmittel gewährleistet. Die Ausnahme bildet paradoxerweise das sicherste Verkehrsmittel der Welt, das Flugzeug. Subjektiv fühlen sich Reisende als Folge der Terroranschläge vom 11. September stärker gefährdet als vorher.

Vorhandensein einer ausgeprägten Mittelschicht: Die Entwicklung größerer finanzieller und zeitlicher Freiheit breiter Schichten des Volkes begünstigte in den vergangenen 30 Jahren die Entwicklung der Tourismusindustrie. Das weitere Wachstum der Industrie hängt stark von weiter wachsenden finanziellen Möglichkeiten der Mittelschicht ab, und da sieht es insgesamt gegenwärtig nicht gut aus. Systematische Risiken wie die der Rentenversicherung sowie die ansteigenden Gesundheitskosten, hervorgerufen durch eine Kopflastigkeit der Alterspyramide, könnten finanzielle Belastungen für die Mittelschicht bringen, die deren Ausweitung beziehungsweise sogar deren Bestand erheblich gefährdet. Auch Inflation bedroht Mittelschichten in ihrer Existenz, wie die Hyperinflation im Jahr 1923 in Deutschland zeigte.

Eine im Reiseziel akzeptierte Währung: Die Einführung des Euro als zentrale europäische Währung hat dem Tourismus Erleichterungen verschafft. Doch schon vorher waren alle europäischen Währungen frei konvertierbar, sodass die Voraussetzungen für die Bezahlung von Dienstleistungen in den Zielländern seit den Anfängen des Pauschaltourismus gegeben waren. Aus historischer Sicht muss man sagen: Nicht viel Neues.

Eine gemeinsame Sprache: Latein und Griechisch waren die Sprachen des Imperium Romanum. Eine der beiden Sprachen verstand fast jeder Bewohner zwischen London und Alexandria. Heute ist Englisch die „Lingua Franca". Außerdem haben sich die Einwohner der europäischen Reiseziele das wenige für die Kommunikation mit Touristen notwendige Deutsch sehr schnell angeeignet. Auch hier gilt: Dies ist verwirklicht.

Attraktive, tourismusorientierte Reiseziele: An diesen wird es auch in Zukunft nicht fehlen. Eine mögliche Ausnahme wäre ein umfassender Krieg zwischen einzelnen Kulturkreisen.

Schon wenn ein oder zwei Faktoren der oben genannten Voraussetzungen für den Tourismus nicht mehr gegeben oder gefährdet sind, lässt sich zumindest eine Stagnation der der Branche kaum verhindern. Die lineare Wachstumsentwicklung der Tourismusindustrie der vergangenen 30 Jahre ist keineswegs selbstverständlich, sondern kann Ausdruck einer letzten, überbordenden Phase des Wohlfahrtstaates sein. Es wird deutlich, wie machtlos die Eliten der Tourismusindustrie gegenüber politischen und finanziellen Entwicklungen der Gesellschaft sind.

c Farbsymbolik

Farben reflektieren die Stimmung der Gesellschaft. Gerade jetzt – in einer Phase bedeutender Veränderungen – sind diese Auswirkungen besonders gut zu beobachten.

Die These: In Bullen-Märkten neigen die Menschen zu dunklen, gedeckten Farben, während sie in Bären-Märkten helle, auffällige Farben vorziehen. Die Statistik der Farbwahl beim Autokauf unterstützt diese These. Nachfolgend eine Tabelle, die den prozentualen Anteil der Autofarben der vergangenen 25 Jahre wiedergibt:

Autofarben	**1978**	**1993**	**2002**
Grau/Silber	n.b.	n.b.	42%
Schwarz	1%	12,9%	22%
Blau	n.b.	19,8%	20%
Rot	17,8%	26,9%	5%
Grün	19,1%	10,9%	n.b.
Gelb	17,1%	n.b.	n.b.

Quelle: Zusammengestellt aus „Spiegel-Online"; n.b. = nicht bekannt

In der ersten Spalte sind die Autofarben des Jahres 1978 genannt. Danach dominierten Rot, Grün und Gelb mit fast gleichen Anteilen. Schwarz, Blau und Grau waren wenig bis gar nicht vertreten. Das Jahr 1978 ist Teil des lang anhaltenden Bären-Marktes von 1966 bis 1982. 15 Jahre später – 1993 – war Blau nach Rot zur zweitstärksten Farbe aufgestiegen; auch Schwarz begann seinen Siegeszug. Der Anteil roter Autos versank im letzten Teil des Bullen-Marktes in der Bedeutungslosigkeit, Silber dagegen trat seinen Siegeszug an. Blau und Schwarz überschritten jeweils ihren Höhepunkt.

Dazu eine Expertin in „Spiegel Online": „Silber dominiert aktuell wie selten eine Farbe zuvor. Autofarben kommen und gehen in Wellen. Zehn bis zwölf Jahre dauert es vom Anstieg einer Welle über den Höhepunkt bis zum Niedergang. 2006 bis 2008 soll es farbiger auf Deutschlands Straßen zugehen. Orange, Rot und Violett werden wieder stärker. Insgesamt sind wärmere Farben gefragt. Die grellen Farben der Siebziger sind aber passé. Bei Blau werden Türkis oder Petrol wiederkommen."

Bis 1999/2000 waren Schwarz und Dunkelblau die Farben der Wahl. Man trug schwarze Kleidung und fuhr schwarze und dunkelblaue Autos. In Bären-Markten neigt die Mode dazu, bunt und aufregend zu sein. Beispiele dafür sind Miniröcke sowie das In-Sein der Farben Rot, Orange und Grün.

Die Farbsymbolik charakterisiert Farben wie folgt: Rot ist die Farbe des Feuers, sie erregt Aufmerksamkeit. Rot steht für Vitalität und Energie, Liebe und Leidenschaft. Rot kann jedoch auch Wut, Zorn und Brutalität verkörpern. Blau ist die Farbe des Himmels, eine kühle Farbe. Sie steht für Sammlung, Vertiefung, Zurückhaltung. Grau und Schwarz stehen für Neutralität und Zurückhaltung, also für nicht aggressives und unauffälliges Verhalten. Die Farbsymbolik ist mit der Einschränkung versehen, dass unterschiedliche Kulturkreise Farben unterschiedlich assoziieren. Aus diesem Grund sind die obigen Zuordnungen nur für den europäisch-amerikanischen Kulturkreis als einigermaßen gesichert anzusehen.

Der letzte große Bären-Markt beherrschte die Welt zwischen 1966 und 1982. Der Dow-Jones Index scheiterte in dieser Zeit mehrfach an der Marke von 1000 Punkten. Der Tiefststand betrug 550 Punkte (1974). Wer 1966 sein Kapital in Aktien anlegte, konnte erst 1983 – nach 17 Jahren – die ersten Früchte ernten. Die heute Über-40-Jährigen erinnern sich wahrscheinlich an die quietschbunten VW-Käfer-Farben Gelb und Orange Anfang der siebziger Jahre, an die gelbgeblümten Badezimmer, an die bunten Tapeten, die grünen Toiletten und die bunten Pril-Aufkleber. Wenn es stimmt, dass bunte Farben im Bären-Markt en vogue sind, während dunkle, gedeckte Farben den Bullen-Markt begleiten, muss man sich die Frage nach dem Warum stellen.

Die Maslowsche Bedürfnispyramide gibt einen Teil der Antwort. Bunte Farben deuten diesen Aufmerksamkeitswechsel an. In Bären-Märkten muss ein Großteil der Menschen sein Augenmerk auf die Befriedigung der Defizitbedürfnisse richten. Zurückhaltung statt Geltungsbedürfnis, Ernährung statt Selbstverwirklichung, Sicherstellung des Lebensunterhalts statt konsumorientierter Spaßgesellschaft. Farben sind eine Art Ersatzbefriedigung für das erzwungene Ausblenden der Wachstumsbedürfnisse. Man nähert sich dem eigenen Lebensbereich, der hauptsächlich Wohnung, Auto und Kleidung umfasst, aus einer anderen Perspektive.

An dieser Stelle ist es interessant, Bären- und Bullen-Märkten Kunstrichtungen zuzuordnen. Blättern wir zurück zum Ende des 19., Anfang des 20. Jahrhunderts. Der Zeitraum zwischen 1870 und 1914 heißt in Deutschland Gründerzeit. Das Ende des deutsch-französischen Krieges im Jahre 1871 löste einen Wirtschafts-Boom aus. Die in Deutschland bisher etwas zurückgebliebene Industrialisierung machte einen Sprung nach vorn. Die Zeit war geprägt von steigenden Aktienkursen, einhergehend mit Optimismus und Euphorie. Erfindungen wie Telefon, Glühbirne und Automobil schürten den

Glauben an den technischen Fortschritt. In diesem Zeitraum entwickelte sich der „Impressionismus" (Eindruckskunst): Man zeigt, was man sieht. Initiator dieser Stilrichtung ist Claude Monet. Die Themen sind unpolitisch, wenig aggressiv, wenig visionär. Das impressionistische Werk lebt mehr aus der Atmosphäre als aus der Handlung. Liebe und Tod, Kunst und Leben herrschen vor.

Zwischen 1907 und 1924 scheiterte der im Jahre 1896 etablierte Dow Jones Index mehrfach an der Marke von 100 Punkten; wer 1907 sein Kapital in Aktien angelegt hatte, musste bis 1924 warten, bis seine Aktienanlage einen Gewinn abwarf. Das Wort „Expressionismus" gebrauchte man zum ersten Mal um 1911, aber Künstler schrieben und malten vereinzelt bereits 1905 in diesem Stil. Die Expressionisten glaubten, dass die Entwicklung der Menschheit chaotisch und die Welt ohne Moral war. Die alte Ordnung (die Gesellschaft, der Militarismus, die industrielle Entwicklung, die Technologie) und die Kunst, die diese Ordnung repräsentierte, hatten die Menschen von sich und der Natur entfremdet. Der Mensch war zu einem Teil einer Maschine geworden. Wegen dieser Probleme wollten die Expressionisten eine neue Welt, eine neue Menschheit sehen. Um die Probleme zu überwinden, musste der Mensch sich mit allem Lebendigen, besonders aber mit den Mitmenschen, verbrüdern. Nicht das Individuum war wichtig, sondern die Bruderschaft, das Kollektive.

Die Expressionisten hätten genau diese Aussagen auch im Jahre 2002 machen können. Zum Vergleich nachfolgend ein Zitat des amerikanischen Autors David Brooks aus der „Süddeutschen Zeitung" vom 20. Juli 2002 über die amerikanische Elite in Zeiten der Krise: Brooks erklärt, dass die ganze antiautoritäre Pose der jüngsten Generation der amerikanischen Bildungsbürgerelite „ein bisschen unattraktiv" geworden ist. „Jetzt geht es wieder weniger um persönliche Unabhängigkeit, mehr um Gemeinschaften und sogar wieder um die Anerkennung von Autoritäten. Es ist eben alles ins Schlingern geraten, und man muss wieder die Balance finden."

„In den kommenden Jahren wird der privatwirtschaftliche Ansatz mit seinem unlimitierten Vertrauen in die Selbstregulierungskräfte des Marktes („Laissez Faire") zurückgedrängt zugunsten einer größeren Einmischung des Staates in wirtschaftliche Belange", sagt Paul McCulley, Geschäftsführer und Senior-Investment-Stratege der Investmentgesellschaft PIMCO.

Ein Beispiel für die Bildung von Gemeinschaften und Autoritäten aus vergangenen Bären-Märkten ist die Ausprägung der kommunistischen Parteien als Volksbewegung oder die Studentenbewegung Ende der sechziger Jahre mit der Herausbildung von Führungsautoritäten, die im unsäglichen Wirken der RAF gipfelte.

Die bunten Autofarben kommen also wieder –wie in den Siebzigern. Erstaunlich, dass Gelbtöne 1978 so weit vorn zu finden waren. Der Höhepunkt der Gold-Manie an den Börsen stand kurz bevor (1980). Wenn tatsächlich die Töne in diesem Jahrzehnt wärmer werden, so wird aus Gelb die Farbe Gold.

Vertraut man dem oben genannten „Autofarbenindikator“, so wäre der Höhepunkt des Goldpreises dann zu erwarten, wenn annähernd 20 Prozent aller zugelassenen Autos der Farbkategorie Gelb/Gold zuzuordnen sind.

Fazit: Die gegenwärtige Farbsymbolik deutet auf eine anhaltende durchwachsene wirtschaftliche und gesellschaftliche Phase hin.

d Spektakel und Sport

Es passierte vor einigen Jahren auf der A3 zwischen Frankfurt und Köln. Die Fahrbahn war regennass, es kam zu einer Karambolage auf der linken Spur. Mehrere Fahrzeuge fuhren aufeinander auf, darunter das eigene Fahrzeug. Blechschäden, keine Verletzten, Gott sei Dank.

Wir standen eine Zeitlang an der Mittelleitplanke, diskutierten ein wenig, die Polizei sollte noch auf sich warten lassen. Die Diskussion verebbte. Auf der rechten Spur fuhr ein Fahrzeug nach dem anderen langsam an uns vorbei. Wir merkten, wie wir Teil eines Schauspiels, einer Inszenierung, wurden. Wir schauten genau in jedes Gesicht und begannen immer mehr zu staunen. Ein Gesicht nach dem anderen tauchte auf, zog langsam an uns vorbei und verschwand. Viele Gesichter blieben ausdruckslos, nur ein wenig neugierig. Die meisten Gesichter aber zeigten Grimassen. Das Volk johlte, lachte und feixte. Es hupte vergnügt und schadenfroh. Der nicht enden wollende Strom an Pkws zeigte ein Volk, das einfach nur die Show genießen wollte. Natürlich gab es auch den Samariter. Einen. Er kurbelte die Scheibe herunter und bot uns an, über sein Handy Hilfe zu holen.

„Das Problem der Schaulustigen bei Unfällen ist nach Ansicht von Notärzten nur durch verschärfte Geldbußen in den Griff zu bekommen. Jahrelange öffentliche Appelle an die Einsicht haben nicht gefruchtet“, sagte der Vorsitzende der Arbeitsgemeinschaft der in Bayern tätigen Notärzte, Peter Sefrin, in einem dpa-Gespräch. In einem Fünftel aller Notfalleinsätze werde der Rettungsdienst durch „Gaffer“ behindert, betonte Sefrin. Seinen Angaben zufolge geraten dadurch jedes Jahr in Deutschland 60 000 Menschen in zusätzliche Gefahr. Das sei etwa jedes sechste Unfallopfer.[88]

Ein Unfall ist ein Ereignis mit Nachrichtenwert. Je höher der Nachrichtenwert empfunden wird, desto bedeutsamer erscheint ein Ereignis. Und je wertiger ein Ereignis erscheint, desto mehr befriedigt die Teilnahme das Geltungsbedürfnis: „Ich bin unmittelbar dabei gewesen, als ein einschneidendes Ereignis passierte.“ Wie misst man die Wertigkeit eines Ereignisses? Vergleichen wir die Wertigkeit eines in unmittelbarer Nachbarschaft stattfindenden Verkehrsunfalls mit einer gleichzeitig in Afrika sich ereignenden Flugzeugkatastrophe. Welches Ereignis ist wertiger? Hier kommt der Faktor Nähe ins Spiel. Er entscheidet häufig für das lokale Ereignis. Stand dagegen ein Verwandter oder Bekannter auf der Passagierliste des afrikanischen Flugzeugs, so ist die Betroffenheit für das ferne Ereignis deutlich höher. Das Gleiche gilt in abgeschwächter Form, wenn eine prominente, bekannte Persönlichkeit in diesem Flugzeug saß.

Die Nummer eins der „Wertigkeitsveränderer“ sind die Massenmedien. Sie erlauben uns die unmittelbare Teilnahme an fernen Ereignissen. Gleichzeitig selektieren und lenken sie unsere Wahrnehmung nach den oben beschriebenen Regeln. 1000 Tote in Ruanda ist vielen Zeitungen bestenfalls ein Dreizeiler Wert, während das lokale Nikolausfest des Kindergartens halbseitig beschrieben wird. Nähe, persönliche Betroffenheit, Prominenz, Konfliktträchtigkeit und Überraschung sind die Hauptfaktoren für die Bedeutung der Wertigkeit eines Ereignisses. Ohne die Möglichkeit zur Übermittlung von Informationen würden wir nur Ereignisse erleben, die in Reichweite unserer Sinne stattfinden. Der oben beschriebene Autounfall zählt dazu, oder der Brand des Nachbarhauses. Erst die

Erfindungen im Bereich der Fernübertragung von Informationen (unter anderem Telefon, Radio, TV, Internet) ermöglichen uns die Teilnahme an Ereignissen, zu denen uns sonst der Zugang verwehrt bliebe.

Diese Erfindungen sorgten dafür, dass von unseren fünf Sinnen das Hören und das Sehen immer wichtiger wurden. Schmecken, Riechen und Tasten haben an Bedeutung verloren, weil sie sich nicht fernübertragen lassen. Alle dahingehenden Experimente – zum Beispiel Cybersex – befinden sich noch in einem frühen Entwicklungsstadium. Auge und Ohr leiten heute Signale an das Gehirn weiter, die den meisten Menschen noch vor 100 Jahren vollkommen unbekannt waren.

Im Grunde genommen beginnt die moderne Veranschaulichung unserer Welt am 28. Dezember 1895 mit der ersten bezahlten Kinovorführung der Gebrüder Lumière in Paris. In einem kurzen Film fuhr ein Zug auf das kreischende Publikum zu.[89]

Von Anfang an war Kino ein Sensationsspektakel. Die ersten Filme bildeten Realitäten ab und zeigten sie zeitversetzt. Niemand dachte damals an nachträgliche Veränderungen der abgefilmten Szenen. Die Erfindung beziehungsweise Durchsetzung des Tonfilms in den zwanziger Jahren des 20. Jahrhunderts rundete das Kinospektakel ab, indem es das „Fern-Hören" dem „Fern-Sehen" hinzufügte. Die ersten Live-Übertragungen in den sechziger Jahren ermöglichten die zeitgleiche Teilnahme an für den Zuschauer wichtigen Ereignissen. Sportereignisse wie Olympische Spiele und Fußball-Weltmeisterschaften zeigten sich für Live-Übertragungen sehr geeignet. Realität wurde abgebildet. In den neunziger Jahren wurde im Bereich des Kinofilms der Einsatz von Techniken populär, welche die Produktion eines Filmes komplett per Computer ermöglichten. „Toy Story" der Pixar Studios war hier Vorreiter.

Ob Reality-TV in Form von „Big Brother" oder die Live-Übertragung eines Fußballspiels: Eine Welt, in der Ereignisse uns nicht im heimischen Wohnzimmer angeboten werden, ist heute nur noch schlecht vorstellbar. Wie eigentlich sind die Menschen vor Beginn des medialen Zeitalters mit Ereignissen umgegangen? Sie waren meist nicht wichtig, da schlicht und einfach nicht vorhanden.

Bis zum Ende des 19. Jahrhunderts herrschte in Europa ein großes Informations-Ungleichgewicht zwischen herrschendem Adel und Klerus einerseits sowie dem einfachen Volk andererseits. Das Volk wurde „dumm" gehalten, nicht nur aus bösem Willen, sondern weil die Möglichkeiten der schnellen Informationsübertragung knapp und teuer waren. Man denke an den Unterhalt von Ross und Reiter, der notwendig war, um Reiter-Stafetten durch das Land zu senden. Mit Zeitung, Telefon, TV und Radio änderte sich das Bild; die Massenmedien begannen sich zu entwickeln.

Grundsätzlich bestehen zwei Möglichkeiten, Ereignisse zu erleben. Entweder begibt man sich dorthin oder das Ereignis findet in erreichbarer Entfernung statt. Sich dorthinzubegeben war im Europa des 19. Jahrhunderts oft beschwerlich, wenn das Ereignis nicht in unmittelbarer Umgebung stattfand. Man ging deshalb zunehmend dazu über, Ereignisse in die Nähe der Bevölkerung zu verlegen.

Beispielsweise richtete man im ausgehenden 19. Jahrhundert in vielen Städten zoologische Gärten ein; diese wurden im Zuge der Kolonialisierung Afrikas populär. Nach dem Motto: Wenn der Münchener nicht zum Löwen gehen kann, kommt der Löwe zu ihm. Das Kalkül war, dass die Menschen sicherlich für den Anblick exotischer Tiere im Zoo bezahlen würden, und das ging in den ersten Jahrzehnten auch auf. Später wandelte sich die Aufgabe eines Zoos in Richtung Aufzucht und Arterhaltung.

Vor der Gründung der großen Zoos wurden Wildtiere von Fürsten und Königen in engen Käfigen gehalten. Wildtierhaltung in Käfigen war über Jahrhunderte nichts anderes als ein Stück Reality-TV der damaligen Zeit. Die Wildtierhaltung diente der Unterhaltung des Hofstaates.

Vom Thema Zoo ist die Brücke zum Thema Gladiatorenkämpfe im alten Rom schnell gebaut. Das Imperium Romanum kannte keine zeitnahen Übertragungstechniken. Die Pferdekuriere, die über gut ausgebaute Straßen ritten, konnten zwar Informationen innerhalb weniger Tage durch das römische Weltreich schicken. Doch davon profitierten allenfalls der Kaiser und einige Privilegierte, denn die Menge der zu transportierenden Informationen war eng begrenzt.

Für die Masse, die in Rom lebte, war die Stadtgrenze die Endstation für zeitnahe Informationen. Gerüchte, Hirngespinste und Hörensagen spielten ein weit größere Rolle als heute; sie waren damals nicht oder nur schwer überprüfbar. Das europäische Publikum des 19. Jahrhunderts war im Vergleich zum sensationslüsternen römischen Bürger der Kaiserzeit harmlos. Eine Rückblende in die Zeit von 100 bis 400 n. Chr. zeigt uns, dass der Bedarf nach dem Erleben von Ereignissen enorm gewesen sein muss.

Mangels technischer Erfindungen, die wie in der heutigen Zeit eine Fernwahrnehmung oder gar eine Veränderung der Realität ermöglichen, hatte der römische Bürger nur zwei Möglichkeiten, die Normalität des Alltags hinter sich zu lassen. Erstens konnte er reisen. Besuche der ägyptischen Pyramiden waren fast alltäglich; ebenfalls ein begehrtes Ziel war Athen, das für die Römer ein Reiseziel war wie heute Paris für die US-Amerikaner. „Old Europe" heute, „Old Greece" damals.

Die zweite Möglichkeit war die Schaffung einer Adrenalin fördernden Scheinwelt in Rom und den Provinzen. Kaiser Titus hatte 80 nach Christus das 48,5 Meter hohe Kolosseum eingeweiht. Nashörner und Stiere wurden dort aufeinander gehetzt. Frauen, selbst Kinder, fanden den Tod. Von fünf Kaisern ist bekannt, dass sie sich bewaffnet in die Kampfzone wagten.

„Der Spiegel" schrieb über das Spektakel:[90] „55 000 Zuschauer fasste das Oval Während der Pausen boten die Händler in den Quergängen Salzsnack und Essigwasser („Posca") an. Es gab WCs und Marmorbänke für die Senatoren. Bei Hitze spannten Bedienstete Holzmasten mit riesigen Sonnensegeln über die 188 Meter lange Anlage.

Und alles nur, um zu vernichten. Von Westfalen bis an den Euphrat unterhielt das Reich ein Netz aus 186 Amphitheatern. Der Historiker Junkelmann hat errechnet, dass während des 300-jährigen Spielbetriebs im Kolosseum jedes Jahr rund 1000 Menschen starben." Neben den Menschen starben ungezählte Tiere. Sie wurden aus den eroberten afrikanischen Gebieten nach Rom gebracht, darunter Kamele, Löwen, Leoparden und Krokodile.

„Der Spiegel" weiter: „Im vierten Jahrhundert stockte der Nachschub, Nordafrika war nahezu leer gefangen. Der Preis für einen Löwen kletterte auf 600 000 Sesterzen (umgerechnet etwa sechs Millionen Euro). Also schickten die Kaiser Wisente, Kamele und selbst Esel in die Kampfzone. Alten Glanz verbreitete noch einmal Kaiser Elegabalus, der 150 Tiger aus Indien besorgte. Nur wer dem Volk „Brot und Spiele" bot, konnte als Senator Karriere machen. Julius Cäsar besaß in Capua eine Kaserne mit 1000 Gladiatoren – und erschlich sich so die Gunst der Massen."

Die Blutrünstigkeit des römischen Volkes kannte keine Grenzen. Dieses Verhalten, sich an solchen Kämpfen zu ergötzen, ist aus heutiger Sicht kaum noch zu erklären. Am besten noch versteht man diesen Umstand, wenn man weiß, dass Sklaven als Sache und nicht als Mensch verstanden wurden.

Die Römer lebten damals auf einer ähnlichen Bedürfnisstufe wie heute. Jeder zweite Tag war ein Festtag, die meist mit Ereignissen wie Umzügen oder Feiern verbunden waren. Seine Grundbedürfnisse waren um 150 bis 200 n. Chr. – der besten Zeit des römischen Reiches – weitgehend gedeckt. Der Sklave arbeitete, der römische Bürger lebte. Um Essen, Trinken, Sicherheit und Kommunikationsnetzwerk – also die Stufen eins, zwei und drei der Maslowschen Bedürfnispyramide – brauchte er sich nicht zu sorgen. Er konnte sich darauf konzentrieren, sein Geltungsbedürfnis und seine Selbstverwirklichung – die Stufen vier und fünf – voranzutreiben.

An dieser Stelle besteht eine große Analogie zur heutigen Entwicklungsstufe der Menschen in den Industrieländern. Was früher die Sklaven, ist heute die Technik. Gearbeitet wird meist im Büro, nur noch selten sind körperliche Anstrengungen erforderlich. Der Lebenszweck liegt nicht in der Befriedigung der Grundbedürfnisse; das sind eher lästige Begleiterscheinungen (zum Beispiel der Lebensmitteleinkauf). Das Geltungsbedürfnis, beispielsweise mehr zu sein oder zu haben als die Kollegen oder Freunde, nimmt breiten Raum ein. Dazu zählt das fremd geschaffene Markenbewusstsein genauso wie die Teilnahme an für die Zielgruppe relevanten Ereignissen (etwa Popkonzerte). Selbst bestimmte Fernsehsendungen sind oftmals Pflicht, weil man ansonsten in der Schule nicht mitreden kann.

Der Kauf von repräsentativen Kleidungsstücken und Marken-Pkws gehört ebenfalls in die Kategorie Geltungsbedürfnis, genauso wie das Reisen in ferne Länder. Wer statt in Deutschland in der Karibik oder auf den pazifischen Inseln urlaubt, dem ist nach seiner Rückkehr erhöhte Aufmerksamkeit sicher. Im historischen Kontext wechselten sich Perioden mit hohem gesellschaftlichen Bedürfnisniveau und Zeiträume mit niedrigem Bedürfnisniveau ab.

Die große Frage, die sich jetzt stellt: Haben wir in unserer Industriegesellschaft bereits eine Stufe erreicht, von der aus weitere Steigerungen des Bedürfnisniveaus kaum noch erzielbar sind? Oder befinden wir uns noch mitten in einer Aufschwungbewegung, die auch noch die unteren Einkommensgruppen in die Kategorie der oberen Bedürfnisniveaus hineinhieven wird?

Man wird ein gutes Urteil fällen können, wenn man die Kapitel dieses Buches im Zusammenhang betrachtet. Letztendlich sorgen Faktoren wie die Überschuldung von Personen, Unternehmen und Staat, die Probleme der Sozialversicherungen und die zunehmende Arbeitslosigkeit dafür, dass dem Aufschwung der unvermeidliche Bedürfnisabschwung folgen wird. Mehr dazu im Szenario in Teil 3 dieses Buches.

Organisierter Sport ist ein Phänomen der Arbeiterbewegung und existiert in dieser Form in der Neuzeit erst seit 100 Jahren. Die Wiederbelebung der olympischen Idee 1896 mag dafür als Initialzündung gedient haben. Ein Teil des organisierten Sports hat sich abgetrennt – und er hat sich zum „Zirkus für die Massen" entwickelt. Die Parallele zu den Amphitheatern der Römerzeit kann nicht nur, sie muss gezogen werden:

- Heute wie damals können Spitzensportler beziehungsweise -gladiatoren sehr viel Geld verdienen.
- Heute wie damals werden dem breiten Publikum große Stadien bzw. Amphitheater zur Verfügung gestellt.
- Heute wie damals existiert eine breite Mittelschicht mit viel Freizeit.

- Heute wie damals überwiegt die passive Beschäftigung mit dem jeweiligen Sport
- Heute wie damals finden Sympathie-/Antipathiebildungen für gute/ schlechte Sportler statt.
- Heute wie damals üben das Volk beziehungsweise die Massenmedien Druck auf erfolglose Spieler/ Trainer/Gladiatoren aus. Daumen senken bedeutet Tod (heute: Hinauswurf).

Der weltweit dominierende Sport unserer Zeit ist der Fußball. Nur in wenigen Industrieländern – wie zum Beispiel in den USA – haben andere Sportarten eine größere Bedeutung. Eine Fußball-Weltmeisterschaft wird von Milliarden Menschen im Fernsehen verfolgt.

In Europa erfolgen die Finanzierung der Proficlubs und damit die Zahlung der Gehälter der „Gladiatoren“, um im römischen Sprachgebrauch zu bleiben, zum Großteil über die Fernseheinnahmen. Das Fernsehen wiederum finanziert sich über Werbeschaltungen. Die Werbeschaltungen werden von Unternehmen der Konsumgüterindustrie vorgenommen.

Diese erfolgen nur, wenn ein entsprechendes Budget dafür vorhanden ist. Im Zuge der Kostensenkungsmaßnahmen von Unternehmen steht im Marketingbudget immer weniger Geld zur Verfügung. Die Zahl der Werbeschaltungen verringert sich. Dies führt dazu, dass Fernsehsender in finanzielle Schwierigkeiten geraten und nicht mehr bereit sind, die hohen Summen für die Übertragungsrechte zu bezahlen. Die Profiklubs müssen mit weniger Geld kalkulieren. Dies wirkt sich auf die Gehälter der Spieler aus. Importe aus Billiglohnländern sind die Folge. Auch im römischen Reich war es üblich, Gladiatoren aus fernen Ländern anzulocken. Die Szene damals war genauso internationalisiert wie heute.

Auf die Identifikation mit dem eigenen Verein hat diese Tatsache wenig Einfluss. Dem Zuschauer ist es egal, welche Nationalität einem Spieler zugerechnet wird. Er möchte sein Spektakel, seine Identifikationsmöglichkeit nicht missen. Mit der Affinität für den Sport wird überflüssige Zeit überbrückt. Gleichzeitig wird ein zentrales Bedürfnis des Menschen befriedigt, das zugleich Defizit- als auch Wachstumsbedürfnis ist: das Bedürfnis nach Zugehörigkeit. Die Anhänger der jeweiligen Vereine, die als Fanclubs in die Stadien gehen, sichern damit ihr Geltungsbedürfnis ab.

Sport entwickelt sich dynamisch, dies wird vom Zuschauer gefordert. Schnelle Spiele, schnelle Fahrten, schnelles Laufen. Doch der Zuschauersport gerät dort an seine Grenze, wo der physische Fortschritt des Menschen beendet erscheint. Dieses Phänomen zeigt sich insbesondere in der Leichtathletik. Die Weltrekorde in den Leichtathletik-Wurfdisziplinen (Kugel, Diskus, Hammer) stammen beispielsweise aus den achtziger Jahren.

Auch die Frage, wie weit ein Mensch springen kann, scheint beantwortet: 8,95 Meter, erzielt vom US-Amerikaner Mike Powell am 30. August 1991. Die Frage der höchstmöglichen Höhe ist wohl ebenfalls entschieden: Der Kubaner Javier Sotomayor sprang am 27. Juli 1993 ganze 2,45 Meter. Diese Ereignisse liegen zehn beziehungsweise zwölf Jahre zurück. Bei den Frauen wurden die entsprechenden Rekorde 1987 und 1988 erzielt. Die Natur zeigt dem menschlichen Körper eindeutig seine Schranken auf.

Dieses korreliert interessanterweise mit den technisch-wirtschaftlichen Grenzen der Bewegung. Die Concorde stellte ihren Flugbetrieb ein. Überschall ist zwar nett, war aber niemals wirtschaftlich. Bei Pkws muss man bei Geschwindigkeiten um 250 Stundenkilometer – wie sagt man so schön – „mit dem Tankwagen hinterherfahren." Und Rad-Schiene-Systeme wie TGV oder ICE sind offensichtlich im Bereich zwischen 250 und 300 Stundenkilometern gerade noch wirtschaftlich.

Fazit: Spektakel und Sensationen sorgen dafür, dass sich der saturierte Teil der Menschheit nicht langweilt. Die Massenmedien sind Teil der Unterhaltungs-Maschinerie. Dies alles ist nicht neu; schon im alten Rom wurden die Bedürfnisse der Massen nach Identifikation und Anerkennung auf diese Weise befriedigt.

Aldous Huxley[91] schrieb: „ Die wichtigsten Manhattan-Projekte der Zukunft werden umfangreiche Untersuchungen dessen, sein, was die Politiker oder die beteiligten Wissenschaftler das „Problem des Glücks" nennen werden – mit anderen Worten das Problem, wie man Menschen dahin bringt, ihr Sklaventum zu lieben. Die Liebe zur Sklaverei kann nicht fest verankert werden, solange sie nicht das Ergebnis einer tiefgehenden persönlichen Revolution in den Gemütern und Leibern der Menschen ist. Um diese herbeizuführen, bedarf es unter anderem folgender Entdeckungen und Erfindungen: eines Ersatzes für Alkohol und die anderen Rauschmittel, etwas das zugleich weniger schadet und mehr Genuss bringt als Branntwein oder Heroin."

Als Huxley diese Zeilen schrieb – 1949 –, war der Durchmarsch des Fernsehens und der damit verbundenen Ereignisse in Richtung auf einen gigantischen Circus Maximus noch nicht absehbar. Die Droge wirkt.

e Korpulenz und Konsum

Von den sechs Milliarden Menschen, die gegenwärtig die Welt bevölkern, sind eine Milliarde übergewichtig; davon wiederum gelten etwa 300 Millionen als stark fettleibig. Übergewicht und Fettleibigkeit sind nicht nur in den Industrienationen ein Problem. Die Steigerungsraten sind in einigen Teilen der Welt erschreckend. Seit 1980 hat sich die Zahl der Fettleibigen in weiten Teilen Nordamerikas, in Großbritannien, Osteuropa, China, den pazifischen Inseln und Australien mehr als verdreifacht. Fettleibigkeit nimmt geradezu epidemieartige Ausmaße an.

International anerkanntes Instrumentarium für die Definition von Übergewicht und Fettleibigkeit ist der Body-Maß-Index (BMI). Die Formel für den BMI lautet „Gewicht durch Größe im Quadrat". Beispielsweise hat eine Person, die 75 kg wiegt und 1,80 Meter groß ist, einen BMI von 23,2. Eine Person gilt bei einem BMI von über 25 als übergewichtig; ein BMI über 30 bedeutet Fettleibigkeit. Auf der anderen Seite des Spektrums beginnt die Untergewichtigkeit bei einem BMI von 18,5. In Afrika und Asien ist ein Durchschnitts-BMI von 22 bis 23 die Norm; in Nordamerika und Europa liegt er zwischen 25 und 27.

Besonders in den USA zeigen sich erschreckende Tendenzen. In einer im US-Fachblatt „International Medicine“[92] veröffentlichten Studie kommt der Autor Roland Sturm zu dem Ergebnis, dass sich die Anzahl der stark übergewichtigen Amerikaner (BMI von 40 und mehr; Beispiel: 1,80 Meter Körpergröße bei 130 Kilo Gewicht) zwischen 1986 und dem Jahr 2000 vervierfacht hat. Einer von 50 US-Bürgern fällt in diese Kategorie. Die Zahl derjenigen, die gar über einen BMI von 50 oder mehr (1,80 Meter Körpergröße bei 162 Kilo Gewicht) verfügen, verfünffachte sich im gleichen Zeitraum. Immerhin jeder 400. Amerikaner fällt in diese Extremkategorie.

Diese Studie lässt den Schluss zu, dass sich in den 15 Jahren vor der Jahrhundertwende die extreme Fettleibigkeit sehr viel stärker ausgebreitet hat als die bereits schnell wachsende „normale“ Korpulenz. Die Zahl der Personen mit einem BMI von 30 oder mehr (1,80 Meter Körpergröße bei 100 Kilo Gewicht) hat sich zwischen 1986 und 2000 in den USA „lediglich“ verdoppelt. Jeder fünfte Amerikaner ist dieser Kategorie zuzurechnen.

Die Ausbreitung der Fettleibigkeit reflektiert Veränderungen von Lebensabläufen in vielen Gesellschaften. Die Energiebilanz ist zunehmend gestört: Das, was man zu sich nimmt, entspricht nicht dem, was man verbraucht. Man denke an das Phänomen der bewegungslosen Mobilität: Die Überwindung von Raum erfolgt „auto-mobil“. Sie benötigt viel maschinelle, aber kaum menschliche Energie. Wirtschaftswachstum, Modernisierung, Verstädterung und die Globalisierung der Nahrungsmittelherstellung und -verteilung werden von der Weltgesundheitsorganisation[93] als Hauptgründe für Fettleibigkeit genannt.

Die Analyse der Veränderungen der Konsumausgaben in den USA zeigt denn auch, dass sich der Anteil der Ausgaben an der medizinischen Versorgung im Rahmen eines Haushaltsbudgets gegenüber 1950 fast verdreifacht hat. Die Kostensteigerungen im Gesundheitswesen sind auch eine Folge der Zunahme des durchschnittlichen Lebensalters. Dieser Trend wird so schnell nicht zu stoppen sein. Er ist nicht nur in den USA ein wachsender Kostenfaktor: Auch in Europa wird die übliche breite, gleichmäßige medizinische Versorgung der Bevölkerung wird in Frage gestellt.

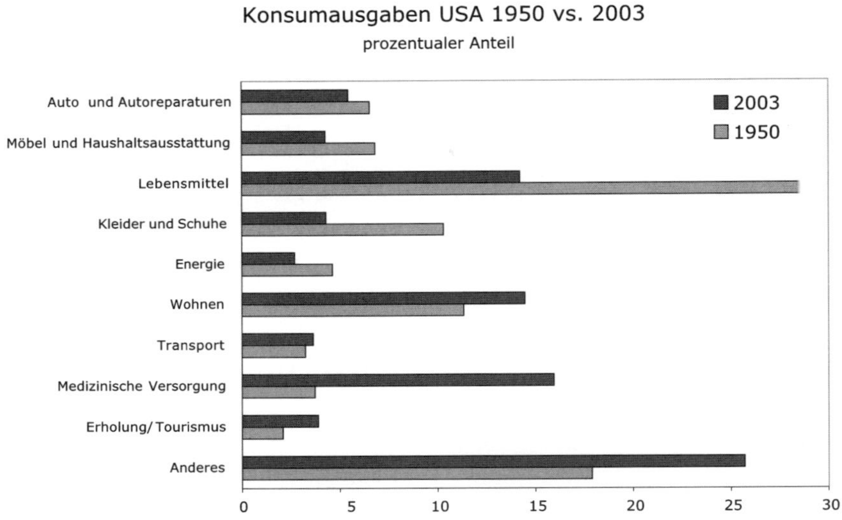

Quelle: US-Bureau of Economic Analysis

Auch der Anteil des Budgets für die Themen Wohnen und Tourismus wächst deutlich. Dagegen spielen Ausgaben für Lebensmittel, die 1950 noch mehr als ein Viertel des Budgets ausmachten, heute eine viel geringere Rolle als 43 Jahre zuvor. Auch die Ausgaben für Kleidung und Schuhe, für Möbel und Haushaltsausstattung sowie für das Auto belasten den Haushalt heute weniger als kurz nach Ende des Zweiten Weltkriegs. Und selbst der Kostenfaktor Energie spielt eine geringere Rolle als 1950.

Woher kommt das Geld für den Konsum? Jedenfalls kaum noch aus der Güterherstellung. Mit der anhaltenden Verlagerung von Produktionsstätten in Länder mit geringeren Arbeitslöhnen hat sich das Einkommen aus der Güterherstellung gegenüber 1960 prozentual halbiert. Auch der Groß- und Einzelhandelssektor hat im Laufe der vergangenen 40 Jahre an Bedeutung verloren. „Shooting Star" sind die Dienstleistungen; sie sind heute die mit Abstand größte Einkommensquelle. Dazu gehört insbesondere die Finanz-, Versicherungs- und IT- Branche.

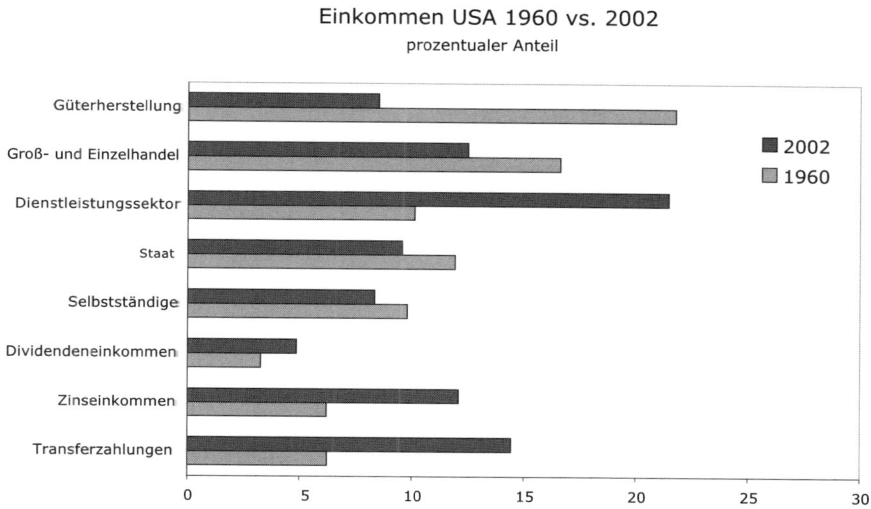

Quelle: Bureau of Economic Analysis

Die Veränderung der relativen Bedeutung der Einkommensquellen spiegelt den Trend zur Dienstleistungsgesellschaft wider. Aber zwei Dinge fallen auf und müssen ergänzt werden. Immer mehr Amerikaner sind auf Einkommen aus Zinsen und Dividenden angewiesen. Deren Anteil verdoppelte sich seit 1960. Noch größere Bedeutung nehmen die Transferzahlungen ein, also Erbschaften, Schenkungen und regelmäßige Zuwendungen. Diese verdreifachten ihre Bedeutung im gleichen Zeitraum.

Fazit: Die Entwicklung der Korpulenz ist bedenklich; der Körper muss in der heutigen Zeit nicht mehr beweglich sein und passt sich den veränderten Bedingungen an. Das führt zu Folgekrankheiten, die sich in einem steigenden Anteil an Ausgaben für die medizinische Versorgung bemerkbar machen. Zunehmender Konsum finanziert sich immer mehr aus Zinsen und Transferzahlungen.

f Scheidungsraten und Erziehungsprobleme

„In einigen Jahren werden Trauscheine zweifellos verkauft werden wie Hundemarken: gültig für zwölf Monate, wobei kein Gesetz das Wechseln der Hunde oder das gleichzeitige Halten mehr als eines Hundes verbietet. Je mehr sich politische und wirtschaftliche Freiheit verringern, desto mehr pflegt die sexuelle Freiheit sich kompensatorisch auszuweiten." Aldous Huxley[94], 1949

Ein Indiz für gesellschaftliche Veränderungen ist der Anstieg der Scheidungsrate. Die Bedeutung der Familie ist im Rückgang begriffen, Freunde und Bekannte werden wichtiger.

In Deutschland ist von 1990 bis 2002 die Zahl der Eheschließungen je 1000 Einwohner von 6,5 auf 4,9 zurückgegangen, zugleich sind die Ehescheidungen von 2,0 auf 2,5 je 1000 Einwohner gestiegen. Die größte Heiratshäufigkeit in der EU gab es 1998 in Portugal mit 6,7 Eheschließungen je 1000 Einwohner, gefolgt von Dänemark (6,5), während Schweden mit 3,6 den mit Abstand geringsten Wert in der EU aufweist. Bei den Scheidungen zeigt sich folgendes Bild: Deutschland mit 2,5 Ehescheidungen je 1000 Einwohner wird in der EU unter anderem von Finnland (2,7) und Großbritannien (2,7) übertroffen. Im weltweiten Vergleich fallen vor allem die hohen Scheidungsraten in den USA (4,3) sowie in den osteuropäischen Staaten und den Nachfolgestaaten der Sowjetunion auf (zum Beispiel Weißrussland 4,6; Russland 3,4; Litauen 3,2; Tschechische Republik 3,1).

Dass Scheidungen durchaus die Erziehungsprobleme verschärfen können, ist bekannt, aber nachfolgend nicht Gegenstand der Betrachtung. „PISA" hat in Deutschland eine Schockreaktion ausgelöst. Die vergleichende OECD-Untersuchung[95] hat die Lese-, Mathematik- und Wissensfähigkeiten 15-jähriger Schüler in 43 Ländern untersucht. Deutsche Schüler belegten in diesen Tests mittlere bis hintere Plätze. Besonders auffällig war bei deutschen Schülern der Zusammenhang zwischen familiärem Hintergrund und Testergebnissen. Kinder aus Familien mit unstabilen Verhältnissen haben in Deutschland wesentlich schlechtere Chancen als in anderen Ländern.

Dieser Tatbestand ist sicherlich nicht zu ignorieren. Durch unterstützende politische Maßnahmen sollte man versuchen, den Abstand zu anderen Ländern möglichst zu verringern. Viel entscheidender ist jedoch etwas anderes. Es ist die Frage nach der Motivation des Lernens. Lernen um des Lernens willen funktioniert in der Regel nicht. Man lernt für das Leben, nicht für die Schule. Für viele Kinder und Studenten stellt sich heute die Frage nach Sinn und Zweck des Lernens.

Der Mensch wird mit einer natürlichen Neugier geboren. Ein zweijähriges Kind „be-lutscht" und „be-greift" die Umwelt, ein vierjähriges Kind fragt nach dem Warum. Von klein auf sind wir für das Lernen konditioniert. Wir wollen aber nicht sinnlos lernen. Gängige Ausflüchte sind Sätze wie: „Das wirst du später einmal für deinen Beruf benötigen". Das Kind merkt, wie verunsichert Erwachsene bei solchen Sätzen sind. Gegenwärtig befinden sich viele Schulabgänger und Studenten mit frischem Examen in der Warteschleife. Sie erhalten keinen Job, müssen oftmals ihr gewohntes Umfeld aufgeben und zu ihren Eltern zurückkehren, wo sie zunächst ausharren. Die Frage nach dem Sinn des Studiums stellt sich schnell.

Wir sollten noch ein wenig tiefer in die Materie einsteigen, um die gegenwärtige Situation zu verstehen. „Die abendländischen Sprachen", schrieb Oswald Spengler bereits 1923, „verändern sich in gleicher Richtung: Die romanischen Kasus sind bis auf einen verschwunden, die englischen mit der Reformation sämtlich. Die deutsche Umgangssprache hat den Genitiv im Anfang des 19. Jahrhunderts endgültig eingebüßt und ist im Begriff, den Dativ aufzugeben."[96] Sprache in Schrift und Wort ist das mit Abstand wichtigste Lernmedium. Gäbe es sie nicht, wären wir ausschließlich auf Bilder angewiesen. Sprachliche Veränderungen bringen Verhaltensänderungen mit sich.

Technische Erfindungen haben ebenfalls einen Einfluss auf die Sprachentwicklung. Die Erfindung des Telefons hat Anfang des 20. Jahrhunderts revolutionäre Vorarbeit geleistet; das Handy hat einen neuen Schub an Verhaltensänderungen gebracht (zum Beispiel schnelle Verabredungen, Erhöhung der Erreichbarkeit). Nicht ein Science-Fiction-Autor hat übrigens die Adaption der breiten Handy-Nutzung vorhergesagt, dafür waren viele von der Individualisierung des Luftverkehrs („Lufttaxi") überzeugt.

Das Internet hat die Art und Weise des Lernens verändert. Zweijährige Kinder lassen sich den Mond eben im PC zeigen, falls er draußen wegen Wolken oder Neumond nicht zu sehen ist. Früher mussten Mütter oder Väter in solchen Situationen passen. Ist die Sprache im Verfall begriffen, wie Spengler es sieht, oder entwickelt sie sich nur fort?

Spengler führt gute Gründe für seine Verfallstheorie an: „Seit Alexander dem Großen ist in der hellenistischen Umgangssprache der Dual aus der Deklination und das ganze Passiv aus der Konjugation verschwunden. Das Schrift-Chinesisch ist schon in den ältesten bekannten Texten so flexionslos, dass erst in neuester Zeit festgestellt werden konnte, dass es wirklich einmal eine Flexion besessen hat.“[97]

Offensichtlich wohnt jeder sprachlichen Entwicklung ein Hang zur Vereinfachung inne. Spengler sieht die letzte Stufe der sprachlichen Entwicklung wie folgt.[98] „Es entsteht in den Oberschichten weltstädtischer Bevölkerungen eine gleichförmige, intelligente, praktische, den Dialekten und der Poesie abgeneigten Sprache, wie sie zur Symbolik jeder Zivilisation gehört, etwas ganz Mechanisches, präzis, kalt und mit einer auf ein Minimum beschränkten Geste.“

Jeder mag für sich selbst ermessen, ob wir diesen Punkt der Sprachentwicklung erreicht haben. Offensichtlich wird die Sprache kürzer, aber auch prägnanter. Wer versucht, Bücher aus der Zeit vor 100 Jahren zu lesen – von Goethe ganz zu schweigen –, wird die Sätze als zu lang empfinden. Unsere Denkmuster sind darauf nicht mehr ausgerichtet. Neu ist, dass unsere Sprache Emotionen in Sprachzeichen übersetzt. Ein „!“ oder „?“ reichen längst nicht mehr aus, auch „:-)“ oder „;-|“ sind bereits veraltet. Mitteilungen im MMS-, EMS- oder SMS-Format werden in einer denkbar großen Zahl angeboten und per Handy verschickt. Peter Schlobinski kommt in einem Essay zu dem Schluss, dass die SMS-Sprache unsere gängigen Schriftsprachen nicht gefährdet, sieht aber durchaus einen technologisch bedingten langfristigen Wandlungsprozess voraus.[99]

Demnach hätte Spengler in seiner Einschätzung bis auf einen Punkt Recht: Die Sprache der Zukunft ist nicht kalt und mechanisch, sondern durchaus emotional. Man muss die Umstände betrachten, unter denen Spengler sein Buch schrieb. Eine der gängigen Theorien der damaligen Zeit war die der Ein- und Unterordnung des Menschen in das Maschinenzeitalter. Beispielhaft für dieses Denken beschreibt Fritz Lang in seinem Film „Metropolis" (1927)[100], wie sich die Menschen damals die Zukunft vorstellten. Ein Auszug: „Währenddessen werden die Arbeiter der Unterstadt mehr und mehr zu seelenlosen Maschinen, beklagenswerten Arbeitstieren, deren Arme und Beine nur noch Bestandteile der stählernen Ungeheuer sind, die sie zu bedienen haben."

Dies ist ein Beispiel dafür, wie die Fortführung bestehender Trends – damals die fortschreitende Industrialisierung – zu Fehleinschätzungen der Zukunft führen kann. Von diesem Zustand sind wir heute dankenswerterweise weit entfernt. Wir sollten festhalten, dass sowohl die Umgangs- als auch die Schriftsprache einem natürlichen Wandel unterliegt, der den gesellschaftlichen (etwa der Verstädterung) und technologischen (zum Beispiel dem Handy) Entwicklungen Rechnung trägt. Dies zu verhindern ist weder machbar noch wünschenswert. Es ist auch kein Hauptgrund für die gegenwärtige Lernmisere. Die Frage nach dem Sinn des Lernens ist dagegen offen.

Eine Studie des sozialwissenschaftlichen Instituts der Bundeswehr[101] stellt einen deutlichen Zusammenhang zwischen Arbeitslosigkeit und Intelligenz her. Zitat: „Unsere Untersuchungsdaten lassen keinen Zweifel an einem substantiellen Merkmalszusammenhang zwischen der regionalen Arbeitslosenquote und dem regionalen Intelligenzniveau: Der Determinationskoeffizient beträgt 0.39 (rxy=-.62). Inhaltlich bedeutet dies, dass praktisch überall in Deutschland eine hohe Arbeitslosigkeit mit einem deutlich unterdurchschnittlichen RDI (Regionaler Durchschnittswert der Intelligenz) einhergeht und umgekehrt."

Von dieser Bundeswehr-Studie inspiriert, wollen wir diesen Aspekt auf die Ebene der Staaten anheben und beleuchten. Die Vermutung liegt nahe, dass sich ein Zusammenhang zwischen dem Abschneiden in der PISA-Studie und der jeweiligen Arbeitslosenquote herstellen lässt. Die folgende Grafik veranschaulicht den Zusammenhang. Die rote Linie zeigt die Position des jeweiligen Landes in der PISA-Studie, die blaue Linie die Arbeitslosenquote (Stand: drittes Quartal 2003). Über die blaue Linie wurde eine Trendgerade (schwarz) gelegt. Der Chart belegt, dass eine hohe Arbeitslosigkeit in der Regel mit schlechteren Ergebnissen in der PISA-Studie einhergeht.

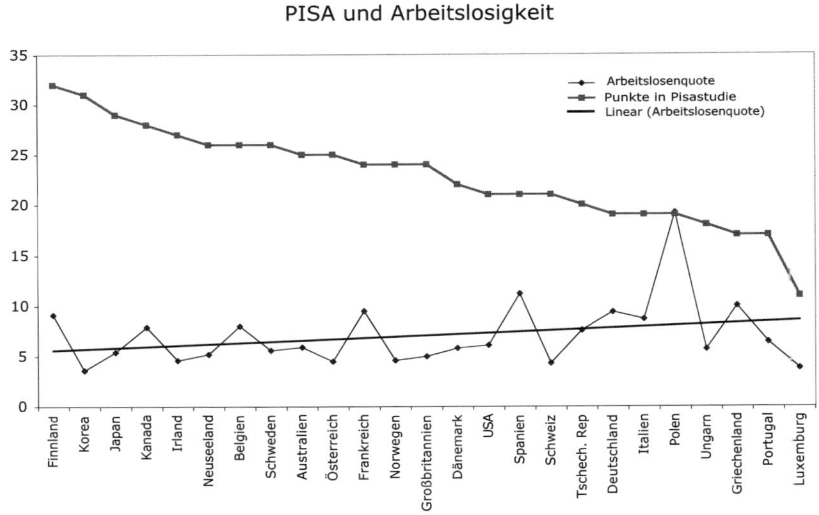

Quelle: www.uis.unesco.org; Eurostat

Dieser Zusammenhang gilt nicht ohne Ausnahmen. Die betrifft insbesondere Finnland, die Schweiz, Portugal und Luxemburg. Finnland schnitt trotz hoher Arbeitslosigkeit in der PISA-Studie hervorragend ab; die Schweiz, Ungarn, Portugal und Luxemburg konnten sich trotz geringer Arbeitslosigkeit in der PISA-Studie nur auf den hinteren Plätzen positionieren.

Das sozialwissenschaftliche Institut der Bundeswehr schließt seine Untersuchung über den Zusammenhang zwischen Intelligenz und Arbeitslosigkeit mit folgenden Worten: „Eine wichtige Voraussetzung, wenn nicht gar der Königsweg für eine wirkungsvolle Anhebung des Leistungsniveaus deutscher Schüler und damit für eine Aktivierung des Humankapitals, ist offensichtlich ein essentieller Abbau der Arbeitslosigkeit in den davon besonders hart betroffenen Regionen. Gelingt dieser nicht in absehbarer Zeit, so ist zu befürchten, dass der oben beschriebene Prozess einer „kumulativen Abwärtsbewegung“ von wirtschaftlicher Situation, Hoffnungslosigkeit und Abwanderung der Qualifizierten sich weiter fortsetzt und der in unseren Daten bereits deutlich sichtbare Verlust an regionalem Humankapital nur schwer, möglicherweise gar nicht mehr rückgängig gemacht werden kann."

Damit ist alles gesagt. Der Mensch passt sich sehr schnell neuen Situationen an. Dazu gehört auch, dass er sein Denkvermögen zurückschraubt, wenn es nicht mehr benötigt wird.

g Steigende Selbstmordraten

Im Jahr 2000 begingen weltweit etwa eine Million Menschen Selbstmord. Das entspricht etwa 16 Personen auf 100 000 Einwohner. Ein gesellschaftliches Phänomen ist die weltweite Zunahme der Selbstmorde in den vergangenen 50 Jahren. Von 1950 bis heute hat die Selbstmordrate pro 10 000 Einwohner bei den Männer von 16 auf 24, bei den Frauen von fünf auf sieben zugenommen.[102]

Der höchste Anteil der Selbstmordopfer befindet sich in der Gruppe der Über-75-Jährigen. Dennoch wächst die Zahl der jüngeren Selbstmordopfer. In der Gruppe der 15- bis 44-Jährigen steht Selbstmord mittlerweile an dritter Stelle der Todesursachen. In vielen Industrieländern liegt die Zahl der Selbstmorde bereits über der Zahl der Verkehrstoten.

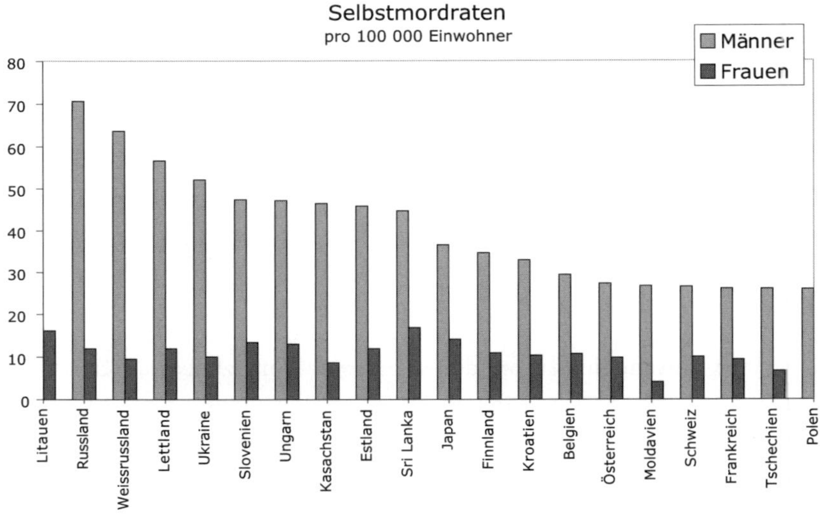

Quelle: www.who.int

Schaut man auf die Länderstatistik, belegen osteuropäische Länder die vorderen Plätze. Alkoholmissbrauch stellt dort ein besonderes Problem dar. Unter den großen Industrienationen führt Japan die Selbstmordstatistik an; ein Grund dafür ist die hohe Zahl älterer Menschen. Die gleiche Aussage lässt sich für Frankreich und die Schweiz treffen.

Deutschland rangiert mit 20,2 männlichen Selbstmorden pro 100 000 Einwohner nicht auf den vorderen Plätzen der Statistik. Noch sehr viel geringer sind die Selbstmordraten in Südeuropa, in Großbritannien und in den Niederlanden. Die USA weisen eine männliche Selbstmordquote von 17,6 auf.

Nach einer Untersuchung der Weltgesundheits-Organisation sind Depressionen und Drogenmissbrauch für 90 Prozent aller Selbstmorde verantwortlich. Besonders gefährliche Situationen sind in dieser Hinsicht der Tod geliebter Menschen, der Verlust des Arbeitsplatzes und der soziale Abstieg.

h Fazit

In den vorhergehenden Abschnitten haben wir diverse, für die heutige Zeit typische Aspekte der gesellschaftlichen Entwicklung beleuchtet. Die Zukunft der Arbeit ist bestenfalls unsicher, im schlechtesten Fall wird die Arbeit und damit die Zahl der Erwerbstätigen in einem ständigen Schrumpfungsprozess begriffen sein, weil es nach dem Agrar-, Industrie-, und Dienstleistungssektor keinen weiteren Bereich mehr gibt, in dem Arbeit angeboten werden kann.

Die weitere Entwicklung des Tourismus als herausragendem Wirtschaftsfaktor hängt entscheidend von den Faktoren „finanziell gesunder Mittelstand“ und „Sicherheit“ ab. Müssen die Menschen ihr Augenmerk von den Wachstums- zu den Defizitbedürfnissen zurückverlagern, erscheint die Zukunft dieser Industrie ungewiss.

Aus der Farbsymbolik lassen sich wertvolle Informationen zum Zustand der Gesellschaft gewinnen. Farbvorlieben wechseln wie ein Chamäleon je nach wirtschaftlichen und gesellschaftlichen Gegebenheiten. Der Ruf nach Spektakeln wird lauter, je stärker die Defizitbedürfnisse befriedigt sind. Ein finanziell gesunder Mittelstand kann sich auf die passive Teilnahme an „Events“ – zum Beispiel Sportereignisse heute, Gladiatorenspiele gestern – konzentrieren und trägt damit seinem Bedürfnis nach Kommunikation, Anerkennung und Selbstverwirklichung Rechnung.

Die passive Teilnahme – das Fernsehen – ist einer der Gründe für die drastische Zunahme der Korpulenz in unserer Gesellschaft. Ein anderer ist die Schein-Mobilität. Die Bewegungsenergie wird nicht vom Menschen, sondern von einer Maschine aufgebracht. Dieser Aspekt ist ein Teil der Gründe, die zu rasant steigenden Kosten in der medizinischen Versorgung beitragen. Steigende Scheidungs- und Selbstmordraten sind ein weiteres Zeichen der Zeit. Ursachen für hohe Scheidungsraten sind gesellschaftliche Veränderungen in der Familienstruktur sowie die erhöhten Mobilitätsanforderungen. Zunehmende Selbstmordraten sind auf die wachsende Zahl an Depressionen zurückzuführen, die in der wachsenden sozialen Isolation einen ihrer Ursprünge hat.

Und schließlich konnte ein Zusammenhang zwischen Bildung/Intelligenz und Arbeitslosigkeit nachgewiesen werden. Der Mensch will gefordert werden, sonst passt er sein Leben den geringeren Reizen an.

Man kann aus all diesen Faktoren nur den Schluss ziehen, dass die Gefahr eines fortschreitenden gesellschaftlichen Verfalls nicht von der Hand zu weisen ist. In den Szenarien werden wir Bedingungen diskutieren, die eine Umkehr oder zumindest einen Stopp dieser gesellschaftlichen Trends ermöglichen.

4 Demokratie am Scheideweg

Seit Mitte der achtziger Jahre geht in Deutschland die Wahlbeteiligung bei Bundes-, Landes- und Kommunalwahlen zurück. Dies ist ein Prozess, wie er auch in anderen westlichen Demokratien zu beobachten ist.

Die Tageszeitung „Die Welt" schreibt dazu:[103] „Seit Jahrzehnten gehen im Durchschnitt immer weniger Bundesbürger zur Wahl. In den 70er-Jahren stimmten im Schnitt 80,2 Prozent der Wahlberechtigten über ihr Landesparlament ab, in den 80er-Jahren waren es 77,5 Prozent und seit der Wiedervereinigung nur noch 67,1 Prozent. In den vergangenen fünf Jahren ging die Wahlbeteiligung 13 Mal zurück, neun Mal nahm sie zu – zum Teil hauchdünn."

Quelle: Statistisches Bundesamt

Betrachten wir die bisher stattgefundenen Bundestagswahlen: Nachdem die Wahlbeteiligung 1949 mit 78,5 Prozent noch relativ gering war, stabilisierte sich diese in den fünfziger und sechziger Jahren zwischen 86 und 88 Prozent. Die von Krisen gekennzeichneten siebziger Jahre können in Deutschland als Höhepunkt der politischen Mobilisierung der Bevölkerung gelten. Das konstruktive Misstrauensvotum 1972 gegen Willy Brandt, das Neuwahlen erforderlich machte, sowie die Wahl von 1976 verzeichneten Traumbeteiligungsquoten jenseits der neunzig Prozent. Auch die beiden ersten Wahlen der achtziger Jahre waren „Aufreger": Die Kanzlerkandidatur des damaligen bayrischen Ministerpräsidenten Franz Josef Strauß im Jahre 1980 sowie die Wahl Helmut Kohls 1983 nach der FDP-Abkehr von der SPD emotionalisierten die Massen.

Anschließend sackten die Wahlbeteiligungen ab. 1990 und 1994 wurde erstmals seit 1949 Werte unterhalb von 80 Prozent registriert. Auch im neuen Jahrhundert änderte sich an der Entwicklung nichts: Im Jahr 2002 musste eine Wahlbeteiligung von 79,2 Prozent verzeichnet werden.

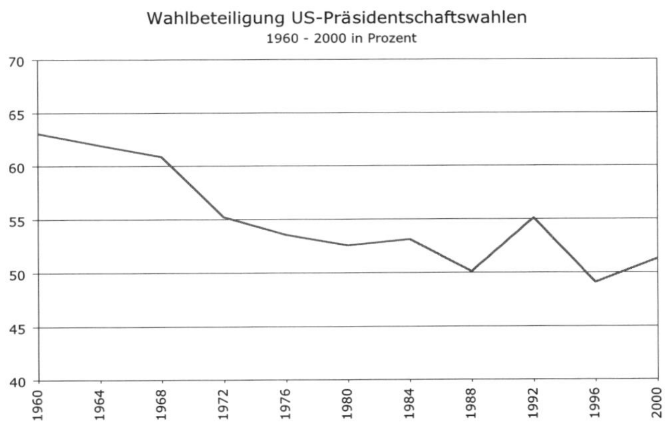

Quelle: http://en.wikipedia.org/wiki/U.S._presidential_election

Im Hinblick auf die US-Präsidentschaftswahlen ergibt sich ein ähnliches Bild. Der Rückgang der Wahlbeteiligung erfolgte allerdings zehn Jahre früher als in Deutschland. Insgesamt ist die Anteilnahme der US-Bevölkerung an Wahlen schwach. Das hängt unter anderem mit der Notwendigkeit zusammen, sich vor der Wahl aktiv als Wähler registrieren zu lassen.

Ein zweiter, wesentlicher Punkt ist der, dass die „Elitedemokratie" in den USA weiter fortgeschritten ist als in Deutschland. Aus vielen wissenschaftlichen Abhandlungen lassen sich drei signifikante Formen der Demokratie herausfiltern. Die reine, ursprüngliche Form der Demokratie wurde vom französischen Philosophen Jean Jacques Rousseau (1712–1778) nach dem Vorbild Athens postuliert: „Die Souveränität kann aus dem gleichen Grund, aus dem sie nicht veräußert werden kann, auch nicht vertreten werden; sie besteht wesentlich im Gemeinwillen, und der Wille kann nicht vertreten werden: er ist derselbe oder ein anderer; ein Mittelding gibt es nicht."

Die zweite Form ist die parlamentarische Demokratie, etwa die in Deutschland oder in Großbritannien. Sie baut zwar auf den Postulaten Rousseaus auf, setzt aber Repräsentanten zwischen Volk und Entscheidungsbefugnis. Das Volk ist der Souverän – siehe deutsches Grundgesetz. Es wählt seine Vertreter und überträgt ihnen seine Machtbefugnis. Die parlamentarische Demokratie setzt den aktiven und mündigen Bürger voraus.

Eine dritte Variante formulierte der österreichische Nationalökonom Joseph Schumpeter (1883–1950) mit dem Modell des „Konkurrenzkampfs der Eliten". Er sah die parlamentarische Demokratie der modernen Staaten als scheinheilig und wirklichkeitsfern an. Nach seiner Theorie ist die politische Realität geprägt durch einen Wettbewerb von Eliten um die politische Macht. Das Volk hat an politischer Mitwirkung kein allzu großes Interesse. Demokratie ist deshalb pragmatischerweise als „Regierung für das Volk" und nicht als „Regierung durch das Volk" zu verstehen. Schumpeter begründet sein Konkurrenzmodell laut Agnoli* wie folgt: Angesichts einer zunehmend komplexer und undurchschaubarer werdenden Wirklichkeit fehle dem einzelnen Bürger die Kompetenz für politische Entscheidungen; diese sei vielmehr wenigen Experten vorbehalten, und die Funktion des Bürgers habe sich auf die Auswahl von geeigneten Experten zu beschränken. Kritisch wird gegen Schumpeter eingewandt, dass dieser Ansatz eine ständig sinkende Bedeutung des Parlaments gegenüber der Exekutive impliziere, in der sich ja das Expertenwissen konzentriert; das Parlament werde in letzter Konsequenz zum ‚Transmissionsriemen der Entscheidungen politischer Oligarchien'".[104]

Wir sind der Auffassung, dass diese drei Formen der Demokratie ihren Alterungsprozess darstellen. Dies wiederum hängt mit dem Bevölkerungswachstum sowie dem Hang zur Nationenbildung in den vergangenen Jahrhunderten zusammen. Basisdemokratie kann in kleinen Einheiten machbar und sinnvoll sein, aber wie soll Demokratie in Ländern mit 50 oder 500 Millionen Einwohnern funktionieren, ohne dass gewählte Vertreter entsendet werden, die das Volk repräsentieren? Die Elite-Demokratie schließlich ist eine Weiterentwicklung der repräsentativen beziehungsweise parlamentarischen Demokratie. Man kann diese Entwicklung in der ältesten Demokratie der Welt, den Vereinigten Staaten, nachvollziehen: Sie war zwar niemals basisdemokratisch, sondern von Beginn an als präsidial-parlamentarische Republik konzipiert; doch Rousseaus Ansichten waren damals sehr populär und funktionierten vor der Gründung der USA in vielen Bereichen. Der Schritt von der repräsentativen zur Elite-Demokratie erfolgt in langsamer, aber stetiger Geschwindigkeit.

Das Römische Reich kann als historisches Vorbild für demokratische Übergänge dienen. Mit Cäsar und Augustus endete die römische Republik; die Kaiserzeit begann. Spengler[105] schreibt dazu: „Schon zur Zeit Cäsars beteiligte sich die anständige Bevölkerung kaum noch an den Wahlen. Es hat dem großen Tiberius das Leben verbittert, dass die fähigsten Männer seiner Zeit sich von aller Politik zurückhielten, und Nero konnte auch durch Drohungen die Ritter nicht mehr zwingen, zur Ausübung ihrer Rechte nach Rom zu kommen. Das ist das Ende der großen Politik, die einst ein Ersatz des Krieges durch geistigere Mittel gewesen war und nun dem Kriege in seiner ursprünglichsten Gestalt wieder Platz macht.“

Ist das von Schumpeter postulierte Eliten-Modell die letzte Stufe vor dem Übergang zu einer anderen Regierungsform? Stehen wir in den Industriestaaten vor einem Wandel der politischen Strukturen? Folgt zwangläufig, wie in Rom, eine immer stärkere Machtkonzentration bis hin zu einem Einzelherrscher? Tatsache ist, dass das Eliten-Modell in vielen Industriestaaten weit fortgeschritten ist. Die Vereinigten Staaten haben damit die längste Erfahrung: Dort wird der Wahlkampf offen von Interessengruppen finanziert. Der US-Präsident ist in vielen Fällen eine Marionette seines Beraterstabs, die wiederum von den Eliten beeinflusst werden. Das Gleiche gilt für Senatoren und die Abgeordneten des Repräsentantenhauses. Auch in Deutschland ist die Lobbyarbeit eine der vornehmsten Aufgaben von Verbänden.

Macht kommt von Machen – wer handelt, hat die Macht. Es ist eine schmutzige Erfahrung der Geschichte, dass Macht über Gerechtigkeit und Wahrheit siegt. Die Interessengruppen wissen das und handeln entsprechend. Der Einfluss einer Interessengruppe kann nur dann zurückgefahren werden, wenn es eine stärkere Macht gibt. Und die kann in einer Demokratie nur eine gewählte Regierung oder ein Parlament sein. Die Frage bleibt, ob die gewählten Volksvertreter in der Lage sind, ihr Mandat auch tatsächlich im Sinne eines demokratischen Prozesses auszuüben. Man darf Zweifel äußern. Das Konkurrenzmodell der Eliten ist ein Kampf von Interessengruppen, weitestgehend ohne Beteiligung des Volkes. Das Volk wird über die Massenmedien in die eine oder andere Richtung geschoben oder gezogen.

Spengler schreibt dazu:[106] „Die europäisch-amerikanische Politik (schuf) durch die Presse ein Kraftfeld von geistigen und Geldspannungen über die ganze Erde hin, in das jeder Einzelne eingeordnet ist, ohne dass es ihm zum Bewusstsein kommt, so dass er denken, wollen und handeln muss, wie es irgendwo in der Ferne ein herrschende Persönlichkeit für zweckmäßig hält. Man spricht nicht von Mann zu Mann; die Presse und in Verbindung mit ihr der elektrische Nachrichtendienst halten das Wachsein ganzer Völker und Kontinente unter dem betäubenden Trommelfeuer von Sätzen, Schlagworten, Standpunkten, Szenen, Gefühlen, Tag für Tag, Jahr für Jahr, so dass jedes Ich zur bloßen Funktion eines ungeheuren geistigen Etwas wird. Der Leser weiß nichts von dem, was man mit ihm vorhat, und soll es auch nicht, und er soll auch nicht wissen, welch eine Rolle er dabei spielt. Eine furchtbarere Satire auf die Gedankenfreiheit gibt es nicht. Einst durfte man nicht wagen, frei zu denken; jetzt darf man es, aber man kann es nicht mehr. Man will nur noch denken, was man wollen soll, und eben das empfindet man als seine Freiheit."

Schaut man nüchtern auf den eigenen politischen Alltag, so vermag man eine Abkehr vom Eliten-Modell nicht zu erkennen. Niemals bestimmen Völker über Krieg oder Frieden, es sind immer die Führer des jeweiligen Volkes und deren Beraterstäbe. Die Medien steuern das Volk, indem sie Meinungen und Stimmungen verbreiten. Und weil die Medien dazu in der Lage sind, wird jede Regierung daran interessiert sein, sie für sich zu gewinnen. Die Konzentration der Macht nimmt insgesamt zu. Dies ist ein natürlicher Prozess. Wenn Demokratie nicht funktioniert, wie in Deutschland die gegenseitigen Blockaden der Parteien und Verfassungsorgane (Bundestag, Bundesrat) zeigen, wünscht sich das Volk nichts sehnlicher als Entscheidungen. Aber diese können nur bei erhöhter Machtkonzentration erfolgen, zum Beispiel durch eine große Koalition.

Wenn man davon ausgeht, dass eine Demokratie in großen Einheiten kaum funktioniert und zudem die Konzentration der Macht erleichtert, sind nur zwei Wege für die Zukunft absehbar: Der eine ist jener, den das römische Reich mit der Entwicklung des Kaisertums gegangen ist. Von Schumpeters Eliten-Modell bis zur Oligarchie oder gar zum Kaisertum ist es nur ein kleiner Schritt. Das Volk würde in diesem Fall politisch keine Rolle mehr spielen. Wahlen wären nur noch Scheinwahlen.

Die andere Möglichkeit ist die der Dezentralisierung. Politische Arbeit wird in kleinen, übersichtlichen und demokratisch funktionsfähigen Einheiten organisiert. Möchte man diesen Weg gehen, müsste ernsthaft untersucht werden, für welche Dienste das Format eines Staates überhaupt sinnvoll einsetzbar ist. In diesem Zusammenhang haben in den vergangenen Jahren die Ideen der so genannten „Österreichischen Schule" immer mehr Anhänger gefunden.

Die Advokaten der „Österreichischen Schule" sind die Begründer der liberalen Idee. Sie glauben an das freie Spiel der Kräfte ohne staatliche Eingriffe. Im Mittelpunkt stehen das menschliche Handeln und das Individuum selbst. Prinzipiell wird davon ausgegangen, dass der Mensch ohne staatliche Einwirkung in der Lage ist, ein zufriedenes Leben zu führen. Protegiert wird die Wiedereinführung des Goldstandards als Mittel, die wirtschaftlichen Manipulationen des Staates unmöglich zu machen. Begründer dieser Denkschule war der Österreicher Ludwig von Mises (1881–1973). Sein Werk „Human Action" lässt sich quasi als Bibel der Anhänger der österreichischen Schule bezeichnen.

Ein Auszug aus einem Aufsatz[107] von Prof. Hans-Hermann Hoppe – eines der heutigen Vorreiter der liberalen Idee – aus dem Jahr 1987 verdeutlicht diesen Denkansatz: „:..[Es] wird die These entfaltet und begründet, dass es für die Existenz eines Staates (auch eines liberalen Minimalstaates) nicht den Schimmer rechtfertigbarer Gründe gibt. Moralisch lässt sich eine Institution, deren Repräsentanten das Recht haben, unaufgeforderte, zwangsweise Eingriffe in bestehende Eigentumsrechte von Privatrechtssubjekten vorzunehmen, genauso wenig allgemein rechtfertigen wie eine Norm, die besagte ‚Ich darf dich ungestraft verprügeln, aber du nicht mich'. Und ökonomisch ist es genauso unsinnig, dem Staat die Produktion von Sicherheit anzuvertrauen, wie die von Brot und Butter: Ein Unternehmen, das sich nicht frei finanzieren muss, sondern das Recht auf Besteuerung besitzt, wird immer nur minderwertige Produkte herstellen, knappe Ressourcen vergeuden und den gesellschaftlichen Wohlstand beeinträchtigen."

Andere Anhänger der österreichischen Schule gehen nicht so weit wie Hoppe, die Existenz eines Staates grundsätzlich in Frage zu stellen. Der Präsident des Ludwig-van-Mises-Institutes in Alabama (USA), Lewellyn H. Rockwell, Jr., beschreibt auf der Website[108] des Instituts seine Vision von einem funktionierenden Staatsgebilde. Hier einige Auszüge: „In meinen Tagträumen ist der US-Präsident nicht mehr als ein Symbol. Ihm stehen weder öffentliche Gelder noch Ministerien zur Verfügung. Er hat weder das Recht, Steuern einzuziehen, noch unsere Kinder in Kriege zu schicken noch Sozialhilfe auszuzahlen." An anderer Stelle heißt es: „Die politischen Kontroversen involvieren mich auf kommunaler oder auf Länderebene. Dies bezieht sich auf alle Angelegenheiten incl. Steuern, Erziehung, Kriminalität, Sozialhilfe oder sogar Einwanderung. Die einzige Ausnahme ist die allgemeine Verteidigungsbereitschaft der Nation."

Kritiker sehen in einem solchen System die Chancengleichheit von Regionen in Zweifel gezogen. Wirtschaftlich benachteiligte Gebiete müssten von den „reichen" Regionen subventioniert werden. Aus wirtschaftlicher Sicht betrachtet ist dies Unfug. Der Markt ist in der Lage, diese Prozesse selbst zu regeln. In wirtschaftlich benachteiligten Gebieten sind die Produktionsmittel Boden und Arbeit preiswerter. Ab einem gewissen Punkt ist das Angebot derart attraktiv, dass eine Umkehrung des Prozesses stattfindet. Man sieht dies deutlich in der Verlagerung von Arbeitsplätzen in Niedrigpreis-Regionen.

Führt der Weg in Richtung einer weiteren Zentralisierung und damit letztendlich in die Ent-Demokratisierung, oder hat die Idee der Dezentralisierung eine Chance? Dies ist eine Frage, die wir in unseren Szenarien A und B im dritten Teil des Buches zu beantworten versuchen.

5 Weltpolitik: Blöcke in Bewegung

Das Jahr 2004 ist das Jahr der Ost-Erweiterung der Europäischen Union (EU). Die EU an sich ist nicht notwendigerweise das Werk einzelner Personen wie Robert Schuman, dem Treiber der europäischen Einigung nach dem Zweiten Weltkrieg, oder Konrad Adenauer, sondern eher eine Folge der beiden Kriege auf europäischem Boden und des sich daran anschließenden Kalten Krieges. Besonders Deutschland und Frankreich konnten durch eine engere Zusammenarbeit nur gewinnen – Deutschland in wirtschaftlicher Hinsicht, und Frankreich auf machtpolitischer Ebene, indem es seinen östlichen Bruder vermeintlich unter Kontrolle hielt. Aus Sicht der USA war wichtig, dass in Europa ein Gegengewicht zum von der Sowjetunion angeführten Ostblock entstand.

Der im Jahre 1949 mit nur einer – seiner – Stimme Mehrheit gewählte erste Bundeskanzler der damaligen Bundesrepublik Deutschland, Konrad Adenauer, verstand die schwierige weltpolitische Lage als Chance. Die drei Hohen Kommissare der Alliierten verfolgten jeden seiner Schritte zunächst argwöhnisch. Die Sieger bestanden auf der Umsetzung des Besatzungsstatus, die Angst vor einem erstarkenden Deutschland saß tief. Hierzu dienten unter anderem das Ruhr-Statut von 1948 und die geplante Demontage von Hunderten großer Produktionsbetriebe vornehmlich der Stahl- und Chemie-Industrie. Das aber hätte die sich damals etwa auf dem heutigen Niveau bewegende Arbeitslosenquote sprunghaft steigen lassen und jegliche Besserung der Lage der westdeutschen Bevölkerung in eine ferne, ungewisse Zukunft vertagt.

Adenauer versuchte den Gegensatz zwischen den Interessen der deutschen Politik und jenen der Alliierten aufzulösen, indem er deren Linie der wirtschaftlichen und politischen Abhängigkeit eine der Kooperation und der gemeinsamen Interessen entgegensetzte. Der erste, wichtigste und zugleich schwierigste Schritt dabei war, Frankreich für eine solche Politik zu gewinnen. Die Angst vor einem wiedererstarkenden Deutschland saß dort – schon wegen der räumlichen Nähe – besonders tief. 1950 kam die Wende: Der französische Außenminister Schumann schlug die Montanunion vor, in der die Produktion von Kohle und Stahl beider Länder zusammengefasst werden sollte. Dies bedeutete zugleich den Beginn der Abkehr von Ruhr-Statut und Industriedemontage. Mancher Historiker sieht denn auch in der Verwirklichung der Montanunion die Geburtsstunde des heutigen Europa.

Die gemeinsamen Interessen der Alliierten und der Bundesrepublik lagen in jenen Zeiten darin, dem Ostblock etwas entgegenzusetzen. Ein Bollwerk gegen den „Kommunismus" musste her. Es entsprach den Interessen der westlichen Siegermächte, dass für Adenauer nicht die Wiedervereinigung, sondern die Integration der Bundesrepublik in den westlichen Kontext ganz oben auf seiner Liste der außenpolitischen Ziele stand. Was genau damit gemeint war, formulierte er schon vor seiner Wahl zum Bundeskanzler: „Auf außenpolitischem Gebiet liegt unsere Linie fest. Sie richtet sich in erster Linie darauf, ein enges Verhältnis zu den Nachbarstaaten der westlichen Welt, insbesondere zu den Vereinigten Staaten, herzustellen."[108]

Adenauer war 1905 Mitglied des „Zentrums" geworden, das während des Ersten Weltkriegs zunächst die deutsche Kriegsführung unterstützt hatte und für expansive Kriegsziele eingetreten war. Mit der Zeit wurde aber die Forderung nach einem Verständigungsfrieden mit der Entente immer lauter. Zusammen mit der SPD und der Fortschrittlichen Volkspartei bildete das Zentrum den „Interfraktionellen Ausschuß", der sich für eine „Parlamentarisierung" des Deutschen Reichs einsetzte und im Juli 1917 eine Resolution verabschiedete, in der ein Frieden ohne Annexionen gefordert wurde. Diese Erfahrungen, insbesondere die Parlamentarisierung und die Erkenntnis, dass ein friedliches, gleichberechtigtes Zusammenleben der Völker in eigenen Grenzen letztlich für alle die besten Voraussetzungen schafft, dürfte Adenauer stark geprägt haben.

Als Adenauer 1953 in die USA reist, haben sich seine dortigen Gesprächspartner wohl endgültig davon überzeugt, dass er der geeignete Mann ist, um die Rolle auszufüllen, die den USA den größtmöglichen Nutzen bringt. Sie geben ihren Argwohn gegen seine Politik auf. Von da an geht es Schlag auf Schlag: Adenauer wird im gleichen Jahr als Bundeskanzler wiedergewählt. 1955 bringen die Pariser Verträge die endgültige Souveränität der Bundesrepublik. Offizielle diplomatische Beziehungen mit der Sowjetunion werden hergestellt. Später im Jahr wird die Hallstein-Doktrin zur diplomatischen Isolierung der DDR verkündet. 1956 greift Adenauer die Wirtschaftspolitik von Bundeswirtschaftsminister Erhard als zu wenig expansiv an. Auf sein Betreiben hin wird das Wehrpflichtgesetz verabschiedet. 1957 einigen sich Frankreich, Italien, die Niederlande, Belgien, Luxemburg und die Bundesrepublik in den Römischen Verträgen auf die Errichtung der Europäischen Wirtschaftsgemeinschaft (EWG) und der Europäischen Atomgemeinschaft (EURATOM). Kurz danach, im April desselben Jahres, befürwortet Adenauer gegenüber der Presse die Ausstattung der Bundeswehr mit Kernwaffen als „Weiterentwicklung der Artillerie".

1963 unterzeichnen Adenauer und de Gaulle in Paris den Vertrag über die deutsch-französische Zusammenarbeit. Kurz danach besucht US-Präsident Kennedy die Bundesrepublik und Berlin. Im Oktober des gleichen Jahres tritt Adenauer zurück. 1964 kritisiert er in einem Zeitungsinterview die Europapolitik seines Nachfolgers Ludwig Erhard und betont, dass der Weg nach Europa nur über Paris führe.

Rückblickend betrachtet gab es für Adenauer in der Außenpolitik ein klares Gerüst von Mittel und Zweck. Die von der Sowjetunion ausgehende Bedrohung war in seinen Augen die zentrale Gefahr seiner Zeit. Der Bau der Mauer im Jahre 1961 war dafür nur ein weiterer Beweis. Primäres Ziel seiner Politik war, dieser Gefahr etwas entgegenzusetzen. Wichtigstes Mittel hierfür war die feste Integration Deutschlands in die von den USA angeführte westliche Hemisphäre. Ein gutes Verhältnis zu Frankreich wiederum war die wichtigste Voraussetzung für die Nähe zu den USA, die letztlich alleine die Sicherheit Deutschland vor der sowjetischen Gefahr garantieren konnten. Aus dieser Konstellation ergibt sich, dass Adenauers Politik der europäischen Einigung kein Selbstzweck war, sondern dem wichtigsten Ziel seiner Außenpolitik zu dienen hatte.

Es ist an dieser Stelle müßig, darüber zu streiten, ob die „wirklichen", das heißt die der Außenpolitik Adenauers übergeordneten Ziele darin bestanden, die deutsche Wirtschaft wieder zu dem zu machen, was sie heute ist. Dies wird von vielen auf der linken Seite des Historiker-Spektrums stehenden Kritikern Adenauers behauptet. Tatsache ist, dass es am Ende genau dazu gekommen ist.

Mit dem Ende der Ära Adenauer begannen sich die Ziele der europäischen Einigung zu verselbstständigen. Auch Frankreich hatte diese zunächst hauptsächlich unter dem Blickwinkel der vom Ostblock ausgehenden Bedrohung gesehen. Nach und nach aber mutierte der „Europa-Gedanke" immer mehr zu dem Bestreben der beiden wirtschaftlich stärksten Mächte Kontinentaleuropas, Frankreich und Deutschland, der Übermacht der USA in der westlichen Hemisphäre etwas entgegenzusetzen. Aus diesem Grunde hatten die USA schon in den frühen sechziger Jahren begonnen, die fortschreitende Annäherung zwischen Frankreich und Deutschland misstrauisch zu beäugen.

Ein wichtiger Meilenstein der Nachkriegsgeschichte ist das Ende des 1944 geschaffenen Bretton-Woods-Systems. Es hob die enge wechselseitige Verkopplung der westlichen Wirtschaftsräume auf. Die Stabilität der westlichen Hemisphäre, die in ausgeglichenen und ausgleichenden ökonomischen Verhältnissen der wichtigsten Industrienationen des Westens bestand, wurde angesichts der sowjetischen Bedrohung zunächst für wünschenswert gehalten, schien nun jedoch nicht länger gefragt. Das Jahr 1971 schuf dementsprechend in der Abkehr von der Goldbindung des Dollar und von festen Wechselkursen die Voraussetzungen für ein freies, weltweites Spiel der Kapital-Kräfte. Die Ära der Globalisierung des Kapitals trat in eine neue Phase ein. Wir haben die wirtschaftlichen Implikationen dieser bedeutenden Etappe ausführlich in Kapitel I.2.f behandelt.

Die Ereignisse der Jahres 1971 dürften die Bestrebungen einer weitergehenden europäischen Integration stark beflügelt haben. Die Idee eines europäischen Bollwerks gegen den Ostblock trat weiter in den Hintergrund. Die Sicht der USA auf ein solches Europa begann sich zu verändern: Solange der Ostblock existierte, überwog zwar noch der „Bollwerk"-Aspekt. Gleichzeitig aber vereinfachte die zunehmende europäische Vereinheitlichung den Zugang von US-Kapital zu diesem Wirtschaftsraum. Das war ein willkommener „Nebeneffekt".

Seit dem Ende der Sowjetunion sieht das anders aus. Hatte die EWG aus Sicht der USA mehr Vorteile als Nachteile, gilt bei der EU das Gegenteil. Die Ostgrenze, die fast 50 Jahre lang unüberwindlich war, ist gefallen. Das schafft eine neue Ausgangsituation und gewisse Chancen für den europäischen Kontinent, deren Ausprägung die USA mit Sorge betrachten.

Um die Optionen zu verstehen, die Europa für die Zukunft hat, richtet eine Reihe von Beobachtern den Blick auf die Verschiedenartigkeit der europäischen Kulturen notwendig. Europa ist das „Stammgebiet" zweier Hochkulturen, die beide aus den Bruchstücken des römischen Reiches hervorgegangen sind: Die westliche Kultur wird dadurch charakterisiert, dass sie den Überbleibseln des weströmischen Reiches entsprungen ist und den römisch-katholischen Glauben entweder als Ursprung oder in verwandter Form (Protestantismus) ihr Eigen nennt. In Europa zählen das Gebiet von Portugal im Südwesten, Irland im Nordwesten, Finnland im Nordosten, Polen im Osten und Italien im Süden gemäß dieser Definition zum westlichen Kulturkreis.

Die aus dem oströmischen Reich hervorgegangene christlich-orthodoxe Kultur umfasst Russland, Weißrussland, die Ukraine (überwiegend), Moldawien, Rumänien (überwiegend), Bulgarien, Serbien, Montenegro, Mazedonien, Albanien und nicht zuletzt Griechenland. Bis auf Griechenland – der Wiege sowohl der westlichen als auch der christlich-orthodoxen Kultur – ist keines dieser Länder Mitglied der EU und wurde es auch nicht im Zuge der diesjährigen Osterweiterung.

Im Zuge der diesjährigen, am 1. Mai 2004 in Kraft getretenen Osterweiterung werden Länder Mitglied der EU, die per oben genannter Definition dem westlichen Kulturkreis angehören, aber bisher noch nicht Mitglied der EU waren: Estland, Lettland, Litauen, Polen, Tschechien, die Slowakei, Ungarn und Slowenien. Damit existiert zum ersten Mal – bis auf Kroatien, Norwegen und die Schweiz – eine annähernde Deckungsgleichheit zwischen der Fläche der EU und der Bevölkerung des westlichen Kulturkreises. Die Gründe für den Beitritt der ehemaligen Ostblockstaaten sind mannigfaltig. Außenpolitische Sicherheit – insbesondere der Schutz vor Russland – sowie die Verbesserung der Lebensverhältnisse wurden vorrangig genannt. Letztendlich sind – ungeachtet der Schwierigkeiten bei der Verfassungs-Gebung – Tatsachen geschaffen worden: Die westliche Kultur auf dem Boden Europas ist vereint. Aus dieser Sicht der Dinge dient die Leitwährung Euro als „Kleister". Eine solchermaßen optimistische Sicht der Dinge lässt aus den Bruchstücken der beiden Weltkriege ein Gebiet entstehen, das fast 60 Jahre lang Zeit hatte, dieses Trauma abzuschütteln und sich zu sammeln und das jetzt bereit ist, unter neuen Bedingungen nach vorn zu schauen. Europa hat – besonders mit einer weiter fortschreitenden Osterweiterung – die Möglichkeit, in Aufbau und Pflege der Beziehungen zu den islamischen Ländern eine besondere Rolle zu spielen.

Andere Beobachter jedoch schätzen die Rolle, die weit zurückliegende, in einer gemeinsamen Geschichte liegende kulturelle Wurzeln heute spielen, geringer ein. Das zeige schon der bisherige Verlauf der europäischen Annäherung, argumentieren sie. Die Zeiten, als man von Völkerfreundschaft schwärmte, sind lange vorbei. Ein Staatsvolk in konstanten Grenzen sei nicht erkennbar, erst recht nicht, wenn jetzt schon über die Aufnahme der Türkei und Russlands nachgedacht wird. Geblieben ist nach Auffassung dieser Beobachter eine schwerfällige, bürokratische Brüsseler Veranstaltung. Hat der Bürger eines europäischen Landes schon bei seiner eigenen Regierung Schwierigkeiten zu verstehen, was dort wirklich getrieben wird, so gilt diese mangelnde Transparenz erst recht für das, was auf europäischer Ebene passiert. Für den Normalbürger stellt sich die Brüsseler Verwaltung als ein Fass ohne Boden dar, in dem Jahr für Jahr Milliardenbeträge versickern. Häufig genug erscheinen die Auseinandersetzungen dort wie ein unwürdiges Feilschen um eigene Pfründe, bei denen der gemeinsame Gedanke längst auf der Strecke geblieben ist.

Demzufolge fragen sich diese Beobachter auch, was die zehn neuen Beitrittsländer in der EU wirklich suchen. Sind es die Finanzhilfen auf dem Wege zum Beitritt, oder haben sie ein ernsthaftes Interesse an einer weitgehenden politischen Vereinigung mit den „Kernländern" der EU? Angesichts der Debatte um die europäische Verfassung scheint es durchaus zweifelhaft, ob es ihnen um mehr geht als um Subventionen, Kredite und den Zugang zu einer

Freihandelszone. Wenn man zudem verfolgt, wie sich Länder wie Polen, aber auch „ältere“ Partner wie Spanien im Rahmen des Irak-Kriegs an die Seite der USA stellen, wachsen die Zweifel. Die USA wiederum haben sich ganz bewusst größere Länder an der westlichen und an der östlichen Peripherie gesucht, um „einen Fuß in der Tür zu haben“.

Der Euro hat die ärmeren Volkswirtschaften der EU deutlich wachsen lassen, weil diesen durch Subventionen, günstige Euro-Kredite und Direktinvestitionen fehlendes Kapital zufloss. Mit dem Verzicht Deutschlands auf die (starke) Deutsche Mark wurde es möglich, so schreibt der Wirtschaftswissenschaftler Wilhelm Hankel, „die Abwertungsprämien der europäischen Schwachwährungen von Lira, Peseta, Escudo, Drachme, Punt und so weiter auf den Euro abzuwälzen und zu vergemeinschaften“[110]. Die hohen Zinsen dieser Länder glichen sich in diesem Zusammenhang auf das niedrige Niveau Deutschlands an, dem Europa-Meister der Kapitalakkumulation. Gleichzeitig verhindert die immer noch relativ hohe Inflationsrate der ärmeren Volkswirtschaften eine weitere Senkung der europäischen Leitzinsen. Diese werden über den Maastrichter Stabilitätspakt indirekt belohnt, weil der Preisauftrieb ihre Steuerkassen füllt. So „spart“ etwa der hochverschuldete italienische Staat jährlich mehr als 50 Milliarden Euro Zinsen. Dass in diesem Zusammenhang nun ein EU-Organ das andere verklagt, nennt Hankel eine groteske Folge der Euro-Politik. Er sieht Deutschland als investitions- und exportabhängige Volkswirtschaft mit EZB und Euro doppelt „bestraft“.

Die USA fürchten – hier gehen die meisten Beobachter der weltpolitischen Szenerie wieder konform – zunehmend, die Kontrolle über ihre Brüder auf der anderen Seite des Atlantiks zu verlieren. Sie sehen ein selbstbewusstes Europa sowie die Vermittlerrolle, die die Europäische Union in der islamischen Welt unter ausdrücklicher Einbeziehung der israelischen Situation spielen könnte, mit einigem Unbehagen.

Die US-Amerikaner bezeichnen sich selbst als Teil der westlichen Kultur. Der „innere Kern“ der US-Bevölkerung lässt sich auf Einwanderer aus Deutschland, Irland, England, Schottland, Skandinavien, Italien und Frankreich zurückführen. Mehr als 35 Prozent der US-Einwohner geben Deutschland als das Land ihrer Vorfahren an. Auch wenn der Anteil der Einwohner hispanischer und afrikanischer Herkunft gegenwärtig jeweils etwa zwölf Prozent beträgt, so bezeichnet sich doch der überwiegende Teil der Bevölkerung als „WASP“ (White-Anglo-Saxon-Protestant). Dieser bildet die Führungselite der USA.

Als politisch, wirtschaftlich und militärisch mächtigster Staat der Welt erheben die USA einen Führungsanspruch. Zbigniew Brzezinski, ehemaliger Sicherheitsberater von US-Präsident Jimmy Carter, hat 1997 ein bemerkenswertes Buch namens „Die einzige Weltmacht“ veröffentlicht. Einer seiner Kernsätze lautet: „Inwieweit die USA ihre globale Vormachtstellung geltend machen können, hängt aber davon ab, wie ein weltweit engagiertes Amerika mit den komplexen Machtverhältnissen auf dem eurasischen Kontinent fertig wird – und ob es dort das Aufkommen einer dominierenden, gegnerischen Macht verhindern kann.“[111]

Kann beziehungsweise will eine erweiterte Europäische Union ein derartiger Machtfaktor sein, der die USA in seiner Führungsposition herausfordert? Auf dem eurasischen Kontinent sind drei weitere Hochkulturen – der Islam sowie die Hochkulturen in Indien und China – beheimatet, die ihr relatives Gewicht gegenüber den USA und Europa in den vergangenen Jahren ausgebaut haben. Die Bevölkerung der sich dem Islam zugehörig fühlenden Länder und Nationen wächst besonders stark, in vielen islamischen Staaten explodieren die Bevölkerungszahlen. Die Länder sind nicht vergreist wie etwa Europa, sondern haben eine im Durchschnitt junge Einwohnerschaft. Der Islam hat im Gegensatz zu anderen existierenden Kulturen keinen Führungsstaat herausgebildet. In früheren Zeiten konnte man Syrien als solchen bezeichnen, heute lassen sich Indonesien, Saudi-Arabien und Ägypten nennen. Die arabische Liga ist häufig gespalten und kann kaum als Führungsorgan dienen. Die chinesische und die indische Hochkultur nennen dagegen einen starken Kernstaat ihr Eigen. Beide Kulturen profitieren aktuell vom Konsumhunger der westlichen Zivilisation, zeigen seit Jahren ein stetiges überdurchschnittliches Wirtschaftswachstum und verfügen über ein großes militärisches Potenzial.

Interessant ist die Beziehung der westlichen Führungsmacht USA zu China und Indien. China wächst, indem es im eigenen Land produzierte Waren an den weltgrößten Konsumenten – die USA – exportiert. Indiens Bruttosozialprodukt steigt, unter anderen weil im eigenen Land produzierte Dienstleistungen (unter anderem Softwareentwicklung, Call-Center-Dienstleistungen) an die USA verkauft werden. Der unermessliche Konsumhunger der USA sorgt dafür, dass in den vergangenen 500 Jahren zu kurz gekommene Hochkulturen auf die Beine kommen.

Den sich verändernden politischen Verhältnissen entspricht, dass sich militärische Zielsetzungen wandeln. Nach dem Wegfall des geschlossenen äußeren Feindes, des Ostblocks, dreht sich die NATO-Strategie neuerdings zuallererst darum, „die Versorgungssicherheit" für den Westen zu garantieren. In ihrer neuen Rolle soll die NATO nicht länger nur Verteidigungsbündnis sein, sondern schnelle Eingreiftruppen organisieren, um an Brennpunkten der Welt für Ruhe im Sinne der NATO-Partner, allen voran der USA, zu sorgen. Die Grenzen zwischen Zivil und Militär verwischen dabei zusehends. In der Washingtoner Erklärung zum 50. Jahrestag der NATO findet sich folgender denkwürdiger Satz: „Die Zusammenarbeit zwischen zivilem und militärischem Bereich beruht auf Gegenseitigkeit: Militärische Mittel werden zur Unterstützung ziviler Behörden angefordert, gleichzeitig ist die zivile Unterstützung militärischer Operationen wichtig für Logistik, Kommunikation, medizinische Unterstützung und Öffentlichkeitsarbeit."[112]

Im so genannten Weizsäcker-Papier der Kommission der Bundesregierung „Gemeinsame Sicherheit und Zukunft der Bundeswehr" steht zur Umstrukturierung der Bundeswehr im Jahre 2000 zu lesen: „.. in Zukunft wird die Bundeswehr nicht mehr für territoriale Verteidigung eingesetzt werden, sondern für die Verteidigung deutscher Interessen außerhalb aller geographischen Grenzen, wenn notwendig auch in einem Aggressionskrieg."[113] Dort ist auch angegeben, wo die künftigen Krisenherde für solche Einsätze zu erwarten sind: auf dem Balkan beispielsweise über Nordafrika, den Mittleren Osten und die Golf-Staaten bis hin zum Kaukasus und zur chinesischen Grenze sowie in Russland und den anderen Nachfolgestaaten der ehemaligen Sowjetunion. Unter dem Stichwort „Europäische oder deutsche Interessen" wird direkt Bezug genommen auf die „Sicherheit für die Ölversorgung". Das kann man natürlich in einer globalisierten Wirtschaft beliebig weit fassen: Heute ist es das Öl, vielleicht sind es morgen schon Fernsehapparate aus Fernost, deren preisgünstige Verfügbarkeit bedroht ist.[114]

Und warum soll der Auftrag der Bundeswehr und anderer westlicher Armeen an den materiellen Werten Halt machen? Was, wenn europäische Regierungen eines Tages nicht materielle Werte, zum Beispiel die „europäischen Werte", durch den islamischen Fundamentalismus gefährdet sehen? Die Frage ist spätestens seit den Terror-Anschägen des Jahres 2001 und nach dem Beginn des amerikanischen Bombardements auf Afghanistan alles andere als Spekulation. Nach dem 11. September 2001 haben sämtliche NATO-Regierungen – auch die deutsche – US-Präsident Bush „unbedingte Solidarität" selbst für Militäreinsätze zugesichert.

US-Präsident Bush hat die Anschläge auf das World Trade Centre und das Pentagon am 11. September 2001 als Kriegserklärung gegen die USA, die westliche Zivilisation, die Freie Welt und den Freien Markt bezeichnet. Als Drahtzieher wurde sehr schnell Osama Bin Ladens Al Kaida ausgemacht. Ihm und all jenen, die ihn unterstützen, wurde sofort der Krieg erklärt.

Bis dahin gab es jedoch vielfältige Verbindungen der USA mit dem neuen Erzfeind. So weist der kanadische Wirtschaftswissenschaftler Michel Chossudovsky darauf hin, dass der CIA Osama Bin Laden und die islamistisch-fundamentalistischen Taliban in Afghanistan im Kampf gegen die Sowjetunion aufrüstete.[115] Michael Moore dokumentiert ausführlich Wirtschaftskontakte zwischen den Taliban und US-Stellen.[116] Er berichtet zudem über weitreichende wirtschaftliche Verbindungen der Familie Bin Laden und anderer Clans der saudiarabischen Oberklasse mit der texanischen Wirtschaftsregion.[117]

Kurze Zeit nach den Anschlägen wurde das Kriegsziel ausgeweitet auf die „Achse des Bösen". Die Zuordnung ist jederzeit modifizierbar: Wer dazugehört oder wer von der Liste gestrichen wird, bestimmt allein die US-Regierung.

Natürlich ist nicht abzustreiten, dass heute ein islamistisch begründeter Fanatismus an Boden gewinnt. Über die Ursachen ist viel geschrieben worden. Tatsache ist, dass das Wirken großer entwickelter Industrienationen nicht gerade dazu angetan war, eine solche Entwicklung zu verhindern.

Die US-Regierung hat den Terrorismus zum Bösewicht Nummer eins erklärt. Der Kampf gegen einen solch „herrlich“ schwammigen Feind hat viele Vorteile: Einerseits kann er die Gutwilligen neutralisieren – wer ist schon für Terrorismus. Andererseits liefert er Vorwände genug, um heute dieses und morgen jenes Land zu erobern. Das Feindbild ist einfach genug gestrickt, um eine Massenbewegung entstehen zu lassen. In wirklich schwierigen Zeiten bedient man sich gern eines unkritischen Fanatismus, um die Bevölkerung auf radikale Wendungen und kriegerische Auseinandersetzungen einzustimmen. Die Reden von US-Präsident Bush lassen zunehmend mehr Hinweise auf ein quasi-religiöses, keinen Widerspruch duldendes Sendungsbewusstsein erkennen.

Krieg ist die Fortsetzung der Politik mit anderen Mitteln, heißt es. Stimmt das auch für den Feldzug Bushs gegen den globalen Terrorismus? Sofort fällt das Stichwort Öl, das schon beim Golf-Krieg und auch beim Kosovo-Krieg eine Rolle spielte. Afghanistan und die zentralasiatischen Kaukasus-Republiken, ja die gesamte Region um das Kaspische Meer verfügen über rund 20 Prozent der Welt-Ölreserven. Zudem lagert dort ein Achtel der Erdgasvorkommen der Erde.

Die amerikanische Wirtschaft befand sich zum Zeitpunkt der Terroranschläge in einer Rezession. Ein lang anhaltender Krieg gegen den Terror schafft Dauerarbeitsplätze in der Rüstungsindustrie und kurbelt darüber hinaus die Binnennachfrage in den USA an – ganz zu schweigen von den Aufträgen, die sich ergeben, wenn ein zerstörtes, erobertes Land wieder aufgebaut wird. Daneben geht es um längerfristige ökonomische und geostrategische Überlegungen, um die Re-Kolonialisierung der Welt, zumindest zunächst der gesamten Region des Nahen Ostens.

Im „Wall Street Journal“ vom 9. Oktober 2001 erschien ein Artikel des britischen Historikers Paul Johnson unter dem Titel: „Die Antwort auf den Terrorismus? Kolonialismus!“ Johnson schreibt: „Amerika hat keine andere Wahl, als Krieg gegen die Länder zu führen, die gewohnheitsmäßig Terroristen unterstützen. Präsident Bush warnte, dass der Krieg lange dauern könne, aber er hat vielleicht noch nicht verstanden, dass Amerika auch langfristige politische Verpflichtungen akzeptieren muss. Denn die wohl passendste historische Parallele – der Krieg gegen das Piratentum im 19. Jahrhundert – war ein wichtiges Element für die Ausdehnung des Kolonialismus. Vielleicht zeichnet sich eine neue Art Kolonie, der vom Westen verwaltete ehemalige Terroristenstaat, am Horizont ab.“[118]

Im Gefolge der Terroranschläge wurden überall in der Welt so genannte Sicherheitsgesetze eingeführt, oder sie sind in Vorbereitung. Ein „lang anhaltender Krieg“ und die mit den angeblichen Erfordernissen des Kampfes gegen des Terrorismus begründete, beliebig in Kraft setzbare Einschränkung von Grundfreiheiten sind die beste Voraussetzung dafür, die Freiheit der „Global Player“ auch gegen den Willen der Mehrheit der Bevölkerung durchzusetzen. Wir befinden uns im Krieg, die ganze „freie Welt“ muss zusammenstehen. Rücksicht auf Menschenrechte, Umweltschutz, Streikrecht, Demokratie? Jetzt nicht, wir sind in Not – jetzt ist die Zeit der neuen Notstandsgesetze.

Der frühere Finanzminister der Bush-Regierung hat mittlerweile bestätigt, dass diese von Beginn an, also lange vor der Terroranschlägen des September 2001, geplant hatte, den Irak zu besetzen. Die waren dann ein willkommener Vorwand, der in Zusammenhang mit dem Vorwurf, die irakische Regierung verfüge unerlaubterweise über Massenvernichtungswaffen, den Einmarsch amerikanischer und britischer Truppen im März 2003 im Irak rechtfertigte. Solche Waffen wurden bisher nicht gefunden, und der stellvertretende Außenminister Wolfowitz hat dies mittlerweile als „bürokratisches Argument“ bezeichnet. Ein weiterer Beleg dafür, dass es niemals um die Beseitigung einer vom Diktator Saddam Hussein und seiner Clique ausgehenden tödlichen Gefahr ging.

Worum ging es dann? Die Antwort ist zunächst dieselbe wie bei der Frage nach den Hintergründen der Bombardierung von Afghanistan: Öl. Aber das dürfte nur die halbe Wahrheit sein. Die politische Situation in Saudi-Arabien, bisher eine entscheidende Basis für die Präsenz der USA in der Region, könnte sich eines Tages als im wahrsten Sinne des Wortes auf Sand gebaut erweisen. Da musste dringend Ersatz her: der Irak. Er ist von seinen Grundbedingungen her ein reiches Land und verfügt über sehr große Ölreserven. Er liegt strategisch günstig. Von hier aus lässt sich die gesamte Region nach Norden bis hinein in das Gebiet der ehemaligen Sowjetunion, nach Westen bis zum Mittelmeer, nach Südosten bis nach Indien kontrollieren. Daneben dürfte die Aussicht entscheidend sein, in der gesamten Region neue Märkte für US-Produkte, ein neues Betätigungsfeld für die US-Wirtschaft aufzutun.

Im Rahmen der Diskussionen innerhalb der UNO über einen möglichen Einmarsch im Irak zeigten sich zum ersten Mal deutliche Risse in der Fassade der westlichen Staatengemeinschaft. Mit der Achse Paris–Berlin–Moskau gab es eine Annäherung in Richtung Osten. Darum ist es wieder still geworden. Zurzeit scheint es so, als versuchten die einstigen Kriegsgegner, jeder für sich eine Scheibe vom Kuchen des Wiederaufbaus im Irak abzuschneiden.

Die USA dürften noch eine Zeit lang damit beschäftigt sein, die Verhältnisse im Irak zu normalisieren, wie es heißt. Auch die im Herbst anstehende US-Präsidentschaftswahl dürfte dafür sorgen, dass noch einige Zeit ohne neue militärische Aktionen der USA vergeht. Was dann kommt, hängt auch vom Ausgang dieser Wahl ab. Bleibt George W. Bush an der Macht, dürfte es nur eine Frage der Zeit sein, bis die nächste kriegerische Auseinandersetzung kommt. Ob allerdings ein anderer Präsident eine grundsätzlich andere Außenpolitik betreiben wird, ist fraglich. Vieles, was Bush begonnen hat, entspricht angesichts der immer deutlicher werdenden grundsätzlichen Probleme der modernen kapitalistischen Wirtschaft handfesten ökonomischen Interessen.

Mit dem Einmarsch in den Irak wurden die Vorbehalte immer weiterer arabischer Kreise gegen die USA und alles „Westliche“ eher noch bestärkt. Spätestens wenn dieser Sprengstoff in einem weiteren spektakulären Terroranschlag hochgeht, dürfte das die nächste Runde in der Gewaltspirale einleiten.

Fassen wir zusammen:

> Nach dem Fall der Mauer änderte sich die weltweite geopolitische Situation. Zunächst schien es so, als ob die USA der Sieger dieser Entwicklung sind. Aber es treten andere Kräfte auf den Plan. Auf der eurasischen Landmasse sehen wir ein Europa, das sich zu sammeln versucht, und einen Islam, der momentan weder einen für zielgerichtetes Handeln wichtigen Führungsstaat noch in seiner Gesamtheit eine nennenswerte wirtschaftliche Expansion aufweisen kann. Wir sehen ferner ein stark wachsendes China und einen indischen Subkontinent, dessen Bevölkerungswachstum dafür sorgen könnte, Indien in 30 Jahren noch vor China zum bevölkerungsreichsten Land der Erde zu machen. Für die USA wird es damit schwieriger, den eigenen weltweiten Führungsanspruch aufrechtzuerhalten.

Teil II Was die Welt bewegt

1 Wiederholt sich die Geschichte?

Diese Frage beantwortete bereits Mark Twain mit den Worten: „History may not repeat itself, but it does rhyme a lot". Geschichte wiederholt sich nicht exakt, aber es sind immer wiederkehrende Muster zu erkennen. Offensichtlich meint Twain – der geistige Schöpfer der „Abenteuer von Tom Sawyer und Huckleberry Finn" –, eine gewisse Zyklik in geschichtlichen Abläufen erkannt zu haben.

Das ist genau der Punkt, der Gegenstand der Betrachtungen dieses Kapitels sein soll. Nachdem die aktuellen wirtschaftlichen, gesellschaftlichen und politischen Tendenzen im ersten Teil dieses Buches zusammengefasst wurden und im Hinterkopf vorhanden sind, wollen wir uns nach offensichtlichen Parallelen geschichtlicher Entwicklungen umschauen, um diese für die Szenario-Analyse unserer eigenen Zukunft nutzen zu können.

Wissen beruht auf Erfahrungen. Erfahrungen liegen nicht in der Zukunft, sondern in der Vergangenheit, sie sind Geschichte. Schüler, Studenten, Ingenieure und Ärzte werden mit Hilfe von Daten und Wissen aus der Vergangenheit ausgebildet. Die Konstruktion eines Pkw-Rades beruht auf jahrtausendelangen Erfahrungen der Menschheit, angefangen mit der Erfindung des Rades um 4000 v. Chr. in Mesopotamien. Auch die wirtschaftlichen Zusammenhänge wurden nicht durch Adam Smith erfunden. Babylonier, Ägypter, Griechen und Römer häuften jeweils ein großes Wissen auf diesem Gebiet an, von dem spätere Kulturen profitierten.

Der Mensch in seiner jetzigen Form (homo sapiens) existiert seit mindestens 100 000 Jahren. Doch erst nach dem Ende der jüngsten Eiszeit vor etwa 10 000 Jahren begannen merkliche Entwicklungssprünge. Die ersten Dörfer, bestehend aus Behausungen der Bauern, wurden auf die Zeit um 5000 v. Chr. datiert. Um 3500 bis 3000 v. Chr. entwickelten sich erste Hochkulturen wie die der Ägypter und der Sumerer. Mesopotamien, das Land zwischen

Euphrat und Tigris, brachte die Sumerer, Babylonier und Assyrer hervor. In Ägypten entstanden die ersten Pyramiden. Die Schrift wurde erfunden und damit das Gedächtnis der Menschheit. Um 2000 v. Chr. legten die Kreter den Grundstein der griechischen Kultur. Die Römer übernahmen die politischen und sozialen Errungenschaften der Hellenen und bauten ein Weltreich auf, dessen Westteil um 500 n. Chr. zusammenbrach. Erst weit nach der ersten Jahrtausendwende – mit dem Entstehen der Renaissance in Italien – machte sich Europa auf den Weg aus dem finsteren Mittelalter.

Unbestritten ist, dass sich im Laufe der Jahrtausende grundlegende menschliche Eigenschaften nicht verändert haben, darunter die großen Treiber unserer Gesellschaft, die Angst und die Gier. Diese Eigenschaften gelten nicht nur individuell, sondern beeinflussen als kollektives Massenphänomen den Gang der Geschichte. Beispiele dafür gibt es genug: Ob Krieg oder Frieden, Börsen-Boom oder Börsen-Crash, Inflation oder Deflation, Diktatur oder Demokratie: Immer sind Angst und Gier im Spiel. Wie Yin und Yang sorgen sie dafür, dass die Menschheitsgeschichte nicht gradlinig, sondern wellenförmig verläuft. Der Erfinder des Dow Jones Index, Charles Dow, hat beispielsweise das Auf und Ab an der Börse mit Ebbe und Flut verglichen.

Die kurze Geschichte der Menschheit ist, oberflächlich betrachtet, linear verlaufen, und diese Denkrichtung herrscht auch weiterhin in unseren Geschichtsbüchern vor. Nur wenige Historiker haben sich umfassend mit der vergleichenden Geschichte im Sinne von unterschiedlichen Zeitebenen beschäftigt. Drei Personen, die man in diesem Zusammenhang nennen muss, sind der deutsche Philosoph Oswald Spengler sowie die britischen Historiker Arnold Toynbee und Paul Kennedy.

Oswald Spengler ist der wohl radikalste Denker unter den dreien. Er ging von einem in sich geschlossenen Kreislauf der Entwicklung von Hochkulturen aus. In seinem zum ersten Mal im Jahre 1919 erschienenen, weit über 1000 eng beschriebenen Seiten umfassenden Hauptwerk „Der Untergang des Abendlandes“[119] verglich er die gesellschaftlichen und politischen Entwicklungen unterschiedlicher Epochen und Hochkulturen und setzte sie zueinander in Beziehung. Der Spenglersche Ansatz lässt sie wie folgt erklären: Die Erde wird von einer Vielzahl von Organismen – Pflanzen, Tieren und Menschen

– bevölkert. Diese Organismen bilden jeweils höhere Einheiten, zu denen sie sich gruppieren. Dies sind zum Beispiel Bäume, die Wälder bilden, oder Affen, die in einer Kolonie leben.

Menschen gruppieren sich laut Spengler in Hochkulturen. Er unterscheidet unter anderem zwischen abendländischer, arabischer, ägyptischer und chinesischer Kultur. Genauso wie der einzelne Mensch ein lebendiger Organismus ist, der wächst, aufsteigt, seinen Zenit erreicht und schließlich verfällt, sieht er diesen Verlauf auch für die Hochkulturen als gegeben an: Die Hochkulturen sind ein lebender Organismus. Aus diesem Verständnis heraus ist seine gewaltige Fleiß- und Denkarbeit in Form seines oben genannten Buches entstanden. Spengler hat akribisch versucht, im Vergleich mit den Verläufen früherer Hochkulturen den gegenwärtigen Standort der abendländischen Kultur im übergeordneten Lebenszyklus zu bestimmen. Seine Analyse ließ für ihn keinen anderen Schluss zu, als dass die westliche Kultur der Phase des Alters und der Erstarrung ganz nahe ist, ganz so wie das römische Reich um die Jahre 100 v. Chr. bis 100 n. Chr.

Beruhigend ist aus heutiger Sicht, dass das Römische Reich anschließend noch 400 Jahre existiert hat. Negativ ist die Tatsache, dass diese letzten 400 Jahre von zunehmender Verflachung und Dekadenz bestimmt waren. Das römische Reich beschränkte sich auf den Erhalt des geografischen und innenpolitischen Status quo und musste dafür immer höhere Aufwendungen tätigen. Auf weitere Analogien zu heute wird im nächsten Kapitel eingegangen.

Den Höhepunkt der geistigen Entwicklung der abendländischen Kultur sieht Spengler mit Locke, Goethe, Voltaire, Kant und Hegel erreicht. Die Gedanken von Nietzsche und Marx sowie die Idee des Sozialismus sind bereits Ausdruck des Niedergangs. Den Zenit der schöpferischen Kraft der abendländischen Kultur im Hinblick auf die Kunstgeschichte sieht Spengler bereits im Barock mit Michelangelo und Rembrandt vollendet. Auf politischer Ebene sah Spengler folgende, allen Hochkulturen gemeinsame Entwicklungsstufen: In der „Vorzeit“ existierte ein „primitiver Völkertypus“. Stammesgemeinschaften wurden von Stammeshäuptern geführt, Staatengebilde existierten nicht. Als Beispiel für die abendländische Hochkultur führte er die Frankenzeit um Karl den Großen an und datierte sie auf 500 bis 900 n. Chr. In der Frühzeit herrschte das Lehnswesen vor. (Abendland: 900 bis 1500 n. Chr.). Die Stadt existierte nur als Markt oder Burg; das ländliche Leben dominierte. Die Spätzeit (1500 bis 1800 n. Chr.) sah die Verwirklichung der Staatsidee. Der dritte Stand – hauptsächlich die Stadtbevölkerung – entstand neben Priestertum und Adel. Die höchste Vollendung der Staatsform fand laut Spengler im Absolutismus statt. Für Europa nannte er die Zeit Ludwigs XIV. und Friedrich des Großen als Beispiel.

Seit dieser Zeit sah Spengler den Staat im Niedergang begriffen. Mit den Revolutionen Ende des 18. Jahrhunderts in Amerika (Washington) und Frankreich (Napoleon) siegte die Stadt endgültig über das Land. Das Volk hob sich über die Privilegierten hinweg, die Intelligenz über die Tradition und das Geld über die Politik. Es wurde die Phase der Zivilisation eingeleitet, in der wir uns noch heute befinden. Zivilisation bedeutete für Spengler die „Auflösung der jetzt wesentlich großstädtisch veranlagten Volkskörper zu formlosen Massen". Mit dem Blickwinkel der Jahre 1918/19 sieht er für den Zeitraum von 1800 bis 2000 die „Herrschaft des Geldes" und setzte damit diejenige der Demokratie gleich. Wirtschaftsmächte würden die politischen Formen und Gewalten durchdringen.

Der Zeitraum von 2000 bis 2200 bedeutet für Spengler ein neues Zeitalter des „Cäsarismus". Die Gewaltpolitik würde über das Geld siegen, der politische Umgang primitiver werden. Nationen würden in eine formlose Bevölkerung zerfallen. Letztere würde in ein Imperium von „allmählich wieder primitiv-despotischen Charakter" zusammengefasst. Als Beispiel nennt er die Römerzeit 100 v. bis 100 n. Chr. Klangvolle Namen wie Cicero, Cäsar, Augustus, Nero und Tiberius bestimmten jene Zeit. Der pessimistische Blick Spenglers für das Schicksal der westlichen Zivilisation setzte sich für den Zeitraum der Jahre 2200 bis 2400 fort. Die Welt als Beute der Privat- und Familienpolitik von Einzelherrschern, das Imperium zunehmend von jungen Völkern und fremden Eroberern bedroht: „... langsames Heraufdringen urmenschlicher Zustände in eine hoch zivilisierte Lebenshaltung". Die westliche Zivilisation ist zerstört, es beginnt ein neuer Kreislauf.

Der Staat als Organisationsform soll seinen Höhepunkt bereits vor der französischen Revolution erreicht haben? Die Demokratie als Herrschaft des

Geldes? Sind wir zu einer „formlosen Masse“ verkommen? Ein neues Zeitalter des Cäsarismus? Und ist die westliche Zivilisation bereits in 300 Jahren am Ende? Klingt das nicht alles lächerlich? Nein. Es erscheint aus Spenglers Betrachtungswinkel heraus – die Hochkultur als lebender Organismus – sehr plausibel. Man kann seinen Scharfsinn und die Prognosefähigkeit Spenglers durchaus bewundern, auch ohne einer solch unerfreulichen Prognose zustimmen zu müssen.

Ein Beispiel für einen anders gearteten Ansatz im Rahmen dieser Denkrichtung ist das Modell des britischen Historikers Arnold Toynbee. Den Zyklus von Aufstieg und Fall sah er – im Gegensatz zu Spengler – nicht als determiniert an. Er ließ durchaus die Möglichkeit zu, dass Hochkulturen quasi unbegrenzt in kreativer und erfolgreicher Art und Weise auf Herausforderungen reagieren können. Toynbee ging ebenfalls von einer zyklischen Betrachtung der Kulturen aus. In seinem Grundlagenwerk „Studie zur Weltgeschichte“[120] analysierte er 26 Hochkulturen und verglich Gemeinsamkeiten der Aufstiegs- und Abschwungphasen. Er kam zu dem Schluss, dass die jeweiligen Aufstiegsphasen der Hochkulturen von einer enormen Kreativität im Umgang mit physischen und sozialen Herausforderungen begleitet und begünstigt waren. Der Zyklus der Zivilisation umfasst zwei größere Phasen: einen „Universal-Staat“ – wie etwa das Römische Reich –, der aus einer unruhigen Zeit entsteht, sowie ein „Interregnum“, das durch die Ausübung höherer Religion und massiver Völkerwanderungen gekennzeichnet ist.

Toynbee nannte drei Anzeichen für den Zusammenbruch von Hochkulturen: erstens den Verlust kreativer Energie in der kreativen Minorität, zweitens den Entzug der Unterstützung der regierenden Minderheit durch das Volk und drittens den daraus resultierenden Verlust sozialer Einheit. Toynbee sah die heutige westliche Kultur als Fortsetzung der hellenisch-römischen Kultur. Für Spengler hingegen war die (west-)römische Kultur mit dem Untergang Roms abgeschlossen. Toynbee führt als Trumpfkarte für seine Theorie die christliche Kirche an. Sie hat auch nach dem Untergang Roms das Element der hellenisch-römischen Zivilisation bewahrt und bis in die heutige Zeit hineingetragen.

Sowohl Toynbee als auch Spengler bejahen den Zyklus von Kulturen. Toynbee spricht von einem Taktschlag des Zerfalls:[121] „Wie steht es um den Takt, in dem sich Wachstum und Zerfall bewegt und entwickelt? Die allem zugrunde liegende Erscheinung von Aufgabe und Antwort ist uns vertraut. Eine wachsende Gesellschaft löst jede sich neu gestellte Aufgabe, eine zerfallende Gesellschaft schlägt immer wieder fehl. Die Zeit der Wirren, die dem Stillstand folgt, ist offensichtlich ein Versagen: Die Errichtung eines allumfassenden Staates wirkt wie ein Sich-Aufraffen; die Zwischenzeit, die dem Zerfall dieses Staates folgt, endet im Untergang.

„Solches Auf und Ab des Niederganges und des Sich-Aufraffens kommt nicht nur einmal, sondern meist wiederholt vor. In jeder unserer Hochkulturen lässt sich dies feststellen. Hellas kam im Jahre 431 v. Chr. zum Stillstand und errichtete seinen allumfassenden Staat 400 Jahre später unter Augustus im Jahre 31 v. Chr. Dazwischen liegen Berge und Täler – und sie wiederholen sich im Gleichklang, wo immer wir auch hinblicken. Gilt dies auch für die westliche Welt? Eins ist sicher, nämlich, dass wir den allumfassenden Staat noch nicht erlebt haben."

Toynbee konnte, als er diese Zeilen in den vierziger Jahren schrieb, noch nicht wissen – aber vielleicht ahnen –, dass der Hang zur Schaffung größerer Einheiten in Form allumfassender Staaten im späten 20. Jahrhundert an der Tagesordnung sein sollte. Die Schaffung eines allumfassenden Staates namens Europa ist in vollem Gange; eine einheitliche Währung existiert bereits. Die USA bilden gemeinsam mit Kanada und Mexiko die nordamerikanische Freihandelszone NAFTA, und viele südostasiatische Staaten sind in der ASEAN-Gruppe organisiert.

Toynbee weiter zum Zerfall:[122] „Statt einer Reihe von Aufgaben, die jeweils verschiedener Gestalt sind, begegnen wir hier ein und derselben Aufgabe, die sich einförmig immer wiederholt. In der hellenistischen Welt sahen wir eine Wiederholung der Aufgabe, nämlich eine überstaatliche Ordnung zu finden – Athen versuchte, einen Bund zu schaffen; Philipp beziehungsweise sein Sohn Alexander der Große folgte in den gleichen Fußstapfen, Augustus desgleichen. Wiederholung ist das Wesen der Zerfallserscheinung; und statt Siegen begegnen wir Niederlagen, ungelösten Aufgaben, an denen die Gesellschaft zugrunde geht."

Und noch etwas fiel Toynbee bei der Untersuchung des Untergangs von Hochkulturen auf: „So bemerken wir einen Hang, der überall durchschimmert; nämlich die Neigung zur Einförmigkeit; einen Trieb, alle Erscheinungen einander anzugleichen und alles über einen Kamm zu scheren. Und diese Erscheinung ist denn auch das genaue Gegenteil zu der Vielgestaltigkeit und der immer deutlicher sich herausbildenden Unterschiedlichkeit, die wir in einer Hochkultur zur Zeit des Wachstums fanden. Der wiederkehrende Taktschlag des Zerfalls wirkt eintönig." Wer möchte da widersprechen? Auch im Wirtschaftsleben wird diese Tendenz immer wieder bestätigt. Man denke an die vielen privaten Eisenbahngesellschaften im 19. Jahrhundert, die vielen Autohersteller Anfang des 20. Jahrhunderts, die große Zahl der Internetdienstleister zum Ende des 20. Jahrhunderts. Fast jedes neue Produkt wurde in einer Art Urknall geboren, viele Teile flogen umher, bevor sie sich zu größeren Einheiten verbanden, bis schließlich nur noch wenige Sterne übrig blieben.

Technologie wird in der heutigen Zeit als Träger des universellen Fortschritts verstanden – ohne technologische Weiterentwicklungen kein Wirtschaftswachstum. Spengler und Toynbee interpretieren die Rolle des technischen Fortschritts in der Entwicklung von Zivilisationen durchaus zwiespältig. Besonders Spengler klingt aus heutiger Sicht technologiefeindlich. Er sieht – ganz im Geiste der zwanziger Jahre – ein Zeitalter heraufziehen, das den Menschen zum Sklaven der Maschine macht. Und doch hat Spengler die unausweichlichen Entwicklungen geradezu prophetisch vorhergesagt:

„Der Bauer, der Handwerker, selbst der Kaufmann erscheinen plötzlich unwesentlich gegenüber den drei Gestalten, welche sich die Maschine auf dem Weg ihrer Entwicklung herangezüchtet hat: dem Unternehmer, dem Ingenieur, dem Fabrikarbeiter." Und weiter: „Aber ebenso titanisch ist nun der Ansturm des Geldes auf diese geistige Macht. Auch die Industrie ist noch erdverbunden wie das Bauerntum. Sie hat ihren Standort und ihre dem Boden entströmenden Quellen der Stoffe. Nur die Hochfinanz ist ganz frei, ganz ungreifbar. Die Banken und damit die Börsen haben sich seit 1789 am Kreditbedürfnis der ins Ungeheure wachsenden Industrie zur eigenen Macht entwickelt, und sie wollen, wie das Geld in allen Zivilisationen, die einzige Macht sein."[123]

Heute ist die Mehrzahl der Arbeitsplätze im Dienstleistungssektor zu finden, in den Vereinigten Staaten beträgt ihr Anteil knapp 80 Prozent. Davon ist ein nicht unerheblicher Teil mit dem Verwalten und Investieren von Geld beschäftigt. Der Spruch „Geld regiert die Welt" gilt heute mehr denn je, und Spengler hat diese Entwicklung klar vorhergesehen.

Toynbee führt eine interessante Debatte im Hinblick auf die Bedeutung der Technologie für die Entwicklung einer Hochkultur. Er ist nicht überzeugt, dass technischer Fortschritt gleichzeitig den Fortschritt einer Hochkultur bedeutet. Er nennt Beispiele für Kulturen, die trotz fortschreitender Technologie untergegangen sind. Und er nennt Beispiele, in denen sich eine Technologie gegen eine Kultur gewandt hat und nicht mehr genutzt wurde.[124] In diesem Zusammenhang ist die Rolle der Technologie in der jüngsten Vergangenheit zu nennen. Man kann die These aufstellen, dass die universale Verbreitung des Computers in den achtziger Jahren, dessen Vernetzung (Internet) in den neunziger Jahren sowie der letztendlich daraus resultierende Zusammenbruch der Kommunikationskosten – insbesondere für das Telefon – destruktiv auf die Weltwirtschaft gewirkt hat, da vorhandene Wertschöpfungsstrukturen zerstört wurden.

Nicht zu vergessen ist das Vordringen der „Open-Source"-Bewegung mit dem simplen Ziel, Software frei für alle zur Verfügung zu stellen.. Dass sich um diese Bewegung mittlerweile eine Industrie gruppiert, die – wie im Beispiel von Linux – mit in der Open-Source-Bewegung entwickelten Programmen Geld verdienen möchte, ist eine andere Frage. Die Ablösung urheberrechtlich geschützter Güter – wie von Musik oder Filmen – von seinem Trägermedium beziehungsweise die weitgehend freie Kopierbarkeit desselben stülpt die Geschäftsmodelle ganzer Industrien um. Die Internet-Telefonie setzt gegenwärtig zu einem neuen Anlauf an und wird wohl letztendlich in der weitgehend freien Nutzung des Telefons enden – mit Ausnahme der Zahlung einer monatlichen, geringen Flat Rate. Noch ist nicht nachgewiesen, dass es sich hierbei lediglich um eine Art kreative Zerstörung handelt, die wirtschaftlich sinnvolle und vor allen Dingen Arbeitsplätze produzierende Industrien hervorbringt.

Anders als Spengler und Toynbee beschränkte sich der britische Historiker Paul Kennedy mit seinem Buch[125] „Aufstieg und Fall der großen Mächte" auf das 16. bis 20. Jahrhundert und auf nur eine Hochkultur, nämlich die westliche. Kennedys Fragestellung war eine militärisch-wirtschaftliche: Was waren die Gründe für den relativen Auf- und Abstieg der europäischen Mächte bis in die heutige Zeit? Wie kam es, dass das im 16. Jahrhundert so mächtige Spanien später relativ zu Frankreich, Großbritannien und Deutschland an Bedeutung verlor? Auf wessen Kosten vollzog sich der Aufstieg Deutschlands im 19. Jahrhundert? Kennedy arbeitete wie Spengler und Toynbee eine Zyklik heraus, die sich bei ihm in den Stufen Aufstieg, Überdehnung, Erschöpfung und Abstieg äußert.

In Kapitel II.3 wird unter Einbeziehung der Arbeit Kennedys ein Blick auf das Europa der vergangenen 500 Jahre geworfen. Doch zunächst ein Sprung in die Antike.

2 Aufstieg und Fall von Hochkulturen

a Aspekte der hellenisch-römischen Kultur

Unter Historikern ist unstrittig, dass die hellenische (griechische) und nachfolgend die römische Hochkultur als direkte Vorreiter unserer westlichen Zivilisation bezeichnet werden können. Unter diesem Aspekt ist die Betrachtung der Geschichte des antiken Griechenlands interessant. Es fällt auf, dass zwischen der hellenischen Entwicklung und derjenigen Europas durchaus Parallelen erkennbar sind, die darauf schließen lassen, dass sich die Entwicklung einer Hochkultur in ähnlichen Bahnen vollzieht.

Um 1000 v. Chr. erscheinen die hellenischen „Polis" – entstanden auf Burganlagen, die aus der mykenischen Kultur überdauert hatten – auf der Bildfläche. Polis waren Stadtsiedlungen inklusive des angrenzenden Gemeindelandes. Diese Stadtstaaten darf man sich nicht als eng begrenzte Gebiete vorstellen; sie waren zum Teil mehrere tausend Quadratkilometer groß. Das zunächst vorherrschende Königtum wurde allmählich durch den Land besitzenden Adel entmachtet. Es herrschte eine Art Lehnswesen vor; so genannte„Halbfreie“ und Sklaven dienten ihren Land besitzenden Herren. Etwa 700 bis 600 v. Chr. machten sich einzelne Adelige die Unzufriedenheit von Bauern und Kleinbürgern zunutze und schwangen sich mit deren Hilfe zu „Tyrannen“ – also zu Alleinherrschern – auf. Die Demokratie Athens ab 500 v. Chr. stand am Ende dieser Entwicklung.

Betrachtet man die Geschichte Europas und besonders Deutschlands, so lässt sich die Stärkung des Fürstentums im Mittelalter mit der Herrschaft des Land besitzenden Adels in Griechenland vergleichen. Die in Europa weitgehend erfolglosen Bauernaufstände Anfang des 16. Jahrhunderts und die französische Revolution des 18. Jahrhunderts erinnern an die Episode der griechischen Tyrannen. Die anschließende Phase der Demokratisierung im 19. und 20. Jahrhundert lässt sich zur Ur-Demokratie Athens in Beziehung setzen. Es geht hier nicht um exakte zeitliche und entwicklungsgeschichtliche Gleichheit. Das vorgenannte Beispiel soll nur verdeutlichen, dass grobe Entwicklungsschritte von Kulturen offensichtlich über eine so logische Rangfolge verfügen, dass sich die Geschichte in dieser Hinsicht wiederholt.

Und noch eine zweite, ganz offensichtliche Parallele existiert. Die Bevölkerung Griechenlands wuchs um 750 v. Chr. so stark, dass Hungersnöte die Folge waren. Die Ernteerträge der eigenen Felder reichten nicht mehr aus. Man ging sogar so weit, der Bevölkerung zu raten, sich auf ein Kind zu beschränken und die weiteren Neugeborenen auszusetzen. Die Mehrzahl der griechischen Stadtstaaten suchte daraufhin ihr Heil in der Expansion. Sie gründeten friedliche Handels- und Agrar-Kolonien im gesamten Mittelmeer-Raum. Europa hatte genau diesen Prozess – allerdings nicht immer friedlich – im 16. Jahrhundert begonnen. Die Gründung der Ostindischen Handelsgesellschaften in Holland und England sind Beispiele. Auch die Auswanderung nach Amerika wurde häufig von Hungersnöten initiiert und forciert. Man denke nur an die ständigen Hungersnöte in Irland, die die Iren in den USA zeitweilig zur größten Einwanderergruppe werden ließen.

Analog zur heutigen Zeit, in der man von einer kulturellen Anglisierung der Welt sprechen kann, war die Übernahme hellenischer Sitten und Gebräuche im Mittelmeer-Raum weit verbreitet. Durch die Feldzüge des mazedonischen Königs Alexander des Großen um 300 v. Chr. wurde der gesamte heute als Naher Osten bekannte Raum von Ägypten bis an die indische Grenze unter hellenischen Einfluss gestellt.

Bereits kurze Zeit nach den Eroberungen Alexander des Großen deutete sich der Aufstieg des ursprünglich kleinen Stammes der Latiner zur Weltherrschaft an. Im dritten und zweiten Jahrhundert v. Chr. sicherten sich die Römer die Herrschaft über das Mittelmeer, indem sie Karthago in drei punischen Kriegen besiegten. Das römische Reich war in gesellschaftlicher, wirtschaftlicher und politischer Hinsicht eine Fortentwicklung der hellenischen Kultur. Es war grob gesehen in zwei Sprachräume aufgeteilt: In Italien und westlich davon wurde Lateinisch, in Griechenland und östlich davon Griechisch gesprochen. Diese Trennung blieb während der gesamten Bestandszeit des römischen Reichs erhalten; die Sprachgrenze war später die Basis für die Trennung des oströmischen vom weströmischen Reich 395 n. Chr.

Wir erinnern uns, dass Toynbee im Hinblick auf die Entwicklung von Hochkulturen nach einer „Zeit der Wirren" die Errichtung eines Universalstaates als gängiges Muster ansieht. Dieser Universalstaat stellt in den Abläufen Ursprung, Wachstum, Stillstand und Verfall die Stufe „Stillstand" dar. Die 100 Jahre vor Errichtung des römischen Kaisertums – also die Zeit vor Augustus – ordnet Toynbee als „Zeit der Wirren" der hellenisch-römischen Kultur ein;[126] der Universalstaat beginnt 27. v. Chr. mit Augustus. In dieser Beziehung stimmt er mit Spengler überein.

Germanische Stämme unter Führung des Arminius (Hermann) eliminierten im Jahre 9 n. Chr. drei römische Legionen im Teutoburger Wald. Kaiser Augustus dachte mit Verbitterung bis an sein Lebensende an diese Schlacht. Aufgrund dieses Ereignisses reduzierte Rom seine aggressive Expansionspolitik. Künftig war das Imperium darauf bedacht, den Status quo zu erhalten. Dies gelang den Römern immerhin weitere 200 Jahre. Zwischen 236 und 270 n. Chr. hielt das Reich dem Druck der „Barbaren" kaum stand. Die permanenten Angriffe der Franken, Goten und Alemannen führten dazu, dass der Limes – der römische Grenzwall in Germanien – aufgegeben werden musste und Kaiser Aurelian den Wall der Stadt Rom verstärken ließ.

Dennoch wurde das Schicksal Roms erst weitere 100 Jahre später besiegelt. Die Hunnen fielen 376 in Europa und dort in das Territorium der Goten ein. Diese mussten fliehen und suchten innerhalb der Grenzen des römischen Reiches Schutz. Die Römer akzeptierten die Goten zunächst, doch dann misshandelten sie diese, was eine Revolte verursachte. Im Jahre 378 fiel die gesamte Nordgrenze des Imperiums in sich zusammen. Die Tage des Reiches waren gezählt. 410 eroberte der Gote Alarich Rom und blieb sechs Tage dort. Die Hunnen fielen von 441 bis 447 in den östlichen und von 451 bis 452 in den westlichen Teil des Reiches ein. Die Vandalen folgten 455. Der letzte Kaiser Roms, Romulus Augustus, wurde am 4. September 476 vom Thron gestoßen. Dieser Akt markiert das Ende des weströmischen Reiches.

Man muss sich die Frage stellen, warum die Angriffe der Barbaren schließlich erfolgreich waren. Die römischen Heere verfügten über die besseren Waffen, Ausbildung und Kampftaktiken. Bruce Barlett beschreibt in seinem Artikel „How Excessive Government Killed Rome“[127] die wirtschaftliche Situation des Imperiums von Nero bis zum bitteren Ende: „Die meisten Kaiser setzten die Politik der Währungsabwertung und höheren Steuern – hauptsächlich gegenüber den Reichen – fort. Der „Krieg“ gegen den Reichtum war nicht nur fiskalisch bedingt. Man wollte die Klasse der Senatoren eliminieren, die Rom von alters her regiert hatten. Das Wirtschaftswachstum kam durch diese Maßnahmen zum Erliegen. Da die Wohlhabenden nicht mehr in der Lage waren, den Staat mit ihren Abgaben zu finanzieren, mussten die Durchschnittsverdiener die Masse der Steuern finanzieren.“

Barlett schildert anschließend den kompletten Zusammenbruch der Geldwirtschaft im dritten Jahrhundert nach Christus. Die Rechnung des Staates ging nicht mehr auf, weil die Militärausgaben weiterhin den Staatssäckel belasteten, während die Durchschnittsverdiener durch die Kontraktion der Wirtschaft nicht mehr in der Lage waren, den notwendigen Steueranteil zu tragen. Einziger Ausweg: das Drucken von Geld. Das hieß, in diesem Fall wurden zusätzlich Münzen mit immer weniger Gold- oder Silberanteil geprägt. Durch die wundersame Geldvermehrung explodierten die Preise, bis das Geld schließlich wertlos wurde. Kaiser Diokletian verordnete daraufhin den Einzug von Steuern in Form von Gütern und Dienstleistungen. Sorgfältig wurde kalkuliert, wie viel Weizen, Kleidung, Öl, Waffen und andere Güter notwendig waren, um einen Soldaten zu versorgen. Dagegen stand die Kalkulation, welche Beiträge der Steuerzahler in Form von Gütern und Dienstleistungen leisten konnte. Der Staat sammelte im Rahmen der Zwangsbewirtschaftung die Ressourcen bei der Bevölkerung ein, verwaltete und lagerte diese. Trotz dieser Bemühungen wurden die ländlichen Regionen mehr und mehr verlassen. Der Handel brach zusammen; kleine Landbesitzer konnten die Steuern nicht mehr aufbringen und begaben sich als Arbeiter oder sogar Sklave unter das Dach von Großgrundbesitzern. Das letztere Phänomen war so weit verbreitet und so schädigend für das staatliche Steuersystem, dass Kaiser Valenz im Jahr 368 die Aufgabe der Freiheit zugunsten des Sklaventums für illegal erklärte.

Bruce Barlett zieht folgendes Fazit: „Am Ende war kein Geld mehr übrig, um den Sold, den Bau von Schiffen oder von Kriegsbefestigungen zu bezahlen. Die Grenzen waren nicht mehr zu schützen. Die Invasionen der „Barbaren“ waren letztendlich nicht anderes als das Resultat dreier Jahrhunderte des Rückgangs der Fähigkeit, genügend Steuern einzutreiben. Man sagt, dass die Römer die „Barbaren“ als Retter begrüßten, die gekommen waren, sie von ihrer Steuerlast zu befreien.“

Diese logische Gedankenkette muss allerdings noch durch ein wichtiges Thema ergänzt werden, das auch im Vergleich zur heutigen Zeit eine wichtige Rolle spielt: Es ist die Bevölkerungsentwicklung von Hochkulturen zur Zeit eines Universalstaates. Dazu Spengler[128]: „Die große Wende tritt ein, sobald es im alltäglichen Denken einer hochkultivierten Bevölkerung für das Vorhandensein von Kindern „Gründe“ gibt. Die Natur kennt keine Gründe. Der Geburtenreichtum ursprünglicher Bevölkerungen ist eine Naturerscheinung, über deren Vorhandensein niemand nachdenkt, geschweige denn über Nutzen oder Schaden. Wo Gründe für Lebensfragen überhaupt ins Bewusstsein treten, da ist das Leben schon fragwürdig geworden. Da beginnt eine weise Beschränkung der Geburtenzahl – die bereits Polybios als das Verhängnis von Griechenland beklagt, die aber schon lange vor ihm in den großen Städten üblich war und in römischer Zeit einen erschreckenden Umfang angenommen hat –, die zuerst mit der materiellen Not und sehr bald überhaupt nicht mehr begründet wird. Das römische Reich genießt den vollkommensten Frieden, es ist hoch gebildet, es ist gut organisiert. Und trotzdem schwindet die Bevölkerung rasch und in Masse dahin, trotz der verzweifelten Ehe- und Kindergesetzgebung des Augustus."

Spengler macht auf einen weiteren wichtigen Fakt aufmerksam:[129] „Die späten Schriftsteller sind voll von Klagen über die Entvölkerung und geistige Verödung (Nord-)Afrikas, Spaniens, Galliens und vor allem der antiken Stammesgebiete Italiens und Griechenlands. Ausgenommen davon sind regelmäßig die Provinzen, die zur magischen (=arabischen) Welt gehören. Besonders Syrien ist dicht bevölkert und blüht wie das parthische Mesopotamien prachtvoll auf. Das Übergewicht des jungen Ostens war für jeden zu spüren und musste endlich auch politisch zum Ausdruck kommen."

Parallelen zur heutigen Zeit sind so offensichtlich, dass sie angesichts der in Kapitel 1 beschriebenen demographischen Tendenzen nicht näher erläutert zu werden brauchen.

Haben die Universalstaaten Arbeitslosigkeit gekannt? Seltsamerweise wird dieses für die heutige Zeit so typische Problem weder bei Spengler noch bei Toynbee in Zusammenhang mit der Antike erwähnt. Der Begriff der Arbeit ist durch das Industriezeitalter als strikte Trennung von Arbeit und Freizeit neu definiert worden; insofern lässt sich diese Auslassung – so es denn eine war – erklären. Dennoch lassen sich aus vorliegenden Beschreibungen indirekt Rückschlüsse ziehen. In Rom vollzog sich – analog zu unserer Zeit – eine wirtschaftliche Konzentrationsbewegung. Der Ein-Mann-Betrieb wurde allmählich durch größere Handwerksbetriebe abgelöst, vor allem auf den privaten und staatlichen Gütern.[130] Der Staat baute für die Bedürfnisse von Armee, Flotte und Bürokratie Staatswerkstätten („Fabricae" = Gewerbebetriebe), da das freie Handwerkertum in den Städten im zweiten Jahrhundert immer mehr zurückging.

Dabei muss es zu Produktivitätssprüngen gekommen sein, die allein durch die Masseneffekte zu erklären sind. Wenn man bedenkt, dass der Druck auf den Arbeitsmarkt durch die Freisetzung von Arbeitskräften aus der Handwerkerschaft und zusätzlich durch die kontinuierliche Entlassung von Sklaven anhielt, lässt allein dies auf einen Anstieg der Sockelarbeitslosigkeit in jener Zeit schließen. Hinzu kommt noch folgender Faktor: „Die einheitliche agrarische Technik (Agrarpflanzen, landwirtschaftliche Maschinen, Düngemittel), die sich in der Kaiserzeit bildet, wird bald von den nichtrömischen Dorfkulturen übernommen. Seit dem Ende des zweiten Jahrhunderts entsteht durch ihr großes Angebot eine bedrohliche Konkurrenz für die römische Landwirtschaft."[131] Auch dieser Vorgang – es handelt sich um Überproduktion – lässt auf zunehmende Arbeitslosigkeit in der ländlichen Bevölkerung schließen.

Fazit: Bevölkerungsrückgang, Arbeitslosigkeit und die Erhöhung der Produktivität waren in der Antike keine Fremdwörter. Toynbees Gedanke eines Universalstaates, der in ein äußerlich ruhiges, aber innerlich degeneratives Umfeld überleitet, ist bedenkenswert. Das Schicksal Roms, das in diesem Kapitel aus wirtschaftlicher Sicht beschrieben wurde, gibt wertvolle und nachdenkenswerte Anregungen. Aus Sicht der Verfasser ist dies keineswegs das unabänderliche Schicksal der westlichen Zivilisation. Wir halten es da mit Toynbee, der eine Erneuerung einer Gesellschaft aus sich selbst heraus für möglich hält. Dennoch muss man konstatieren, dass die Parallelen zwischen der Antike und unserer Zeit nicht von der Hand zu weisen sind. Unsere Gesellschaft – zumindest die Regierenden – sind wohlberaten, diese Gefahr zu erkennen.

b Westliche Kultur im 16. bis zum 20. Jahrhundert

Es gab ein Leben nach Rom. Knapp 1000 Jahre dauerte es, bis ausgerechnet in Italien Städte wie Venedig und Florenz die Renaissance – die Rückbesinnung auf die Antike – einläuteten. Die Geschichte der hellenisch-römischen Kultur findet in der europäisch-amerikanischen Geschichte des 16. bis 20. Jahrhunderts ihren – vorläufigen – Höhepunkt. In diesem Zeitraum wurde die westliche Kultur mit ihren Eroberungen, ihren Erfindungen sowie ihrer gesellschaftlichen, wirtschaftlichen und politischen Entwicklung beherrschend in der Welt; andere wichtige Kulturen wie die chinesische, die indische oder islamische wurden überrundet.

Ein entscheidender Aspekt dieser Machtentwicklung war neben den technischen Erfindungen etwas, das zutiefst in der westlichen Kultur verankert ist: der Wettbewerb zwischen den Nationen. Verschiedene westliche Nationen waren zu verschiedenen Zeiten oder auch gleichzeitig führend, was die geographische, wirtschaftliche und kulturelle Ausdehnung betrifft. Dies lässt sich unter anderem an markanten Punkten der Geschichte festmachen.

Ziel dieses Kapitels ist es, die europäische Geschichte nachzuvollziehen und dabei den Wechsel relativer Macht zu erkennen. Am Schluss sollte deutlich geworden sein, dass wirtschaftliche Probleme für gewöhnlich dem Machtverlust vorausgehen.

Der britische Historiker Paul Kennedy erläuterte seine Auffassung wie folgt: „Die relative Fähigkeit der führenden Nationen, die Weltpolitik zu bestimmen, bleibt nie konstant, hauptsächlich weil die ungleichmäßigen Wachstumsraten verschiedener Gesellschaften und technologische und organisatorische Neuerungen einer Gesellschaft größere Vorteile bringen als einer anderen. Zum Beispiel begünstigten die Entwicklung des mit Kanonen bestückten Hochseeseglers und der Aufstieg des transatlantischen Handels nach 1500 nicht alle Staaten Europas in gleichem Maße."[132] Und weiter: „... aber Wohlstand ist in der Regel notwendig, um militärische Macht abzustützen, und militärische Macht ist in der Regel notwendig, um Wohlstand zu erwerben und zu schützen. Wenn aber ein zu großer Teil der Ressourcen des Staates von der Schaffung des Wohlstandes abgelenkt wird und stattdessen militärischen Zwecken zufließt, führt dies wahrscheinlich langfristig zu einer Schwächung der nationalen Macht."

Blick man auf die Geschichte Europas seit dem 16. Jahrhundert zurück, so erscheint sie wie ein chaotisches Zusammenwirken von Ereignissen in einer Abfolge von Kriegen. Wenn man auf eine bestimmtes Jahrzehnt zu Anfang dieses Zeitraums hinweisen muss, dann auf die Jahre 1520 bis 1530. Luther stand vor Kaiser und Reich, die Türken belagerten Wien und bedrohten damit die Existenz des Christentums, ein Bauernaufstand in Deutschland wurde niedergeschlagen. Rom wurde geplündert und dabei ein entsetzlicher historischer Schaden angerichtet, Cortez eroberte Mexiko, Schweden war ein unabhängiges Königreich geworden, Heinrich VIII., König von England, leitete seine Scheidung ein. Die päpstliche Erlaubnis blieb aus, und so trat der Herrscher Englands zum Anglizismus über.[133] Spätestens an dieser Stelle endet das europäische Mittelalter – mit der in Italien Anfang des 15. Jahrhunderts auftauchenden Renaissance beginnt gleichzeitig die Neuzeit.

Als erstes Land Europas ergriff Spanien den Staffelstab der Macht. Über die Jahrhunderte wurde er von dort an Holland, Frankreich, Großbritannien und Deutschland weitergereicht. Der Aufstieg Spaniens war die Geschichte der „Reconquista“, der Rückeroberung der arabischen Gebiete. Ab dem Jahr 800 wurden die Mauren immer weiter nach Süden zurückgedrängt. Am 2. Januar 1492 übergab Abu abd-Allah das letzte arabische Besitztum auf spanischem Boden, Granada, an die Katholischen Könige Isabella und Ferdinand. Im gleichen Jahr entdeckte Columbus für Isabella Amerika. Spanien setzte seine inneren Erfolge nach außen fort.

Der Habsburger Karl V. erbte Spanien nach dem Tod Ferdinands im Jahre 1516. Die Habsburger verstanden es, sich über das Mittel der Heirat Landgewinn zu verschaffen („Bella gerant alii/Tu felix Austria, nube!” Kriege mögen andere führen, Du, glückliches Österreich, heirate!). Im Jahre 1519 wurde Karl V. zusätzlich deutscher Kaiser. Damit herrschte er über ein Reich, „in dem die Sonne nicht untergeht“. Nach dem Tod Karl V. 1558 erbte sein Sohn Philipp das spanische Reich.

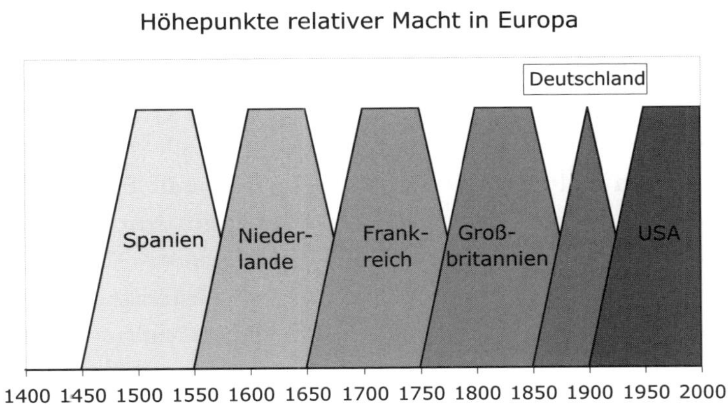

Der Abstieg Spaniens als europäische Groß- und Weltmacht begann mit der Niederlage der Armada Philipps II. vor England im Jahr 1588. Von Sir Francis Drake geschlagen, der im Auftrag der protestantischen Königin Elisabeth I. mit wesentlich kleineren Schiffen agierte, kehrten ein Drittel der Flotte und die Hälfte der Mannschaft nie nach Spanien zurück. In der Folgezeit musste Spanien unter anderem die Niederlande in die Unabhängigkeit entlassen (1648) und nach Ende des spanischen Erbfolgekrieges Belgien, Luxemburg, Mailand, Neapel, Sardinen abgeben. Großbritannien erhielt Menorca und Gibraltar.

Der Hauptgrund für den Abstieg Spaniens bestand in der „imperialen Überdehnung“, wie Paul Kennedy es in seinem Buch ausdrückte. Mehrfrontenkriege mit Frankreich, England und den Niederlanden sowie das spanischen Engagement im zermürbenden 30-jährigen Krieg (1618–1648) leerten die Staatskassen. Die steigende Verschuldung konnte durch den nicht abreißenden Strom von Silber aus Amerika nicht annähernd aufgefangen werden – im Gegenteil: Der ständige Zustrom frischen Geldes führte zu hoher Inflation, die wiederum die heimische Kaufkraft untergrub. Der Bauernstand blutete durch Verschuldung und das Abstellen von Arbeitskräften als Soldaten aus.

Spanien reichte den Staffelstab an die Niederlande weiter; auch diese befanden sich im Besitz der Habsburger. Im 15. Jahrhundert erbte Kaiser Karl V. ein Gebiet, das die heutigen Niederlande, Belgien und Luxemburg umfasste. Antwerpen und Rotterdam waren bedeutende Handelstädte. Zu diesem Zeitpunkt wurden 50 Prozent der Welthandelsgüter in diesen beiden Städten umgeschlagen.[134] Während die nördlichen Provinzen dem Protestantismus zuneigten, blieb der Süden katholisch. 1579 vereinigten sich sieben Nordprovinzen zur so genannten „Utrechter Union“, auch „Generalstaaten“ genannt. Diese wurden selbstbewusster; der Handel verlagerte sich von Antwerpen nach Amsterdam.

Der Unabhängigkeitskampf gegen die spanische, katholische Habsburger-Linie sollte noch weitere 60 Jahre dauern. Erst im westfälischen Frieden von 1648 erkannten das deutsche Reich und im Haager Frieden desselben Jahres Spanien die Niederlande als unabhängigen Staat an. Wirtschaftlich gesehen waren die Niederlande zu diesem Zeitpunkt bereits das reichste Land Europas und befanden sich mitten im Goldenen Zeitalter („de gouden eeuw"). Die Gründung der „Ostindischen Kompagnie" im Jahre 1601 leitete den Aufstieg der Niederlande zur Welthandelsmacht Nummer eins ein. Der Staat besaß eine Vielzahl von Überseegebieten, von denen das heutige Indonesien das bedeutendste war; auch Südafrika und Sri Lanka zählten dazu. Die heutigen US-Bundesstaaten New York, New Jersey und Delaware („Neu-Niederland") kamen im Frieden von Breda (1667) in englischen Besitz. Auseinandersetzungen mit der rivalisierenden Welthandelsmacht England und dem aufsteigenden Frankreich leiten gegen Ende des 16. Jahrhunderts den relativen Abstieg der Niederlande ein.

Paul Kennedy dazu: „Die Niederländer waren gezwungen, ihre Armee zu vergrößern und immer mehr Ressourcen zur Besetzung der südlichen Grenzbefestigungen zur Verfügung zu stellen. Dies belastete die niederländischen Energien auf zweifache Weise: Einerseits floss eine enorme Menge Geld in die Militärausgaben, und damit wurden ständig steigende Kriegsschulden, Zinszahlungen, höhere Verbrauchssteuern und Löhne produziert, die langfristig die wirtschaftliche Wettbewerbsfähigkeit des Landes unterhöhlten. Andererseits waren die Kriege ein großer Aderlass an Menschenleben, und das bei einer Bevölkerung, deren Zahl von etwa zwei Millionen während dieser gesamten Periode erstaunlich konstant blieb. So ist die niederländische Bestürzung über die erbitterten Mann-gegen-Mann-Schlachten im spanischen Erbfolgekrieg (1702–1713) und die hohen Verluste gut zu verstehen."[135]

Als die Niederlande den Staffelstab fallen ließen, griff Frankreich mit beiden Händen zu. Durch die habsburgischen Besitztümer Spanien, Niederlande und Burgund wurde Frankreich förmlich von Norden, Osten und Süden eingeschnürt. In den folgenden Jahrhunderten sollte es Frankreichs Bestreben sein, sich aus dieser Umklammerung zu lösen. Bevor dies im 17. Jahrhundert unter Ludwig XIV. gelang, mussten im 16. Jahrhundert innenpolitische Wirren überstanden werden. Die Glaubensspaltung nahm dabei den überwiegenden Raum ein. Zwischen 1562 und 1598 fanden acht Kriege gegen die calvinistisch orientierten Hugenotten statt. Während England die Hugenotten unterstützte, erhielten die Katholiken von den Spaniern Hilfestellung. Die Auseinandersetzung endete 1598 mit dem Edikt von Nantes unter dem zum katholischen Glauben übergetretenen Heinrich IV., das eine Duldung der Hugenotten festschrieb.

Mit der Unterzeichnung des Pyrenäenfriedens 1659 im Krieg gegen Spanien begann der Aufstieg Frankreichs zur europäischen Großmacht. Ludwig XIV. regierte Frankreich von 1661 bis 1715; das Zeitalter des Absolutismus gelangte zur höchsten Blüte. Im Laufe seiner Regierungszeit gewann der Sonnenkönig Straßburg und das Elsass für sein Land. 1685 hob er das Edikt von Nantes auf, was die Flucht von einer halben Million Hugenotten zur Folge hatte. Aufgenommen wurden sie hauptsächlich in Holland und Brandenburg. Ludwig XIV. baute Versailles. Dieses Prachtschloss sowie die dort zelebrierte höfische Kultur fanden überall in Europa Nachahmer. Französisch wurde zur Sprache der europäischen Eliten.

Ab 1715 zeigte der Absolutismus seine Schwächen. Vor allen Dingen die verschwenderische Hofhaltung führte den durch die Kriege Ludwig XIV. bereits überstrapazierten Staatshaushalt 1720 in den Bankrott. In der Folgezeit litt Frankreich unter ständig erhöhtem Steuerdruck; 50 Prozent der Bevölkerung waren besitzlose Landarbeiter. Ein erneuter Staatsbankrott 1788 und Hungersnöte verschärften die Lage. 1798 brach mit dem Sturm auf die Bastille die französische Revolution aus, aus der Napoleon mit seinen außenpolitischen Erfolgen hervorging. Napoleon scheitert 1812 am Widerstand der russischen Armee und wurde 1815 in der Schlacht von Waterloo endgültig geschlagen.

Schon vor Beginn der französischen Revolution hatte Frankreich den europäischen Staffelstab der Macht an Großbritannien übergeben müssen. Das Land hatte den wohl stetigsten und nachhaltigsten Aufschwung aller europäischen Mächte erlebt. Mit der Vernichtung der spanischen Armada im Jahr 1588 begann Englands Aufstieg zur Weltmacht. Das 17. Jahrhundert brachte Unruhen: Der Puritaner Oliver Cromwell führte 1648 im Kampf des Parlaments gegen den König sein Heer zum Sieg. Der regierende König Karl I. wurde 1649 unter Anklage gestellt und hingerichtet. Die Monarchie wurde abgeschafft, Cromwell wurde „Lordprotektor". In diese Zeit fielen außenpolitische Erfolge gegen Holland und Spanien. In der 1689 erfolgten „Declaration of Rights" wurde die Sicherung von Freiheit und Eigentum der Bürger festgeschrieben. Die englische Monarchie wandelte sich von der absoluten zur konstitutionellen. 1694 wurde die Bank von England gegründet. 1707 erfolgte die Vereinigung Englands und Schottlands unter dem Namen Großbritannien. Als einer der Sieger des spanischen Erbfolgekrieges nach dem

Frieden von Utrecht 1713 erwarb Großbritannien unter anderem Gibraltar, Menorca, Neufundland und Neuschottland.

Die industrielle Revolution ist ein Kind Großbritanniens. Toynbee beschrieb den Nährboden dafür wie folgt: Die politische Leistung der Engländer, die in der parlamentarischen Regierungsform liegt, gab für die später hinzutretende Schöpfung Englands, nämlich den Industrialismus, einen gesellschaftlich günstigen Boden ab. „Demokratie" im Sinne einer Regierungsform, bei der die ausführende Gewalt einer Volksvertretung verantwortlich ist, und „Industrialismus" im Sinne eines Erzeugungsverfahrens, das von Arbeiten in Werkstätten abhängig ist, sind die beiden hervorstechendsten Kennzeichen unserer Zeit."

Paul Kennedy schildert den Einfluss der industriellen Revolution auf die Stellung Großbritanniens in der Welt in eindrucksvollen Zahlen: „Zwischen 1760 und 1830 war das Vereinigte Königreich für ungefähr zwei Drittel des europäischen Anstiegs des Produktionsvolumens verantwortlich, und sein Anteil an der Weltindustrieproduktion sprang von 1,9 auf 9,5 Prozent. In den nächsten 30 Jahren trieb die britische industrielle Expansion diese Zahl auf 19,9 Prozent, obwohl sich die neuen Techniken auch in anderen Ländern ausbreiteten. Um 1860 – als das Land wahrscheinlich seinen relativen Höhepunkt erreichte – produzierte das Vereinigte Königreich 53 Prozent des Eisens und 50 Prozent der Stein- und Braunkohle und verbrauchte fast die Hälfte der ungesponnenen Baumwolle der Welt.

„Mit nur zwei Prozent der Weltbevölkerung und zehn Prozent der europäischen Bevölkerung scheint das Vereinigte Königreich eine Kapazität in den modernen Industrien gehabt zu haben, die mit 40 bis 45 Prozent des Weltpotentials und 55 bis 60 Prozent des europäischen Potentials gleichzusetzen war. Großbritannien allein war für ein Fünftel des Welthandels und zwei Fünftel des Handels mit Industriegütern verantwortlich. Über ein Drittel der Handelsmarine der Welt segelte unter britischer Flagge."

Spengler[135] hatte im Übrigen für die angelsächsische Form des Kapitalismus nur beißende Kritik übrig: „Was wir heute Nationalökonomie nennen, ist aufgebaut aus lauter englischen Voraussetzungen. Die allen anderen

Kulturen ganz unbekannte Maschinenindustrie steht in der Mitte, als ob das selbstverständlich wäre, und beherrscht durchaus die Begriffsbildung und die Ableitung so genannter Gesetze, ohne dass man sich dessen bewusst wird. Das Kreditgeld in der besonderen Gestalt, welche sich aus dem englischen Verhältnis von Welthandel und Exportindustrie in einem bauernlosen Lande ergeben hat, dient als Unterlage von Definitionen der Worte Kapital, Wert, Preis, Vermögen, die dann ohne weiteres auf andere Kulturstufen und Lebenskreise angewandt werden."

Spengler war ein bekennender Kritiker des Kapitalismus. Durch die Zeilen hindurch spürt man den Druck, den Spengler empfunden haben muss, als die industrielle Revolution zum Ende des 19. Jahrhunderts auch in Deutschland ankam. Die industrielle Vormachtstellung Großbritanniens wurde von zwei Staaten angegriffen, von denen nachfolgend die Rede sein soll: eben jenem Deutschland und den Vereinigten Staaten von Amerika.

Deutschland musste Anfang des 16. Jahrhunderts den aufsteigenden Ländern Spanien und Holland den Vortritt lassen. Der wirtschaftliche Mittelpunkt Europas verlagerte sich zu den Randstaaten. Grund dafür war die Entdeckung anderer Regionen der Welt durch die Seefahrernationen. Bis zum Beginn des 30-jährigen Krieges im Jahr 1618 geriet Deutschland immer tiefer in eine wirtschaftliche Krise. Die Städte verarmten, das Gewerbe verfiel. Die Fürstentümer des zersplitterten Reiches gewannen gegenüber den Kaisern an Macht. Nachdem die meisten Fürstentümer die lutherische Konfession übernommen hatten, setzte ab 1570 die Gegenreformation ein. Angeführt von den Jesuiten arbeitete sie sich von Bayern aus Richtung Norden vor.

1618 nahm der Glaubenskampf europäische Dimensionen an. Der 30-jährige Krieg war ein europäischer Machtkampf, der zum Großteil mit Söldnerheeren aus aller Herren Länder auf deutschem Boden geführt wurde. 1648 wurde das Ende des Kriege mit dem „Westfälischen Frieden" zu Münster und Osnabrück besiegelt. Gewinner waren Frankreich (Landgewinn im Elsass), Schweden (Vorpommern, Hamburg, Bremen), Bayern (Oberpfalz), Sachsen (Lausitz) und Brandenburg (Hinterpommern). Die Schweiz und die Niederlande traten aus dem Reichsverbund aus. Der Krieg dezimierte die deutsche Bevölkerung von 15 auf zehn Millionen Menschen. In der Folgezeit kristallisierten sich besonders Bayern unter Maximilian II. (1679–1726), Sachsen unter August dem Starken (1694–1733), Hannover unter Ernst August (1679–1698) und Brandenburg-Preußen unter dem „großen Kurfürsten" Friedrich Wilhelm I.(1640–1688) als die führenden deutschen Fürstentümer heraus.

Der Nachfolger des großen Kurfürsten, Friedrich III. von Brandenburg, wurde 1701 zum König von Preußen gewählt. Brandenburg und Preußen wurden unter dem Namen „Königreich Preußen" vereinigt. In den Jahren seiner Regierungszeit machte Friedrich Wilhelm I. (1713–1740) Preußen zu einem zentral regierten Militär- und Beamtenstaat. Vorbild war der Absolutismus Frankreichs. Der „Soldatenkönig" trug übrigens ständig Uniform. Sein Nachfolger Friedrich der Große regierte von 1740 bis 1786. Er wandelte Preußen vom Militär- zum Rechtsstaat.

Durch die Feldzüge Napoleons Anfang des 19. Jahrhunderts wurden die Karten neu gemischt. Im Oktober 1806 wurde Preußen in der Doppelschlacht von Jena und Auerstedt vernichtend geschlagen. Napoleon nahm Berlin kampflos ein; der König floh. Nur durch den Einspruch Russlands im Frieden von Tilsit 1807 entging Preußen der Auflösung. Auf dem Wiener Kongress 1815 erhielt Preußen die Rhein-Provinzen und Westfalen. Der Wiener Kongress unter Führung von Metternichs war auch der Geburtsort des Deutschen Bundes, einer lockeren Formation deutscher Fürstentümer, der bis 1866 bestand. Ein erster nationaler Einigungsversuch mit Hilfe der in der Frankfurter Paulskirche tagenden Nationalversammlung scheiterte 1848. Preußen forcierte unter Bismarck die deutsche Einigung und annektierte 1866 nach einer kriegerischen Auseinandersetzung alle Staaten nördlich der Main-Linie – außer Sachsen und Hessen-Darmstadt. Der Norddeutsche Bund entstand.

Der Sieg über Frankreich 1870/71 führte zur Bildung des Deutschen Reiches und wurde von Historikern als ein Wasserscheiden-Ereignis beschrieben. „Unter Bismarcks erstaunlich geschickter Führung", so Paul Kennedy[137], „sollte das System der großen Mächte für zwei Jahrzehnte nach 1870 von Deutschland beherrscht werden; alle Wege, so merkten Diplomaten, führten nun nach Berlin." Die Industrialisierung Deutschlands setzte nun mit Macht ein. Kurz vor dem Ausbruch des Ersten Weltkriegs war Mitteleuropa – Deutschland und

Österreich/Ungarn – die führende Industrieregion der Welt. 19,2 Prozent der Weltindustrieproduktion entfielen auf Mitteleuropa; insbesondere in der Stahlproduktion war Deutschland ganz vorne.[138] Die Gründe für den Abstieg der relativen Macht Deutschlands in zwei Akten – Erster und Zweiter Weltkrieg – müssen an dieser Stelle nicht näher erläutert werden.

Der zweite große Aufsteiger des späten 19. Jahrhunderts, die Vereinigten Staaten von Amerika, übernahm nach dem Ersten Weltkrieg den Staffelstab und wurde die führende Nation der westlichen Hochkultur.

Am 4. Juli 1776 erklärten 13 US-Staaten, die damals von drei Millionen Siedlern bewohnt waren, ihre Unabhängigkeit von Großbritannien. Im Frieden von Versailles (1783) erkannte Großbritannien die Gründung der USA an. Bis 1860 wuchs die US-Bevölkerung in dann 33 Staaten auf 31,3 Millionen Einwohner. Von 1861 bis 1865 tobte der amerikanische Bürgerkrieg („Südstaaten gegen Nordstaaten"). Der Sieg des Nordens führte zur Sklavenbefreiung; die USA begannen ihren rasanten Aufstieg zu einer wirtschaftlichen Großmacht.

Dieser Aufstieg war imponierend, schrieb Paul Kennedy:[139] „Als der Bürgerkrieg vorüber war, konnte das Land alle Vorteile ausnutzen – den fruchtbaren Boden, die gewaltigen Rohstoffressourcen und die enormen Möglichkeiten moderner Technologie (Eisenbahnen, die Dampfmaschine, neue Bergbautechniken), um diese Ressourcen auszubeuten. Der Mangel an sozialen und geografischen Hindernissen, das Fehlen bedeutender ausländischer Gefahren und der Zufluss ausländischen sowie die Zunahme heimischen Investitionskapitals trugen dazu bei, das Land mit erstaunlicher Geschwindigkeit zu verwandeln. Zwischen dem Ende des Bürgerkrieges im Jahr 1865 und dem Ausbruch des spanisch-amerikanischen Krieges im Jahr 1898 erhöhten sich beispielsweise die amerikanischen Getreideernten um 256 Prozent, beim Mais waren es 222 Prozent, bei raffiniertem Zucker 460 Prozent, die Kohleförderung stieg um 800 Prozent, die Produktion von Stahlschienen um 523 Prozent und die Länge der in Betrieb genommenen Eisenbahnstrecken um 567 Prozent. Die Rohölförderung stieg von drei Millionen Barrel im Jahre 1865 auf 55 Millionen Barrel im Jahr 1898 und die Produktion von Stahl und Gusseisen von weniger als 20 000 Tonnen auf beinahe neun Millionen Tonnen."

Und weiter: „Im Jahre 1914 förderten die Vereinigten Staaten 455 Millionen Tonnen Kohle und hielten damit einen großen Vorsprung vor Großbritannien mit 292 Millionen und Deutschland mit 277 Millionen. Die USA waren der größte Öl-Produzent der Welt und hatten den größten Bedarf an Kupfer. Sie produzierten mehr Roheisen als die nächsten drei Länder (Deutschland, Großbritannien und Frankreich) und ungefähr genauso viel Stahl wie die nächsten vier Länder (Deutschland, Großbritannien, Russland, Frankreich). Sie produzierten und besaßen mehr Autos als die gesamte restliche Welt. Einer Berechnung zufolge hätten die Vereinigten Staaten – ohne den Weltkrieg – Europa 1925 übertroffen und wären somit die Region mit dem größten Produktionsvolumen der Welt geworden. Der Erste Weltkrieg zog diesen Zeitpunkt um sechs Jahre vor. Die Ära der vier Jahrhunderte dauernden europäischen Weltherrschaft ging bereits vor der Katastrophe von 1914 zu Ende."

Der weitere Aufstieg der USA bis in unsere Zeit hinein muss an dieser Stelle nicht näher beleuchtet werden. Die Vereinigten Staaten sind heute die dominierende Weltmacht auf politischem, wirtschaftlichem und militärischem Gebiet. Und auch die amerikanische Kultur hat sich weltweit festgesetzt und findet ihren Ausdruck in Film, Musik, Trink- und Essgewohnheiten. Die zwei größten Exportschlager aber sind die Sprache und der US-Dollar. Der Dollar ist Weltreservewährung, die englische Sprache die Weltsprache für Kommunikation.

Und doch: Für Paul Kennedy waren die Vereinigten Staaten bereits 1987 – als sein Buch „Aufstieg und Fall der großen Mächte erschien – „das Problem Nummer eins im relativen Abstieg". Er formulierte die folgenden beiden Fragen, an denen seiner Ansicht nach die Langlebigkeit jeder großen Macht, die in der Welt den ersten Platz einnimmt, gemessen wird. „Erstens: Kann das Land im militärisch-strategischen Bereich ein vernünftiges Gleichgewicht finden zwischen seinen selbst auferlegten Verteidigungspflichten und den verfügbaren Mitteln, um diesen Verpflichtungen nachzukommen? Und kann es – zweitens, was eng damit zusammenhängt – das technologische und ökonomische Fundament seiner Macht angesichts der sich ständig wandelnden Strukturen der Weltwirtschaft vor dem relativen Verfall bewahren?"

Kennedy folgerte aus seinen Analysen, dass „die Vereinigten Staaten heute jener Gefährdung unterliegen, die … grob „imperiale Überdehnung“ genannt werden könnte. Die Entscheidungsträger in Washington müssen nun der unangenehmen Tatsache ins Auge sehen, dass die Gesamtsumme der globalen Interessen und Verpflichtungen der Vereinigten Staaten heutzutage weit größer ist als die Kraft des Landes, sie alle gleichzeitig zu erfüllen.“

Dem ist auch aus heutiger Sicht zuzustimmen; Anzeichen „imperialer Überdehnung“ können nicht verborgen bleiben: das hohe Handelsbilanzdefizit, die hohe Staatsverschuldung, die mit hohen Kosten verbundenen militärischen Engagements.

Spenglers Gedanke eines „neuen Imperiums“ und Toynbees Idee eines Universalstaates sind derzeit hochaktuell. Wer assoziiert nicht unwillkürlich die USA damit? Bleibt als Ausweg aus der Krise tatsächlich nur der Imperialismus? Emmanuel Todd sieht in seinem Buch „Nachruf auf Amerika“[140] die Oligarchie als Nachfolger der Demokratie. Kleine Gruppierungen regieren das Land. In den USA hat sich mit ihren Elite-Universitäten und ihrem Wahlkampfspendensystem ein System wirtschaftlicher und politischer Verwachsung herausgebildet. Die Durchlässigkeit von unten nach oben scheint gering. Regierungen belohnen eifrige Wahlkampfspender mit einer Vielzahl von Zugeständnissen.

Man erinnere sich an die Zeit kurz vor dem Irak-Krieg. Der Medien-Zar Rupert Murdoch hat es als Freund der Familie Bush hervorragend verstanden, die „formlosen Massen“ (Spengler) nach Gutdünken zu beeinflussen. Mit einfachen, klaren Sätzen wie „Achse des Bösen“ oder „Die Zeit ist abgelaufen“ konnte sich Bush auch dem simpelsten Wähler verständlich mitteilen. Und darauf kommt es an. Meinungsumfragen haben die demokratische Mitwirkung des Bürgers inzwischen weitgehend ersetzt. 40 Prozent der US-Bürger glaubten kurz vor dem Irak-Krieg, dass Saddam Hussein über die Möglichkeit verfügte, die USA mit Raketen anzugreifen. Und selbst wenn dies die Mehrheit der US-Bevölkerung heute nicht mehr glaubt: Nachtragend ist niemand.

Fazit: Europa bestimmte ab dem 14. Jahrhundert die Geschicke der Welt. Doch innerhalb der westlichen Kultur wechselten die Führungsrollen mehrfach. Nach Ende des Ersten Weltkrieges waren es die Vereinigten Staaten, die den Staffelstab von den Europäern übernahmen, die sich im Krieg gegenseitig zerstört hatten. Werden die Vereinigten Staaten als Universalstaat und letzter Emporkömmling der westlichen Zivilisation in die Geschichtsbücher eingehen? Oder kämpfen die Europäer sich an die Spitze der westlichen Kultur zurück, diesmal vereint und nicht entzweit? Kann es sein, dass sich die Teilung des römischen Reiches in ein weströmisches und oströmisches im Hinblick auf die westliche Kultur wiederholt? Mehr dazu in Teil III.

3 Die historische Rolle von Gold und Silber

Das gelbe Metall fasziniert die Menschheit seit Tausenden von Jahren. Die ersten Völker, die Gold als Mittel zur Zahlung von Waren beziehungsweise Dienstleistungen einsetzten, waren die Ägypter und Mesopotamier. Doch erst der lydische König Krösus (560 bis 540 v. Chr.) gilt als Erfinder der handlichen Goldmünzen. Griechen und Römer griffen die Münzidee auf und verbreiteten sie bis in die entferntesten Winkel der damals bekannten Welt.

Warum wurden Gold und Silber als Zahlungsmittel gewählt? Die Menschheit betrieb in ihrer frühen kommerziellen Phase Naturalien-Tauschgeschäfte. Der direkte Tausch von Gütern hat jedoch Nachteile. Güter lassen sich nicht beliebig „stückeln"; der jeweilige Wert kann nur grob bestimmt werden. Es fehlt eine einheitliche Messlatte. Ein Zahlungsmittel bietet diese Funktion. Doch wie sollte ein solches Zahlungsmittel beschaffen sein? Die frühen Hochkulturen haben Weizen als Zahlungsmedium gekannt. Weizen ist zwar beliebig teilbar, aber nicht unbegrenzt haltbar. Die Konsequenz: Weizen eignet sich nicht zum Sparen. Die Funktion konnten Metalle erfüllen. Zudem waren sie teilbar und hatten noch einen weiteren Vorteil: Sie waren nur unter großer Anstrengung zu schürfen und somit kostbar. Welche Metalle kamen in Frage? Gold und Silber sind selten und bereits seit Urzeiten ein Luxusgut. Ein Luxusgut eignet sich besonders als Zahlungsmittel, da seine übergreifende Akzeptanz garantiert ist. Beispielsweise waren Zigaretten nach dem Ende des Zweiten Weltkriegs ein Luxusgut und fungierten für einige Zeit als Zahlungsmittel.

Noch im 19. Jahrhundert waren alle europäischen Währungen an den so genannten „Goldstandard“ gebunden. Unter einem Goldstandard ist eine Papierwährung wie Pfund, Franc oder Mark jederzeit zu einem fixierten Wechselkurs in Gold tauschbar. Die Währungsbezeichnungen waren also nur ein anderer Ausdruck für den Gegenwert in Gold. Dieser Umstand sorgte für eine nie gekannte Preisstabilität, wie folgender Tabelle zu entnehmen ist:

Französischer Franc	1814 – 1914	100 Jahre Stabilität
Niederländischer Gulden	1816 – 1914	98 Jahre
Pfund Sterling	1821 – 1914	93 Jahre
Schweizer Franken	1850 – 1936	86 Jahre
Belgischer Franken	1832 – 1914	82 Jahre
Schwedische Krone	1873 – 1931	58 Jahre
Deutsche Mark	1875 – 1914	39 Jahre
Italienische Lira	1883 – 1914	31 Jahre

Quelle: Franz Pick, Picks Currency Yearbook (New York: Pick Publishing, 1975)

Im 20. Jahrhundert wurde die Bedeutung des gelben Metalls zunehmend beschnitten. Der Goldstandard wurde in einem langsamen, zunächst kaum merklichen Prozess durch ungedeckte Papierwährungen ersetzt. John Maynard Keynes, in den dreißiger Jahren Begründer der gleichnamigen Wirtschaftstheorie, bezeichnete Gold als „barbarisches Relikt“. In den modernen Finanzsystemen habe das Edelmetall keinen Platz. Keynes ist durch seine These des „Deficit Spending“ berühmt geworden. Seine radikale Idee, dass Regierungen mehr Geld ausgeben sollten, als sie haben, um damit Arbeitslosigkeit und Wirtschaftskrisen abzuwenden, wird heute in aller Welt gelehrt und auch umgesetzt. Das Magazin „Time“ hält ihn für eine der bedeutendsten Persönlichkeiten des vergangenen Jahrhunderts.[141]

Im Jahr 1967 weist Alan Greenspan in seinem berühmten Aufsatz „Gold and Economic Freedom“ nach, dass „Deficit Spending“ ein Schema zur Konfiszierung von Reichtum ist. In Abwesenheit eines Goldstandards gibt es für den Einzelnen keine Möglichkeit, seine Ersparnisse vor Inflation zu schützen. Das Gesetz von Angebot und Nachfrage lässt sich nicht überlisten.

Unter einem Goldstandard ist jede Währung durch die Goldreserven eines Landes gedeckt. Vereinfacht gesagt kann nicht mehr Geld gedruckt werden, als im vergleichbaren Wert an Gold im Zentralbanktresor zur Verfügung steht. Der Goldstandard induziert Geldwertstabilität. Mit Schaffung der US-Zentralbank im Jahr 1913 änderte sich die Situation. Sie wurde eingerichtet, um den Banken in einer Wirtschaftskrise mehr Reserven zur Verfügung zu stellen. Naturgemäß steigt in einer Baisse die Zahl der faulen Kredite. Zu Zeiten des Goldstandards waren Banken gezwungen, in einer solchen Situation die Ausgabe von Krediten stark zu limitieren, um ihre Existenz nicht zu gefährden. Sie taten dies, indem sie die Zinsen erhöhten. Dies führte dazu, dass die Kreditnehmer ihre Profitabilität erhöhen mussten, um weitere Kredite erhalten zu können. Gleichzeitig mussten finanzschwache Unternehmen in Konkurs gehen. Das System heilte sich von selbst, die Wirtschaft kam nach einem darwinistischen Auslesesystem wieder in Schwung.

Durch die Schaffung des Zentralbanksystems konnten erstmals „Papierreserven“ zusätzlich zu den Goldreserven als legales Zahlungsmittel dienen. Dieses Mittel war neu und führte dazu, dass in Krisenzeiten immer genug Liquidität – sprich ausreichend billiges Geld – zur Verfügung stand. Der Crash von 1987 und die Asien-Krise von 1998 sind als Schulbeispiele Greenspanscher Intervention in die Fachbücher eingegangen. Doch zurück in die erste Hälfte des vergangenen Jahrhunderts. Nach Greenspans Ansicht war exzessive Liquidität die Ursache für den Crash von 1929. „Ein kleinere Wirtschaftskrise im Jahre 1927“, so Greenspan in seinem Aufsatz, „wurde von der Zentralbank bekämpft, indem sie exzessiv Liquidität in Form von Krediten zur Verfügung stellte. Diese bahnten sich ihren Weg in die Aktienmärkte und lösten den spekulativen Boom der Jahre 1928/29 aus. Als die Zentralbank die Liquidität wieder herausnehmen wollte, war es bereits zu spät. Das Geschäftsklima war bereits empfindlich gestört. und die Märkte sanken in die große Depression der dreißiger Jahre.“

Ein Kredit war ursprünglich gedeckt durch ein Anrecht auf einen anderen Wertgegenstand, so wie heute noch der Hypothekenkredit mit dem Wert des Hauses gesichert ist. Unter dem Goldstandard war es ähnlich: Die Gesamthöhe der zu vergebenen Kredite war durch den Gesamtwert der Volkswirtschaft gedeckt. Vom Staat ausgegebene Anleihen („Staatsanleihen“) sind lediglich durch das Versprechen „gesichert", die Rückzahlung mittels künftiger Steuereinnahmen vorzunehmen. „Staatsanleihen werden", so Greenspan, „mittels eines komplexen Prozesses von den Banken als Bankguthaben akzeptiert und gebucht."

Demnach hat der Staat jederzeit die Möglichkeit, Geld zu kreieren und es den Banken zur Verfügung zu stellen, die das Geld wiederum unter die Leute bringen sollen.

Die Zentralbank senkt die Zinsen, das heißt die Gebühren, zu denen sich die Banken das Geld beim Staat besorgen können. Die Bank verzinst das Guthaben beispielsweise mit 1,5 Prozent, leiht aber das gleiche Geld zu beispielsweise fünf Prozent an Firmen oder Hausbauer aus. Die Akzeptanz von Staatsanleihen als Bankguthaben ist nichts anderes als das Drucken von Geld. Im Folgenden wird Greenspan deutlich:[142] „Jeder Inhaber einer Staatsanleihe oder Halter eines Bankdepots, das mit „Papierreserven" erstellt wurde, glaubt, er hätte einen gültigen Anspruch auf einen Wertgegenstand („asset"). Fakt ist, dass die Zahl der ausstehenden Ansprüche nun höher ist als die dagegen stehenden Werte. Das Gesetz von Angebot und Nachfrage kann nicht ausgetrickst werden. Wenn das Angebot von Geld (in Form von Ansprüchen) im Verhältnis zum Angebot der dagegen stehenden Werte steigt, bleibt den Preisen nicht anderes übrig als zu steigen. Also werden die von den produktiven Mitgliedern der Gesellschaft angelegten Ersparnisse im Verhältnis zu den Gütern an Wert verlieren. Wenn die Bücher schließlich ausgeglichen werden, wird man feststellen, dass diese Verluste genau den Gütern entsprechen, welche die Regierung mit den exzessiven Krediten finanziert hat."

Und weiter: „Ohne einen Goldstandard gibt es keine Möglichkeit, Ersparnisse vor der Konfiszierung durch Inflation zu retten. Für Werte gibt es keine Sicherheit. Wenn es sie gäbe, müsste die Regierung dies als illegal erklären, wie es im Fall von Gold geschehen ist. Falls alle Menschen zu ihrer Bank gingen und ihre Bankguthaben gegen Silber oder Kupfer oder ein anderes Gut eintauschen würden und anschließend Schecks als Zahlungsmittel zurückweisen würden, würden Bankguthaben ihre Kaufkraft verlieren. Durch die Regierung erzeugte Kredite würden wertlos werden. Die Finanzpolitik eines Wohlfahrtsstaates erfordert, dass es für den Besitzer von Reichtum keine Möglichkeit gibt, sich zu schützen. „Deficit Spending" ist ganz einfach ein

Mittel zur Konfiszierung von Reichtum. Gold steht im Weg dieses heimtückischen Prozesses. Es steht für den Schutz von Eigentumsrechten. Wenn man dies verstanden hat, dann wird die Antipathie der heutigen Staatslenker gegenüber dem Goldstandard verständlich".

So weit Greenspan. Die Aktualität seines Artikels könnte nicht größer sein. Seit der Gründung der US-Zentralbank hat der US-Dollar 95 Prozent seines ursprünglichen Wertes verloren. Die USA müssen immer größere Staatsanleihen-Tranchen ausgeben, um ihren Haushalt finanzieren zu können. Der US-Dollar ist im Sinkflug begriffen. Mehr als 40 Prozent der US-Staatsanleihen befinden sich in den Händen von Nicht-Amerikanern. Ein weiterer Fall des Dollars kann sich nur negativ auf die Nachfrage nach US-Staatsanleihen auswirken. Fallen deren Kurse, steigen die Zinsen. Steigende Zinsen würden den inflationären Prozess beschleunigen, von dem Greenspan gesprochen hat. Für unsere Wohlstandsgesellschaft wäre dies in ihren Auswirkungen wahrscheinlich desaströs. Zusätzlich stünde das bisherige System des „Deficit Spending" auf dem Spiel. Und wahrscheinlich würde eine Wiedereinführung des Goldstandards ernsthaft diskutiert werden.

Vergleichen wir die gegenwärtige Situation mit der des römischen Reichs. Hier entwickelte sich im Laufe der Jahrhunderte eine unserem System nicht unähnliche Wirtschaft. Die landwirtschaftliche Tätigkeit bildete Schwerpunkt und Grundlage, Bergbau, Handwerk und Handel waren die anderen Zweige. Massenproduktion ist keine Erfindung von Henry Ford: Für die Römer war die arbeitsteilige Herstellung von Massengütern Normalität. Der Finanzsektor war ein integraler Bestandteil des wirtschaftlichen Handelns.

Die Website www.Imperium-Romanum.de entdeckt interessante Analogien zu unserem Wirtschaftssystem: „Es ist überraschend zu erkennen, dass die Römer bereits mit Problemen zu kämpfen hatten, die man eher mit unserer modernen Weltwirtschaft verbinden würde. So waren Arbeitslosigkeit, Inflation, Geldabfluss ins Ausland, Landwertsteigerungen, Planwirtschaft und Wirtschaftsimperialismus brennende Themen der römisch-antiken Welt."

Wir verfügen heute über eine gute Übersicht der Entwicklung des römischen Finanzsystems. Beinahe jeder Kaiser – angefangen bei Nero (66 bis 67 n. Chr.)

– wertete die römischen Gold- und Silbermünzen ab. Dies geschah, indem man entweder das Gewicht der Münzen verringerte oder den Anteil des Edelmetalls pro Münze durch Kupfer oder Bronze ersetzte. In einer vergleichbaren Situation befindet sich heute der US-Dollar. Die folgende Tabelle zeigt die Abwertung der römischen Aureaus-Goldmünze in einer Übersicht:

Gewicht der Aureus-Goldmünze

Kaiser	Prägungszeitraum	Gewicht in Gramm
Augustus bis Nero	30 v. Chr. bis 64. Chr.	7,75
Nero	65 bis 66 n. Chr.	6,92
Vespasian	72 bis 73	7,18
Trajan	98 bis 117	6,15 bis 7,29
Marcus Aurelius	159 bis 160	7,21
Septimus Severus	193 bis 211	7,2
Severus Alexander	226	6,56
Gordianus III	238 bis 244	5,26
Gallienus	261 bis 268	3,69 bis 1,85
Aurelian	270 bis 275	6,5 (nach Reform)
Konstantin	307	5,45

Die Abwertung eines Zahlungsmittels hat Inflation zur Folge, wenn man wie die Römer über ein extensives Handelssystem verfügt. Die Produzenten der für die Römer bestimmten Güter erhöhten die Preise, um die Abwertung auszugleichen. Dies führte zu höheren Preisen im römischen Reich. Die arbeitende Bevölkerung und die Soldaten verlangten einen höheren Lohn beziehungsweise Sold, um sich ihren Lebensstandard weiterhin leisten zu können. Und so setzte sich die Abwertungs-Inflations-Spirale in Gang – erst langsam, dann immer schneller. Zwischen 100 und 220 n. Chr. stieg das Preisniveau um 177 Prozent143. Gemessen an der heutigen Entwicklung erscheint diese Zahl moderat.

Doch zwischen 220 und 270 n. Chr. beschleunigte sich der Prozess. Eine drastische Abwertungsbewegung setzte ein, an deren Ende die Münzen komplett von Edelmetallinhalten befreit waren. Nur noch versilberte oder weißgesiedete Münzen waren im Umlauf. Der Zusammenbruch des Geldsystems führte zu einer andauernden Hyperinflation. Preiserhöhungen um mindestens das 27fache – andere sprechen von 15 000 Prozent – waren die Folge. Um diese Tendenz zu stoppen, verfügte Kaiser Diokletian im Jahr 301 ein Edikt, das einer Höchstpreisverordnung gleichkam. Die Löhne wurde ebenfalls detailliert festgelegt, getrennt nach gelernten und ungelernten Arbeitnehmern.

Das Edikt scheiterte jedoch. Selbst die Androhung der Todesstrafe bei Nichteinhaltung nutzte nichts. Die Hyperinflation setzte sich bis zur Mitte des vierten Jahrhunderts fort. Geld wurde zunehmend wertlos. Als Folge davon wurden Steuern mittels Naturalien eingezogen. Diokletian sorgte für Sicherheit, indem er die Quoten festlegte, die jeder Bürger zu bezahlen hatte. Zuvor geschah der Einzug von Steuern oft willkürlich.

Fazit: Politische Denker und Lenker haben schon in der Antike versucht, durch Geldentwertung der wirtschaftlichen Sättigungstendenz entgegenzuwirken. Langfristig genutzt hat dies nichts. Geldentwertung bringt unweigerlich Inflation mit sich und lässt Papiergeld am Ende eines langen Prozesses wertlos erscheinen. Greenspan hat die Geschichte des Geldes genau studiert. Seinen eigenen Worten ist zu entnehmen: Er weiß, dass das System des Wohlfahrtsstaates nicht auf unabsehbare Zeit tragbar ist.

4 Der historische Verlauf des Aktienmarktes

Plätze, an denen man Handel betrieb, waren von Anbeginn in allen Kulturen präsent. Europas erste Börse entstand 1409 in Brügge, in Deutschland folgten 1540 Nürnberg und Augsburg sowie Frankfurt im Jahr 1585. Handelsobjekte waren primär Wechsel und andere Zahlungsinstrumente, nicht Unternehmensanteile wie Aktien. Einen internationaleren Rahmen bot die 1460 entstandene Antwerpener Börse. Handelsobjekte waren hier vorwiegend Gewürze; Händler aus aller Welt kamen dort zusammen. Doch bald darauf stieg Amsterdam zum Handels- und Börsenzentrum auf und verdrängte Antwerpen.

Woher stammt der Begriff „Börse“? Man vermutet, dass die im 16. Jahrhundert bekannte Brügger Kaufmannsfamilie Van der Beurse, die einen Handel mit Wechseln zu festen Zeiten betrieb, einer der Namensgeber war. Zur Aufbewahrung wurden Lederbeutel benutzt, genannt „Bursa“. Unser heutiger Begriff Geldbörse stammt von „Bursa“ ab. Es gilt als wahrscheinlich, dass „Beurse“ und „Bursa“ zu dem Begriff „Börse“ verschmolzen.

So richtig belebt wurde der Handel an der Börse erst durch den sich entwickelnden Gewürzhandel Hollands mit Asien. Gegen Ende des 16. Jahrhunderts schickten die holländischen Händler jährlich bis zu 70 Schiffe nach Indonesien. Das einträgliche Geschäft lockte immer mehr Händler an, von denen die größten sich 1602 zur „Vereinigten Ostindischen Handels-Kompanie“ (V.O.C) zusammenschlossen.

Da der Bau von Schiffen und vor allen Dingen auch die Wiederkehr von Schiffsreisen mit hohen Investitionen und Risiken verbunden war – Stichwort Piraterie –, machte ein solcher Zusammenschluss Sinn. Das Risiko von Totalausfällen, wie sie kleinere Händler ereilen konnten, war durch den Zusammenschluss nahezu ausgeschaltet. Die Wahrscheinlichkeit, dass ein bestimmter Prozentsatz der ausgesandten Schiffe zurückkam, war hoch. Durch die Ausgabe von Anteilscheinen, die zudem handelbar waren, verteilte man das Risiko auf viele Köpfe. Einzelpersonen wie wohlhabende Kaufleute, aber auch Städte und Provinzen griffen zu und beteiligten sich an der V.O.C. Die Gesellschaft gilt auch in Sachen Haftungsbeschränkung als Vorläufer heutiger Aktiengesellschaften. Außerdem trat sie in den Kolonien quasi als Staathalter Hollands auf und übte politische Gewalt aus. Die V.O.C. kann aus heutiger Sicht wohl als die „Mutter“ aller modernen Aktiengesellschaften bezeichnet werden. Nach einem ähnlichen Muster gestrickt war auch die englische Ost-Indien-Company, die ebenfalls zu Beginn des 17. Jahrhunderts entstand.

Eine weitere Anleihe in der Vergangenheit kann auch beim Thema Spekulation genommen werden: Die Tulpen-Manie in Holland war die wohl erste spektakuläre Spekulationsblase mit anschließender Panik. Zwischen 1634 und 1637 wurden für Tulpenzwiebeln immer astronomischere Preise erzielt. Entscheidend für die Preisbildung war das Gewicht der Zwiebel – es wurde mit der Goldwaage ermittelt. Drei Jahre lang verdiente jeder glänzend, weil sich immer jemand fand, der noch höhere Preise zahlte. Als die Spekulation dann im Februar 1937 zusammenbrach und aus dem Objekt der Begierde wieder die einfache, für die Gartenbepflanzung bestimmte Tulpenzwiebel wurde, war das Entsetzen groß. Dies galt nicht nur für Holland, sondern auch für London und Paris, wohin die Spekulation übergegriffen hatte. Die Wirtschaft des westlichen Europa hatte anschließend für einige Zeit unter anhaltendem Pessimismus zu leiden.

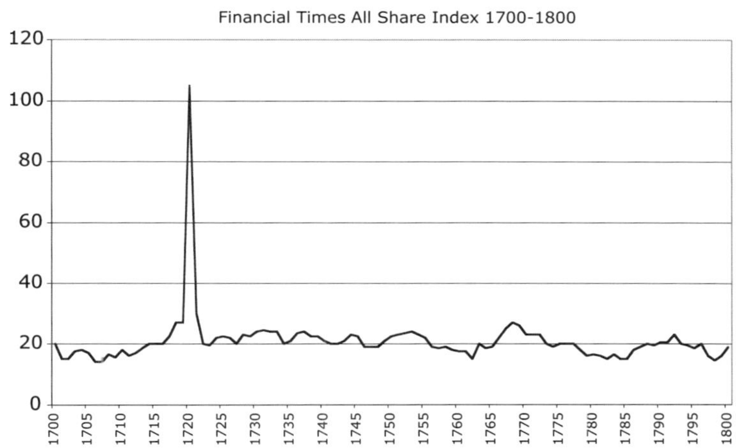

Quelle: http://www.globalfindata.com

Die Bank von England wurde im Jahre 1694 gegründet. Bis in diese Zeit reicht die älteste bekannte Zeitreihe – der Financial Times All Share Index – zurück. Der Verlauf der Aktienindizes im 18. Jahrhundert war, grob betrachtet, relativ konstant – mit einer Ausnahme: Der extreme Ausschlag des Jahres 1720 bezeichnet eine der größten Spekulationen des Aktienmarktes, die so genannte Südsee-Blase.

Die Südsee war damals die gängige Bezeichnung für die entfernt liegenden Kolonialgebiete, die unermesslichen Reichtum versprachen. Die South Sea Company[144] wurde im Jahr 1711 gegründet und erhielt von der britischen Regierung weitgehende Monopolkonzessionen für die Ausbeutung der Kolonien, welche sich die Gesellschaft mit großzügigen Krediten an die finanziell klamme Regierung „erkaufte“. Im April 1720 wurden die ersten

Aktien ausgegeben. Der Kurs für die zweite Aktienemission konnte bereits um 400 Prozent höher als die erste angesetzt werden. Im Juli wurde die dritte Emission zu 1000 Prozent durchgeführt. Die Spekulation stieg ins unermessliche. Viele weitere Unternehmen wurden gegründet, darunter so zweifelhafte Kandidaten wie die „Gesellschaft zu einem sich ständig bewegenden Rade (Perpetuum mobile)“ oder eine „Gesellschaft zu einer Unternehmung, die erst später bekannt gemacht werden sollte“. Sinnhaftigkeit, Erfolgsaussichten, Solidität – Faktoren wie diese spielten keine Rolle, die Anleger zeichneten Papiere, was das Zeug hielt – alle wollten „rein“.

Die Blase platzte im Sommer. Der Kurs der South Sea Company blieb einige Zeit bei 1100 Prozent im Vergleich zur Erstemission stehen und begann Ende August 1720 nach unten zu drehen. Jetzt wollten alle nur noch „raus“. Bereits zwei Monate später waren die Papiere nur noch ein Zehntel des Höchstkurses wert. Der angerichtete Schaden war groß, das betrogene Publikum forderte Köpfe. Bei den anschließenden Untersuchungen allerdings kam vergleichsweise wenig ans Tageslicht: Das Vermögen von 33 leitenden Direktoren wurde offiziell beschlagnahmt, aber niemand wusste genau, wie hoch das Vermögen tatsächlich war und ob nicht Gelder längst in andere Teile der Welt transferiert worden waren.

Kurz zuvor hatte John Law in Paris ein Spekulationsfeuer entfacht, das sich mit dem an der Londoner Börse messen konnte. Ausgangspunkt war der Tod von Ludwig XIV. („Sonnenkönig“) am 1. September 1715 in Versailles. Der Regent und sein Hofstaat hatten die finanziellen Reserven Frankreichs aufgezehrt; der Staat war verarmt, benötigte dringend Geld. John Law, ein Schotte, der sein Vermögen – so sagt man – an europäischen Spieltischen erworben hatte, sah seine Chance kommen: Mit Einverständnis des Regenten Herzog von Orleans gründete er die „Banque Generale“. Laws Bank druckte Papiergeld und vergab günstige Kredite, die Zinsen sanken, die Wirtschaft florierte. Das Papiergeld wurde allgemein akzeptiert, die Druckerpresse eifrig weiterbedient. Bald hatte die Bank zehn Mal so viel an Papiergeld ausgegeben, wie sie Eigenkapital besaß. Um das Vertrauen in die Bank weiter auszubauen, wurde sie in „Banque Royale“ umbenannt. Der Staat deckte das Papiergeld mit seinen Edelmetallpositionen. Nun konnte Law das Drucken von Papiergeld noch stärker ausweiten.

Damit nicht genug, Law hatte eine zweite Idee Laws: Die Gründung der Compagnie d'Occident – im Volksmund „Mississippi-Gesellschaft" genannt – zielte darauf ab, die damalige Kolonie Louisiana auszubeuten. Die Platzierung der Gesellschaft an der Börse stieß zunächst zwar kaum auf Interesse. Doch als Law die Gesellschaft mit der Senegal-Compagnie fusionierte, stiegen die Kurse. Diverse Kapitalerhöhungen folgten, die Zukunft Louisianas wurde in den schönsten Farben ausgemalt. Jetzt übernahm das Spekulationsfieber das Kommando. Währenddessen stieg die Inflation. Die Vergabe preiswerter Kredite sowie die exzessive Erhöhung der Geldmenge heizten die Nachfrage nach Gütern und Dienstleistungen an. Löhne und Mieten stiegen; besonders Luxusgüter profitierten von der Entwicklung.

Die Spekulationsblase platzte im Januar 1720. Auslöser waren die ersten Berichte von Auswanderern nach Louisiana, denen zufolge von den Reichtum versprechenden Gold- und Silberminen nichts zu sehen war. Law versuchte, das Platzen der Blase durch Stützungskäufe zu verhindern, was jedoch misslang. Die Besitzer der Aktien verkauften ihre Anteile und versuchten, das Papiergeld in Gold und Silber umzutauschen. Daraufhin verbot die Regierung den Besitz von Gold und Silber. Die Aktienverkäufer verlegten sich daraufhin auf den Kauf von Grundstücken, Schmuck und Rohstoffen mit der Folge, dass auch die Preise dieser Güter rasant stiegen. Law verbot sogar das Tragen von Schmuck. Die Geschichte endete, wie sie enden musste: John Law floh ins Exil nach London und später nach Venedig. Dort starb er 1729 verarmt. Durch die Inflation hatte sich der französische Staat von seinen Schulden befreit. Dies geschah auf Kosten der Wohlhabenden, deren Vermögen sozusagen „weginflationiert" wurde. Parallelen zum gegenwärtigen Marktgeschehen sind erkennbar.

Im 19. Jahrhundert begann dann der Aufstieg der New Yorker Börse zum führenden Finanzplatz der Welt. 1792 wurden die ersten Aktien in der Wall Street gehandelt[145] – bezeichnenderweise zwei Bank-Aktien. So richtig in Schwung kam die New Yorker Börse durch den Handel mit Eisenbahn-Aktien. 1830 betrug das durchschnittliche tägliche Handelsvolumen 8500 Aktien – eine Verfünfzigfachung innerhalb von sieben Jahren.

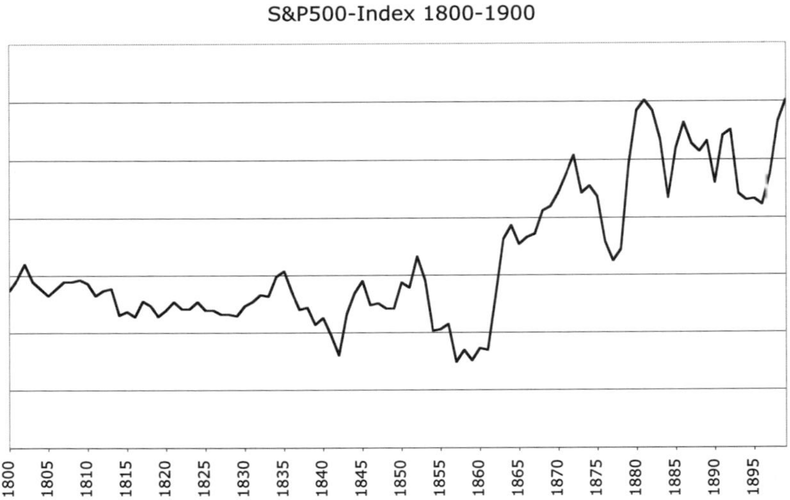

Quelle: http://www.globalfindata.com/

Der amerikanische Aktienmarkt zeigte im 19. Jahrhundert – dargestellt am Beispiel des zurückgerechneten S&P-500-Index – zunächst eine Seitwärts-, ab Mitte des Jahrhunderts eine Aufwärtsbewegung unter großen Schwankungen. Die Aufwärtsbewegung und auch die unvermeidlichen Einbrüche waren Folgen der rasant fortschreitenden technischen Entwicklung. Größter Antrieb war die Spekulation in Eisenbahn-Aktien. Zwei wesentliche Einbrüche (1857 und 1876), die jeweils große, weltweite Krisen hervorriefen, sind es wert, näher erläutert zu werden.

Das Jahr 1857 bedeutete das vorläufige Ende der Eisenbahnspekulation. Seit 1848 in Kalifornien das erste Gold gefunden wurde, erweiterte sich die Geldmenge kontinuierlich. Der Optimismus in den USA schäumte über – schnell reich werden war das Motto, alles würde, so die allgemeine Meinung, so weitergehen wie bisher. Die Banken hatten die Kundengelder zum Großteil in Eisenbahn-Aktien angelegt. Als das Gerücht aufkam, dass die Ohio Life Insurance Trust Company sich mit diesen Aktien verspekuliert hatten, stürmten die Kontoinhaber die Geldhäuser und verlangten ihr Geld zurück. Doch weil die Banken den Großteil des eingezahlten Geldes als Kredite vergeben hatte, war eine Rückzahlung an die Kunden nicht möglich, die Gesellschaften mussten

Konkurs anmelden. Die Vertrauenskrise griff schnell auf weitere Banken über, und im August 1957 begann dann eine allgemeine Panik. Die Banken mussten in Notverkäufen ihre Aktien auf den Markt werfen, um liquide zu bleiben – die Kurse brachen ein, die Baisse nährte die Baisse. Schlussendlich hatten rund 5000 Unternehmen Konkurs angemeldet.

Die zweite große Krise des 19. Jahrhunderts fand im Jahre 1873 statt. Auch hier war die ungehemmte Ausweitung der Geldmenge eine der Ursachen. Nach dem verlorenen Krieg musste Frankreich an Deutschland Reparationszahlungen in Form von Gold- und Silbermünzen leisten. Es waren Tonnen, die per Eisenbahn von Frankreich nach Deutschland gebracht wurden. Das gerade gegründete Deutsche Reich brachte das Geld unter die Leute. Ein Gründer-Boom setzte ein: Die Baubranche boomte, die Grundstückspeise erreichten in Deutschland Rekordhöhen. Auch Österreich wurde von diesem Boom erfasst. Und dort begann dann auch die umgekehrte Entwicklung: An der Wiener Börse brach Panik aus, ausgelöst durch eine ungarische Bank, die auf ihre Aktien eine Nachzahlung forderte. Der Kurs der Bank begann daraufhin sofort zu sinken. Bereits einen Tag später brach die „Kommissionsbank" zusammen; am 10. Mai 1873 musste die Wiener Börse Bankrott anmelden. Die Krise sprang auf die europäischen Finanzzentren über, und vier Monate später wurde dann auch New York in Mitleidenschaft gezogen. Dem führenden Bankhaus Jay Cooke & Co. fehlten die liquiden Mittel, nachdem es sich in Eisenbahn-Aktien verspekuliert hatte und die dringend benötigten Kredite von europäischen Banken nicht mehr zu bekommen waren. Jay Cooke & Co. gab am 18. September 1873 die Einstellung von Zahlungen bekannt und löste damit eine Kettenreaktion aus: 35 Banken machten Pleite mit der Folge, dass die New Yorker Börse für zehn Tage geschlossen werden musste. Die wirtschaftlichen Auswirkungen waren noch Jahre danach spürbar; die Börsen erholten sich erst sechs bis sieben Jahre später.

Im Jahr 1896 führte der Journalist Charles Dow den Dow Jones Industrial Index ein. Dieser Index war das Resultat seiner Beobachtung, dass Aktien häufig gleichförmig steigen und fallen. Anhand dieses Index war es nun möglich, den Aktienmarkt in seiner Gesamtheit besser abzubilden und seinen Verlauf zu verfolgen.

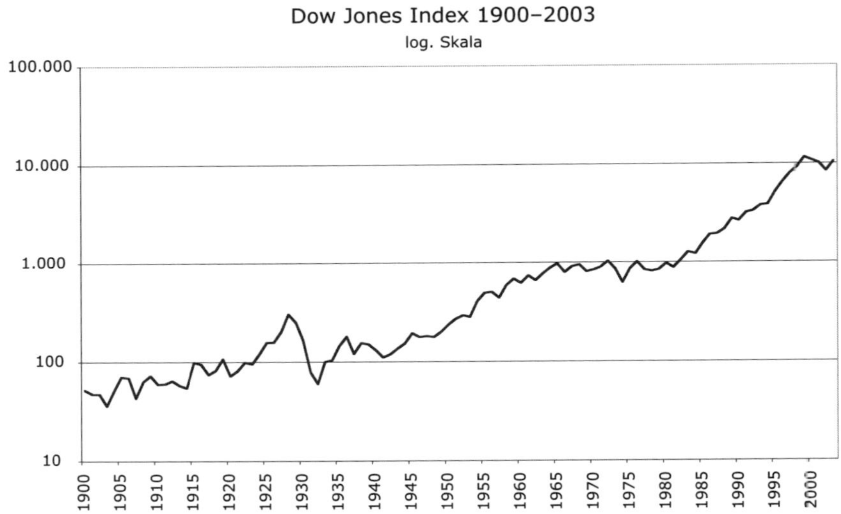

Quelle: http://www.globalfindata.com/

Im ersten Viertel des 20. Jahrhunderts versuchte der Dow Jones Index vergeblich, die 100-Punkte-Marke nachhaltig zu überwinden. Dies gelang erst 1925. Anschließend kam es zu einer wilden Börsenspekulation, die am 3. September 1929 mit einem Schlusskurs von 381,17 Punkten ihren Höhepunkt fand. Nur knapp zwei Monate später, am 28. und 29. Oktober – „Black Monday“, „Black Tuesday“ –, sackten die Kurse durch, ein Bären-Markt entwickelte sich. Zweieinhalb Jahre später, am 8. Juli 1932, erreichte der Dow Jones Index mit 41,22 Punkten sein Tief. Einen solch niedrigen Wert hatte der Dow zuletzt am 4. Juni 1897 verzeichnet, also 35 Jahre früher. Die anschließend einsetzende Erholung war mühsam und langwierig. Hohe Arbeitslosigkeit (bis zu 25 Prozent) und eine tiefe wirtschaftliche Depression schufen eine Situation, die dem Ausbruch den Zweiten Weltkriegs Vorschub leistete. Er machte die USA zur Weltmacht.

Der 28. April 1942 bedeutete die Wende in den USA. Von da an ging es – mit einer Nachkriegsunterbrechung zwischen 1946 und 1949 – bis in die sechziger Jahre bergauf. Auch alle anderen westlichen Industrienationen profitierten vom Nachkriegs-Boom. Am 9. Februar 1966 bedeuteten 995,15 Punkte im Dow das vorläufige Ende des Traumes, die 1000-Punkte-Marke zu durchstoßen. Nachdem in den darauf folgenden 16 Jahren alle Bemühungen scheiterten, diese Marke nachhaltig zu überwinden, begann im Jahr 1982 ein 18 Jahre andauernder, bisher nicht dagewesener Kursanstieg, den auch der Crash von 1987 nicht unterbrechen konnte. Erst am 14.1.2000 wurde mit 11 722,98 Punkten das Top des Bullen-Marktes der achtziger und neunziger Jahre markiert.

Betrachtet man die Entwicklung des Aktienmarktes in der Rückschau, so lässt sich seit Mitte des 19. Jahrhunderts ein merklicher kontinuierlicher Anstieg der Kurse feststellen. Gründe dafür lassen sich hinreichend aufzählen. Die Eisenbahn als bis dahin größte Revolution der Mobilität begann sich um 1850 als Verkehrsmittel durchzusetzen. 1861 wurde in den USA die erste transkontinentale Telegrafenstrecke in Betrieb genommen. Das Telefon wurde 1876 erfunden, das von Karl Benz entwickelte Automobil folgte 1885. Nur wenige Jahre später erhob sich der Mensch per Flugzeug in die Luft (Gebr. Wright, 1903). Zuvor hatte Graf Zeppelin das erste motorisierte Luftfahrzeug gebaut (1899). Von der Kutsche über die Eisenbahn zum Flugzeug brauchte es nicht einmal ein Jahrhundert – nicht zu vergessen die Dampfschifffahrt, die in dieser Zeit die großen Auswanderungswellen erst ermöglichte. Der Mensch wurde mobil, und Informationen wurden – nach dem Verlegen von Ozeankabeln – weltweit sofort verfügbar.

Diese Erfindungen bedeuteten den größten Entwicklungssprung für die Menschheit seit der Erfindung des Rades. Sie brachten die Wirtschaft voran und trieben die Notierungen an den Aktienmärkten unaufhaltsam nach oben.

5 Wellentheorien – von Dow zu Elliott

Wir unterscheiden in diesem Teil unseres Buches zwischen Wellen und Zyklen. Meinen beide aber nicht dasselbe?, werden Sie als Leser vielleicht fragen. Wir grenzen die Wellen- von den Zyklustheorien dadurch ab, dass bei den Wellen Größe und Struktur ihrer Ausschläge im Vordergrund stehen. Zyklen sind demgegenüber hauptsächlich an der Zeitachse orientiert. Als Mathematiker würde man sagen, Wellentheorien sehen die Amplitude als unabhängige, die Zeit als abhängige Variable. Zyklen sind im Gegensatz hierzu vor allem durch ihren zeitlichen Ablauf charakterisiert, der bestimmte Ausschläge auf der abhängigen Skala hervorbringt, auf der beispielsweise Kurse aufgetragen sind. Wir unterscheiden die beiden theoretischen Ansätze, weil sie letzten Endes konträre Sichtweisen repräsentieren. Bei den Zyklustheorien erscheinen bestimmte Ereignisse quasi im Zeitablauf vorbestimmt, während Wellentheorien künftiges Geschehen in erster Linie als Konsequenz bestimmter Ereignisse (etwa auf der Preisachse) betrachten.

Die im Folgenden diskutierten Wellentheorien befassen sich zwar vordergründig mit der Erklärung von Kursentwicklungen auf Finanzmärkten. Aber insbesondere die beiden Vertreter dieses Ansatzes, die wir hier zu Worte kommen lassen, haben ihre Ideen breiter angelegt und sie als Erklärung für allgemeine massenpsychologische Phänomene angesehen, die auf den Finanzmärkten lediglich besonders klar zum Ausdruck kommen. Sie gehen teilweise sogar so weit, sie als Ausformung allgemeiner Bewegungsgesetze in Natur und menschlicher Gesellschaft zu propagieren.

Charles Dow entwickelte gegen Ende des 19. Jahrhunderts einige Kernaussagen, die auch heute noch Beachtung finden. Er verglich den primären, langfristigen Trend an den Aktienmärkten mit Ebbe und Flut eines Ozeans. Die die Gezeiten bildenden Wellen sind der sekundäre, mittelfristige Trend. Sie verkörpern Korrekturen im primären Trend, die die Kurse um ein Drittel bis zwei Drittel zurückführen. Der tertiäre oder kurzfristige Trend umfasst Bewegungen, die drei Wochen oder kürzer andauern. Innerhalb eines typischen, mindestens ein Jahr andauernden primären Trends unterschied Dow drei Phasen: In der Akkumulationsphase kaufen die am besten informierten Investoren, wenn die Kurse ihren Boden gefunden haben. In der Phase der öffentlichen Beteiligung springen trendfolgende Marktteilnehmer auf den anfahrenden Zug und sorgen so für ein beschleunigtes Ansteigen der Kurse. Die Distributionsphase beginnt, wenn alle guten Nachrichten bezüglich des Investitionsvehikels bekannt sind. Die am besten informierten Investoren beginnen als Erste, ihre Positionen aufzulösen, die Kurse fallen, und der primäre Trend geht zu Ende.

Ralph Nelson Elliott (1871–1948) entdeckte in den dreißiger Jahren bei den Preisbewegungen des Dow Jones Industrial Average Index klare Muster. Seine Entdeckung sah er selbst zunächst als „eine sehr gesuchte Ergänzung zur Dow-Theorie“[146] an. In der ersten Quelle über sein so genanntes Wellenprinzip, der 1938 von Charles J. Collins veröffentlichten Monographie „The Wave Principle", wurde seine starke Beeinflussung durch die Dow-Theorie deutlich.[147]

Elliotts Wellenprinzip war anfänglich als Beschreibung von Marktzuständen konzipiert. In seinem zwei Jahre vor seinem Tod 1946 erschienenen, sehr esoterisch wirkenden Hauptwerk „Nature's Law – The Secret of the Universe" wurde das Wellenprinzip zu einem allgemeinen Erklärungsansatz für soziale Zusammenhänge ausgebaut und auf eine Stufe mit anderen grundlegenden Bewegungsgesetzen gehoben. Robert Prechter, der Elliotts Schriften 1980 in „The Major Works of R. N. Elliott 1938–1946"[148] neu herausgab, gilt heute als einer der exponiertesten Verfechter des Wellenprinzips, das er vor allem zur Prognose künftiger Preisbewegungen auf den Aktien-, Renten- und Rohstoffmärkten, aber auch zur Vorhersage von sozialen Entwicklungen einsetzt.

Nach Elliotts Theorie finden Kursentwicklungen in Form von fünf Wellen statt. Die Wellen eins, drei und fünf entwickeln sich in Grundrichtung der Formation. Die Wellen zwei und vier laufen der Bewegungsrichtung entgegen. Nach Elliott stehen die einzelnen Wellen in definierten Beziehungen zueinander. So führt zum Beispiel die Welle zwei niemals über den Startpunkt von Welle eins hinaus. Welle drei ist nie die kürzeste, und die vierte Welle fällt niemals tiefer, als dem Endpunkt der Welle eins entspricht. Der fünfteiligen Antriebswelle folgt eine dreigeteilte Korrekturwelle. Antriebs- und Korrekturmodus sind wichtige Bestandteile der Theorie von Elliott. Beide zusammen ergeben einen kompletten Zyklus, der demnach aus acht Wellen besteht.

Zwei aufeinander folgende komplette Zyklen bilden sich zusammen mit einer Fünf-Wellen-Bewegung auf der nächsthöheren Wellenebene als ein Fünf-Wellen-Muster ab. Diesem folgt eine dreiteilige Korrekturbewegung, der auf der darunter liegenden Wellenebene ein jetzt abwärts gerichteter kompletter Zyklus, also eine Acht-Wellen-Struktur, mit einer ebenfalls nach unten laufenden Fünf-Wellen-Bewegung entspricht. Der übergeordnete komplette Zyklus zerfällt in acht Wellen, die sich abermals in 34 Wellen unterteilen lassen. Im nächstniedrigeren Rang lassen sich 144 Wellen identifizieren, die in den besagten 34 Wellen zusammengefasst sind.

Elliott selbst hat zwar nie postuliert, dass das Fünf-Wellen-Muster die einzige Form der Preisbewegung ist. Seine Nachfolger halten sie jedoch für allgemeingültig. So schreibt Prechter: „Der Markt kann jederzeit so betrachtet werden, dass er sich auf höchster Trendebene in dieses aus fünf Wellen bestehende Grundmuster einordnen lässt.“[149]

Die Zahlen eins, zwei, drei, fünf, acht, 13, 21, 34, 55, 89 und 144 sind Teil der Zahlenreihe von Fibonacci, die die numerische Grundlage für die Theorie von Elliott ist. Leonardo Fibonacci entdeckte im 13. Jahrhundert angeblich auf der Suche nach einer Regel für die Kaninchenfortpflanzung die Eigenschaften der nach ihm benannten Zahlenreihe, bei der sich jeweils ein neues Mitglied durch Addition seiner beiden Vorgänger ergibt. Außerdem tendiert das Verhältnis einer Zahl zur nächsthöheren mit fortschreitendem Rang immer mehr in Richtung der Zahl Phi. Dividiert man eine Fibonacci-Zahl durch ihren übernächsten Nachfolger, so konvergiert dieser Quotient gegen 0,382 (Kehrwert 2,618). Eine Division durch den drittnächsten Nachfolger führt zum Ergebnis 0,236.

Der Wert der schon lange vor Fibonacci bekannten Zahl Phi (0,618) und ihr Kehrwert (1,618) spielen beim „Goldenen Schnitt“ eine große Rolle. Er kommt überall in der Natur vor. Prechter und Frost gehen auf das Vorkommen der Zahl Phi in der Natur und in von Menschenhand geschaffenen Werken ausführlich ein.[150] Wir greifen hier nur wenige Beispiele heraus. So haben schon vor 5000 Jahren ägyptische Ingenieure den Goldenen Schnitt in der Konstruktion der Großen Pyramide von Gizeh berücksichtigt. Zahlreiche Maße beim menschlichen Körper weisen ein Verhältnis auf, das der Zahl Phi oder ihrem Kehrwert entspricht. Auch bei der Konstruktion der DNA finden sich entsprechende Proportionen. Ebenso beim griechischen Parthenon, wo Höhe und Breite im Verhältnis 1 : 1,618 stehen. Empirische Untersuchungen belegen zudem, dass Menschen offenbar Formen, die auf der Zahl Phi basieren, ästhetisch besonders ansprechend finden. Dies ist vielleicht sogar die wichtigste und zudem eine völlig unmystische Erklärung dafür, dass auf Phi basierenden Relationen eine gewisse Signifikanz zukommt.

Neben dem Aspekt der Formation sind bei der Wellentheorie von Elliott Größenverhältnisse wichtig. Diese gehen ebenfalls auf Fibonacci-Zahlen zurück.

So ergibt sich zum Beispiel als Mindestlänge für die Welle drei das 1,618fache der Länge der Länge der Welle eins. Das maximale Kursziel der Welle fünf etwa kann durch Multiplikation der Länge der Welle eins mit dem Doppelten des Kehrwerts von Phi und Addition dieser Strecke zum höchsten Punkt der Welle zwei gefunden werden. Das minimale Ziel ergibt sich demgegenüber, wenn man stattdessen den tiefsten Punkt der Welle zwei nimmt. Elliotts Wellenprinzip beinhaltet eine Vielzahl solcher Regeln, die wir hier nicht alle erwähnen können. Zur Vertiefung sei das schon erwähnte Werk von Prechter und Frost empfohlen.

Die Fibonacci-Verhältnisse werden oft auch als prozentuale Retracements angewendet. So wird etwa in einem starken Trend das minimale Retracement bei rund 38 Prozent angesiedelt, während ein schwächerer Trend um bis zu 62 Prozent korrigiert wird. Das bekannte 50-Prozent-Verhältnis ist übrigens ebenfalls aus der Fibonacci-Reihe heraus zu erklären (1 durch 2), ebenso die so genannte Zwei-Drittel-Korrektur.

Der dritte Gesichtspunkt der Elliott-Theorie betrifft zeitliche Beziehungen. Hier berührt seine Wellentheorie zyklische Gedankenansätze. Wir kommen auf den Zyklusaspekt von Elliotts Arbeiten in Kapitel II.6.c zurück. Für auf Elliotts Wellentheorie basierende Prognosen ist es unerheblich, wenn die Analysen von Wellenformen, Verhältnissen und Zeitzielen zum gleichen Ergebnis kommen. Die Ermittlung von Zeitzielen wird von ihren Anhängern heute häufig als Ergänzung und Unterstützung insbesondere der Formationsanalyse angesehen, meist aber nicht als eigenständiges Werkzeug.

Prechter würdigt die von Elliott selbst in seinen späten Jahren als universell anwendbar angesehene Theorie mit folgenden Worten: „Das Wellenprinzip deutet ausdrücklich darauf hin, dass sich die Fortschritte der Menschheit (deren auf populärer Basis erstellte Bewertung der Aktienmarkt ist) weder geradlinig, zugfällig oder zyklisch ereignen. Vielmehr kommt es zu diesen Fortschritten auf eine Weise der „drei Schritte vorwärts, zwei zurück", die von der Natur begünstigt wird."[151]

Das Wellenprinzip von Elliott beinhaltet einen sehr festgefügten Plan vom Ablauf sozialer beziehungsweise wirtschaftlicher Entwicklungen. Daher wird es teilweise als zu schematisch kritisiert. Entscheidend ist, dass Elliott, wie vor ihm auch Dow, unsere Aufmerksamkeit darauf lenkt, (Preis-)Entwicklungen niemals als gradlinig oder gleichförmig anzusehen. Antrieb und Korrektur wechseln sich ab und formen damit einen Trend. Beide Theorien basieren auf der Massenpsychologie. Daher ist davon auszugehen, dass die Liquidität der betrachteten Teilmärkte ein entscheidendes Kriterium für dessen Anwendbarkeit ist. Erfahrungen zeigen denn auch, dass es bei Einzelaktien oft nicht so gut funktioniert. Bei der Anwendung auf originäre Rohstoffmärkte werden markante Unterschiede zu Aktienmärkten beobachtet.[152] Denkbar, dass auch die Frage eine Rolle spielt, ob der zu untersuchende Markt ein Bullen- oder ein Bären-Markt ist. In letzterwähntem Typ dürften sich massenpsychologische Faktoren besonders unmittelbar und direkt auswirken und damit vom Wellenprinzip besonders gut zu erfassen sein.

Die Theorien von Dow und Elliott können hilfreich sein, wenn künftige Marktbewegungen eingeschätzt werden sollen. Bei der Frage nach dem Warum verweisen sie auf massenpsychologische Phänomene beziehungsweise auf allgemeine Bewegungsgesetze. Sie können (und wollen) uns aber nicht über darüber hinausgehende kausale Zusammenhänge aufklären. Dies bleibt ökonomischen Zyklustheorien überlassen, mit denen wir uns in den Kapiteln II.6.a und II.6.b befassen.

6 Die Welt bewegt sich in Zyklen

a Ökonomische Zyklustheorien – ein Überblick

Die ökonomische Wissenschaft hat eine Vielzahl von Zyklustheorien hervorgebracht. Die meisten befassen sich mit konjunkturellen, also eher mittelfristigen Schwankungen. In unserem Kontext interessieren uns aber hauptsächlich diejenigen, die sich mit zehn Jahre oder länger dauernden Zyklen beschäftigen. Interessanterweise sind es vor allem marxistisch orientierte Wirtschaftswissenschaftler, die sich mit der langen Sicht befassen. Die bürgerliche Ökonomie hat hingegen keine geschlossene Wachstumstheorie hervorgebracht, die über den Horizont zyklischer Schwankungen hinausgeht.

Während des Booms der fünfziger und sechziger Jahre wurde die Frage der langfristigen zyklischen Dynamik in der ökonomischen Wissenschaft besonders wenig diskutiert. Unter dem Einfluss der Neoklassik hatte sich diese zu einer die Zeitachse immer mehr ausklammernden „allgemeinen Gleichgewichtstheorie“ hin entwickelt. Die kontinentale Tradition in der bürgerlichen Wirtschaftswissenschaft tendiert zu der generellen Annahme, dass wirtschaftsimmanente Einflüsse, insbesondere technologische Änderungen, die Wirtschaft aus ihrem Gleichgewicht bringen und damit einen neuen Zyklus anstoßen. Folglich konzentriert sich dieser Ansatz hauptsächlich darauf, das Ungleichgewicht in zu einem gegebenen Zeitpunkt ungleichmäßigen Entwicklungsstufen einzelner Sektoren aufzuspüren.

Die angloamerikanische Richtung legt demgegenüber den Schwerpunkt auf externe Faktoren und fragt, wie zum Beispiel Erwartungen, Psychologie und Geldversorgung das Gleichgewicht der Wirtschaft beeinflussen. Sie ist daher eher daran interessiert, die Entwicklung von Ungleichgewichten entlang der Zeitachse zu studieren. Ein typischer Vertreter dieser Richtung war in den zwanziger Jahren Ralph G. Hawtrey, der den Einfluss der Geldversorgung auf die Wirtschaft untersuchte. Sein Zeitgenosse, der österreichische Ökonom Friedrich A. von Hayek, wählte zwar den gleichen Ausgangspunkt, stellte aber die hierdurch angestoßene Entwicklung der relativen Preise in den einzelnen Sektoren der Wirtschaft ins Zentrum seiner Untersuchungen. Hawtrey analysierte hingegen in seinem Ein-Sektor-Modell die Veränderung von absoluten Preisen. Von Hayek hielt das absolute Preisniveau für irrelevant.

Einerseits war also insbesondere in der europäischen Ausrichtung der Wirtschaftswissenschaft die Tradition des Gleichgewichtsgedankens und damit die Unterbewertung des Faktors Zeit tief verankert. Andererseits war nach dem Zweiten Weltkrieg das Vertrauen in die Fähigkeiten einer „Globalsteuerung“ der Wirtschaft so groß, dass man langfristige Wachstumsschwankungen fast schon als historisches Relikt ansah. Der Einbruch in den siebziger Jahren führte jedoch zum Umdenken, Konjunkturtheorien wurden wiederentdeckt. Die „Stagflation" der Industrieländer wurde mit dem Ausbleiben neuer technologischer Innovationsschübe erklärt, die von Seiten der Wirtschaftspolitik gefördert werden müssten. Neokonservative Kreise brachten hingegen vor, ein überzogenes sozialstaatliches Denken behindere das freie unternehmerische Wirken.

Man besann sich auf die Ideen von Joseph Alois Schumpeter (1883–1950). Im Gegensatz zu den herrschenden Wirtschaftstheorien, die sich immer mehr mit formalen, von der wirtschaftlichen Realität abgehobenen Modellen beschäftigten und auch heute noch beschäftigen, maß er sozialen Faktoren eine große Bedeutung zu. Für den österreichischen Wirtschaftswissenschaftler ist die Innovation der wichtigste Einflussfaktor auf Wachstum und zyklische Schwankungen. In seinem 1912 erstmals erschienenen Werk „Theorie der wirtschaftlichen Entwicklung" geht er von einer im Gleichgewicht befindlichen Wirtschaft aus. Sie verändert sich nur langsam, wenn auch stetig, passt sich ständig „evolutionär" an äußere Bedingungen an. Diese Vorgänge begründen nach Schumpeter jedoch noch keine wirkliche „Entwicklung", die er mit dem Begriff Dynamik gleichsetzt. Dynamik ist nach seinem Verständnis die „ruckhafte Veränderung der Bahn, in welcher sich der Kreislauf erfüllt", eine „Verschiebung des Gleichgewichtszustands". Wirtschaftliche Dynamik ist mit mehr oder minder einschneidenden Umwälzungen verknüpft. Schumpeter spricht im Zusammenhang mit diesen Diskontinuitäten, den endogenen Wurzeln der wirtschaftlichen Entwicklung, von „Innovationen". Sie führten qualitativ neue Elemente in den Wirtschaftsprozess ein und bewirkten eine Art „schöpferische Zerstörung".

Im Sinne von „Andersmachen" begegnen den Innovationen bei ihrer Einführung stets Hindernisse. Nur wirkliche, mutige Unternehmer würden sich einer solchen Herausforderung stellen. Wo aber erst einmal einer ist, folgen bald weitere nach. Daher treten Unternehmer und Innovationen in Schüben, gleichzeitig aber zufällig auf. Die Umsetzung der Innovation erfordert Geld, das sich die Unternehmer leihen. Damit fragen sie verstärkt Investitionsgüter nach. Da alle Kapazitäten gemäß des als Ausgangspunkt unterstellten Gleichgewichts ausgelastet sind, steigen die Preise zunächst bei den Investitionsgütern, erst deutlich später steigen auch die Löhne. Das Angebot an (neuen) Konsumgütern wächst. Es entstehen temporäre Extra-Gewinne, mit denen einerseits Kredite bedient, andererseits weitere Investitionsgüter nachgefragt werden.

Die Entwicklung kippt schließlich und mündet durch Verluste und Bankrotte in eine Abwärtsspirale. Diese wird dadurch abgebremst, dass sich Marktanteile zu den innovativen Unternehmern hin verschieben. Fallende Preise mildern das Sinken der Realeinkommen. Das führt schließlich zu einem neuen, höheren Gleichgewicht. Innovation und Unternehmer, die Entrepreneure, sind für Schumpeter Träger der Wirtschaftsentwicklung. Mit fortschreitender Monopolisierung tritt nach Schumpeter die Planung an die Stelle der mutigen Unternehmer-Persönlichkeit. Der Kapitalismus nimmt dann sozialistische Züge an.

Auch John Maynard Keynes (1883–1946) betrachtete die ungleichmäßige, sich in Zyklen vollziehende Entwicklung der Wirtschaft im Unterschied zu vielen Vorgängern und Zeitgenossen als systemimmanent. Damit distanzierte er sich zwar genauso wenig wie Schumpeter grundsätzlich vom dominierenden Gleichgewichtsgedanken, beide sehen diesen Zustand aber eher als Ausnahme, weniger als Regel.

Keynes geht in seiner 1936 erstmals erschienenen „Allgemeinen Theorie" davon aus, dass es im Kapitalismus immanente zyklische Krisen gibt. Er stellt daher, genau wie zum Beispiel Marx und Schumpeter, keine separate Konjunkturtheorie auf, grenzt sich aber auch klar gegen alle Versuche ab, zyklische Schwankungen auf monetäre Ursachen zurückzuführen. Keynes erklärt deren Entstehen vielmehr direkt aus den Kapitalbewegungen, also aus Angebot und Nachfrage bei Kapitalgütern, sowie aus den in diesem Markt herrschenden Erwartungen.

Für Keynes ist der Aufschwung gewöhnlich durch Überinvestition gekennzeichnet. Der Abschwung wird eingeleitet durch die Befürchtung, dass Investitionen nicht mehr lohnen. Zu Wirtschaftskrisen kommt es, wenn die „Grenzleistungsfähigkeit des Kapitals", also die durch zusätzlich investiertes Kapital erzielbare Rendite, unter den „Zinsfuß" fällt, der bei Keynes eine als Belohnung für die Aufgabe der Liquidität hauptsächlich psychologisch bedingte Größe ist. Dann wird Geld aus der produzierenden Wirtschaft abgezogen, indem es durch Geldhortung langsamer umläuft oder vermehrt zur Spekulation eingesetzt wird. Die wirtschaftspolitische Konsequenz besteht nach Keynes darin, dass man dem Zustand der Vollbeschäftigung nur durch weitgehende staatliche Anreize nahe kommen kann. Da im Kapitalismus durch den Zinseszins-Effekt zwangläufig Kapital angehäuft wird, muss die Grenzleistungsfähigkeit des Kapitals immer weiter sinken. Somit kommt es nach Keynes immer wieder zu sich verschärfenden Krisen, solange der Zinsfuß größer als null ist und das Kapital in einer Wirtschaft anwächst.

Zur Möglichkeit, an der Zinsschraube zu drehen, um die Konjunktur zu beleben, bemerkt Keynes: „Wenn eine Senkung des Zinsfußes an sich ein wirksames Heilmittel sein könnte, wäre es möglich, einen Anstieg ohne beträchtlichen Zeitverlust … zu vollbringen. Tatsächlich ist dies aber gewöhnlich nicht der Fall; und es ist nicht so leicht, die Grenzleistungsfähigkeit des Kapitals zu beleben, die nun einmal durch die unlenkbare und unfügsame Psychologie der Geschäftswelt bestimmt wird. Es ist die Rückkehr des Vertrauens, um in gewöhnlicher Sprache zu reden, die sich in einer Wirtschaftsform des individualistischen Kapitalismus einer Kontrolle gegenüber so unzulänglich verhält."[153] Keynes hoffte, „die Rentnerseite des Kapitalismus (sei) … eine vorübergehende Phase, die verschwinden wird, wenn sie ihre Leistung vollbracht hat. Und mit dem Verschwinden der Rentnerseite wird noch vieles andere einen Gezeitenwechsel erfahren."[154] Er verneinte die Knappheit des Kapitals in entwickelten Volkswirtschaften. Damit seien – im Unterschied zur Landpacht – Zinsen nicht gerechtfertigt.

Wir sehen heute, dass sich Keynes Hoffnung nicht erfüllt hat – im Gegenteil: In Kapitel I.2.d haben wir gezeigt, wie stark sich in den vergangenen Jahrzehnten das in Anlehnung an Keynes so genannte „rentier income" entwickelt hat, mit dem Unternehmensgewinne im Finanzbereich und Zinseinkünfte der übrigen volkswirtschaftlichen Sektoren gemeint sind.

Wenn aus dem anfänglich zyklischen Problem der Grenzleistungsfähigkeit des Kapitals ein strukturelles wird und die rein an der Rendite orientierten Kapitalgeber „freiwillig" nicht mehr ausreichend investieren, muss die in einer konsequent an Keynes ausgerichteten Wirtschaftspolitik zunächst als Anreiz gedachte Investitionssteuerung nahtlos in eine allgemeine Kontrolle der Investitionen einmünden. Und wenn das alles nicht mehr hilft? Dann bleibt – ganz im Rahmen von Keynes Modell – noch, die Grenzleistungsfähigkeit des Kapitals durch seine teilweise Vernichtung zu steigern. Und das geschieht am effizientesten – durch Krieg.

Der US-Amerikaner Milton B. Friedman (geb. 1912) ist der exponierteste Vertreter der monetaristischen Schule, die gegen den orthodoxen Keynesianismus die Fahne der Marktkräfte hoch hält. Politische Freiheit, Effizienz und Gleichgewicht der wirtschaftlichen Kräfte seien so am besten zu erreichen. Eine expansive Geld- und Finanzpolitik könne keinen nachhaltigen Wachstumszyklus in Gang setzen. Sie führe lediglich zu höheren Güterpreisen und lasse die Zinsen steigen, wenn sie durch Kreditaufnahme finanziert wird. Das aber drängte private Investitionsprojekte aus dem Kapitalmarkt mit negativen Folgen für das Wachstum. Expansive Wirtschaftspolitik münde daher in Stagflation (inflationäre Stagnation).

Nach Friedman ist die Geldpolitik das einzige Mittel zur Regulierung der Wirtschaft, allerdings mit der Maßgabe, die Geldmenge lediglich proportional zum Wachstum und möglichst gleichmäßig zu erhöhen. Die von ihm empfohlene restriktive Geldpolitik mit vergleichsweise hohen (Real-)Zinsen verlangt nach einer von Regierung und Parlament unabhängigen Zentralbank. Der Staat selbst dürfe nicht in das Marktgeschehen eingreifen und sich im Interesse der Senkung der Inflation und der Förderung privater Investitionen nicht weiter verschulden. Staatliche Haushaltsdefizite müssten vorrangig abgebaut werden. Friedman sieht eine „natürliche Arbeitslosenrate“ in der Größenordnung von fünf Prozent als vorteilhaft an. So blieben das Lohnniveau niedrig und die Inflationsgefahr gering.

Der Nobelpreisträger für Wirtschaftswissenschaften des Jahres 1976 bestätigte in seinen umfangreichen Untersuchungen die schon 1911 von Irving Fisher gefundene Beziehung zwischen Geldmenge, Umlaufgeschwindigkeit des Geldes, Preisniveau und Volkseinkommen. Diese Transaktionsgleichung $M{\star}V=P{\star}Y$ stellt dar, dass Inflation als beschleunigter Preisauftrieb ohne eine über den Anstieg der Wirtschaftsleistung hinausgehende Ausweitung der Geldmenge nicht möglich ist. Umgekehrt gilt aber auch, dass eine zunehmende Geldmenge zunächst Wirtschaftswachstum induzieren kann, wenn die Wirtschaftssubjekte hiervon und von der sich hieraus ergebenden höheren Inflationsrate überrascht wurden. Die veränderten Relationen im Preisgefüge stoßen Anpassungsprozesse an, die über höhere Nachfrage die Konjunktur zunächst ankurbeln, sich aber erschöpfen, wenn der Überraschungseffekt verarbeitet ist. So bleibt von der Geldmengenausweitung am Ende nur ein allgemein gestiegenes Preisniveau. Friedmans Geldpolitik wurde erstmals während der Pinochet-Diktatur in Chile in die Praxis umgesetzt.

Im Rahmen der längerfristigen Zyklustheorien ist noch der nach dem Nobelpreisträger Simon Kuznets (1901–1985) benannte Zyklus erwähnenswert. Mit 15 bis 20 Jahren Dauer folgt er der Investitionstätigkeit im Immobiliensektor. Der Kuznets-Zyklus ist mit empirischen Daten gut abgesichert. Die in Kapitel II.6.c erwähnten Zyklusanalysten Dewey und Mandino haben einen 18,33 Jahre umfassenden Zyklus bei Immobiliengeschäften gefunden.

Die marxistische Wissenschaftsrichtung ist im Gegensatz zur bürgerlichen von vornherein an einer langfristigen Fragestellung interessiert. Mit der Theorie des langfristigen Falls der Profitrate wird ein Zusammenhang zwischen dem Einsatz technischer Innovationen und der Akkumulation des Kapitals hergestellt, der die kapitalistische Produktionsweise immer stärker in Widerspruch zur Entwicklung der menschlichen Gesellschaft bringt. Sie werde deshalb in der historischen Perspektive von einer neuen Wirtschaftsform abgelöst. Wir stellen diese Gedanken ausführlich in Kapitel II.7 dar.

Kondratieff, dessen Theorie wir in Kapitel II.6.b behandeln, stellt die von Basisinnovationen ausgehenden Selbstheilungskräfte in das Zentrum seiner Betrachtungen, verknüpft diesen Umstand aber nicht explizit mit einem bestimmten Wirtschaftssystem.

Für den Trotzkisten Ernest Mandel (1923–1995) liegt die Ursache der langen Wellen nicht in der Kapitalakkumulation, die die kurzen zyklischen Wellen hervorbringt, sondern in der Wirkung nicht ökonomischer Faktoren.[155] Kriege und Klassenkämpfe entstehen seiner Meinung nach zwar aus den sich verschärfenden konjunkturellen Zyklen. Der Ausgang dieser Konflikte entscheidet aber über den weiteren Verlauf der Profitrate und das Aufkommen von Innovationen. Nur wenn hierdurch die Bedingungen für ein rasches Steigen der Profitrate geschaffen werden, wird in neue Technologien investiert. Das deckt sich im Wesentlichen mit Trotzkis Kritik an Kondratieff: Lange Zyklen seien nicht durch innere Gesetzmäßigkeiten bestimmt, sondern durch äußere Bedingungen, als da sind: die Erschließung neuer Märkte auf der Welt, die Entdeckung neuer Rohstoffvorkommen, der Ausgang von Kriegen und Revolutionen. Da nicht ökonomische Faktoren den Rahmen für die weitere Entwicklung der Profitrate bilden, bezweifelt Mandel die Zwangsläufigkeit in der historischen Abfolge: Der Kapitalismus kann weiterleben, kann aber auch durch ein neues Wirtschaftssystem abgelöst werden. Alles hänge vom Kräfteverhältnis der Klassen ab.

Lange Zyklen haben immer mit wichtigen langfristigen Weichenstellungen zu tun. Wie werden dabei die Chancen unseres gegenwärtigen Wirtschaftssystems beurteilt? Bei Schumpeter sind die Betonung der Rolle der Innovation und damit die Nähe zum von der Marxschen Ökonomie geprägten Kondratieff unverkennbar. Aber sein Ausblick auf die Zukunft des Kapitalismus scheint pessimistischer als der von Kondratieff, der auf den menschlichen Erfindergeist vertraut. Keynes geht davon aus, dass der Kapitalismus in seiner reinen Form als Wettbewerbswirtschaft nicht überleben kann, und propagiert daher stringente staatliche Regulierungen bei der gesellschaftlichen Investitionstätigkeit.

Genau das Gegenteil fordert Friedman: Er möchte den staatlichen Einfluss auf eine sehr bedächtige Geldpolitik beschränkt sehen, damit sich der Kapitalismus „zu unser aller Wohl", wie er immer wieder betont, weiter entwickeln kann. Bei Mandel kommt dem Kräfteverhältnis der Klassen, also einem nicht ökonomischen Faktor, die entscheidende Bedeutung zu. An die Zwangsläufigkeit von sich immer weiter verschärfenden Krisen glaubt im Gegensatz zur „reinen" marxistischen Lehre keine der in diesem Kapitel vorgestellten bürgerlichen Theorien.

Die Frage nach den Selbstheilungskräften des Kapitalismus ist im Rahmen unseres Themas deshalb wichtig, weil ein Wirtschaftssystem gewöhnlich nicht stillschweigend von der Bühne abtritt. Wenn es sich wirklich als untauglich erweisen sollte, den weiteren gesellschaftlichen Fortschritt zu sichern, tritt gewöhnlich eine länger anhaltende Phase von gewaltiger gesellschaftlicher Unsicherheit, Umwälzung und Neuorientierung ein, die negative Auswirkungen auf den allgemeinen Wohlstand hat. Das lehrt die Geschichte, und sie lehrt noch mehr: Gewöhnlich steigt an solchen Wendepunkten die Gefahr großer kriegerischer Auseinandersetzungen. Das hat natürlich alles Einfluss auf die in Teil III zu diskutierende Frage unserer mittel- bis langfristigen Perspektiven.

Mancher wird jetzt einwenden, dass das sozialistische Lager um 1990 ziemlich sang- und klanglos abgetreten ist und ein Systemwechsel demzufolge heute nicht mehr zwangsläufig mit enormen, länger anhaltenden „Reibungsverlusten" einhergehen muss. Dem ist entgegenzuhalten, dass die Wandlung dieser Länder deswegen so vergleichsweise unproblematisch verlief, weil deren Wirtschaftssystem de facto im Sinne eines Staatsmonopols schon längst kapitalistisch war. Ein wirklicher Systemwechsel hat also gar nicht stattgefunden.

b Kondratieff und seine langen Wirtschaftszyklen

Zahlreiche Teilnehmer an den Finanzmärkten messen den Arbeiten des russischen Wirtschaftswissenschaftlers Nikolai D. Kondratieff besondere Bedeutung zu und beziehen hieraus ihr „großes Bild". Alan Greenspan, der Chef der amerikanischen Notenbank, nimmt sie gar als sportliche Herausforderung und will sie mit seiner Finanzpolitik Lügen strafen. Doch dazu später mehr.

Kondratieff (1892–1938) stellte seine Arbeiten erstmals 1926 in einer angesehenen deutschen Zeitschrift einer breiten Öffentlichkeit vor.[156] Er studierte die Preis- und Zinsentwicklung in den USA und in Großbritannien von 1789 an und wies nach, dass die Wirtschaft nicht nur kurzfristigen Konjunkturzyklen unterliegt. Vielmehr identifizierte er langwellige Bewegungen mit einer Periode von 40 bis 60 Jahren Dauer. In der Literatur ist häufig von Kondratieff-Wellen die Rede. Wir wollen bei dem in der Wirtschaft üblichen Begriff „Zyklen" bleiben, weil die beschriebenen Bewegungen bestimmten inneren, sich auf der Zeitachse in festem Rhythmus wiederholenden Gesetzmäßigkeiten folgen.

Kondratieffs Zyklen werden jeweils durch bahnbrechende Erfindungen ausgelöst. Im Wirtschaftssystem bereits vorhandene, aber bislang ungenutzte Ressourcen gelangen plötzlich in das öffentliche Bewusstsein und werden durch Basisinnovationen der Gesellschaft zugänglich. Dies bewirkt ein beschleunigtes Wirtschaftswachstum, führt aber auch zu tief greifenden gesellschaftlich-politischen Veränderungen. Der erste Zyklus wurde laut Kondratieff Ende des 18. Jahrhunderts durch Dampfmaschine und Eisenbahn gestartet, von 1850 an waren Stahlindustrie und Elektrizität die treibenden Kräfte des zweiten Zyklus. Mit dem Ausbruch des Ersten Weltkrieges haben Elektrotechnik, Chemie und der Verbrennungsmotor die Schlüsselrolle innerhalb eines dritten Zyklus übernommen.

In den dreißiger Jahren baute der österreichische Wirtschaftswissenschaftler Joseph A. Schumpeter das Konzept von Kondratieff in seine Klassifikation von Zyklen ein und benannte die langen Zyklen wirtschaftlicher Entwicklung offiziell nach ihrem Entdecker. Er legte ihre Dauer mit 48 bis 60 Jahren fest. Unterhalb der langen Kondratieff-Zyklen siedelte er die Kuznets-Zyklen mit einer Periodenlänge von 15 bis 20 Jahren an. Schumpeter bezeichnete die Arbeit von Kondratieff als eine der wichtigsten Bausteine für eine Wirtschaftsprognose.

Kondratieff und seine Nachfolger identifizierten vier, jeweils ungefähr gleich lange Phasen innerhalb einer langen Welle wirtschaftlicher Entwicklung. So unterschied etwa Schumpeter die einzelnen Phasen in Prosperität, Rezession, Depression und Erholung. Andere verwenden die vier Jahreszeiten, um die einzelnen Phasen zu betiteln.

In der ersten Phase des „inflationären Wachstums", dem „Frühling", kennzeichnen stabile bis moderat steigende Preise, niedrige Rohstoffkosten, ein niedriges Zinsniveau und steigende Aktienkurse eine expandierende Wirtschaft. Die Investitionstätigkeit steigt stark an, das Produktionspotenzial wird auf der Basis bereits vorliegender, technologisch aber noch nicht realisierter Erfindungen und akkumulierter Kapitalüberschüsse radikal umgruppiert. Der Staat ist ein wirtschaftlich weitgehend passiver Mitspieler. Es herrscht Aufbruchstimmung, der allgemeine Wohlstand mehrt sich. Die Unternehmensgewinne steigen kräftig, Insbesondere zu Beginn dieser Phase herrscht national wie international weitgehende politische Stabilität.

In der sich anschließenden „Stagflation" (Rezession), dem „Sommer", steigen Preise und Zinsen auf breiter Front, Aktienkurse stagnieren oder fallen, die Unternehmensgewinne stagnieren, der Schuldenstand wird größer. Es kommt zu einer primären Rezession von überschaubaren Ausmaßen. Die sich mit den in der ersten Phase getätigten Großinvestitionen ausdehnende Wirtschaft verschärft den Kampf um neue Absatz- und Rohstoffmärkte, erweitert den Welthandel und bringt politische, soziale und militärische Konflikte hervor. Nach Ausschöpfung des Innovationspotenzials der Erfindungen und der Kapitalreserven setzt Kapitalmangel ein, der durch unproduktiven Kapitalverbrauch zur Finanzierung von Kriegen und zur Bekämpfung revolutionärer Bewegungen noch verstärkt wird. Die Zinsen steigen, das Investitionstempo nimmt ab. Die allgemeine Stimmung wandelt sich allmählich von einer Überflussmentalität hin zu einem stärkeren Bewusstsein der Grenzen des Wachstums.

Die folgende Depressionsphase ist im Wesentlichen geprägt durch eine sieben bis zehn Jahre dauernde Periode „deflationären Wachstums“ (Plateau). Das Preisniveau zeigt sich im „Kondratieff-Herbst“ stabil bis leicht fallend, die Rohstoffpreise gehen zurück, die Aktienkurse steigen. Das Wachstum ist vergleichsweise flach, der allgemeine Wohlstand legt verhalten zu. Die Suche nach Möglichkeiten zur Verbilligung der Produktion verstärkt Rationalisierungsinvestitionen, grundlegend neue Erfindungen werden aber nicht mehr realisiert. Die Wirtschaft wird zunehmend konsumorientiert. Die Überflussmentalität kehrt zurück und nimmt teilweise exzessive Formen an. Die Unternehmen sehen ihre Gewinne wieder steigen, wobei die Verhältnisse der ersten Phase gewöhnlich nicht wieder erreicht werden. Bedingt durch die inflationierte Preisstruktur der primären Rezession und die zunehmende Konsumorientierung nimmt die Verschuldung stark zu und begünstigt spekulative Blasen.

Übertreibungen während des Plateaus leiten schließlich die vierte Phase, den „Winter“, ein. An deren Beginn steht die so genannte „sekundäre Depression“, die einen etwa drei Jahre dauernden Kollaps umfasst. Die Preise fallen, Rohstoffe, insbesondere Gold, verteuern sich jedoch. Parallel zu den sinkenden Unternehmensgewinnen fallen die Aktienkurse. Nach diesem ersten „Wintereinbruch“ kristallisiert sich langsam eine rund zehn Jahre dauernde deflationäre Entwicklung heraus. Der allgemeine Wohlstand sinkt rapide, die Wirtschaftstätigkeit erlahmt auf breiter Front. Auch auf stabilem, niedrigem Zinsniveau werden Kredite in größerem Umfang nicht mehr bedient. Innovationen sind inkrementeller Natur, etablierte Technologien werden verbessert, billiger gemacht und weiter verbreitet. Konsolidierung ist das zentrale Stichwort in der Wirtschaft.

Radikale Töne bestimmen im „Winter“ allmählich das politische und soziale Geschehen. Etablierte politische Bündnisse scheitern immer häufiger, und es entstehen in rascher Folge neue Konstellationen. Ein größerer Krieg hilft schließlich, die Depression zu beenden und eine wirtschaftliche Erholung einzuleiten. Die Spartätigkeit wird aktiviert, es wird Kapital akkumuliert. Neue Erfindungen werden gemacht, aber noch nicht realisiert. Gewöhnlich setzt eine letzte, milde Rezession mit sehr niedrigerer Preissteigerungsrate den Schlusspunkt hinter diese letzte Phase des Kondratieff-Zyklus.

Als sich in den siebziger Jahren des vorigen Jahrhunderts die dem Zweiten Weltkrieg folgende Expansion abschwächte, wurden die fast vergessenen Kondratieff-Zyklen wiederentdeckt und weiterentwickelt. Modelski and Thompson etwa stellten 1996 ein Modell vor, in dem sie begründen, dass wir uns seit 1973 im neunzehnten durch die Informationstechnologie getriebenen Kondratieff-Zyklus – K19 – befinden. Die Entwicklung der Eisenbahn hätte 1792 den „K16" gestartet, „K17" mit den Schlüsseltechnologien Elektrizität und Stahl wird auf die Zeit zwischen 1850 und 1914 terminiert, „K18" wurde wesentlich durch Elektronik und Kraftfahrzeug bestimmt. Den Beginn ihrer ersten „K-Wave" datieren die Autoren auf 930 n. Chr. und machen als damals weltweit führende Sektoren „Papier und Druck" aus.

Ob wir uns aktuell in der Mitte eines 1973 gestarteten Kondratieff-Zyklus mit Informations- und Kommunikationstechnik als Schlüsseltechnologien befinden oder ob ein mit dem Ende des Zweiten Weltkriegs begonnener Zyklus nun seinem Ende entgegengeht, darüber streiten die Gelehrten. Wendet man die Charakteristika der einzelnen Phasen allerdings unvoreingenommen auf die aktuellen Gegebenheiten an, liegt es nahe, uns am Anfang des „Winters" des aktuellen Kondratieff-Zyklus zu vermuten.

Im Jahre 2000 begann mit der Aktien-Bubble der Technologie einer der größten spekulativen Blasen in der Menschheitsgeschichte die Luft auszugehen. Die Verschuldung nimmt heute beängstigende Ausmaße an, die Gefahr von Kriegen wächst. Ein hoher Goldpreis entspricht dem wachsenden Sicherheitsbedürfnis der Menschen, zugleich spiegelt er über die Geldersatz-Funktion des Goldes die Liquiditätspräferenz in einem zu erwartenden deflationären Szenario wider. Die seit 2001 steigenden Rohstoffpreise insgesamt sprechen dafür, dass die Finanzmärkte derzeit eher ein inflationäres Szenario spielen. Wie in Kapitel I.2.g dargestellt, taugt das aber unseres Erachtens nicht als Indikator für eine nachhaltig inflationäre Entwicklung, die einem Szenario des Kondratieff-Winters diametral zuwiderliefe. Zudem zeigen steigende Preise auf, dass die Rohstoffe tendenziell knapp werden, die Nachfrage durch die immer noch dynamisch wachsende Weltbevölkerung aber zunimmt. Auch im „Winter" des vorigen K-Zyklus stiegen übrigens die Rohstoffpreise, wie sich dem Diagramm „Kondratieff-Zyklen von 1789 bis heute" entnehmen lässt.

Mit dieser Sichtweise wäre der aktuell laufende „Kondratieff" um das Jahr 1950 gestartet. Das Ende des Zweiten Weltkriegs half, die „große Depression" zu beenden. Solides Wachstum und geringe Inflation bis weit in die sechziger Jahre hinein wurden schließlich abgelöst durch hohe Preissteigerungen in der folgenden Dekade. Die Rohstoffpreise hatten ihre damalige Spitze im Jahre 1980. 1981 markierten die Zinsen ihren letzten Hochpunkt. Damit schwenkte die Wirtschaft in ihre Plateau-Phase ein – mit spekulativen Blasen im Aktienmarkt und im Immobiliensektor. Die Rohstoffpreise fielen deutlich, die Zinsen gingen zurück, die Preissteigerungsrate war gering. Der Schuldenstand stieg hingegen stark an und führte schon in den achtziger Jahren zu einer Reihe von Firmenskandalen und zur Schulden-Implosion der „Savings & Loans"-Krise. Schließlich gelang es, sich mit neuen Schulden aus den Rezessionen zu Beginn der achtziger und neunziger Jahre „herauszukaufen". Ein äußerst glücklicher Umstand war dabei der Wegfall des Ost-West-Konflikts, mit dem sich riesige Märkte insbesondere für die Güter der Informations- und Kommunikationstechnologie geöffnet haben. Keine Frage, dass hierdurch die „Herbst"-Phase des laufenden K-Zyklus deutlich verlängert wurde. Auch der stark expandierende, riesige chinesische Markt könnte dafür sorgen, dass manche Merkmale des Kondratieff-Winters in abgewandelter Form auftreten.

Die folgende Grafik[157] stellt die Zusammenhänge noch einmal in der Übersicht dar. Der Aktienindex S&P 500 zeigt die Börsenentwicklung. Gut sind die lokalen Maxima im „Sommer" und „Herbst" des Kondratieff-Zyklus zu erkennen. Beim Rohstoffindex (CRB) beziehungsweise dem Index der Erzeugerpreise (CPI) treten zu Beginn des „Herbstes" Spitzenwerte auf. Sie laufen der Entwicklung der Aktienmärkte um einige Jahre voraus.

Kondratieff-Zyklen von 1789 bis heute

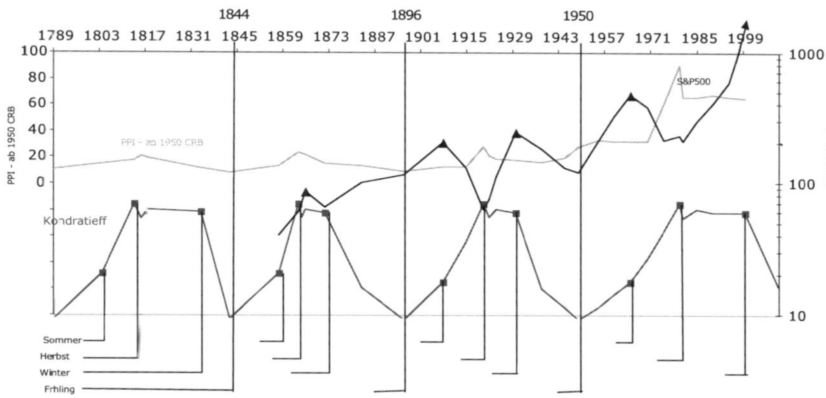

S&P500 (log.): Gut sind die lokalen Maxima der Aktienkurs-Entwicklung im Bereich "Sommer" und "Herbst" des Kondratieff-Zyklus zu erkennen

PPI - Produzentenpreisindex der USA, ab 1950 CRB (Rohstoffindex): Zu des Beginn "Herbstes" treten jeweils Peaks auf

Alan Greenspan, der Chef der amerikanischen Notenbank, hat die Leitzinsen mittlerweile auf das niedrigste Niveau der vergangenen vier Jahrzehnte geführt und versucht, die Rezession in Liquidität zu ertränken. Ian Gordon, Vizepräsident von Canaccord Capital, einer Brokerfirma aus Vancouver, wird im Juli 2002 in einem Interview[158] mit den Worten zitiert: „I think Mr. Greenspan certainly knows the extent of the bubble. I had a friend in London who knew Alan Greenspan in the ‚60‘s and Alan Greenspan, at that time, said to him, "I would love to be Federal Reserve Chairman when the Kondratieff Winter comes because I think I could override it by dropping the interest rates and printing enough money that it would overcome all the deflationary aspects of economy." He‘s certainly trying that.“ Mit anderen Worten: Der Mann weiß, was Sache ist.

Die Verschuldung der Wirtschaft, aber auch der privaten Konsumenten spricht Bände. In den USA haben Staat, Unternehmen und Privatleute zusammen mehr als 32 Trillionen Dollar an Schulden angehäuft. Hausbesitzer insbesondere in den USA haben ihre Immobilien bis unters Dach beliehen. Zusammenbrüche hoch verschuldeter Unternehmen wie beispielsweise Enron, Worldcom oder Global Crossing, die Entwicklung in Japan und Argentinien – all das wirft seinen Schatten voraus. Dauerhaft hohe Arbeitslosigkeit stellt ein erhebliches Risiko dar.

Wie stets in Zeiten ernsthafter Krisen machen sich Weltanschauungen rassistischer und fanatisch-religiöser Art breit. Das Aufkommen des Nationalsozialismus reflektierte auf der politischen Bühne die Weltwirtschaftskrise 1929 und den Beginn der vierten Phase des damaligen Kondratieff-Zyklus. Heute gewinnt zwar ein islamistisch begründeter Fanatismus an Boden. Aber viel wichtiger scheint, dass sich im Reden und Handeln von US-Präsident Bush zunehmend mehr Hinweise auf ein quasi-religiöses, keinen Widerspruch duldendes Sendungsbewusstsein finden lassen. Da kommen solche Entwicklungen natürlich gerade recht. Noch jede Regierung hat sich in wirklich schwierigen Zeiten eines unkritischen Fanatismus bedient, um die Bevölkerung auf radikale Wendungen und kriegerische Auseinandersetzungen einzustimmen.

Es leuchtet unmittelbar ein, dass ein enger Zusammenhang zwischen Basisinnovationen, deren Umsetzung in wirtschaftliche Stärke und der Herausbildung von Machtzentren auf der Welt bestehen muss. George Modelski stellt plausibel dar, dass ein langer weltpolitischer Zyklus von zwei Kondratieff-Zyklen getragen wird.[159] Es liegt nahe, dass ein Auslaufen eines großen Innovationszyklus auch auf der politischen Ebene die Frage aufwirft: Was kommt danach?

Was also wird uns die nach zahlreichen Verfechtern der Lehre von Kondratieff pünktlich zur Jahrtausendwende eingeleitete „kalte Jahreszeit" nun bringen? David Chapman etwa meint in einem 2001 erschienenen Artikel mit dem Titel „Kondratieff Wave Cycles"[160], spekulative Blasen hätten die Tendenz, zu ihrem Ausgangspunkt zurückzukehren. So könnte die Nasdaq bis auf einen Indexstand von 500 fallen, der Dow Jones hätte mindestens noch Luft bis etwa 5000, theoretisch sogar bis 1000 Indexpunkte. Nachdem der laufende vierjährige Aktienmarktzyklus im Herbst 2002 einen Tiefpunkt ausbilden sollte, könnten die Märkte nochmals zu einer Rallye ansetzen, bevor sie in den Jahren 2005/2006 ein neues zyklisches, vielleicht ultimatives Tief markieren. Die Vorhersage des zurückliegenden Tiefs war für die US-Märkte korrekt, die Vorhersage der weiteren Entwicklung ist unseres Erachtens keineswegs unrealistisch.

Wenn die Einordnung der aktuellen Lage in den Kondratieff-Kontext so stimmt – und vieles spricht dafür –, dann steht uns noch ein langer „Winter" bevor. Die durchschnittliche Phasendauer zugrunde gelegt, dürften wir erst in der zweiten Dekade unseres Jahrtausends einen neuen „Frühling“ der Weltwirtschaft erwarten.

Der bekannte amerikanische Ökonom Robert J. Shiller kommt zum gleichen Schluss. Der Yale-Professor vertritt in seinem rechtzeitig zum Höhepunkt der Jahrhundert-Hausse des Jahres 2000 erschienenen Buch „Irrationaler Überschwang“ die These, Gier, Fehleinschätzungen und Herdentrieb hätten die Aktienkurse auf völlig überbewertete Niveaus steigen lassen. „Dr. Doom“, wie er an der Wall Street bald hieß, prophezeite eine zehnjährige Baisse und stellte die allgemeine Meinung in Frage, Aktien rentierten auf lange Sicht besser als Anleihen. In seinem neuen Buch „Die neue Finanzordnung“ macht er allerdings kehrt: Er schlägt nun vor, die Instrumente der Finanzmärkte, denen er in seinem ersten Buch noch schwere Funktionsfehler nachwies, auch im Alltag anzuwenden, um Risiken abzusichern.

Kondratieff hat sich ausgehend von einem Studium der Preis- und Zinsentwicklung mit der Frage befasst, welche die Triebkräfte dahinter sind. In einem von materialistischer Weltanschauung und von den ökonomischen Lehren des Karl Marx geprägten Umfeld hat der Ökonom Entwicklungen in Politik, Wissenschaft, Ideologie, ja sogar kriegerische Auseinandersetzungen in erster Linie von der wirtschaftlichen Basis aus bestimmt gesehen. Für ihn standen im Wirtschaftssystem bereits vorhandene, aber bislang ungenutzte Ressourcen im Fokus – technische Basisinnovationen, die das Zeug haben, das Wachstum der Wirtschaft nachhaltig anzukurbeln.

Das Konzept von Kondratieff darf nicht als starre Zwangsjacke verstanden werden. Jeder dieser langen Zyklen hat seine eigenen Besonderheiten. Die Art der treibenden Technologie spielt ebenso eine Rolle wie die Verteilung der Macht auf der Welt. Auch der Rhythmus des Generationswechsels und damit die durchschnittliche Dauer eines menschlichen Lebens spielt hinein. Schließlich modifiziert sicher auch die Entwicklung der Wirtschaftswissenschaft und der von ihr bereit gestellten Instrumente der Finanzpolitik die konkrete Ausprägung der langen Zyklen und ihrer Phasen.

Kondratieffs Gegner im damaligen kommunistischen Lager kritisierten, er habe sich von der herrschenden Meinung abgekehrt, der Kapitalismus könne sich nicht regenerieren, und müsse somit zwangsläufig von der Bühne der Geschichte abtreten. Dieser Widerspruch besteht allerdings nur dann, wenn man einem sehr mechanistischen Geschichtsverständnis anhängt. Kondratieffs Verdienst war, dass er den menschlichen Erfinder- und Entdeckergeist herausstellte, der die Gesellschaft zu einem immer höheren Niveau führen kann. Seine Theorie vereinigt grundlegende Zyklen in Psychologie, Investitionen und Wirtschaft eines Gesellschaftssystems unter einem Dach. Kondratieff, einer der Architekten des ersten sowjetischen Fünfjahresplans, wurde Opfer seiner ökonomischen Überzeugung und starb in einem Gulag.

Was könnte in Sinne Kondratieffs die nächste bahnbrechende Strömung sein? Der russische Zukunftsforscher Leo A. Nefiodow etwa glaubt, dass die Ära der Informationstechnik nach der Jahrtausendwende ihren Höhepunkt überschreiten wird. Der Beitrag dieser Branche am Wirtschaftswachstum nehme dann ab und lasse den von ihm identifizierten, in den siebziger Jahren gestarteten fünften Kondratieff seinem Ende entgegengehen. Seiner Meinung nach kommt im sechsten Kondratieff der psychosozialen Gesundheit eine Schlüsselrolle zu. Biotechnologie und Life Sciences, die Gesundung von Mensch und Natur, werden zum Leitmotiv des neuen Jahrhunderts. Das Leitbild der Medizin werde sich wandeln, argumentiert Nefiodow in seinem Buch „Der sechste Kondratieff"[161]. Gesundheit werde nicht mehr länger als Abwesenheit von Krankheit verstanden, sondern entwickle sich zu einem eigenständigen Ziel. Die Medizin beschreite abseits der bisherigen Schulmedizin völlig neue Wege.

Die Antwort auf die Frage nach der den nächsten langen Wirtschaftszyklus tragenden Basisinnovation eröffnet einen Blick darauf, welchen Weg wir aus der Krise gehen. Hat Nefiodow Recht, oder gibt es plausiblere Szenarien? Dieser Frage gehen wir im dritten Teil unseres Buches nach.

c Sonstige Zyklustheorien

In diesem Kapitel reißen wir die wichtigsten Erklärungsversuche an, die den zeitlichen Ablauf, den dem Geschehen innewohnenden Rhythmus, in den Mittelpunkt stellen. Zyklus-Analysten sehen in Bewegungen auf der Zeitachse den Schlüssel zum Verständnis der Finanzmärkte beziehungsweise allgemeiner der wirtschaftlichen Abläufe. Im Gegensatz hierzu sieht die Mehrzahl der Technischen Analysten in der Zeit eher eine abhängige Variable.

Die meisten Vertreter von Zyklusansätzen kommen, wie die Wellentheoretiker auch, von der Beobachtung der Finanzmärkte her. Ähnlich wie diese sehen sie die Ergebnisse ihrer Forschungen häufig auch als allgemeingültig an und halten sie für übertragbar auf viele andere Aspekte des sozialen Geschehens und Abfolgen in der Natur.

Die in Kapitel II.4.a vorgestellte Wellentheorie von Elliott beinhaltet neben den Gesichtspunkten von Formation und Verhältnis auch einen zeitlichen (Zyklus-)Aspekt. Viele Anhänger des Wellenprinzips sehen hierin allerdings den unbedeutendsten, weil die Prognose angeblich besonders schwer fällt. Der schon zitierte Murphy merkt dazu an: „Ein Teil des Problems ist … die Vielfalt derartiger Beziehungen. Fibonacci-Zeitziele können von Top zu Top, von Top zu Boden, von Boden zu Boden und von Boden zu Top gemessen werden. Irgendwelche dieser Zusammenhänge können im Nachhinein immer gefunden werden."[162] Es sei nicht immer klar, welche der in Frage kommenden Beziehungen für den aktuellen Trend relevant sind.

Fibonacci-Zeitziele werden ermittelt, indem man von bedeutenden Hochs oder Tiefs eines Preisverlaufs nach vorne zählt. An künftigen Fibonacci-Tagen sollten sich bedeutende Hoch- oder Tiefpunkte bilden. Betrachtet man etwa Tagesschlusskurse, so wird zum Beispiel nach 13, 21 oder 34 Tagen ein neues Top oder ein neuer Boden vermutet. Elliott selbst hat zahlreiche Beispiele für Fibonacci-Zeitspannen benannt, relativierte die Anwendung von Fibonacci-Zeitsequenzen aber ein wenig, indem er sagte, der Zeitfaktor entspreche dem Muster lediglich häufig.[163]

Samuel T. Benner hat in seinem 1875 erschienenen Buch „Business Prophecies of the Future Up and Downs in Prices" wichtige Beiträge für eine Zeitzyklustheorie geliefert. Er fand heraus, dass Hochpunkte an den Börsen einem Rhythmus des Schemas acht–neun–zehn Jahre folgen. Tiefpunkte scheinen sich demgegenüber in zwei zeitlich versetzten Reihen von jeweils 16, 18 und 20 Jahren zu entwickeln. Ein Berührungspunkt zu Elliotts Theorie ergibt sich daraus, dass Benners Zyklen recht gut mit Zahlen der Fibonacci-Reihe harmonieren.

Einer der Pioniere der Zeitzyklusanalyse, Edward R. Dewey, hat zusammen mit Og Mandino für das in den dreißiger Jahren erschienene Werk „Cycles: The Mysterious Forces That Trigger Events"[164] eine Fülle von Zyklen untersucht. Die Entwicklung der Population bestimmter Tierarten wurde ebenso analysiert wie etwa der Rhythmus von Sonnenflecken, internationalen kriegerischen Auseinandersetzungen oder die Frequenz von Eheschließungen. Bei der Untersuchung von Wirtschaftszyklen fanden die Autoren einen 18,33 Jahre umfassenden Zyklus bei Immobiliengeschäften und einen Börsenzyklus mit 9,2 Jahren Dauer. Dewey entdeckte, dass viele, offenbar voneinander unabhängige Zyklen dieselbe Dauer haben und auch noch synchron ablaufen. Er schloss daraus, dass es irgendeine universelle Kraft geben müsse, die diese Zyklen steuert.

Zeitzyklen werden bestimmt durch Amplitude und Länge. Die Amplitude ist der Ausschlag etwa auf einer im Börsengeschehen üblichen Preisskala. Die Zykluslänge wird durch den zeitlichen Abstand zweier aufeinander folgender Wellenkämme oder Wellentäler bestimmt. Die Phasenlage ist darüber hinaus beim Vergleich mit anderen Zyklen wichtig und meint die Verschiebung des Extrempunkts einer Welle zum gleichgerichteten Extrem einer anderen. Treten mehrere Wellen zur gleichen Zeit auf, ergibt sich das Ergebnis der zusammengesetzten Bewegung für jeden Punkt auf der Zeitachse durch Addition der Amplituden der verschiedenen Einzelwellen. Umgekehrt kann der Analyst komplexe Verläufe durch Zerlegung in einzelne Komponenten darstellen. Wenn man Amplituden, Frequenzen und Phasenbeziehungen der einzelnen Zyklen kennt und unterstellt, dass sich die gefundenen Wellen in der Zukunft fortsetzen, werden Prognosen möglich.

Neben diesem Prinzip der Summation hat J. M. Hurst zum Beispiel in seinem 1970 erstmals erschienenen Werk „The Profit Magic of Stock Transaction Timing“[165] weitere, für die Zyklusanalyse von Aktienmärkten maßgebliche Regeln gefunden. Harmonität bedeutet, dass benachbarte Wellen üblicherweise durch eine kleine, ganze Zahl im Verhältnis stehen, für gewöhnlich ist das der Faktor zwei. Das Prinzip der Synchronität bezeichnet die Eigenschaft von Zyklen unterschiedlicher Länge, zum ähnlichen Zeitpunkt ein Tal auszubilden. Die Proportionalität schließlich legt fest, dass Zyklen von längerer Dauer üblicherweise proportional größere Amplituden aufweisen. Diese vier Prinzipien setzen sich zwar häufig durch, sie sind aber keine starren Regeln. Daher führte Hurst das Prinzip der Abweichung ein. Sein Grundsatz der Nominalität schließlich besagt, dass es offenbar trotz aller Besonderheiten eine Reihe von harmonischen Zyklen gibt, die alle Märkte gemeinsam beeinflussen.[166] Die jeweilige Zyklusdauer entsteht mit Ausnahme des Übergangs von 18 auf 54 Monate durch fortlaufende Multiplikation mit zwei. Auf Tagesbasis sind das laut Murphy die Längen fünf, zehn, 20, 40 und 80. Auch Zyklen von 20 und 40 Wochen Länge werden als signifikant bezeichnet. Auf Monatsbasis scheinen Bewegungen mit Frequenzen von 18 und 54 bedeutsam zu sein. Schließlich existieren wohl auch noch Rhythmen mit neun und 18 Jahren Dauer.[167] Hier werden Berührungspunkte zu Benners Arbeiten deutlich. Ein 40 Wochen dauernder Zyklus erstreckt sich übrigens über etwa neun Monate.

Als in den Finanzmärkten dominante Zyklen unterscheidet man heute fünf allgemeine Kategorien, deren Definition zum Teil auf Walter Bressert zurückgeht: Die langfristigen Zyklen dauern zwei oder mehr Jahre. Saisonale Zyklen werden mit einem Jahr Länge veranschlagt. Der primäre oder mittelfristige Zyklus kann zwischen neun und 26 Wochen dauern. Der darunter angesiedelte vier Wochen dauernde Trading-Zyklus zerfällt in die beiden jeweils halb so langen Alpha- und Beta-Zyklen.

Offenbar arbeiten Zyklus- wie Wellentheorien statistisch nicht zufällig verteilte Erscheinungsketten heraus, sodass sie einen gewissen Prognosewert besitzen. Es liegt auf der Hand, dass bei den von Zyklen ausgehenden Ansätzen die Wahl der Zeitmuster entscheidend ist. Ob man dabei tatsächlich eine konstante Struktur von Frequenzen zugrunde legen kann, erscheint fraglich. Eine Prognose auf Basis von Zeitzyklen setzt dann voraus, dass man zunächst die aktuell signifikanten Zyklen erkennt und danach deren Stärke und Phasenlage bestimmt.

Die Grundidee von Elliott, dass der Kursentwicklung an Finanzmärkten eine Struktur fraktaler, selbstähnlicher, sich in Zeit und Raum ohne konstante Periodizität wiederholende Muster endlicher Anzahl zugrunde liegt, wird durch Erkenntnisse der modernen Chaosforschung untermauert. Benoit Mandelbrot, deren Begründer, beschrieb die bei Naturphänomenen häufig anzutreffenden fraktalen Muster und gab eine mathematische Formulierung des Prinzips der Selbstähnlichkeit an, das er als kosmische Ordnungsstruktur begriff.[168]

Wie Wellen, Zyklen und Widersprüche zueinander in Beziehung stehen und was sie für eine Prognose leisten können, diskutieren wir in Kapitel II.8.

7 Die Welt entwickelt sich durch Widersprüche

a Dialektischer Materialismus

In einem Buch, das sich mit der Lagebestimmung von Gesellschaftssystemen befasst und den sich hieraus ergebenden Ausblick diskutiert, darf ein Abriss der Gedanken von Marx und Engels nicht fehlen. Dies gilt umso mehr, als unser Stoff nicht nur wirtschaftlicher Natur ist.

Das in dieser umfassenden Geschlossenheit immer noch einzigartige Theoriengebäude von Karl Marx (1818–1883) und Friedrich Engels (1820–1895) entstand in der Mitte des 19. Jahrhunderts, als sich unser heutiges Wirtschaftssystem herausbildete. Es erfreute sich zu keiner Zeit besonderer Beliebtheit in der offiziellen philosophischen, ökonomischen und historischen Lehre und geriet in den vergangenen Jahren weitgehend in Vergessenheit. Doch das kann kein Argument sein, es zu ignorieren.

Wir geben zunächst eine Einführung in die Gedankenwelt beider Autoren. Dies erscheint nötig, weil sie zum einen so ganz „anders" ist als der heutige gesellschaftliche Konsens. Zum anderen bleiben viele aktuelle Schlussfolgerungen ohne diese Grundlage unverständlich. Wem das zu abstrakt ist, kann erst einmal zu Abschnitt II.7.e springen. Hier fragen wir, wie sich die von Marx herausgearbeiteten ökonomischen Gesetze in aktuellen wirtschaftlichen Entwicklungen zeigen.

Die Gedanken von Marx und Engels wollen mehr sein als reine Wirtschaftstheorie. Zentrum und Basis ist der dialektische Materialismus. Diese philosophische Grundausrichtung wenden sie auf die Erforschung der wirtschaftlichen, historischen, soziologischen und politischen Bewegungen der menschlichen Gesellschaft an. Der dialektische beziehungsweise historische Materialismus versucht, die sozialen, politischen und ideologischen Erscheinungen einer Gesellschaft ausgehend von der Veränderung ihrer materiellen Basis, ihrer Produktionsweise, zu erklären.

Karl Marx gilt als Begründer der „materialistischen Geschichtsauffassung". Er hat diese Lehre allerdings niemals systematisch niedergelegt. Der Begriff „dialektischer Materialismus" stammt von Engels, der wichtige Beiträge zu diesem philosophischen System leistete. Materialismus ist ein dem Idealismus entgegengesetzter philosophischer Ansatz. In Abgrenzung zu Hegel, für den die Natur des Geistes zentrale Erklärung aller sozialen und geistigen Erscheinungen war, suchen die Marxisten den Schlüssel in der objektiven Realität und postulieren das Primat der Materie gegenüber dem Bewusstsein.

Danach wird die Entwicklung der menschlichen Gesellschaft entscheidend von der Produktionsweise getrieben, die konkrete Art der Erzeugung materieller Güter und produktiver Leistungen steht im Brennpunkt. Marx und Engels grenzen ihren Materialismus aber auch gegen frühere Formen mit vorwiegend mechanischem Verständnis ab. Diese hätten das menschliche Wesen nur als „Abstraktum", nicht aber als „Ensemble der gesellschaftlichen Verhältnisse" begriffen.

Dialektik ist nach Hegel eine Denkmethodik zur Entwicklung einer Idee. Aus einer „These" entwickelt sich eine „Antithese". Beide sind von beschränktem Wahrheitsgehalt und heben sich in ihrem Ringen untereinander schließlich in der „Synthese" auf. Das, was bei beiden „wahr" war, vereinigt sich auf einem höheren Niveau. „Aufhebung" und „aufheben" sind bei Hegel und Marx gerne und häufig verwendete Begriffe, und zwar auch und gerade im doppelten Wortsinn des „Auslöschens“ und „Emporhebens“. Für Hegel ist die Dialektik die entscheidende Methode, das Denken immer weiter zu vervollkommnen.

Marx stellt, wie er selbst sagt, Hegel vom Kopf auf die Füße und sieht in der Dialektik und im Kampf der Widersprüche zuallererst ein objektives Bewegungsgesetz. Die Dialektik Hegels als Denkmethodik sei lediglich eine Widerspiegelung der tatsächlichen Verhältnisse. „Widerspiegelung“ ist bei Marx und Engels ein zentraler erkenntnistheoretischer Begriff, der umschreibt, dass sich die realen Verhältnisse im Kopf des Betrachters abbilden. Menschliches Denken und menschliche Erkenntnis entspringen nach dieser Auffassung den tatsächlichen Verhältnissen und sind an diese gebunden. „Der große Grundgedanke,“ schreibt Engels, „dass die Welt nicht als ein Komplex von fertigen Dingen zu fassen ist, sondern als ein Komplex von Prozessen, worin die scheinbar stabilen Dinge, nicht minder wie die Gedankenabbilder in unserem Kopf, die Begriffe, eine ununterbrochene Veränderung des Werdens und Vergehens durchmachen.“[169]

Die klassische Zusammenfassung der Lehre des dialektischen Materialismus gibt Marx 1859 selbst in der Einleitung seines Werkes „Zur Kritik der Politischen Ökonomie“: „In der gesellschaftlichen Produktion ihres Lebens gehen die Menschen bestimmte, notwendige, von ihrem Willen unabhängige Verhältnisse ein, Produktionsverhältnisse, die einer bestimmten Entwicklungsstufe ihrer materiellen Produktivkräfte entsprechen. Die Gesamtheit dieser Produktionsverhältnisse bildet die ökonomische Struktur der Gesellschaft, die reale Basis, worauf sich ein juristischer und politischer Überbau erhebt und welcher bestimmte gesellschaftliche Bewußtseinsformen entsprechen. Die Produktionsweise des materiellen Lebens bedingt den sozialen, politischen und geistigen Lebensprozeß überhaupt. Es ist nicht das Bewußtsein der Menschen, das ihr Sein, sondern umgekehrt ihr gesellschaftliches Sein, das ihr Bewußtsein bestimmt. Auf einer gewissen Stufe ihrer Entwicklung geraten die materiellen Produktivkräfte der Gesellschaft in Widerspruch mit den vorhandenen Produktionsverhältnissen oder, was nur einer juristischer Ausdruck dafür ist, mit den Eigentumsverhältnissen, innerhalb derer sie sich bisher bewegt hatten. Aus Entwicklungsformen der Produktivkräfte schlagen diese Verhältnisse in Fesseln derselben um. Es tritt dann eine Epoche sozialer Revolution ein. Mit der Veränderung der ökonomischen Grundlage wälzt sich der ganze ungeheure Überbau langsamer oder rascher um."[170]

Die Kernfrage bei Marx und Engels ist also stets, welche ökonomischen Bewegungsgesetze die Gesellschaft bestimmen. Die Produktionsweise bestimmt das Geschehen im sozialen, politischen und geistigen Überbau der jeweiligen Gesellschaft. Veränderungen werden ausgelöst durch die Widersprüche innerhalb ihrer ökonomischen Basis. Das Wirken von These und Antithese führt zur Synthese, wobei für Marx und Engels nicht die höhere Einsicht im Sinne von Hegel, sondern die Weiterentwicklung der Gesellschaft entscheidend ist.

b Historischer Materialismus

Nach marxistischer Lesart bringt die Geschichte fünf verschiedene Produktionsweisen hervor, denen fünf Gesellschaftsformationen entsprechen: Urgesellschaft, Sklaverei, Feudalismus, Kapitalismus und Kommunismus. Der Sozialismus nimmt keinen eigenständigen Platz ein, sondern wird als Übergangsform zum Kommunismus hin gesehen.

Der Entwicklungsprozess der Gesellschaft wird von den sozialen Klassen getragen. Die jeweils herrschende Klasse verfügt über die Produktionsmittel und ist bestrebt, die bestehenden Produktionsverhältnisse, das heißt die Eigentumsverhältnisse an Produktionsmitteln und daraus resultierenden Verteilungsverhältnisse, zu erhalten. Die unterdrückte Klasse ist an der Umwälzung der Produktionsverhältnisse interessiert. Die Widersprüche zwischen den Klassen einer Gesellschaft verschärfen sich im Laufe der Zeit und kulminieren in einer Revolution, die zu einer höheren Gesellschaftsordnung führt. Entscheidende Triebkraft für die Weiterentwicklung der Gesellschaft sind dabei nicht die Klassenwidersprüche selbst. Denn diese sind auch wieder nur Ergebnis der Tatsache, dass die herrschenden Klassen mit ihrem Interesse an der Bewahrung der aktuellen Produktionsweise die Produktivkräfte, also die Werktätigen, Produktionsmittel, sowie Rohstoffe, in ihrer weiteren Entfaltung behindern. Die bestehenden Produktionsverhältnisse, ehemals Bedingung für die Entwicklung der Produktivkräfte, werden damit immer mehr zur Fessel: These – Antithese – Synthese.

Am Anfang der Geschichte der menschlichen Gesellschaft differenzierten sich die Menschen von den Tieren durch die Arbeit. Die Urgesellschaft entstand. Entscheidendes Merkmal der menschlichen Arbeit war die Herstellung von Produktionsinstrumenten (zum Beispiel Faustkeil). Wegen des niedrigen Niveaus der Produktivkräfte und der Produktionsinstrumente wurde die Arbeit gemeinschaftlich verrichtet. Es gab keine ungleichmäßige Verteilung von Vermögen, kein Privateigentum an Produktionsmitteln, daher auch keine Klassen und keine Ausbeutung. Die kleinen Gemeinwesen waren voneinander isoliert, im Vordergrund stand die Sicherung ihrer äußerst dürftigen Existenzbedingungen. Mit der Zeit entstand durch die Verbesserung der Produktionsinstrumente eine urwüchsige Arbeitsteilung hauptsächlich nach Geschlecht und Alter, dann kam es zu ersten Formen der gesellschaftlichen Arbeitsteilung und zum Tausch.

Vermögensungleichheiten und Privateigentum spalteten die Urgemeinschaft schließlich in Klassen. Die Sklavenhaltergesellschaft entstand, in der es zur ersten und gröbsten Form der Ausbeutung des Menschen durch den Menschen kam. Der Sklavenhalter verfügte willkürlich nicht nur über die Arbeit, sondern auch über das Leben seiner Sklaven. Die ersten Formen des Staates entstanden als Instrument zur Aufrechterhaltung der Herrschaft der herrschenden Klasse. Der Wirtschaftstyp war die Naturalwirtschaft. Die Sklavenhalter eigneten sich das gesellschaftliche Mehrprodukt an, eroberten andere Länder und versklavten deren Völker. Die Wirtschaftseinheiten der Alten Welt handelten untereinander mit Sklaven und Luxusgegenständen. Dabei entstand das Metallgeld. Insbesondere in der griechisch-römischen Hemisphäre entwickelte sich eine relativ hohe Kultur. Mit der Verbreitung der Sklavenarbeit wurden auch freie Bauern und Handwerker ruiniert. Diejenigen, die produktive gesellschaftliche Arbeit leisteten, waren an ihrer Arbeit immer weniger interessiert. Die Produktivkräfte entwickelten sich nicht weiter.

Sklavenaufstände, Gewaltherrschaft und Dekadenz der herrschenden Schicht bereiteten dem Feudalismus den Boden. Die Feudalherren verfügten als Eigentümer von Grund und Boden in beschränktem Umfang auch über die Produzenten, die leibeigenen Bauern. Die soziale Lage der Leibeigenen unterschied sich häufig nur wenig von der der Sklaven. Bauern und Handwerker konnten allerdings in Maßen eigenes Eigentum bilden, das ihrer eigenen Arbeit entsprang. Die produktiven Schichten waren so in begrenztem Umfang an den Ergebnissen der eigenen Arbeit interessiert, die Produktivkräfte konnten sich entfalten. Die Wirtschaft war zwar weiterhin im Wesentlichen eine Naturalwirtschaft. Die zunehmende gesellschaftliche Arbeitsteilung beflügelte aber den Tausch. Städte entstanden und wurden zu Zentren von Handel und Handwerk. Die Warenproduktion entwickelte sich, Manufakturen bildeten sich. Der zunehmende Handel führte zur Herausbildung von nationalen Märkten und absolutistischen Monarchien. Durch Enteignung von Bauern und Handwerkern wurde Kapital akkumuliert, was Grundeigentümer und Kaufleute frühe Kapitalisten werden ließ. Die Bourgeoisie nutzte schließlich die Bauernaufstände zur Abschaffung der Leibeigenschaft, um in den bürgerlichen Revolutionen die Macht zu übernehmen. Deren Freiheitsparolen spiegeln wider, was der Kapitalismus brauchte, nämlich den im doppelten Sinne freien Menschen: frei von Produktionsmitteln und frei in der Verfügung über die eigene Arbeitskraft.

Im Kapitalismus setzte sich fort, was im Feudalismus begonnen hatte: Kapital wird akkumuliert. Die von Marx postulierte „geschichtliche Tendenz der kapitalistischen Akkumulation“ findet innerhalb der Einzelunternehmung, aber auch im Konkurrenzkampf zwischen Unternehmen und schließlich auch auf der Ebene des Weltmarktes statt. Im ersten Band von „Das Kapital“ schreibt Marx: „Hand in Hand mit dieser Zentralisation … entwickelt sich die kooperative Form des Arbeitsprozesses auf stets wachsender Stufenleiter, die bewusste technische Anwendung der Wissenschaft, die planmäßige Ausbeutung der Erde, die Verwandlung der Arbeitsmittel in nur gemeinsam verwendbare Arbeitsmittel, …, die Verschlingung aller Völker in das Netz des Weltmarkts, und damit der internationale Charakter des kapitalistischen Regimes. Mit der beständig abnehmenden Zahl der Kapitalmagnaten, …, wächst die Masse des Elends, …, aber auch die Empörung der stets anschwellenden und durch den Mechanismus des kapitalistischen Produktionsprozesses selbst geschulten, vereinten und organisierten Arbeiterklasse.“ Damit aber, schreibt Marx weiter, werde das Kapitalmonopol zur Fessel der kapitalistischen Produktionsweise. „Die Zentralisation der Produktionsmittel und die Vergesellschaftung der Arbeit erreichen einen Punkt, wo sie unverträglich werden mit ihrer kapitalistischen Hülle.“[171]

Der historische Materialismus misst der Entwicklung der Produktivkräfte die treibende Rolle zu. Sie zeigt sich im technologischen Stand der Produktionsmittel, die wiederum die gesellschaftliche Arbeitsteilung treibt.[172]

Von hier aus ist ein gerader Weg zu den in Kapitel II.6.b Ideen dargelegten Ideen Kondratieffs, die sich um Basisinnovationen drehen.

c Marxistische Ökonomie

Die Erforschung ökonomischer Gesetzmäßigkeiten war für Marx Mittel zum Zweck. Sein primäres Interesse galt der Gesellschaft in ihrer Gesamtheit. Das unterschied und unterscheidet ihn und seine Lehre von den Arbeiten der meisten anderen Ökonomen, die wirtschaftliche Sachverhalte von ihren gesamtgesellschaftlichen Zusammenhängen isoliert betrachten. Marx Kritik an diesen Ansätzen läuft, pointiert gesagt, darauf hinaus, dass die traditionelle Nationalökonomie viele Phänomene von geringer Bedeutung akribisch genau untersucht hat, ohne dabei zu einer geschlossenen, umfassenden Theorie zu gelangen. Joan Robinson, englische Nationalökonomin und Kritikerin der orthodoxen Ökonomie, bringt es 1987 in ihrem Buch „Grundprobleme der Marxschen Ökonomie“ auf den Punkt: „Die Forschungsergebnisse Marxens sind zwar weit gröberer Art, aber sein Wirklichkeitssinn ist weitaus stärker und sein gedankliches Gebäude überragt die gekünstelten Konstruktionen der orthodoxen Schule in achtungsgebietender Größe.“[173]

Marx baut trotz aller Kritik an der orthodoxen Nationalökonomie auf Arbeiten von Vertretern dieser Richtung auf. So wird die Arbeitswerttheorie von Adam Smith zur Grundlage seiner Mehrwerttheorie, dem zentralen Baustein seines eigenen ökonomischen Gedankengebäudes. Seine Theorie vom Fall der Profitrate fußt auf der Theorie vom fallenden Unternehmensgewinn eines David Ricardo. Die Arbeiten von Quesnay zum Wirtschaftskreislauf beeinflussten die Wachstumstheorie von Marx.

In der kapitalistischen Warenproduktion vergleichen sich Dinge ganz unterschiedlichen Gebrauchswerts miteinander im Tausch. In diesem, nunmehr massenhaft, nicht länger zufällig stattfindenden Prozess erweist sich, wie

Marx im ersten Band von „Das Kapital" schreibt: „Als Werte sind alle Waren nur bestimmte Maße festgeronnener Arbeitszeit." Mehrwert, der Geldzuwachs in der kapitalistischen Zirkulation, entsteht nicht im Warenumlauf. Zwar kann es im Einzelfall Preisaufschläge von Verkäufern geben, aber diese isolierten Gewinne gleichen sich gegen die isolierten Verluste der Käufer aus. Im gesellschaftlichen Durchschnitt setzt sich das Wertgesetz durch, ein Mehrwert kann im Warenumlauf also nicht entstehen. Also muss der Geldbesitzer auf dem Markt eine Ware finden, schreibt Marx, „deren Gebrauchswert selbst die eigentümliche Beschaffenheit besäße, Quelle von Wert zu sein"[174]. Das ist die menschliche Arbeitskraft. Der Geldbesitzer kauft die Arbeitskraft zu ihrem Wert, der wie bei jeder anderen Ware auch durch die zu ihrer Reproduktion bestimmte, gesellschaftlich notwendige Arbeitszeit (Unterhaltskosten des Arbeiters und seiner Familie) bestimmt ist. Mit dem Kauf der Arbeitskraft hat der Geldbesitzer aber das Recht, die Arbeitskraft über diese „notwendige Arbeitszeit" hinaus zu gebrauchen. In dieser „Surplus-Arbeitszeit" erzeugt der Arbeiter den Mehrwert, der dem Kapitalist zufällt.

Aus dieser Überlegung heraus unterscheidet Marx zunächst zwei Arten von Kapital. Das konstante Kapital wird in Produktionsmitteln eingesetzt, also für Maschinen, Werkzeug und Rohstoffe ausgegeben. Es geht mit der Produktion nach und nach auf das Endprodukt über. Das variable Kapital umfasst die Ausgaben für die Arbeitskraft. Es nimmt im Produktionsprozess durch Schaffung von Mehrwert zu.

Die Mehrwertrate, also das Verhältnis von Mehrwert zum variablen Kapital oder auch das Verhältnis zwischen Surplus- und notwendiger Arbeitszeit, ist für Marx ein Maß für die Ausbeutung der Arbeitskraft. Der Mehrwert kann einerseits „absolut" durch Verlängerung der täglichen Gesamtarbeitszeit, andererseits „relativ" durch Verkürzung des notwendigen Teils des Arbeitstages erhöht werden. Die zweite, wichtigere Möglichkeit geschieht hauptsächlich durch fortschreitende Mechanisierung, also durch Automation und Steigerung der Produktivität der Arbeit.

Bei der Analyse des Akkumulationsprozesses des Kapitals kommt Marx zu dem Schluss, dass der Mehrwert, der nicht dem persönlichen Verbrauch des Kapitalisten dient, in konstantes und variables Kapital verwandelt wird. Adam

Smith hatte noch unterstellt, dass es lediglich zu einer Akkumulation des variablen Kapitals kommt. Marx begründet mit seiner Akkumulationstheorie die Verdrängung des Arbeiters durch die Maschine. Die so entstehende „industrielle Reservearmee" stellt für den Kapitalisten ein Reservoir billiger Arbeitskräfte dar. Hierdurch kann in Verbindung mit der Akkumulation des Kapitals in Produktionsmitteln die Produktion schnell ausgeweitet werden – hier liegt für Marx in Verbindung mit der sinkenden Konsumfähigkeit der Massen die Hauptursache von regelmäßig auftretenden Überproduktionskrisen.

Im dritten Band des „Kapital" widmet sich Marx der auf dem Wertgesetz basierenden Bildung der Durchschnittsprofitrate, dem Verhältnis des Mehrwerts zum Gesamtkapital eines Unternehmens. Kapital von „hoher organischer Zusammensetzung", also einem überdurchschnittlich hohen Anteil des konstanten Kapitals am Gesamtkapital, erbringt eine im gesamtgesellschaftlichen Kontext unterdurchschnittliche Profitrate. Die Konkurrenz der Kapitalisten untereinander gleicht die Einzelprofitraten in Richtung Durchschnittsprofitrate aus, indem Kapital aus Branchen hoher in Branchen niedriger organischer Zusammensetzung wandert. Durch diesen Prozess werden die Waren nicht zu Werten, sondern als Summe aus anteilig aufgewandtem Kapital plus Durchschnittsprofit zu Produktionspreisen verkauft. Gesamtgesellschaftlich fällt weiterhin die Summe aller Warenwerte mit der Summe der Warenpreise zusammen, das Wertgesetz bleibt erhalten.

Die Steigerung der Produktivität der Arbeit lässt das konstante Kapital schneller wachsen als das variable. Da nur das variable Kapital Mehrwert hervorbringt, muss die Profitrate tendenziell sinken. Marx selbst legt Wert auf das Wort „tendenziell" und führt eine Vielzahl von Faktoren an, die diesem Fall eine gewisse Zeit entgegenwirken können. Die Erhöhung der Mehrwertrate ist dabei der zentrale Hebel, mit der sich die Masse des Mehrwerts steigern lässt. Hier ist in erster Linie der Einsatz modernerer Maschinen nennen, der die Arbeitsproduktivität durch Nutzung des technischen Fortschritts steigen lässt. Dann kann der Anteil der unbezahlten Arbeit durch absolute Verlängerung des Arbeitstages ohne Lohnausgleich, durch Lohnkürzung, aber durch „Herunterdrücken des Arbeitswertes unter seinen Wert" etwa bei der Beschäftigung von Kindern, Frauen, oder Billiglohnarbeitern aus der „industriellen Reservearmee" erhöht werden. Ein weiteres Mittel ist die Intensivierung der Arbeit durch bessere Auslastung der Produktionsmittel etwa mittels kürzerer Taktzeiten oder Mehrschichtsystemen. Weiter nennt Marx die „Verwohlfeinerung der Elemente des konstanten Kapitals", insbesondere sinkende Rohstoffpreise. Im Außenhandel ermöglichen ungleiche Tauschverhältnisse ebenso wie Auslandsinvestitionen Extraprofite. Die niedrigere organische Zusammensetzung des Kapitals in unterentwickelten Ländern bedingt eine höhere Profitrate. Im dritten Band des „Kapital" wird auch auf den Einfluss der Umschlagszeit des Kapitals hingewiesen: „Je kürzer die Umschlagszeit, desto kleiner wird dieser brachliegende Teil des Kapitals, verglichen mit dem Ganzen; desto größer wird also auch, bei sonst gleichbleibenden Umständen, der angeeignete Mehrwert. ... Was vorher im zweiten Abschnitt des zweiten Buchs mit Bezug auf den Mehrwert entwickelt, gilt ebenso sehr für den Profit und die Profitrate ..."[175] Schließlich wächst nach Marx mit der Zunahme des Aktienkapitals der Anteil des Kapitals, das sich mit Dividendenzahlungen begnügt, deren Rendite gewöhnlich geringer ist als die durchschnittliche Profitrate. Würde dieses Kapital im normalen industriell-produktiven Kreislauf Anlage suchen, fiele die durchschnittliche Profitrate stärker.

Gestoppt oder sogar umgedreht werden kann der „tendenzielle Fall der Profitrate" in historischen Dimensionen gesehen nicht. Da alle Einzelkapitale daran interessiert sind, dem Fall der Profitrate entgegenzuwirken, egalisieren sich diese Gegenmaßnahmen im gesamtwirtschaftlichen Zusammenhang. Im Gegenteil: Marx weist darauf hin, dass die reale Massenkaufkraft durch einige der erwähnten Maßnahmen dauerhaft beschnitten wird. Als Ergebnis aus all dem wird die Konkurrenz noch heftiger, was die Akkumulation wiederum beschleunigt: „Andererseits beschleunigt der Fall der Profitrate wieder die Konzentration des Kapitals und seine Zentralisation ... Dadurch wird andererseits die Akkumulation, der Masse nach, beschleunigt, obgleich mit der Profitrate die Rate der Akkumulation fällt."[176] Krisen auch sozialer Art verschärfen sich, der Krieg als letztes Mittel der Konkurrenz rückt näher.

Schon Marx richtet sein Augenmerk auf die dem Kapitalismus innewohnende Tendenz zur globalen Ausdehnung. „Die Tendenz, den Weltmarkt zu schaffen, ist unmittelbar im Begriff des Kapitals selbst gegeben", schreibt er in „Grundrisse der Kritik der politischen Ökonomie". Das führe zur „beständigen Ausdehnung des Weltmarktes," wie es im dritten Band von „Das Kapital“ heißt. Die Ausdehnung der Märkte soll das Wachstum des akkumulierten Kapitals sicherstellen. Hieraus ergebe sich zwangsläufig Konzentration als (Kapital-)Wachstum einzelner Unternehmen und Zentralisierung des Kapitals, die Marx mit Monopolisierung gleichsetzt. Folge ist die Vernichtung des Mittelstandes und die Konzentration der Produktionsmittel in immer weniger Händen.

Zu Beginn des 20. Jahrhunderts wurden die Aussagen von Marx zur Konzentration unter anderem von Lenin aufgegriffen und zur Imperialismustheorie weiterentwickelt. Er sah in der Konzentration des Kapitals, im Ausbau der Kartelle, Syndikate und Trusts, sowie im wachsenden Einfluss des internationalen Bankenkapitals qualitativ neue Elemente, die ihn veranlassten, in diesem, von ihm „Imperialismus“ genannten Stadium, die nunmehr höchste und letzte Stufe des Kapitalismus zu sehen. Lenin argumentierte, die Weltwirtschaftskrise von 1857 habe zu dem Versuch geführt, die wirtschaftliche Entwicklung durch Staaten, Monopole und Kartelle zu planen. Die großen Mächte, wie etwa die USA, Großbritannien, Deutschland und Frankreich, sind demnach nun bestrebt, die Weltmärkte aufzuteilen. Damit schreibt Lenin der Rolle des Staates einen wesentlich größeren Einfluss als Marx zu. Der Konzentrationsprozess des Kapitals lässt starke Unternehmen von Wettbewerb und Krise gebeutelte Konkurrenten übernehmen. Kartelle, Syndikate und Trusts beherrschten den Weltmarkt und teilen die Welt untereinander auf. Aus der Verbindung von Industrie- und Bankkapital entsteht das Finanzkapital, das nun über globale Aktivitäten einen wesentlichen Einfluss bis in die politisch herrschenden Kreise hinein ausübt. Die entwickelten kapitalistischen Staaten exportieren Kreditkapital und profitieren von Zinsen sowie von hierdurch entstehenden Abhängigkeiten. Das „parasitäre“ Monopolkapital führe aber zur Stagnation und „Fäulnis“, schlussfolgert Lenin. Widersprüche, Konflikte und Krisen nähmen ebenso zu wie die Klassengegensätze. Imperialismus sei daher zugleich „sterbender Kapitalismus“.

An die Imperialismustheorien knüpfen die Vertreter der Theorie des „Staatsmonopolistischen Kapitalismus“ (StamoKap) an, die während des Kalten Krieges in der UdSSR und im gesamten Ostblock offizielle Lesart war. Sie messen der bereits Ende des 19. Jahrhunderts erkennbaren Tendenz des Staates, massiven Einfluss auf die Ökonomie zu nehmen, besondere Bedeutung zu. Im Gegensatz zu seiner früheren Rolle in den Außenbeziehungen sei für die Phase des StamoKap aber nun die staatliche Lenkung im Inneren besonders kennzeichnend, wie sich in den allgegenwärtigen Regulierungstendenzen zum Beispiel bei Steuerpolitik und Subventionstätigkeit zeige. Auch hier sei es letztlich das Großkapital, das durch Lobbys, Bündnisse und persönliche Einflussnahme in die staatliche Politik hineinwirke. Die StamoKap-Theorie gibt eine treffende Beschreibung der Verhältnisse in den Ländern des ehemaligen Ostblocks.

Marx hat bereits auf einen Umstand hingewiesen, den wir heute unter dem Begriff „Finanzkapital" führen. Er befasst sich zwar zunächst nur mit dem „industriellen Kapital", das den Kreislauf Geldkapital–produktives Kapital–Warenkapital–Geldkapital durchläuft, sowie mit dem „Handelskapital" und seinen Stadien Geldkapital–Warenkapital–Geldkapital. Dann führt er aber als dritte Kategorie das „fiktive Kapital" ein, ein Überhang an liquidem Kapital, das weder investiert noch konsumiert wird, sondern zum Kauf von Ansprüchen etwa auf Zins- und Tilgungszahlungen bei Krediten oder auf Dividendenzahlung bei einer Unternehmensbeteiligung verwendet wird. Im dritten Band von „Das Kapital" schreibt er zum Komplex Anleihe und Aktie: „Sie (Eigentumstitel) werden nämlich zu Waren, deren Preis eine eigentümliche Bewegung und Festsetzung hat. Ihr Marktwert erhält eine von ihrem Nominalwert verschiedene Bestimmung, ohne dass sich der Wert (wenn auch die Verwertung) des wirklichen Kapitals änderte."[177]

Marx arbeitet die Tendenz zur Verselbstständigung solcher Eigentumstitel zutreffend heraus, misst dieser Entwicklung aber keine besonders große Bedeutung bei. Lenin widmet sich den „parasitären" Zügen dieses fiktiven Kapitals ausführlicher und schreibt 1916: „Zum typischen Herrscher der Welt wurde nunmehr das Finanzkapital, das besonders beweglich und elastisch, national wie international besonders losgelöst ist, das sich besonders leicht konzentriert und bereits besonders stark konzentriert hat, so dass buchstäblich einige hundert Milliardäre und Millionäre die Geschicke der ganzen Welt in ihren Händen halten."[178]

d Politik und Gesellschaft: Das Sein bestimmt das Bewusstsein

Für Marx ist der Überbau einer Gesellschaft, die Gesamtheit der politischen, ideologischen, juristischen und religiösen Vorstellungen, letztlich eine Widerspiegelung der Verhältnisse an der ökonomischen Basis der Gesellschaft. Er habe keine eigenständige Bedeutung und sei nur aus dieser Blickrichtung wirklich zu verstehen. Der soziale, politische und geistige Lebensprozess wird also durch die Produktionsweise des materiellen Lebens bestimmt: Nicht das Bewusstsein bestimmt das Sein, sondern das gesellschaftliche Sein bestimmt das Bewusstsein.

So sind nach Marx die Gedanken der herrschenden Klasse in jeder Epoche die herrschenden Gedanken. Die Klasse, die die Mittel zur materiellen Produktion zur Verfügung hat, verfügt zugleich über die Mittel zur geistigen Produktion. Die herrschenden Gedanken sind der ideelle Ausdruck der herrschenden materiellen Verhältnisse. Das Verhältnis von Basis und Überbau ist allerdings nicht unidirektional, sondern ein dialektisches Wechselverhältnis. Der dialektisch-historische Materialismus zieht Rückwirkungen vom Überbau auf die Basis mit ins Kalkül und negiert auch nicht die bedeutende Rolle von Einzelpersonen in einzelnen Stadien der Menschheitsgeschichte. Engels formulierte: „Die Menschen machen ihre Geschichte selber, aber in einem gegebenen, sie bedingenden Milieu, auf Grundlage vorgefundener tatsächlicher Verhältnisse, unter denen die ökonomischen, so sehr sie auch von den übrigen politischen und ideologischen beeinflusst werden mögen, doch in letzter Instanz die entscheidenden sind."

Der zunehmende Widerspruch zwischen den materiellen Produktivkräften der Gesellschaft und Produktionsverhältnissen mündet nach Marx schließlich in eine Phase sozialer Revolution. Er wertet Auseinandersetzungen auf internationaler Ebene bis hin zu Kriegen als einen Ausdruck dieser sich verschärfenden Widersprüche. Diesen Gedanken hat auch Kondratieff in seine Theorie eingebaut. Mit der Veränderung der ökonomischen Grundlage wälzt sich auch der gesamte Überbau mehr oder weniger langsam um. Dabei ist nach Marx wiederum zwischen den materiellen Umwälzungen in den Produktionsbedingungen und den juristischen, politischen, religiösen, künstlerischen oder philosophischen, also den ideologischen Formen zu unterscheiden, worin sich die Menschen dieses Konflikts bewusst werden.

Ein zentraler Begriff ist in der Marxschen Gesellschaftslehre die „Entfremdung“, mit dem im Wesentlichen „nicht menschenwürdige“ Zustände gemeint sind. Die sozialen Folgen der kapitalistischen Produktionsweise werden wie folgt charakterisiert: Im Zentrum des kapitalistischen Entfremdungsprozesses steht die Ware. Das gesellschaftliche Verhältnis der Menschen untereinander wird wesentlich durch den Markt und die abstrakte Form des Tauschwerts, das Geld, bestimmt. Das Verhältnis des Lohnarbeiters zu seiner Arbeit ist im Kapitalismus gestört, weil er die Arbeit als eine ihm von fremden Mächten aufgezwungene Tätigkeit erlebt. Sie dient lediglich zur Sicherung des Lebensunterhalts, die Arbeitsleistung und das mit fremden Produktionsmitteln geschaffene Produkt gehört dem Kapitalisten. Der Lohnarbeiter und sein Produkt teilen ein anonymes, vom Einzelnen unbeeinflussbares Schicksal, was durch die fortschreitende Arbeitsteilung noch verstärkt wird. Das Desinteresse des Lohnarbeiters an seiner Arbeit und die Entfremdung hierzu, wie auch zum Produkt derselben, spiegelt sich in seiner Entfremdung zu Gesellschaft und Natur wider.

Die Entfremdung nimmt unter Einbeziehung der globalen Wirtschaftsbeziehungen besonders krasse Formen an. So schreiben etwa Elmar Altvater und Birgit Mahnkopf 1996: „In der globalen Arbeitsteilung haben die Marktakteure keinen Kontakt mehr untereinander, sie verlieren die Übersicht, werden orientierungslos.“[179] In diesem Zusammenhang kommt den deregulierten globalen Finanzmärkten mit seinen vom realwirtschaftlichen Hintergrund weitgehend losgelösten Derivaten eine besondere Bedeutung zu. Die Zusammenhänge werden immer komplizierter und unüberschaubarer, die Entwicklung schnelllebiger. Dem Einzelnen fällt seine Standortbestimmung in einem solchen Kontext immer schwerer.

Entfremdung bewirkt beim Individuum einerseits einen gedanklichen Rückzug aus den gesellschaftlichen Zusammenhängen, Ersatzinteressen, wie exzessiver Konsum, individualistische Neigungen, Spiritismus, Religiosität usw. lassen den Einzelnen in Gedanken immer weiter von der gesellschaftlichen Realität abrücken. Andererseits wächst die Unzufriedenheit mit den herrschenden Zuständen, wodurch in schwierigen Zeiten radikale Ideen Zulauf bekommen. Der Entfremdungsprozess verselbstständigt sich allerdings nach Marx nicht unendlich, sondern wird von der realen Basis der Gesellschaft „an der langen Leine geführt".

Leugnet der historische Materialismus die Rolle der Psychologie, der menschlichen Gefühle, Triebe und der Psyche? Der Psychoanalytiker Erich Fromm[180] meint, Marx Beitrag zur Psychologie würde unterschätzt. Grobe Fehlinterpretationen, die Reduktion seiner Ideen auf wirtschaftliche Phänomene und ein falsches (plattes) Materialismusverständnis hätten sein Menschenbild verzerrt.

Marx und Engels haben wiederholt den Charakter der Gattung Mensch gegen die Tiere abgegrenzt: „Das Tier ist unmittelbar eins mit seiner Lebenstätigkeit. Es unterscheidet sich nicht von ihr. Es ist sie. Der Mensch macht seine Lebenstätigkeit selbst zum Gegenstand seines Wollens und seines Bewußtseins. (…) Die bewußte Lebenstätigkeit unterscheidet den Menschen unmittelbar von der tierischen Lebenstätigkeit. Eben nur dadurch ist er ein Gattungswesen. Oder er ist nur ein bewußtes Wesen, d. h., sein eignes Leben ist ihm Gegenstand, eben weil er ein Gattungswesen ist. Nur darum ist seine Tätigkeit freie Tätigkeit."[181] Für Marx ist der Mensch, „wenn nicht, wie Aristoteles meint, ein politisches, jedenfalls ein gesellschaftliches Tier"[182].

Marx sieht die Menschen keineswegs als willenloses Werkzeug der Geschichte. Die Menschengeschichte unterscheide sich von der Naturgeschichte dadurch, merkt er an, „dass wir die eine gemacht, die andere nicht gemacht haben". Essenziell für die Geschichte der Menschheit ist die zunehmende Beherrschung der Natur.

Darüber hinaus unterscheidet Marx zwischen der „menschlichen Natur im Allgemeinen" und der „in jeder Epoche modifizierten Menschennatur". Dem entspricht eine spezifische Triebstruktur. Auf der einen Seite gibt es konstante oder feststehende Triebe wie etwa Geschlechtstrieb oder Hunger, die „unter allen Umständen bestehen und die von den sozialen Bedingungen nur in Form und Richtung verändert werden können". Auf der anderen Seite stehen die relativen Triebe, die „ihren Ursprung nur einem bestimmten Typ der sozialen Organisation verdanken"[183].

Angst und Gier – diese beiden „Triebe“ werden immer wieder als Antwort auf die Frage genannt, was die Menschen letztlich antreibt. Marx und Engels bestreiten deren Existenz nicht, unterscheiden aber. Die Angst als gesellschaftliches Phänomen führen sie vorrangig auf Existenzangst zurück und ordnen sie damit den konstanten Trieben zu. Die Gier sehen sie als dialektischen Gegenpol an, nicht als eigenständige Kraft. Sie wäre demzufolge ein relativer Trieb, der den herrschenden Produktionsverhältnissen, dem Privateigentum an Produktionsmitteln und der Ausbeutung des Menschen durch den Menschen entspringt.

Die gesellschaftspolitische Zukunftsvision von Marx und Engels sieht so aus: Es entspricht dem wahren Wesen der Menschen, wenn sie ihre vielfachen individuellen Arbeitskräfte bewusst auf das Gemeinwohl hin ausrichten und die Gesellschaft nach eigenen Ideen kollektiv gestalten. Damit löst sich die Entfremdung der Arbeit auf

Dem Denken von Marx und Engels liegt ein historischer Determinismus zugrunde, wonach sich die menschliche Gesellschaft nach feststehenden Gesetzen entwickelt. Diese Gesetze können mit wissenschaftlichen Methoden herausgearbeitet und wiederum angewendet werden, ganz so wie die Naturwissenschaften Naturgesetze finden und dieses Wissen in den Dienst der technischen Entwicklung stellen. Insofern ist der dialektische Materialismus eine direkte Widerspiegelung des (kapitalistischen) Geistes des 19. Jahrhunderts: Alles verläuft nach wissenschaftlichen Gesetzen, der Fortschritt ist unaufhaltsam.

e Marx heute

Marx bezeichnete den „tendenziellen Fall der Profitrate“ selbst als das vom historischen Gesichtspunkt her wichtigste Gesetz der politischen Ökonomie. Wir fragen, was dran ist in der heutigen Zeit. Die Tendenz zur Akkumulation des Kapitals ist der zweite Punkt, den wir in der Wirklichkeit am Anfang des 21. Jahrhunderts suchen. Und schließlich interessiert uns, was es mit dem Finanzkapital auf sich hat, dessen Rolle aufbauend auf dem Marxschen „fiktiven Kapital“ in den Imperialismustheorien herausgearbeitet wurde.

Prof. Dr. Klaus Peter Kisker von der Freien Universität Berlin greift in dem Versuch, die Profitrate längerfristig abzuschätzen, auf Untersuchungen von Prof. Thomas E. Weisskopf, University of Michigan, zurück und zeigt schematisch einen sägezahnartigen Verlauf. Nach einem deutlichen Anstieg bis zum Ende des 19. Jahrhunderts geht die Profitrate bis etwa 1930 deutlich zurück. Nach einer Erholung bis zum Ende des Zweiten Weltkriegs setzt sich die fallende Tendenz der Profitrate erneut durch.

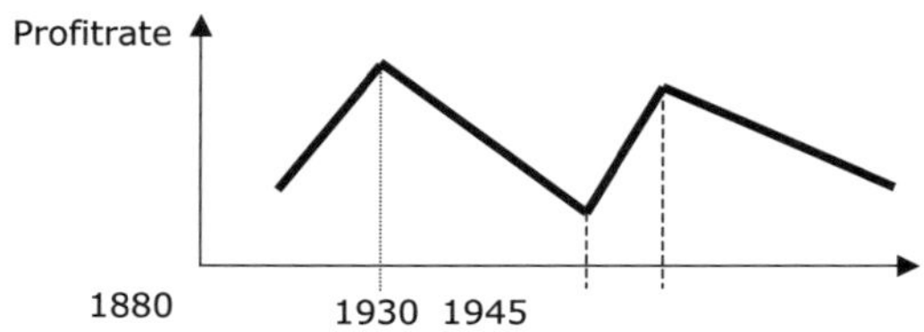

Kisker stellt zusammenfassend fest, dass die vorgelegten Untersuchungen den tendenziellen Fall der Profitrate empirisch belegen. Mehr noch, seit Mitte der siebziger Jahre sanken im längerfristigen Trend nicht nur die Profitraten, sondern auch die gesamtgesellschaftliche Profitmasse.[184] Die durch den Zweiten Weltkrieg bedingten Kapitalzerstörungen hätten zu einem kapitalistischen Neubeginn geführt und die Tendenz vorrübergehend „gestört". Der Fall der Profitrate sei aber ein Kennzeichen hochentwickelter Industrienationen unter „normalen" Bedingungen. Wesentlich hierfür sei der nicht verteilungsbedingte Akkumulationsprozess des Kapitals.[185]

Unter den vielen erfolgreichen Versuchen, die unternommen wurden, den Fall der Profitrate zumindest vorübergehend abzubremsen, nennt Kisker die zunehmende Geldkapitalbildung, die rigorose Umverteilung des Volkseinkommens zu Lasten der abhängig Beschäftigten, die Verlagerung von Produktion in Billiglohnländer, die verstärkte Ausplünderung der Dritten Welt, die Externalisierung von Kosten zu Lasten der Umwelt, die zunehmende Inanspruchnahme des Staates durch Subventionen und die protektionistische Abschottung von Märkten. Die strukturelle Überakkumulation des Kapitals macht es im Sinne der Stabilisierung der Profite sogar erforderlich, die genannten Maßnahmen zur Umverteilung zu forcieren.[186]

Es bleibt noch ein Punkt anzumerken, der in den vergangenen Jahren eine erhebliche Rolle gespielt hat. Unter dem Banner der Logistik, der Warenwirtschaftssysteme und dergleichen wurde versucht, die Umschlagshäufigkeit des Kapitals zu erhöhen. Das steigert, wie in II.7.c dargelegt, die Profite und bremst den Fall der Profitrate. Die Aktien von Unternehmen aus diesem Bereich spielten nicht zufällig im zurückliegenden Börsen-Boom eine bedeutende Rolle.

In Kapitel I.2.d haben wir die sinkenden Tendenzen der Unternehmensgewinne nach dem Zweiten Weltkrieg diskutiert. Auch der abnehmende Anteil der Gewinne der nicht im Finanzsektor tätigen Unternehmen am Bruttoinlandsprodukt ist hierfür ein Beleg, selbst wenn der heutige Terminus nicht ganz deckungsgleich zu dem ist, was Marx darunter verstand.

Dies greift Joseph Gillman in seinem Werk „Das Gesetz des tendenziellen Falls der Profitrate“[187] auf. Er stellt fest, dass historische Statistiken vor dem Ersten Weltkrieg die Marxsche Theorie vom „tendenziellen Fall der Profitrate“ stützen, danach jedoch anscheinend nicht mehr. Er begründet das damit, dass in der Epoche des Monopolkapitals die Realisierung des Mehrwerts durch steigende interne Geschäftskosten und steigende Steuern erschwert wird. Bei Marx und Engels seien diese Faktoren vernachlässigbar gewesen. Daher unterscheidet Gillman zwischen Brutto- und Nettoprofitrate. In der historischen Entwicklung seiner Nettoprofitrate sieht Gillman das Marxsche Gesetz empirisch auch für die Zeit des Imperialismus nach dem Ersten Weltkrieg bestätigt.

Die Ergebnisse der Konzentrationstheorie von Marx sind heute so allgegenwärtig und offensichtlich, dass hierfür sogar ein neuer Begriff geprägt wurde: Globalisierung. Eine immer kleiner werdende Anzahl von Großunternehmen agiert global. Sie entziehen sich mit ihrem Wirken weitgehend der Kontrolle von Einzelstaaten. Selbst die schärfsten Kritiker der politischen Ökonomie von Marx kommen daher nicht umhin, die Konzentrationstheorie von Marx zu würdigen. Dabei wird dann gerne „vergessen“, dass es sich hierbei um keine eigenständige Theorie handelt. Sie ist vielmehr Ergebnis der Anwendung seines Leitsatzes vom „tendenziellen Fall der Profitrate“.

Marx hatte bereits auf die Bildung von fiktivem Kapital verwiesen, Kapital, das dem Kreislauf des „industriellen Kapitals“ und des „Handelskapitals“ entzogen wird. Dieses Finanzkapital spielt heute eine ganz erhebliche Rolle und ist vielleicht zum wichtigsten Mittel geworden, den tendenziellen Fall der Profitrate zu bremsen: Was wäre, wenn das gesamte Finanzkapital keine „Spielwiese“ hätte, sondern weiterhin Anlage als Industrie- oder Handelskapital suchte?

Wir haben in Kapitel I.2.d und I.2.f die zunehmend wichtiger werdende Rolle des Finanzkapitals herausgearbeitet und auf die wachsende Bedeutung der Terminmärkte hingewiesen. Wer an den Derivatemärkten engagiert ist, hat kein Interesse an konstanten Verhältnissen. Geld wird hier nur verdient, wenn sich Preise, Zinsen, Kurse und Währungsrelationen dynamisch verändern. Hoffnungen, Befürchtungen und Gerüchte spielen da oft eine größere Rolle als die realen Perspektiven. Verkäufer, Käufer und realwirtschaftlicher Hintergrund haben kaum noch etwas miteinander zu tun. Durch kumulative Wirkung können stärkere Kursschwankungen entstehen und schnelle Verschiebungen von hinter den Derivaten stehenden realen Vermögenswerten bewirken. Starke Kursschwankungen haben so Folgen für die Realwirtschaft. Gewöhnlich wird die Zeche vom Schwächeren gezahlt.

Wer ist der Stärkere? Die Autoren von „Globale Spiele“[188] argumentieren etwa, die Deregulierung der Finanzmärkte müsse auch als machtpolitischer Vorgang begriffen werden. Er diene dazu, die Vorherrschaft der Vereinigten Staaten „gegenüber den in US-amerikanischer Sicht industriekapitalistisch zu erfolgreichen Staaten Westeuropas und Japan“ zu sichern.

Halten wir an dieser Stelle fest:

> Die Marxsche Wirtschaftslehre liegt nicht schlecht. Dies gilt für die Entwicklung der Profitrate und die Globalisierung genauso wie für die „industrielle Reservearmee“, wie Marx das Phänomen der Arbeitslosigkeit nannte. Im Rahmen seiner Mehrwerttheorie ist es eine logische Konsequenz, dass die Zahl der Arbeitslosen langfristig ansteigt. Auch diesen Trend finden wir in aktuellen Entwicklungen bestätigt, mit denen wir uns in Kapitel I.2.c beschäftigt haben.

8 Wellen, Zyklen oder Widersprüche?

Wir wollen im dritten Teil unseres Buches Zukunftsszenarien entwerfen, die sich aus Entwicklungen in der Vergangenheit ergeben. Dazu werden wir uns mit folgenden Fragen beschäftigen: Was folgt aus den vielen Einzeltrends, die wir im ersten Teil aufgezeigt haben? Welche Schlüsse sind aus den im zweiten Teil angerissenen Ansätzen zu ziehen? Welche Bewegungsgesetze sind hinter der zunächst zufällig erscheinenden Abfolge von Ereignissen auszumachen?

Kann man es sich dabei leicht machen, auf Erklärungsmodelle ganz verzichten und die in Teil I aufgezeigten Trends einfach fortschreiben? Dann würde man unterstellen, dass in der Vergangenheit festgestellte Bewegungen auch in Zukunft so weiterlaufen. Dies muss nicht falsch sein. Denn wenn das Momentum einer Entwicklung sehr stark ist, ist die Wahrscheinlichkeit groß, dass die eingeschlagene Richtung zunächst beibehalten wird. Auf dieser Erkenntnis beruhen zahlreiche Methoden der Analyse und Prognose von Finanzmärkten, die sich in dem Motto niederschlagen: „The trend is your friend …"

Doch der Ausspruch geht noch weiter: „… until its end." Wann also ist ein Trend zu Ende? Und vor allem: Wie interagiert er mit anderen? An welchem Punkt kommen neue Entwicklungen auf, die das Gesamt-Szenario grundlegend verändern? Je langfristiger der Horizont abgesteckt ist, bis zu dem man schauen will, desto weniger zulässig ist es, den gesamten Kontext von Einzelprognosen als konstant vorauszusetzen, die auf der Fortschreibung von Trends basieren. Denn die einzelnen Trends wirken selbst auf den Gesamtzusammenhang zurück, neue Entwicklungslinien formieren sich und gestalten das Szenario um.

Hier setzt die Frage nach Ursache und Wirkung an. Was verändert die Einzeltrends? Wie wirken sie zurück? Helfen hier statistische Methoden weiter? Die folgenden Aussagen werden die meisten Leser kennen: „1000 Milliarden Fliegen können sich nicht irren, fresst mehr (Unrat)" Und: „Wenn du erst einmal 100 bist, hast du es wirklich geschafft – über 100 sterben nur noch wenige." Beide Behauptungen verknüpfen eine quantitativ richtige Aussage mit einer unzulässigen Schlussfolgerung. Sie unterliegen damit einem weit verbreiteten Irrtum über die Leistungsfähigkeit der Statistik. Statistische Verfahren können feststellen, ob bestimmte Erscheinungen zufällig auftreten oder sich im Rahmen bestimmter Konstellationen häufen. Regressionsanalysen können Trends aufzeigen. Die Ergebnisse statistischer Methoden legen zwar den Schluss nahe, dass ein Ereignis auftritt, weil ein entsprechender Kontext vorliegt. Statt „weil" ist aber „wenn" richtig. Die Statistik ist ein probates Mittel, die verwirrende Vielfalt von Erscheinungen zu filtern. Damit kann sie bei der Frage nach Ursache und Wirkung wichtige Vorarbeit leisten – nicht mehr und nicht weniger.

Auch die in Kapitel II.5 und II.6.c diskutierten Wellen- und Zyklustheorien befassen sich letztlich nicht mit kausalen Zusammenhängen. Sie sind wie die Statistik eher auf der Ebene der Erscheinungen angesiedelt, zeigen, wie etwas abläuft, sagen aber nicht, warum. Diese Grenzziehung ist zweifellos nicht immer eindeutig. Denn Vertreter der Elliottschen Wellentheorie werden entgegenhalten, dass das Wellenprinzip auf massenpsychologischen Erkenntnissen basiert. Zeitzyklus-Analysten berufen sich darauf, dass soziale Abläufe zur Wiederholung tendieren. Beide Einwände bleiben allerdings auf einer eher mechanischen Ebene stehen. Das macht sie keinesfalls wertlos. Insbesondere dann, wenn es um quantitative Prognosen für überschaubare Zeiträume geht, leisten sie wertvolle Dienste. So können sie kausal-wissenschaftliche Ansätze ergänzen und konkretisieren.

Diese Ansätze sind zudem mit folgendem Problem konfrontiert: Wenn sich wichtige Eckpfeiler des Kontextrahmens radikal ändern, ist zu erwarten, dass sich gleichmäßige wellen- beziehungsweise zyklusförmige Bewegungen zeitweilig destabilisieren und erst nach einer längeren Phase der Desorientierung wieder neu synchronisieren. Prognosen, die eine „normal durchtaktende" Bewegung unterstellen, laufen dann Gefahr, falsche, zumindest aber deutlich zeitverschobene Ergebnisse zu produzieren.

Die Untersuchung der langfristigen geschichtlichen Abläufe zeigt, wie sich Kulturen immer wieder in ähnlichen Mustern entwickeln, eine Zeit des Wohlstands und der Macht erleben und schließlich unter ähnlichen Umständen untergehen oder zumindest in der Bedeutungslosigkeit versinken. Wir haben in Kapitel II.1 und II.2 eine solche charakteristische Zyklik herausgearbeitet, die helfen kann, den Standort unserer heutigen Gesellschaft zu bestimmen, um daraus Erkenntnisse für ihr weiteres Schicksal zu gewinnen.

Es ist offensichtlich, dass sich das gesellschaftliche und wirtschaftliche Leben in Zyklen entwickelt. Die Erklärungen für eine solche „Mechanik“ sind vielfältig. Wenn Prechter im Rahmen der Diskussion des Elliottschen Prinzips von „zwei Schritte vor, einer zurück“ spricht, ist das aus der dialektischen Sicht mit dem Wirken von These–Antithese–Synthese zu erklären. Das Gleiche gilt für zyklische Bewegungen, die ja auf das Zusammen- und Gegeneinanderwirken verschiedener Faktoren zurückzuführen sind. Die Beziehung zwischen Wellen- und Zyklustheorien auf der einen und dem dialektischen Materialismus auf der anderen Seite lässt sich kurz und knapp so zusammenfassen: Die Welt bewegt sich durch Widersprüche in Zyklen und Wellen.

Hier ergibt sich eine Berührung zu bei Naturphänomenen häufig anzutreffenden fraktalen Mustern. Die Natur schafft regelmäßige Muster ohne konstante Periodizität. Dies gilt für die Struktur eines Gegenstands ebenso wie für eine Entwicklungslinie. Der Begründer der mathematischen Chaostheorie, Benoit Mandelbrot, begriff dieses Prinzip der Selbstähnlichkeit als kosmische Ordnungsstruktur und formulierte es mathematisch. Es lässt sich auch in der Elliottschen Lehre von den Preisbewegungen erkennen. Das Prinzip der Selbstähnlichkeit findet ebenfalls in der assoziativen Art des Menschen, Schlüsse zu ziehen, eine Entsprechung.

Wellen und Zyklen bestimmen das Bild der Fortbewegung der menschlichen Gesellschaft und Ökonomie. Auf die Frage nach den Ursachen geben Soziologie und Wirtschaftswissenschaften widersprüchliche Antworten. Liegen die hauptsächlichen Triebkräfte in allgemeinen menschlichen Eigenschaften oder vorrangig in der Art und Weise, wie sie sich im gesellschaftlichen Wirtschaftsprozess begegnen? Wir haben in Teil II unterschiedliche Ansätze vorgestellt, die uns hinsichtlich der Frage, was künftig sein wird, auf verschiedene Wege schicken können. Werden wir an unterschiedlichen Zielen herauskommen?

Welche wirtschaftlichen Theorien erscheinen uns am plausibelsten? Schumpeter und Keynes benennen immanente Schwächen des kapitalistischen Systems. Was bei dem einen die mangelnde Innovationsbereitschaft ist, ist bei dem anderen die nachlassende Investitionsneigung. Man kann beides als zwei Seiten derselben Medaille sehen, auch wenn die beiden Ökonomen völlig unterschiedliche Begründungen geben. Bei beiden mündet der Kapitalismus in ein Szenario mit planwirtschaftlichen Zügen. Eine Art „Planwirtschaft" finden wir heute in der zunehmenden Bedeutung großer Konzerne, die sich mit ihrem globalen Wirken einzelstaatlichen Einflüssen entziehen. Marx' Akkumulation des Kapitals führt zum selben Ergebnis.

Das Verdienst des Ansatzes von Friedman sehen wir darin, die Rolle des Geldes in der Volkswirtschaft betont zu haben. Als er seine Theorie entwickelte, hatten die Notenbanken dieser Welt wahrscheinlich das Heft noch eher in der Hand als heute. Daher war die Versorgung der Realwirtschaft mit einer wohldosierten Geldmenge tatsächlich ein zentraler Faktor. Friedman hat eindringlich vor den Folgen eines leichtfertigen Umgangs mit der Geldmenge gewarnt. Heutzutage sind die Zentralbanken eher ein Opfer des von ihnen gehätschelten Finanzkapitals. Sie haben Friedmans Warnungen längst in den Wind geschlagen – und sie können auch gar nicht anders, müssen sie doch vor dem Hintergrund der enormen Verschuldung alles tun, um per Inflation für eine Entwertung der Schulden zu sorgen. Die Loslösung vom Goldstandard gibt ihnen – wie in Kapitel II.3 aufgezeigt – enorme Möglichkeiten an die Hand.

Die Marxsche politische Ökonomie hat sehr frühzeitig drei entscheidende Gesetze herausgearbeitet, die dem Kapitalismus innewohnen. Der „tendenzielle Fall der Profitrate" ist das vom historischen Gesichtspunkt her wichtigste. Wir finden es heute bestätigt, den Hintergrund hierzu liefert die steigende Produktivität in einem kapitalistischen Kontext. Die Tendenz zur Akkumulation des Kapitals ist das zweite Marxsche Gesetz. Es spiegelt sich in der Globalisierung wider. Drittens geht es um die Rolle des „fiktiven Kapitals", deren Grundzüge Marx herausarbeitete. Die wachsende Bedeutung der Finanzindustrie ist allenthalben sichtbar.

Interessante Parallelen: Marx' tendenzieller Fall der Profitrate deckt sich im Endeffekt mit der sinkenden Grenzleistungsfähigkeit des Kapitals von Keynes. Beide Ökonomen heben in diesem Zusammenhang die Bedeutung des Finanzkapitals heraus. Keynes hofft auf sein allmähliches Verschwinden, während die auf Marx beruhenden Theorien zeigen, warum es sich weiterentwickelt.

Der von der Marxschen politischen Ökonomie maßgeblich beeinflusste Kondratieff sieht wie Schumpeter die Innovation als treibende Kraft allen wirtschaftlichen Geschehens. Seine Theorie postuliert nicht zufällig Wirtschaftszyklen von der Länge eines menschlichen Schul- und Arbeitslebens. Wir halten die Theorie in ihren wesentlichen Aspekten für zutreffend und hochaktuell. Marx und Kondratieff teilen sich darüber hinaus das Verdienst, Entwicklungen auf der Ebene des Staates, der Gesellschaft, von Politik und Ideologie mit der wirtschaftlichen Basis zu verbinden.

Wir beobachten zurzeit, dass radikale Töne immer stärker das politische und soziale Geschehen bestimmen. Etablierte politische Bündnisse „knirschen", wie sich im Umfeld des Irak-Feldzugs der USA zeigte. Die Gefahr eines „großen Krieges" wäre ein weiterer Baustein in Kondratieffs Szenario für einen zu Ende gehenden großen Innovationszyklus.

Teil III Optionen für das 21. Jahrhundert

1 Eine Diagnose – zwei Szenarien

Wir hatten bei der Konzeption unseres Buches zunächst geplant, verschiedene Szenarien von „pessimistisch" bis „optimistisch" vorzulegen. Diese Idee erschien uns bald zu konstruiert, wir wollten uns auf eines, nämlich das von uns als wahrscheinlich erachtete Szenario, konzentrieren.

Als die Arbeiten am Buch fortschritten, machten wir eine interessante Entdeckung: Hinsichtlich der Bestandsaufnahme kamen wir uns immer näher, aber bei der Einschätzung der Zukunft brachen Unterschiede auf.

So war bald klar, dass wir den Plan eines einheitlichen Szenarios fallen lassen mussten. Eine Zeit lang favorisierten wir noch die Überlegung, eine gemeinsame Einschätzung zumindest bis zu einem Zeitpunkt vorzulegen, an dem sich die Widersprüche gerade noch unter einen Hut bringen lassen. Ein solch (mühsamer) Kompromiss hätte aber bedeutet, die Wurzeln der unterschiedlichen Zukunftsperspektiven zunächst zu verdecken. Die Konsistenz der im weiteren Zeitablauf divergierenden Szenarien hätte vermutlich gelitten.

Jeder von uns beiden Autoren stellt nun aus seiner Sicht dar, wie es weitergehen könnte. Dabei laufen die Sichtweisen keineswegs diametral auseinander. Sie entfernen sich vielmehr, laufen an bestimmten Punkten wieder zusammen und streben erneut auseinander.

Szenarien entstehen auf dem Boden bestimmter Annahmen. Da sind in unserem Fall zunächst die Zustandsbeschreibungen der Gegenwart und die aktuellen Entwicklungslinien. Wir haben die Ergebnisse in Kapitel III.2 noch einmal kurz zusammengefasst. Um zu einem Bild zu kommen, das die Zukunft widerspiegelt, müssen die einzelnen Trends dann in ihrer Wechselwirkung untersucht werden: Welche Bewegungen lösen sie insgesamt aus, wo treibt die Geschichte hin?

Das reicht aber noch nicht. Es müssen auch philosophische Standpunkte geklärt werden: Vertraut man auf die Stärke der Menschen, stimmt das Wort „Not macht erfinderisch"? Lernt die menschliche Gesellschaft als Ganzes „rechtzeitig" oder erst „im Nachhinein", dann nämlich, wenn es unvermeidlich ist? Ist die Politik die wesentliche Triebkraft der Geschichte, oder ist es die Wirtschaft?

Das Szenario A stammt von Klaus Singer, Szenario B wurde von Robert Rethfeld verfasst.

2 Zusammenfassung der Kernaussagen

Die folgende Tabelle stellt die Kernaussagen der bisher erarbeiteten Kapitel zusammen. Sie sind Basis für die Prognoseszenarien.

Kapitel	Kernaussagen
I.1.a	Wachstum der Weltbevölkerung verlangsamt sich; deutsche und europäische Bevölkerung sinkt; Zuwächse in China, Indien, USA.
I.1.b	Fossile Brennstoffe Öl und Gas erreichen in den kommenden Jahren Produktionshöhepunkt; Versorgungsengpässe könnten Wachstum behindern, Ersatzenergie muss her.
I.1.c	Klimaveränderung sorgt für weltweiten Anstieg der Temperaturen und des Meeresspiegels; Ernteausfälle, Sturmfluten, Verschwinden von Land sind die Folge.
I.2.a	Produktivität – tendenziell fallend, Statistiken sind verfälscht, BIPs deckeln sich.
I.2.b	Elektronikmärkte gesättigt: „Die Märkte für Elektronik kommen in die Sättigung. Grundlegend neue Technologien sind nicht in Sicht. Auffallend sind Nachfrage- und Konsumorientierung. Die Marktmacht der Verbraucher führt zu Margendruck, den die Hersteller zum

Teil an die Vorlieferanten weitergeben. Eine Abwärtsspirale aus lediglich noch mäßiger Entwicklung der Endmärkte, sinkender Gewinne und Lohneinkommen kommt in Gang."

I.2.c Arbeitsmarkt – keine langfristige Besserung in Sicht. „Die Arbeitsmärkte spiegeln wider, wie hoch die Produktivität der Arbeit mittlerweile entwickelt ist. Von den zum großen Teil Sättigungstendenzen aufweisenden Absatzmärkten kommen wenig neue Impulse. Stagnierende bis sinkende Reallöhne dämpfen zusammen mit dem hohen Arbeitslosigkeitssockel die kaufkräftige Nachfrage. Langfristige Abhilfe kann es wohl nur mit einem neuen Innovationszyklus geben."

I.2.d Trend der Profitrate nach unten, Bedeutung Finanzsektor nimmt zu. „Der langfristige Trend der Profitrate der nicht im Finanzsektor tätigen Unternehmen in den USA weist deutlich nach unten. Diese Beobachtung deckt sich mit der Entwicklung in Deutschland und vielen wichtigen Industrienationen. Die Bedeutung des Finanzsektors nimmt absolut und relativ zu. Es gibt keinen Grund, daran zu zweifeln, dass hier ein vitaler, weltweiter Trend vorliegt, der die ökonomische Instabilität weiter steigen lässt."

I.2.e Schulden steigen weiter; Auswege sind Deflation, Inflation oder Krieg. „Einer der wenigen systemimmanenten Auswege aus der Schuldenfalle ist die Inflation. Der Inflationsschub in den siebziger Jahren führte in Deutschland zu einem schnellen Anstieg der Preise und der Einkommen. Schulden und Schuldendienst für Ende der sechziger Jahre getätigte Investitionen nahmen relativ zum gestiegenen Preis- und Einkommensniveau ab. Diejenigen, die auf Pump investiert hatten, waren die Nutznießer. Wird versucht, diese Karte – auf sehr viel höherem Niveau – wiederzuspielen? Ein anderer, durchaus systemimmanenter Ansatz, der Schuldenfalle zu entgehen, ist der Krieg, die Vernichtung von Gütern, die Eroberung neuer, unterentwickelter Märkte und billiger Rohstoffquellen."

I.2.f Weltwirtschaft wächst gering; es wird weniger investiert. Weil die kaufkräftige Nachfrage sinkt, die wesentlichen Marktplätze auf der

Erde längst erobert sind und ein immer größerer Teil des Kapitals lieber spekuliert als produziert, wächst die Weltwirtschaft mit immer geringeren Raten. Wenn der größer werdende Schuldendienst einen immer größeren Teil des kleiner werdenden Zuwachses der Wirtschaftsleistung wegfrisst, wird immer weniger investiert. Wird weniger investiert, sinken die Wachstumschancen weiter. Angesichts dieser Negativspirale könnten gewisse herrschende Kreise irgendwann auf den Gedanken kommen, „Tabula rasa" zu machen. Die Wahrscheinlichkeit einer Depression, einer großen Krise beziehungsweise eines großen Krieges steigt.

I.2.g Stehen also am Ende über den Umweg einer stotternden Inflation doch Deflation und Pleite? Dann wäre man den leichtesten Weg gegangen und beim weisesten herausgekommen.

I.3.a Zukunft der Arbeit unsicher; Tourismus hängt von finanziell gesundem Mittelstand und Sicherheit ab. Die Zukunft der Arbeit ist bestenfalls unsicher, im schlechtesten Fall werden die Arbeit und damit die Zahl der Erwerbstätigen in einem ständigen Schrumpfungsprozess begriffen sein, weil es nach dem Agrar-, Industrie-, und Dienstleistungssektor keinen weiteren Bereich gibt, in dem Arbeit angeboten werden kann. Die weitere Entwicklung des Tourismus als herausragendem Wirtschaftsfaktor hängt entscheidend von den Faktoren „finanziell gesunder Mittelstand" und „Sicherheit" ab. Müssen die Menschen ihr Augenmerk von den Wachstums- zu den Defizitbedürfnissen zurückverlagern, erscheint die Zukunft dieser Industrie ungewiss.

I.3.b Farbvorlieben wechseln wie ein Chamäleon je nach wirtschaftlichen und gesellschaftlichen Gegebenheiten. Aus der Farbsymbolik lassen sich wertvolle Informationen zum Zustand der Gesellschaft gewinnen.

I.3.c Der Ruf nach Spektakeln wird lauter, je stärker die Defizitbedürfnisse befriedigt sind. Ein finanziell gesunder Mittelstand kann sich auf die passive Teilnahme an „Events" – zum Beispiel Sportereignisse heute, Gladiatorenspiele gestern – konzentrieren und trägt damit seinem

Bedürfnis nach Kommunikation, Anerkennung und Selbstverwirklichung Rechnung.

I.3.d Korpulenz und Konsum führen zu steigenden Gesundheitskosten. Das Fernsehen ist einer der Gründe für die drastische Zunahme der Korpulenz in unserer Gesellschaft. Ein anderer ist die Schein-Mobilität: Die Bewegungsenergie wird nicht vom Menschen, sondern von einer Maschine aufgebracht. Dieser Aspekt ist ein Teil der Gründe für die rasant steigenden Kosten in der medizinischen Versorgung.

I.3.e Ein Zusammenhang zwischen Bildung/Intelligenz und Arbeitslosigkeit konnte nachgewiesen werden. Der Mensch will gefordert werden, sonst passt er sein Leben den geringeren Reizen an.

I.3.f Steigende Selbstmordraten sind auf die wachsende Zahl an Depressionen zurückzuführen, die in der zunehmenden sozialen Isolation einen ihrer Ursprünge hat.

I.3.g Man kann aus all diesen Faktoren nur den Schluss ziehen, dass die Gefahr eines fortschreitenden gesellschaftlichen Verfalls nicht von der Hand zu weisen ist. In den Szenarien werden wir Bedingungen diskutieren, die eine Umkehr oder zumindest ein Stoppen dieser gesellschaftlichen Trends ermöglichen.

I.4 Führt der Weg in Richtung weiterer Zentralisierung und damit letztendlich in die Ent-Demokratisierung, oder hat die Idee der Dezentralisierung eine Chance?

I.5 Nach dem Fall der Mauer änderte sich die weltweite geopolitische Situation. Zunächst schien es so, als ob die USA der Sieger dieser Entwicklung sind. Aber es treten andere Kräfte auf den Plan. Auf der eurasischen Landmasse sehen wir ein Europa, das sich zu sammeln versucht, und einen Islam, der momentan weder einen für zielgerichtetes Handeln wichtigen Führungsstaat noch in seiner Gesamtheit eine nennenswerte wirtschaftliche Expansion aufweisen kann. Wir sehen ferner ein stark wachsendes China und einen indischen

Subkontinent, dessen Bevölkerungswachstum dafür sorgen könnte, Indien in 30 Jahren noch vor China zum bevölkerungsreichsten Land der Erde zu machen. Für die USA wird es damit schwieriger, den eigenen weltweiten Führungsanspruch aufrechtzuerhalten.

II.1 Geschichte wiederholt sich nicht exakt, aber es sind immer wiederkehrende Muster zu erkennen. Kulturen steigen und fallen, überdehnen sich und bilden ein Plateau. Manche werden ausgelöscht oder von anderen Kulturen geschluckt.

II.2 Werden die Vereinigten Staaten als Universalstaat und letzter Emporkömmling der westlichen Zivilisation in die Geschichtsbücher eingehen? Oder kämpfen die Europäer sich an die Spitze der westlichen Kultur zurück, diesmal vereint und nicht entzweit?

II.3 Geldentwertung bringt unweigerlich Inflation mit sich und lässt Papiergeld am Ende eines langen Prozesses wertlos erscheinen. Politische Denker und Lenker haben schon in der Antike versucht, durch Geldentwertung der wirtschaftlichen Sättigungstendenz entgegenzuwirken. Langfristig genutzt hat dies nichts.

II.4 Paniken und Crashes sind langfristig betrachtet keine Seltenheit. Innovationszyklen brachten an den Märkten jeweils deutliche Gewinne.

II.5 Märkte bewegen sich in Wellen. Die Theorien von Dow und Elliott können hilfreich sein, wenn künftige Marktbewegungen eingeschätzt werden sollen.

II.6.a Märkte unterliegen Zyklen, sei es denen von Kondratieff, Kusnez, Keynes oder Schumpeter.

II.6.b Kondratieffs Zyklen werden jeweils durch bahnbrechende Erfindungen ausgelöst. Im Wirtschaftssystem bereits vorhandene, aber bislang ungenutzte Ressourcen gelangen plötzlich in das öffentliche Bewusstsein und werden durch Basisinnovationen der Gesellschaft zugänglich. Dies bewirkt ein beschleunigtes Wirtschaftswachstum, führt aber auch zu tief greifenden gesellschaftlich-politischen Veränderungen.

II.6.c Offenbar arbeiten Zyklus- wie Wellentheorien statistisch nicht zufällig verteilte Erscheinungsketten heraus, sodass sie einen gewissen Prognosewert besitzen.

II.7 Marx hat bereits die tendenziell fallende Entwicklung der Profitrate, die Globalisierung und auch die Existenz der „industriellen Reservearmee", wie er das Phänomen der Arbeitslosigkeit nannte, vorhergesagt. Im Rahmen seiner Mehrwerttheorie ist es eine logische Konsequenz, dass die Zahl der Arbeitslosen langfristig ansteigt. Auch diesen Trend finden wir in aktuellen Entwicklungen bestätigt, mit denen wir uns in Kapitel I.2.c beschäftigt haben.

II.8 Die Geschichte bewegt sich in Wellen und Zyklen durch Widersprüche. Der von der Marxschen politischen Ökonomie maßgeblich beeinflusste Kondratieff sieht wie Schumpeter die Innovation als treibende Kraft allen wirtschaftlichen Geschehens. Seine Theorie postuliert nicht zufällig Wirtschaftszyklen von der Länge eines menschlichen Schul- und Arbeitslebens. Wir halten die Theorie in ihren wesentlichen Aspekten für zutreffend und hochaktuell. Marx und Kondratieff teilen sich darüber hinaus das Verdienst, Entwicklungen auf der Ebene des Staates, der Gesellschaft, von Politik und Ideologie mit der wirtschaftlichen Basis zu verbinden.

3 Szenario A

a Ansatz und Ausgangspunkt

Dieses Szenario basiert auf der Annahme, dass die Art und Weise, wie sich die Mitglieder einer Gesellschaft in der (produzierenden) Wirtschaft begegnen, für deren Entwicklung ausschlaggebend ist.[189] Für den internationalen Rahmen gilt das Gleiche: Wer ökonomisch stark ist, ist dies auch politisch.

Der Zustand der ökonomischen Basis der am meisten entwickelten, in der Welt tonangebenden Industrieländer wurde in Kapitel I.2 dargestellt und am Anfang dieses Teils unseres Buches auf den Punkt gebracht. Einen großen Einfluss hierauf haben auch die in Kapitel I.1 dargestellten Trends bei Rohstoffen, Bevölkerung und Klima. Bildhaft übertragen auf ein Gebäude lautet die Diagnose: gravierende Schäden am Fundament.

Das sich auf dem wirtschaftlichen Fundament erhebende gesellschaftliche und politische Gebäude wurde in den Kapiteln I.3 und I.4. gezeichnet – eine ziemliche Bruchbude angesichts dessen, was unsere Gesellschaft derzeit aus- und durchmacht: „Fun, fun, fun", „Deutschland sucht den Superstar", herumlavierende Politiker und weitere Kürzungen der Bildungsetats.

Kapitel I.5 zeigt, wo wir in der Weltpolitik stehen. An dieser Stelle bleibt nur die Schlussfolgerung: Mit den überhand nehmenden ökonomischen Problemen neigt sich die Zeit relativen Friedens ihrem Ende zu. Alte Bündnisse stehen vor ihrer Zerreißprobe, neue Allianzen werden entstehen – auch neue Führungsnationen?

Nach dem wirtschaftlichen, soziologischen und weltpolitischen Befund gibt es für mich kaum Zweifel, dass der Börsen-Crash des Jahres 2000 die vierte und letzte Phase des aktuellen Kondratieff-Zyklus einleitete. Das Ende des Ost-West-Konflikts hatte den Absatzmärkten der Elektronik noch einmal einen Nachfrageschub beschert, dem die Jahr-2000-Hysterie einen Schlusspunkt setzte. Der riesige chinesische Markt ist in vielerlei Hinsicht noch nicht gesättigt. Aber das ist nur eine Frage weniger Jahre und reißt das globale Steuer nicht herum.

Veranschlagt man für die Dauer des „Kondratieff-Winters" zehn bis 15 Jahre, so dürfte der nächste Frühling der Weltwirtschaft frühestens im zweiten Jahrzehnt des 21. Jahrhunderts anbrechen. Erst einmal wollen wir aber die direkt vor uns liegenden Jahre beleuchten.

Meinem Szenario liegen zwei weitere wichtige Hypothesen zugrunde: Die Geschichte zeigt, dass menschliche Gesellschaften kaum fähig sind, rechtzeitig umzuschwenken und gegenzusteuern. Ihre Masse, ihr Bewegungsmoment ist so groß, dass sie eher sehenden Auges in die Katastrophe schlittern, als rechtzeitig die Notbremse zu ziehen.[190] So weit die negative Lehre aus der Geschichte. Die positive ist, dass der offene Ausbruch von existentiellen Krisen noch stets den menschlichen Erfindergeist wach gerüttelt hat. Es gibt wohl keinen Grund anzunehmen, dass das dieses Mal anders sein wird.

b Der „Kondratieff-Winter"

Die folgenden Betrachtungen bleiben auf die Wirtschaft der USA zentriert. Hier wird immer noch der Takt der Weltwirtschaft geschlagen. Gezogen durch die USA, wird uns das Jahr 2004 zunächst noch weiter auf dem Wege der Erholung aus der im Jahr 2000 begonnenen Rezession herausführen.

Angesichts der Tatsache, dass die politischen Kräfte hinter der Regierung eines George W. Bush an der Macht bleiben wollen,[191] dürfte noch mit einigen politischen und wirtschaftlichen Maßnahmen zu rechnen sein, die die Wirtschaft „auf Teufel komm raus" stimulieren sollen. Hiervon werden auch andere Volkswirtschaften profitieren, sei es nun direkt, sei es durch den stimmungsmäßigen Befund, die Lokomotive der Weltwirtschaft stehe wieder unter Dampf. Die Aktienmärkte sind längst nicht mehr nur Stimmungsbarometer für die Wirtschaft, und so wird ein Teil dieser Maßnahmen darauf gerichtet sein, die Kurse hier hoch zu treiben.

Um „originelle" Lösungen war man in den USA noch nie verlegen. „Inflation, wir kommen!" – das ist auf jeden Fall die Leitlinie. Die Inflation könnte sich „ersatzweise" auf einer anderen Ebene abspielen. Wenn die Bush-Administration wiedergewählt wird und die geplante Privatisierung der sozialen Sicherungssysteme[192] durchsetzen kann, werden sich die Märkte vor Liquidität nicht mehr retten können. Nur ein kleiner Teil der dort verwalteten Mittel reicht aus, um eine sich über Jahre füllende „Asset"-Blase zu schaffen, gegen die jene des Jahres 2000 ein schlaffer Luftballon war.

Tatsache ist aber auch, dass solch kurzfristig stimulierende Maßnahmen Anleihen auf die Zukunft sind. Alles dreht sich letzten Endes um die dauerhafte Steigerung der kaufkräftigen Nachfrage: Wo soll die aber angesichts eines konstant hohen Sockels von Arbeitslosigkeit herkommen? Der Spielraum für Steuererleichterungen ist angesichts der immensen staatlichen Verschuldung gering, vieles ist Augenwischerei, betrifft eher die mittleren und gehobenen Einkommensschichten. Die US-amerikanischen Verbraucher wurden zum massiven Schuldenmachen eingeladen. Ihre Immobilien sind bis zur Schmerzgrenze beliehen, die Sparquote ist bestenfalls null.

Springt die Konjunktur im unwahrscheinlicheren Fall tatsächlich an und produziert Anzeichen eines sich selbst tragenden Aufschwungs, drohen steigende Zinsen, die wiederum den Schuldendienst insbesondere des US-Verbrauchers ins Wanken bringen. Fährt die Konjunktur nicht über das Erholungsniveau hinaus an, käme die Abwärtsspirale genauso in Gang.[193]

Was für die USA gilt, ist im Einzelfall nicht unbedingt auf Europa zu übertragen. Der Verbraucher – zumindest in Ländern wie Frankreich und Deutschland – ist hier längst noch nicht so hoch verschuldet, die Sparquote ist positiv. Das soziale und politische System ist in den meisten europäischen Ländern jedoch so unbeweglich, teuer und ineffizient, dass es eine riesige Bürde darstellt, wenn es darum geht, sich neuen Herausforderungen zu stellen.

Deutschland wird in diesem Zusammenhang stets zu Recht als Schlusslicht genannt. Was gegen Jahresende 2003 als mühsamer Kompromiss zwischen Regierung und Opposition an Sozialreformen auf den Weg gebracht wurde, ist bestenfalls ein kleiner Anfang. Die Finanzmärkte haben denn auch nicht jubiliert, sondern das Ereignis weggesteckt als Beleg dafür, dass sich die Politik dieses Land notfalls ein wenig bewegen kann – gerade so viel wie aktuell nötig, aber auch nicht mehr. Das wird dazu führen, dass nach dem einen Reförmchen bald das nächste folgen muss und danach wieder eins. Die große Linie ist nicht erkennbar. Am Ende wird noch mehr Verwaltung erforderlich sein, um das Flickwerk zu bändigen.

Die Regierung beklagt ihren mangelnden finanziellen Spielraum, ist aber unwillig oder unfähig, in der eigenen Bürokratie zu sparen. Da ist der riesige halbstaatliche beziehungsweise staatliche Apparat in Sozialversicherung und Gesundheitswesen, in der Bundesagentur für Arbeit sind bestenfalls 20 Prozent der Mitarbeiter direkt an der Front mit den Arbeitslosen befasst. Das sind nur willkürlich herausgegriffene Beispiele. Wir leisten uns den Luxus einer Unzahl von Länderregierungen, und über der Bundesregierung steht auch noch der riesige Bürokratenapparat in Brüssel.

Die Bundesregierung lässt schon lange kein markantes Profil mehr erkennen, nette Medienpräsenz ist wichtiger als Perspektiven und Visionen. Die Masse der Bevölkerung nähme wahrscheinlich unangenehme, aber notwendige Einschnitte in Kauf, wenn sie erstens gerecht aufgeteilt wären und zweitens auf einer weiterführenden Perspektive beruhten, die Licht am Ende des Tunnels erkennen lässt. Aber entweder traut die Regierung ihrer Bevölkerung diese Einsicht nicht zu, oder sie hat keinen Plan.

Nach wie vor werden in Deutschland und anderswo auf dem europäischen Kontinent sterbende Industriezweige milliardenschwer subventioniert. Das Gleiche gilt für Industriezweige, die man besser gar nicht erst hätte entstehen lassen. Die Erzeugung von Elektrizität mittels die Landschaft verschandelnder Windmühlen ist solch ein Beispiel. H. Uebbing schreibt in der „Frankfurter Allgemeine Zeitung“: „Heute erreicht die jährliche Subvention für Windenergie bereits einige Milliarden Euro. Wenn das Ziel einer zehnprozentigen Beteiligung der Windenergie an der deutschen Stromproduktion erreicht würde, dann müssten die deutschen Stromkunden jährlich 3,5 Milliarden Euro an Subventionen zahlen.“[194]

Die Windkraft wird als umweltfreundlich verkauft. Dabei wird gerne vergessen, dass man für ein Megawatt Windenergie 0,8 Megawatt konventionelle Kraftwerke aufrüsten muss, um die enormen Lieferschwankungen der Windkraft zu kompensieren.[195] Diese Kraftwerke springen bei ungünstigen Windverhältnissen und hohem Strombedarf ein. Um schnell zugeschaltet werden zu können, laufen sie häufig nicht unter Volllast, was einen unverhältnismäßig hohen Ausstoß an Schadstoffen zur Folge hat. Die zusätzlichen Stromerzeugungskosten durch Windkraftanlagen werden mit 1,6 bis 3,6 Milliarden Euro pro Jahr veranschlagt. Die massive Förderung der Windenergie in Deutschland – wir sind hier Weltmeister – spielt mit ihrer zentralisierten Großanlagentechnik großen Betrieben in die Hände. Sie behalten die Kontrolle über das Geschehen. Die Bevorzugung der Windenergie hat bisher verhindert, dass sich dezentrale Formen der Energieerzeugung über ein Mauerblümchendasein hinaus entwickeln konnten.

Wenn jetzt die Etats für Forschung und Bildung weiter gekürzt werden und gleichzeitig laut über Eliteuniversitäten nachgedacht wird, zeigt das nur einmal mehr die Konzeptionslosigkeit der deutschen Politik. Geistige Eliten können nicht einfach beschlossen werden. Sie entstehen in einem bestimmten Klima und auf der Grundlage einer guten und breiten Schulbildung. Hieran hapert es, wie PISA gezeigt hat.[196]

Geld wäre genug da, man bräuchte es nur dort wegzunehmen, wo es in Amtsstuben verschimmelt, im Ofen verkokelt oder vom Wind davongetragen wird. Und wenn man dann eine qualitativ vernünftige Grundausbildung der Bevölkerung sichergestellt hätte, wären immer noch finanzielle Mittel da, um strategisch sinnvolle Innovationen zu fördern.

Die Kritik an der herrschenden Politik ließe sich noch viel weiter treiben – und ausdehnen: Jede Regierung bekommt die Opposition, die sie verdient. Die angesprochenen Punkte sollen denn auch nur ein Schlaglicht darauf werfen, dass von Seiten der Politik insgesamt wohl keine grundlegende Lösung der Probleme zu erwarten ist.

Zurück zur Lokomotive der Weltwirtschaft, den USA. Ich will eine Prognose wagen, wie sich die Wirtschaft dort in unserem Zeithorizont bis in die zweite Dekade hinein entwickeln wird. Dazu werde ich mittels der TimePattern Analysis[197] einige Indikatoren betrachten, die darüber Aufschluss geben können. Die Prognosemethode basiert auf der Zerlegung von Datenverläufen in Frequenzen. Bis zu 40 zeitzyklische Verhaltensmuster werden hinsichtlich ihrer Signifikanz bewertet und in die Zukunft fortgeschrieben. So werden künftige Verläufe synthetisiert. Das Verfahren ist völlig symmetrisch, im Gegensatz zu mir hat es keinerlei Präferenzen hinsichtlich der künftigen Richtung. Es liefert aber interessanterweise Resultate, die mit der eigenen analytischen Einschätzung der weiteren wirtschaftlichen Entwicklung sehr gut harmonieren.

Der S&P 500 gilt als der weltweit am meisten beachtete Aktienindex. Er war zum Jahresende 2003 deutlich höher bewertet als die meisten Vergleichs-Indizes. Hierin zeigen sich die Vorschusslorbeeren, die das internationale Finanzkapital der amerikanischen Wirtschaft schon gegeben hat. Die auf Basis von Monatsschlusskursen erstellte Prognose zeigt, dass der Index im Verlaufe des Jahres 2004 unterhalb von 1200 Punkten abdreht und danach in Wellen abnehmender Amplitude seitwärts–abwärts tendiert. Ein zyklisches Tief wird für das Frühjahr 2006 erwartet. Bis zum Jahr 2010 ist keine dauerhafte Bewegung nach oben erkennbar, die runde Marke von 1000 Punkten stellt einen wichtigen Widerstand dar. Auf der Unterseite wird der langfristige, seit den frühen achtziger Jahren bestehende Aufwärtstrend im Index zwar mehrfach getestet, aber nicht dauerhaft unterboten.

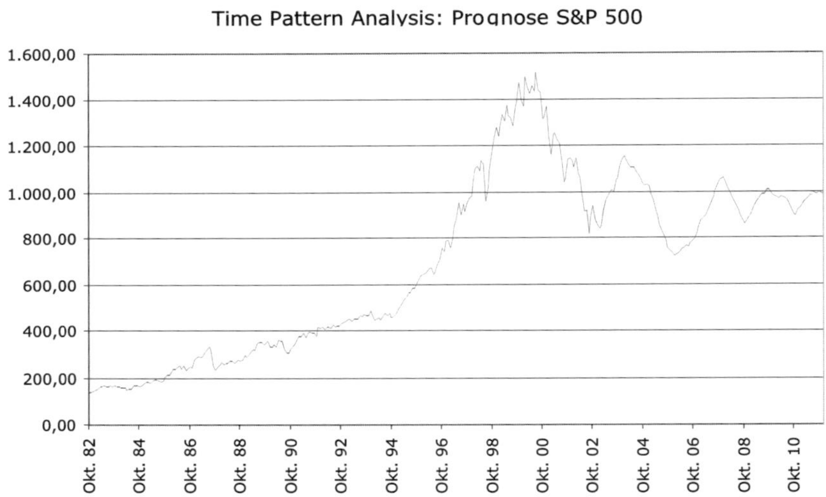

Als Zweites betrachten wir die Entwicklung der Kapitalmarktzinsen am Beispiel der zehnjährigen amerikanischen Staatsanleihen. Diese T-Bonds und ihre zur Kursentwicklung inverse Rendite sind ein guter Gradmesser für die Erwartungen des Kapitalmarktes. Wie wir in Kapitel I.2.g gesehen haben, sind die Renditen mit der Teuerungsrate der Verbraucherpreise korreliert.

Die Prognose zeigt, dass der seit Mitte der achtziger Jahre intakte Abwärtstrend erst 2009 beziehungsweise 2010 bei einem Niveau von 3,5 Prozent überwunden wird. Diese Situation ist isoliert betrachtet gut für den Schuldendienst. Die negative Botschaft ist allerdings, dass sich eine nennenswerte Erhöhung der Verbraucherpreise nicht etabliert, wodurch auch keine deutliche Entwertung der Schulden auftritt. Betrachtet man den Zeithorizont bis in das Jahr 2005 hinein, so scheinen die Marktteilnehmer zunächst einmal immer weniger an den Schuldscheinen der US-Regierung interessiert zu sein. In der Folge steigen die Renditen. Anscheinend liegt aber bei rund fünf Prozent eine kritische Schwelle in der Verzinsung, bei der ein Umdenken einsetzt.

Die US-amerikanische Notenbank nimmt den Kehrwert der T-Bond-Rendite als Maß für eine faire Bewertung der Aktienmärkte. Fünf Prozent sind demnach gleichbedeutend einem Kurs-Gewinn-Verhältnis von 20.[198] Mit diesem „fairen KGV“ wird auch zum Ausdruck gebracht, dass steigende Zinsen tendenziell die Attraktivität von Anlageformen außerhalb der Aktienmärkte erhöhen. Legt man die Prognosen zum S&P 500 und zur Bond-Rendite übereinander, zeigt sich dieses Verhältnis für die nähere Zukunft recht anschaulich.

Time Pattern Analysis: Prognose Rendite der zehnjährigen US-Bonds

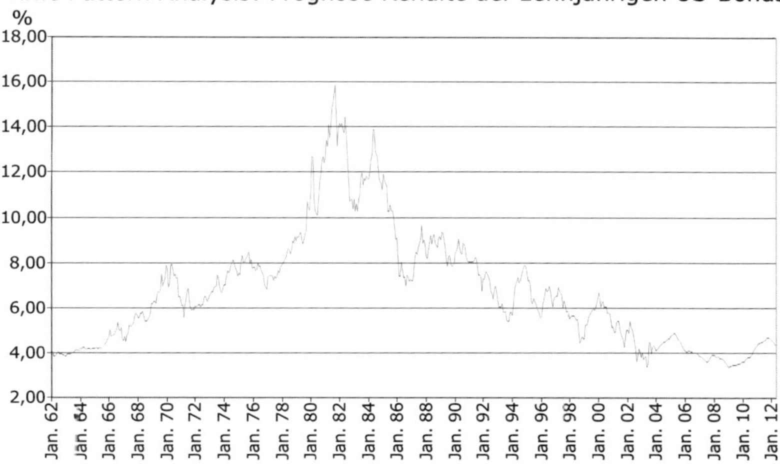

Der nächste Indikator, der über die Inflationsentwicklung Aufschluss gibt, ist der schon in Kapitel I.2.g behandelte CRB-Rohstoffindex. Das nachfolgende Schaubild zeigt die Prognose auf Basis der Future-Preise. Danach sieht es

so aus, als hätte der Index seine zyklischen Hochs bald gesehen, an die sich eine moderate Abwärtsbewegung anschließt, die Anfang 2009 zu Ende geht. Von dieser Seite ist ebenfalls keine Teuerungstendenz erkennbar. Abgesehen davon müssten die Unternehmen dann auch in der Lage sein, die gestiegenen Kosten zu überwälzen. Angesichts des Zustands wichtiger Absatzmärkte dürfte der Spielraum gering sein.

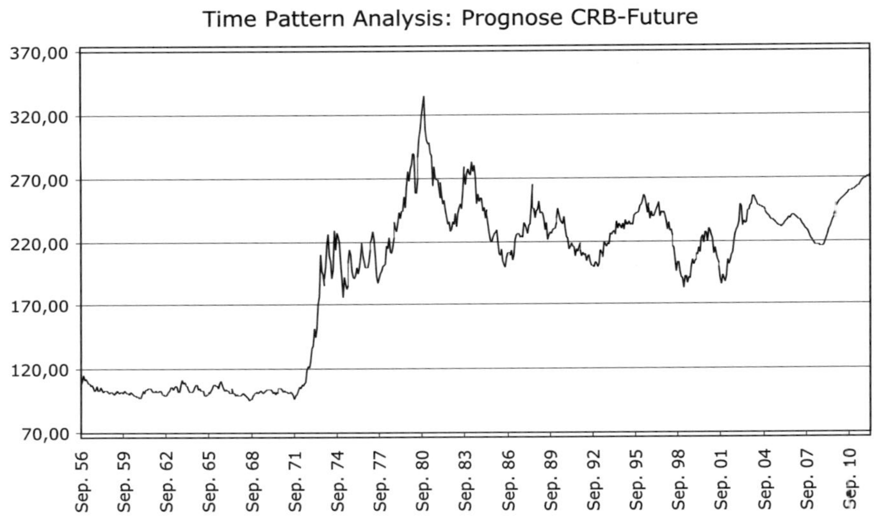

Dies bestätigt ein Blick auf den eigentlichen Verbraucherpreisindex. Hier deutet sich eine sehr moderate Aufwärtsbewegung bis ins Frühjahr 2005 hinein an, der eine lange Periode leicht nachgebender Preise folgt. Damit würde der Ende der siebziger Jahre eingeschlagene Abwärtstrend der jährlichen Veränderungen fortgesetzt und im gesamten Prognosezeitraum nicht verlassen. Die jährliche Veränderung wird nach dieser Prognose im Laufe des Jahres 2006 erstmals negativ. Dieses deflationäre Bild korreliert sehr gut mit dem zyklischen Tief des S&P 500, und auch die sich daran anschließenden wellenförmigen Bewegungen entsprechen sich.

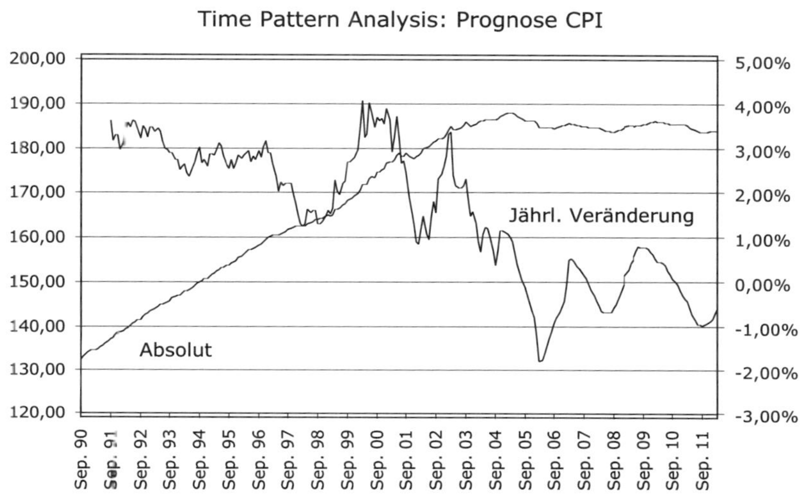

Die Trendaussage der vier Diagramme ergibt ein stimmiges Bild: Die US-Konjunktur schafft es nicht, über eine Erholungsbewegung hinauszukommen, die sich irgendwann im Jahr 2004 erschöpft. Die Verbraucherpreise laufen zusammen mit den Zinsen noch ein wenig nach, die Rohstoffpreise beginnen hingegen schon früh, Schwäche zu zeigen. Die bis zum Jahr 2010[199] reichenden Prognose-Charts zeigen, dass es bis dahin keine konjunkturelle Wende gibt.

Die Schaubilder basieren auf völlig unterschiedlichen Erhebungen, die Zeiträume der Daten, die in die Prognose eingehen, variieren. Trotzdem bestärken sich die Ergebnisse gegenseitig. Das stützt die Annahme, dass die Gesamtschau vom Trend her richtig ist. Sie entspricht im Übrigen – und das ist das Entscheidende – auch einem großen, analytisch begründbaren Bild, wie man es aus den in Kapitel I.2 erörterten Trends entwickeln kann.

Die nähere Zukunft bringt also eine auf breiter Front nachlassende wirtschaftliche Dynamik. Damit steigt die Wahrscheinlichkeit, dass eine schwere Finanzkrise näher rückt – in zeitlicher und geographischer Hinsicht. Die in Kapitel II.6.b aufgestellte These, dass wir uns im „Kondratieff-Winter" befinden, ist demnach Realität.

Rollenwechsel: Die Wirtschaft hatte einige Jahrzehnte das Heft des Handelns in der Hand. Jetzt lahmt sie. Die Weltpolitik dürfte nun umso rühriger werden.

c Weltpolitik

Nach Kondratieff spitzen sich insbesondere im „Winter" die Probleme und Widersprüche innerhalb der Gesellschaft, aber auch die in ihrem Außenverhältnis so zu, dass sie sich schließlich in einem „Großen Krieg" entladen könnten. War der Irak-Krieg ein Vorbote?

Modelski stellt einen plausiblen Zusammenhang zwischen Innovationszyklen und weltpolitischer Dominanz her. Dabei sieht er in der jüngeren Geschichte je zwei Kondratieff-Zyklen als Basis für die weltbeherrschende Rolle einer Nation an.[200] Es ist unstrittig, dass die USA diese Position nahezu im gesamten 20. Jahrhundert innehatten, also für zwei Zyklen. Mit Edison hat ein Amerikaner wesentliche Grundsteine für die Nutzung der Elektrizität gelegt, die entscheidenden Entwicklungen der Halbleitertechnologie fanden ebenfalls in den USA statt. Modelski sieht die Vereinigten Staaten zu Recht als in der Informationstechnologie führend. Da er den Startpunkt des laufenden Kondratieff-Zyklus in die siebziger Jahre legt, vermutet er, dass sie noch für 20 bis 30 Jahre weltpolitisch gut positioniert sind.

Gemäß der favorisierten Einteilung der Kondratieff-Zyklen und entgegen derjenigen von Modelski liegt der letzte Startpunkt um das Jahr 1950. Mit der nun angebrochenen „kalten Kondratieff-Jahreszeit" stellt sich zumindest sehr ernsthaft die Frage, ob die USA auch in einem folgenden Zyklus weltpolitisch dominieren können.

Die USA verfügen neben ihrer führenden Rolle bei Elektronik und Informationstechnologie in der aktuellen Situation über mehrere Pfunde, mit denen sie gegenüber der europäischen Konkurrenz – und nichts anderes ist das ökonomische Verhältnis der „Bündnispartner" – wuchern können:

1. Das amerikanische politische System ist stark zentralisiert. Insbesondere zieht die amerikanische Notenbank zeitnah mit am Strang der Regie-

rung. Die EZB hingegen ist 15, bald 25 ganz unterschiedlichen Volkswirtschaften verpflichtet. Das macht unbeweglich.[201]

2. Die Bevölkerung der USA ist Presse und Medien ausgesetzt, die sehr viel stärker gleichgeschaltet sind als die in Europa.

3. Die Bevölkerung der USA wächst nachhaltig. Damit verfügt das Land über einen sich stetig erweiternden Binnenmarkt. In Europa hingegen geht die Zahl der Einwohner dauerhaft zurück, insbesondere in den großen Ländern.

4. Die USA haben seit dem Irak-Krieg direkten Zugriff auf weitere wichtige Rohölvorkommen der Erde.

5. Die USA verfolgen eine offensive Außenpolitik, die andere große Nationen an wichtigen Wegmarken stets mehr reagieren als agieren lässt.

6. Mit der Präsenz im Irak besitzen die USA eine Basis in einer geostrategisch und wirtschaftlich äußerst bedeutenden Region.

Damit keine Missverständnisse aufkommen: Diese Punkte sind in der aktuellen Weltsituation wichtige taktische Vorteile. Eine ethische Wertung ist damit nicht verbunden. Zudem können taktische Vorteile auf längere Sicht durchaus fatale Konsequenzen haben – Pyrrhus lässt grüßen.

Die politisch und wirtschaftlich entscheidenden Kräfte der USA sehen die Situation sehr klar und einheitlich – und das nicht erst seit der Ära Bush. In einer im September 2000 erschienenen Schrift heißt es zum Beispiel: „This report proceeds from the belief that America should seek to preserve and extend its position of global leadership by maintaining the preeminence of U.S. military forces."[202] Das Land befinde sich in einer ausgezeichneten Situation, wird weiter ausgeführt. Die Herausforderung des kommenden Jahrhunderts sei es nun, diesen „amerikanischen Frieden" aufrechtzuerhalten und auszubauen. Daher müsse die Schlagkraft der Armee ausgebaut werden. Eine Mission der Streitkräfte lautet, mehrere gleichzeitige größere Kriege[203] klar zu gewinnen. Hierzu müsse die nukleare Überlegenheit erhalten bleiben. Truppenverbände seien dauerhaft in Südost-Europa und in Südostasien zu stationieren; insbesondere Ostasien solle wegen der für Amerika wachsenden Bedeutung dieser Region im Fokus der Marine liegen. Die Regierung Bush ist auf dem besten Wege, der Forderung der Autoren nachzukommen, die Verteidigungsausgaben sollten nach und nach auf mindestens 3,5 bis 3,8 Prozent des Bruttoinlandsprodukts steigen.

Der Zugriff auf die Energiereserven des Nahen und Mittleren Ostens stellt für die USA nur dann einen Vorteil dar, wenn sie diese auch nutzen können. Das wiederum setzt funktionierende und sichere Transportwege voraus. In einer Zeit wachsender Unruhe auf der Welt kann diese Bedingung schnell wegfallen. Schließlich liegt der Irak zwar strategisch zentral, gleichzeitig aber sehr exponiert. Das Land hat lange Grenzen zu Nachbarn, die das Treiben der USA mit äußerster Skepsis beobachten. Zudem sind seine Seehäfen von außen gut kontrollierbar. Das war schon die Achillesferse des Regimes von Saddam Hussein.

Damit werden der Irak und die Sicherung der Transportwege auf lange Zeit große materielle, finanzielle und personelle Ressourcen binden. Den Amerikanern schwebt wahrscheinlich die „Erfolgs-Story" vor, als sie die schwierige Lage in Europa nach dem Zweiten Weltkrieg für sich nutzen konnten. Doch ein „irakischer Adenauer" ist nicht in Sicht. Die irakische Bevölkerung verfolgt das Treiben der Amerikaner mit zunehmender Skepsis, während die Mehrheit im Nachkriegs-Deutschland neutral bis positiv eingestellt war. Das Kalkül der Amerikaner dürfte sein, dass mit einem wirtschaftlichen Aufschwung im Irak das Pendel umschwingt. Hierbei übertragen sie jedoch ihre eigene, stark an materiellen Werten ausgerichtete Haltung auf die Mentalität der Völker im Irak. Das ist zu einfach.

Die USA haben sich noch nie besonders geschickt im Umgang mit fremden Kulturen gezeigt. Die Strategie der Amerikaner nach dem Zweiten Weltkrieg ging unter anderem deshalb auf, weil Europäer und Amerikaner die gleichen kulturellen Wurzeln haben. Im Irak hingegen steht ein von christlich-religiösem Sendungsbewusstsein erfüllter Bush dem islamischen Kulturkreis gegenüber, dessen Wertgerüst selbst für aufgeschlossene westlich geprägte Menschen zuweilen schwer zu verstehen ist. Größer können die Widersprüche kaum sein. Zudem dürften die geschickteren politischen Kräfte um den gegenwärtigen Außenminister Powell eher weiter an Einfluss verlieren.

Gut möglich, dass der Irak für die Amerikaner ein Fass ohne Boden wird – eine Fehlinvestition, um es sarkastisch-wirtschaftlich zu formulieren. Genau dann verkehren sich einige der oben dargestellten, mit dem Irak verbundenen taktischen Vorteile in ihr Gegenteil.

Dass es so kommt, ist recht wahrscheinlich. Und so dürfte sich die Situation allmählich so zuspitzen, dass wir in einigen Jahren einen Krieg erleben werden, der sich in der Region um den Irak abspielt und sich – natürlich – um die Energiereserven dort dreht. Der Auslöser kann ein weiterer, verheerender terroristischer Anschlag sein. Genauso gut kann er sich – wie beim Irak-Krieg wohl vorbereitet – gegen Anrainerstaaten richten. Die „Achse des Bösen" ist lang. Krieg ist die Fortsetzung der Politik mit anderen Mitteln. Die Politik der USA ist auf Dominanz und Expansion ausgerichtet. Ob der nächste Präsident wieder Bush heißt, ist dabei relativ gleichgültig.

Wie werden sich die Nachbarstaaten verhalten? Wie werden sich insbesondere die anderen entwickelten Industrienationen verhalten? Wie stellt sich China zu dem Konflikt? Was sagt Russland? Spätestens ein solcher Konflikt wirbelt die Blöcke auf der Welt durcheinander.

Die Vorstellung einer Annäherung von Europa und Russland ist verlockend, aber sie hält nicht, was sie verspricht. Durch die großen Öl- und Gasreserven, über die die Region der ehemaligen Sowjetunion verfügt, wie auch über die soliden Kohlelager zum Beispiel in Deutschland wäre die Energiebasis eines solchen Bündnisses zunächst einmal gesichert. Es entstünde ein riesiger Binnenmarkt mit vielen natürlichen Grenzen, den Meeren.

Allerdings sind die Aussichten der Europäer, zu einer effektiven Einheit zu kommen, ziemlich schlecht. Sie wären aber Voraussetzung für eine effektive strategische Neuorientierung. Auf der Ebene der Brüsseler Bürokratie wird versucht, die Geschichte umzustülpen. Eine gemeinsame Währung ist normalerweise das Resultat einer wirtschaftlichen Angleichung. Mit dem Euro versucht man, dies zu erzwingen. Das bindet weitreichende Ressourcen und erfordert zusätzliche Maßnahmen. Die europäischen Sozialsysteme sind starr und unbeweglich und die politischen Kräfte hauptsächlich mit der Sicherung ihrer eigenen Pfründe beschäftigt. Die beständige Ausweitung der EU ist teuer, die Identifikation der Menschen mit einem solch schwammigen Gebilde nimmt weiter ab.

Europa hängt im Übergang von der partizipativen Massendemokratie zu „etwas anderem" fest. Jene Staatsform war das angemessene Pendant zu Keynes' ökonomischen, wohlfahrtsstaatlichen Konzepten. Für die ist es jetzt zu spät – oder noch zu früh? Die politische Entsprechung hierzu wird in der stark gestuften europäischen politischen Hierarchie vom Gemeindeparlament über Landtage und Nationalregierungen zu einer Brüsseler Zentralregierung auf die Spitze getrieben.

Die inneren Voraussetzungen für ein international starkes Europa sind damit schlecht. Es ist nicht sehr wahrscheinlich, dass sich das innerhalb weniger Jahre ändert, obwohl eine äußere Gefahr den Prozess des Zusammenschweißens stimulieren und beschleunigen kann.

Russland ist ebenfalls stark mit sich selbst beschäftigt. Der Übergang vom alten System zu einer neuen Ordnung ist noch nicht einmal halbwegs abgeschlossen. Russland sucht den Übergang von einer zentralistischen Direktionswirtschaft zu mehr Spielraum für die Unternehmen. In diesen Friktionen hat sich eine Oligarchie herausgebildet, deren hauptsächliches Interesse die Anhäufung von privatem Reichtum ist. Das belastet, zusammen mit einer kaum entwickelten Kultur unternehmerischer Initiative, eine solche Entwicklung schwer. Gleichzeitig ist Russland konfrontiert mit massiver amerikanischer Einflussnahme „unter der Decke", wie zum Beispiel die Vorkommnisse um den bisherigen Yukos-Chef zeigen.

Die USA werden nichts unversucht lassen, solche Annäherungen schon im Vorfeld zu torpedieren. Mit Polen und Spanien haben sie im Rahmen des Irak-Konflikts zwei große Länder im Westen und im Osten der EU auf ihre Seite gezogen. Zudem sind sie über die NATO im Gebiet des ehemaligen Jugoslawien engagiert. Diese Bestrebungen dürften weitergehen.

Ob in einer solchen Situation mehr herauskommen kann als ein temporäres schwaches Zweckbündnis zwischen „Europa“ und Russland, erscheint zweifelhaft: Der Blinde stützt den Lahmen. Jeder der beiden Partner alleine dürfte den USA auf der weltpolitischen Bühne nicht genug entgegenzusetzen haben.

China dürfte sich vermutlich so lange wie irgend möglich aus einem weltpolitischen Spannungsfeld heraushalten. Sein Bruttoinlandsprodukt wächst rasant. Der große Binnenmarkt bietet die Chance, sich in den nächsten Jahren konjunkturell vom Rest der Welt abzukoppeln. Zudem schleppt das Land noch eine Vielzahl von Hinterlassenschaften der Vergangenheit mit sich herum und türmt mit den rasant wachsenden Ungleichgewichten zwischen Arm und Reich, zwischen Stadt und Land neue Probleme auf. China wird in den nächsten Jahren noch mehr von den entwickelten Industrieländern hofiert werden – das immense Wirtschaftswachstum lockt. Es wird dies durch eine Schaukelpolitik zu nutzen wissen. Ich halte es für unwahrscheinlich, dass das Land in einer solchen Situation innerhalb der nächsten 15 bis 20 Jahre die Machtfrage stellen wird.

Wer sonst? Wir greifen das Thema später wieder auf.

d Der nächste Kondratieff – die Utopie?

Wir sind auf der Suche nach einer (neuen) Führungsmacht. Wenn das Primat der wirtschaftlichen Basis über den politischen Überbau stimmt, wie es Marx formuliert und Kondratieff in seine Theorie integriert hat, so müssen wir uns auf die Suche begeben nach einer, besser der Basisinnovation, die diese tragen kann.

Deren Kennzeichen sind, dass sie ganz neue Märkte schafft und dadurch die gesamte Wirtschaftstätigkeit auf einer höheren Stufe anschiebt. Plötzlich ist dann wieder Arbeit da, die kaufkräftige Nachfrage steigt. Die Unternehmen machen Gewinn, den sie investieren. Die Gesellschaft schaut nach vorn, alle ziehen an einem Strang.

Für den russischen, heute in Deutschland lebenden Zukunftsforscher Leo A. Nefiodow wurde im ersten Kondratieff-Zyklus der Bedarf nach Textilien und Kleidung befriedigt, im zweiten ging es um bessere Transportmittel. Der dritte Zyklus war auf den Massenkonsum ausgerichtet (elektrische, chemische Artikel). Im vierten kam der Bedarf nach individueller Mobilität zum Zuge. Im aktuellen fünften geht es seiner Meinung nach um den effizienten Umgang mit Information und Wissen.

Ein sechster Zyklus befindet sich noch in einer sehr frühen Phase. Nefiodow glaubt, dass der psychosozialen Gesundheit eine Schlüsselrolle zufallen wird.[204] Biotechnologie und Life Sciences, die Gesundung von Mensch und Natur, werden zum Leitmotiv. Die Medizin beschreitet abseits der bisherigen Schulmedizin in einem ganzheitlichen Sinn völlig neue Wege: Es geht um seelische, ökologische und soziale Gesundheit.

Der nächste Innovationsschub hängt nach Nefiodow im Wesentlichen davon ab, wie man die weichen Faktoren besser nutzt. Damit sind (soziale) Kompetenzen im Umgang mit Menschen, Kreativität, Motivation, Verantwortungsgefühl gemeint, vor allem aber die Bereitschaft, sich für eine Sache einzusetzen.[205] Die wirklichen Durchbrüche in der Produktivität, Größenordnungen von 30, 100 bis zu 1000 Prozent, erreicht man seiner Ansicht nach dadurch, dass man die Art und Weise der Zusammenarbeit der Menschen umgestaltet. Gruppenarbeit ist das Stichwort.

Unstrittig ist, dass hinsichtlich seelischer, ökologischer und sozialer Gesundheit vieles im Argen liegt, dass also ein großer und unmittelbarer Bedarf besteht.[206] Strittig ist, ob hieraus ein solcher Produktivitätsfortschritt resultiert, dass das einen neuen langen Wirtschaftszyklus zünden kann. Der umrissene Themenkreis betrifft zu einem wichtigen Teil die Reproduktionskosten der Gesellschaft. Eine ganzheitliche Medizin dürfte am Ende deutlich kostengünstiger sein als das, was die Schulmedizin heute leistet. Wirklicher Umweltschutz spart volkswirtschaftliche Kosten und macht das Gemeinwesen dadurch effizienter. Können solche Kosteneinsparungen eine ganz neue Industrie hervorbringen, die Kapital akkumuliert und weiter wachsen kann?

Wer fragt das Angebot dieses Sektors auf dem Markt nach? Ich habe Zweifel, ob eine solche Industrie tatsächlich das Zeug dazu hätte, der Wirtschaft einen solchen Schub zu geben, dass das Momentum 50 Jahre und länger anhält.

Wer bezahlt die Erzeugnisse dieser Industrie? Jeder Einzelne, die Unternehmen, das Gemeinwesen? Seelische, ökologische und soziale Gesundheit sind eher Dinge, die die Gesellschaft insgesamt betreffen. Dann liegt es nahe, dass der Staat hierfür aufkommt. Damit würde dessen Rolle, die im Zuge der Globalisierung zur Karikatur ihrer selbst wurde, wieder stark aufgewertet. Es scheint, als ob mit einer solchen Wendung Züge zentraler Planwirtschaft Einzug halten.

Bei der alternativen Medizin liegt der Brückenschlag zur fernöstlichen, eher ganzheitlich ausgerichteten Medizin nahe. Würde ein derartiger nächster Kondratieff-Zyklus China die Chance bieten, das weltpolitische Zepter von den USA zu übernehmen? Würden die USA die Biotechnologie so schnell und so weit treiben können, dass sie dies verhindern? Sind die USA aufgrund ihres verschwenderischen Umgangs mit Ressourcen, insbesondere mit Energie, mental überhaupt in der Lage, bei einer solchen Wende die Führung zu übernehmen? So viel scheint erst einmal sicher: Europäer, Russen und die arabischen Nationen dürften in einem solchen Szenario vermutlich keine führende Rolle einnehmen.[207]

Ich halte eine solche Wendung innerhalb der nächsten 30 Jahre für weniger wahrscheinlich. Vielleicht fehlt mir die Phantasie, mir vorzustellen, wie eine auf die Reduktion gesellschaftlicher Kosten ausgerichtete Industrie so sehr prosperieren kann, dass dies mehrere Dekaden anhält. Faszinierend ist der Gedanke zweifellos, legt er doch den Finger auf große Wunden, die der Kapitalismus in der Basis, vor allem aber im Überbau gerissen hat.[208]

Die Aussicht, dass die Realisierung vermutlich nur über den Staatsapparat laufen könnte, ist beängstigend, wenn man an die heutigen Verhältnisse denkt. Sie ist jedoch faszinierend, wenn man die Sache weiterspinnt. Nefiodows Ideen erfordern im Endeffekt die Aufhebung der Entfremdung, wie sie Marx beschrieben hat.[209] Man muss hierzu vor seinem geistigen Auge ein völlig neues Gemeinwesen entstehen lassen. Eines, das in selbst organisierte Einheiten gegliedert ist. Einheiten, die groß genug sind, um eigenständig zu agieren,[210] doch klein genug, um für jeden Einzelnen noch überschaubar zu sein. Dieses Szenario wäre in nahezu allen Aspekten das diametrale Gegenteil der heutigen Art, zu wirtschaften und zu leben.

Alles in allem glaube ich allerdings nicht, dass die Zeit für einen von den Gedanken eines Nefiodow getragenen nächsten Kondratieff-Zyklus schon reif ist.[211]

e Der nächste Kondratieff – die realere Variante

Das Kennzeichen der aktuellen Lage ist die absehbare Knappheit an wichtigen Rohstoffen. Hinzu kommen Klimaveränderungen, deren fatale Auswirkungen uns mehr kosten, als jemals in irgendeinem Rechnungsjournal stehen wird. Demgegenüber steigt die Zahl der Münder, die satt werden wollen, weiterhin stark. Die zu den Mündern gehörenden Menschen wollen aber auch in warmen Häusern sitzen, sie wollen elektrischen Strom nutzen können, und sie wollen sich fortbewegen. Das kostet Energie, die zu einem bedeutenden Teil aus Erdöl gewonnen wird.

Gleichzeitig hat sich aus dem technologischen Hauptstrom der vergangenen fünf Dekaden, der Halbleitertechnik, etwas entwickelt, das das Zeug haben könnte, eines der dringendsten Probleme, die relative Knappheit an Erdöl, zumindest zu entschärfen. Rohöl könnte sich dann stärker auf die Rolle als Grundstoff für die chemische Industrie beschränken und dort die langfristige Verfügbarkeit deutlich verbessern.

Die Rede ist von der Photovoltaik, bei der Halbleiterelemente Licht in elektrischen Strom umsetzen. Der Wirkungsgrad einer modernen, industriell gefertigten monokristallinen Solarzelle, das heißt der Anteil des in Strom umgesetzten auftreffenden Lichts, liegt bei rund 17 Prozent.[212] Preiswertere Technologien bringen es auf rund zehn Prozent.

Aktuell erreicht man in Deutschland mit Photozellen eine Ausbeute von 80 bis 100 Kilowattstunde pro Quadratmeter im Jahr. Eine Dachfläche von rund zehn Quadratmetern auf einem Einfamilienhaus könnte dann mit bis zu 1000 Kilowattstunden zur Stromversorgung beitragen. Das ist rund ein Sechstel des jährlichen Stromverbrauchs einer vierköpfigen Familie – immerhin ein Anfang. Rechnet man mit üblichen Transferzeiten vom Labor in die Fertigung, so könnte in den nächsten fünf Jahren wohl mindestens der 1,5fache

Wirkungsgrad industriell verfügbar werden. Dann würde im obigen Anwendungsbeispiel schon ein Viertel des Strombedarfs einer vierköpfigen Familie abgedeckt.

Bei einer jährlichen Sonnenscheindauer von 800 Stunden – das ist ein mittlerer Wert für Deutschland – und einer Lebensdauer von 20 Jahren ergibt sich über alles, allerdings ohne Kapitalverzinsung, ein Preis für Sonnenstrom von etwa 0,40 Euro pro Kilowattstunde.[213] In den vergangenen drei Jahren haben sich die Preise für Solarzellen um rund 20 Prozent ermäßigt, was mit etwa zwölf Prozent auf den Endpreis durchschlägt. Trotzdem kommt man mit den Kosten für den erzeugten Solarstrom noch nicht in die Nähe der Wirtschaftlichkeit. Dies dürfte beim derzeitigen kleinen Markt für diese Technik jedoch in erster Linie von der Nachfrage abhängen. Springt die an, ergibt sich schnell eine deutliche Preissenkung. Überträgt man Erfahrungswerte aus anderen Elektronikmärkten, kann man mit einer Halbierung der Solarzellenpreise auf Sicht von fünf Jahren rechnen.

Wenn in der Photovoltaik genauso intensiv geforscht würde wie in der Entwicklung herkömmlicher Chips, dürfte sich der Wirkungsgrad dieser Technik wohl deutlich schneller nach oben bewegen – und die Kosten nach unten. Trotzdem wäre selbst bei einem hypothetischen Wirkungsgrad von 100 Prozent im Beispiel gerade erst die Komplettversorgung unseres Vier-Personen-Haushalts möglich. Man sollte sich an diesem Punkt einmal vorstellen, welchen Innovationsschub es brächte, wenn man hier nur zehn Prozent des Betrags einsetzt, den wir uns die Windkraft jährlich kosten lassen.

Auch wenn in den nächsten fünf bis sieben Jahren nur eine Leistungssteigerung unserer zehn Quadratmeter großen Fläche auf 1500 Kilowattstunden pro Jahr herauskäme, könnte das die Energiebilanz erheblich entlasten. Was für unsere nördlichen Breiten gilt, trifft erst recht für südlichere Gefilde zu, wo die Sonne länger scheint als 800 Stunden pro Jahr. Tendenziell gilt aber auch für die Photovoltaik, was als Nachteil der Windenergie zu Buche schlägt: Es muss Kraftwerksleistung im Hintergrund bereitstehen, die einspringt, wenn es trüb oder dunkel wird. Der Nutzung des Stromnetzes als Speicher ließe sich durch umfangreiche Batteriepufferung entgegenwirken, was die Kosten einer Photovoltaik-Anlage allerdings steigen lässt. Die Photovoltaik könnte daher ein wichtiger Baustein in einem fortschrittlichen Energiekonzept sein, wäre aber längst nicht der einzige.

Vom Traum, mit einem Sonnensegel auf dem Dach Auto fahren zu können, ist man bei der heutigen Photovoltaik weit entfernt. Aber es gibt viele große Industriedachflächen, die brach liegen, sodass sie noch genügend Möglichkeiten hat, um ihr einen nicht unbedeutenden Anteil bei der Stromerzeugung zu verschaffen. Diese Technik ist zudem stark dezentral ausgerichtet, ihre Energie wird dort verbraucht, wo sie anfällt. Das dürfte ein erheblicher Vorteil sein und die Infrastrukturkosten vergleichsweise gering halten, die etwa bei der Windenergie erheblich zu Buche schlagen.

Es gibt noch eine Vielzahl weiterer Möglichkeiten der alternativen und dezentralen Energieerzeugung. Sie sollen hier nicht alle erörtert werden. Die Photovoltaik wäre lediglich eine besonders elegante Lösung, die direkt auf den Errungenschaften der modernen Halbleitertechnik und Elektronik aufbaut. Doch sie ist nur eine von vielen Ansätzen, den Bedarf vor allem an stationärer Energie in den Griff zu bekommen. Aber auch für den mobilen Part gibt es viel versprechende Entwicklungen. Gestreift sei nur die Brennstoffzellentechnik, die das Zeug hat, eines Tages sogar Laptop und Handy mit Strom zu versorgen. Genauso wird am Brennstoffzellen-betriebenen Fahrzeug gearbeitet. Hier ist man schon recht weit. Viele dieser Technologien verdienen deutlich höhere Investitionen in Forschung und Entwicklung.

All diesen neuen Lösungen ist auf der Ebene ihrer Integration in einen Nutzungskontext gemein, dass intelligente, komplexe Elektronik erforderlich ist. Überall spielen die Halbleitertechnik und Elektronik eine große, manchmal die entscheidende Rolle. Um sie gruppieren sich, je nach Einsatz, intelligente Antriebssysteme und Module zur Energiespeicherung.

Die dezentrale alternative Energiegewinnung hat insgesamt das Zeug, zu einer starken Branche zu werden. Marktbeobachter schätzen zum Beispiel, dass der Photovoltaik-Markt bis 2010 um rund 20 Prozent jährlich wachsen wird. Der Bedarf für solche Lösungen ist da, er verschärft sich – getragen vom beständigen Wachstum der Weltbevölkerung – von Tag zu Tag. Das gesamte, bisher erworbene Know-how hinsichtlich Halbleitertechnologie, von der

Hardwareentwicklung über chemische Zusammenhänge bei der Gewinnung und Speicherung elektrischer Energie bis hin zu komplexen elektronischen Regelungen, könnte in einer neuen Branche zusammenfließen.

Allen dezentralen, auf erneuerbaren Energien beruhenden Energiegewinnungstechniken sind folgende Merkmale gemein: Sie können Strom günstig in ländliche Gebiete bringen und den Lebensstandard vor Ort heben. Damit wirken sie tendenziell dezentralisierend, also der Landflucht entgegen. Sie schaffen im Verhältnis zur traditionellen Energieindustrie mehr und vielschichtigere Arbeitsplätze. Insbesondere in den armen, ländlichen Gebieten auf der Südhalbkugel spielen solarbetriebene Trinkwasserpumpen und Telekommunikationseinrichtungen schon jetzt eine wichtige Rolle. Hier ergibt sich ein riesiges Betätigungsfeld, das tendenziell Auswüchse bisherigen Wirtschaftens zurückdrängen kann.

Die Kalkulation der Kosten für alternative Energiegewinnung fällt im Vergleich sofort anders aus, wenn der Preis für Erdöl und Erdgas[214] nachhaltig steigt. Klar ist, dass der Zeitpunkt für den Produktions-Peak beim Rohöl absehbar ist.[215] Also sollte sich das in einem dauerhaft steigenden Preis niederschlagen.

Der Rohölmarkt ist jedoch kein wirklicher Markt mit frei schwingenden Preisen. Auf Seiten der Nachfrage müssten die „Öko-Steuern" drastisch steigen, um die volkswirtschaftlichen Kosten angemessen „einzupreisen". Dies wird niemand ernsthaft in Erwägung ziehen, besonders nicht in der aktuellen Situation. Das zarte Pflänzchen „Konjunktur" würde schnell absterben. Folgt man dem HWWA, einem international renommierten Wirtschaftsinstitut, dann lässt die Senkung des Rohölpreises um einen US-Cent das Weltwirtschaftsprodukt um 30 Milliarden Dollar steigen. Und umgekehrt.

Verzerrungen gibt es auch auf Seiten des Angebots. Das Engagement von Kapital der ölexportierenden Länder in den Industrienationen hält die Angebotskurve mehr oder weniger in der Waagerechten. Wer würgt schon sehenden Auges die Rendite seiner Investitionen ab? Was so war, muss nicht so bleiben. Die arabischen Ölförderländer rufen seit einiger Zeit Investitionen im Dollar-Raum zurück, Neuengagements sind kaum noch zu sehen. Dies dürfte aufgrund der weltpolitischen Verschiebungen eine dauerhafte Linie sein. Stattdessen engagieren sie sich verstärkt im Euro-Raum.

Solange die Lieferländer ihre Rohölerlöse gleich wieder in dem Währungssystem investieren, aus dem sie stammen, spielen Währungseinflüsse bei der Preisbildung eine untergeordnete Rolle. Wenn sie ihre Direktinvestitionen im Dollar zurückfahren, sind sie besonders bestrebt, ihre Erlöse netto zumindest konstant zu halten. Also werden sie auf deutliche Wechselkursänderungen jetzt stärker reagieren. Natürlich wird dabei tendenziell die Richtung nach oben vorgezogen und zu halten versucht.

Alle Einflussfaktoren bedeuten in der Konsequenz, dass die Angebotskurve künftig eher steiler wird und der Rohölpreis marktgerechter agiert. Die USA beginnen, sich mit ihrem Engagement im Irak in der Tendenz hiervon abzukoppeln. Sie machen ihren eigenen Preis. Die Europäer wären die Leidtragenden. Wenn allerdings die Kapitalzuflüsse aus den (arabischen) Förderländern anhalten, dürfte das den Auftrieb dämpfen. Dasselbe gilt, wenn Länder wie Russland ab einem bestimmten Preisniveau verstärkt nach Europa liefern. Denkbar daher auch, dass in absehbarer Zeit ein einheitlicher, in Dollar notierender Ölmarkt aufhört zu existieren.

In der Summe darf man davon ausgehen, dass der Ölpreis in Bewegung gekommen ist. Die Vorzugsrichtung weist nach oben, gestützt auch dadurch, dass die wachsende Weltbevölkerung die Nachfrage steigen lässt. Trotzdem dürfte es in absehbarer Zeit keine Preisexplosion geben. Denn ein schnell und nachhaltig steigender Rohölpreis würde die Anstrengungen zur Entwicklung von alternativen Energiekonzepten beflügeln. Daran können die Lieferländer zumindest so lange kein Interesse haben, wie sie nicht exklusiv über eine Alternative verfügen. Die ist aber nicht in Sicht.

Der Produktions-Peak beim Rohöl fällt mit dem vermutlichen Ende des aktuellen Kondratieff-Zyklus zusammen. Dies bestärkt die Annahme ungemein, dass der Bedarf an Energie den künftigen Markt prägen wird.

f Die technologisch-politische Machtfrage

Der nächste Kondratieff-Zyklus wird also aller Wahrscheinlichkeit nach von Innovationen geprägt, die das Energieproblem in den Griff bekommen: alternative Energien. Stellen wir die Machtfrage: Welche Nation hat den Schlüssel hierfür in der Hand?

Die USA als Trägerin des aktuellen technologischen Führungsbanners denken nicht daran, ihren Energieverbrauch deutlich einzuschränken. Militärische Abenteuer bewirken eine weitere Zunahme. Offenbar wollen sie das Problem nicht wahrhaben. Mit dem Zugriff auf wichtige Rohölvorkommen im Mittleren Osten entspannen die USA die Energiefrage für sich. Die Geschichte zeigt, dass akute Notsituationen den menschlichen Erfindergeist anstacheln. Im Umkehrschluss dürfte damit die Entwicklung einer alternativen Energieversorgung in den USA eher weiter auf Sparflamme kochen.

Für Europa sieht das anders aus. Diese Region dürfte von der absehbaren Verknappung der Rohölversorgung und der Preisentwicklung unmittelbar betroffen sein, wenn nicht die Hoffnung auf sich öffnende russische Ölhähne entsprechende Erkenntnisse und Konsequenzen schnell wieder einschlafen lässt. Aber auch hier gibt es zurzeit kaum hoffnungsvolle Bestrebungen. Immerhin scheint hier das Bewusstsein um die künftigen Probleme besonders groß zu sein.

In China wird die Wasserkraft massiv ausgebaut, um sich in der Energieversorgung unabhängiger aufzustellen, Indien verfügt zurzeit, wie China wohl auch, nicht über das erforderliche umfassende technologische Know-how. All diese Länder – das gilt auch für den arabischen Kulturkreis – haben die um Halbleiter und Information zentrierte Technologie nicht so verinnerlicht, dass sie hier in absehbarer Zeit eine führende Rolle spielen könnten. Wesentliche Teile dieser Technologie werden aber auch die alternativen Energien prägen. Für Südamerika und Afrika gelten die schon genannten Argumente in unterschiedlicher Gewichtung. Japan dürfte noch lange mit den eigenen Problemen beschäftigt sein. Zudem adoptiert man dort stets geschickt die „westlichen“ Entwicklungen, steht aber nicht an ihrer Front.

Also lautet die Antwort auf die Machtfrage: Bisher gibt es keine Führungsnation, die den Schlüssel für den nächsten Kondratieff-Zyklus in der Hand hat. Zwar kann man unterstellen, dass die Technologieentwicklung heutzutage deutlich schneller vonstatten geht als in früheren Zyklen. Vermutlich ist es aber mit der Technologie alleine nicht getan, sondern es muss zunächst noch revolutionäre Basiserfindungen geben, die das Zeug haben, Wirkungsgrade weit jenseits dessen zu schaffen, was sich aus einer evolutionären Entwicklung ergibt.

Hier ist ebenfalls noch wenig in Sicht. In früheren Zeiten gab es deutlich längere Erfindungsvorläufe. Mag sein, dass das im historischen Rückblick klar zu sehen ist – in der Froschperspektive der Gegenwart ist es das nicht. Sicher können die Vorläufe zwischen wichtigen Erfindungen und deren industrieller Umsetzung heute insbesondere dann kürzer sein als früher, wenn dabei das bisherige technologische Know-how Anwendung finden kann. Europa war bei Basiserfindungen in der Vergangenheit häufig vorn, die USA waren bislang immer besonders stark in der schnellen Umsetzung. Mag sein, dass Europa beim nächsten Erfindungsschub einen leichten Vorteil hat. Russland hätte mit der guten polytechnischen Ausbildung der Vergangenheit ebenfalls noch ein paar Pluspunkte, doch an denen nagt der Zahn der Zeit.

Wenn es richtig ist, dass die USA die wirklichen Herausforderungen der Zeit nicht mehr richtig erkennen, dann wäre das nur typisch für eine Großmacht, deren Zenith überschritten ist.

g Deglobalisierung in Sicht?

Wenn durch nachhaltig hohe Rohölpreise die Transportkosten steigen, wird dadurch die gesamte, heute bestehende weltweite Arbeitsteilung in Frage gestellt. Dann kann der Punkt erreicht werden, wo es keinen Sinn mehr macht, Billiglohnländer als Produktionsstandorte zu nutzen und die Waren in die Endmärkte zu transportieren. Für Öl als Rohstoff der chemischen Industrie gilt genauso, dass sich die Kosten erhöhen, die Überwälzungsmöglichkeiten aber wegen des Zustands der Endmärkte gering sind.

Wird wieder verstärkt in den Ländern produziert, in denen die Produkte auch verkauft werden, kann das dort neue Arbeitsplätze schaffen. Allerdings nur dann, wenn die Löhne sich in Richtung der Niveaus bewegen, das wir heute in den Produzentenländern finden. Wenn das geschieht, hat das wiederum einen negativen Kaufkrafteffekt und dürfte daher zu nicht allzu großen Hoffnungen Anlass geben. Wahrscheinlich wird die Rückverlagerung der Produktion einen weiteren Schub in der Produktivitätsentwicklung auslösen. Dann wiederholte sich die Geschichte der Einführung der 35-Stunden-Woche, die den Automatisierungsgrad in Deutschland deutlich steigen ließ – mit fatalen Folgen für den Arbeitsmarkt.

Statt weniger zentralisierter Großfabrikationsstätten könnten allerdings auf diesem Wege kleinere Herstellungsbetriebe entstehen, die auch in der Lage sind, auf regionaltypische Besonderheiten und Bedürfnisse einzugehen. Dadurch werden die Produkte nicht mehr ohne weiteres austauschbar, was den Anbietern die Chance zur Erzielung von Extraprofiten bietet und dem Verfall der Profitrate entgegenwirkt. Nach wie vor müssen jedoch Rohstoffe, zum Beispiel das Öl selbst, transportiert werden. Hierdurch steigen die Gestehungskosten ebenso wie beim Transport der Endprodukte, wenn auch anteilsmäßig in geringerem Umfang.

Nachhaltig steigende Rohölpreise würden also vielleicht bewirken, dass künftig verstärkt Produktionsanlagen, nicht Endprodukte transportiert werden. Insgesamt könnten so die globalen Transportvolumina und -frequenzen in den nächsten Jahren ein wenig zurückgehen.

Die in Kapitel I.2.b dargestellte Marktsättigung als ein Kernproblem wäre mit einer Rückverlagerung der Produktion nicht vom Tisch, die kaufkräftige Nachfrage würde weiter sinken, die Situation auf dem Arbeitsmarkt würde sich eher weiter verschlechtern, steigende Produktivität bedingte einen weiteren Fall der Profitrate. Die krisenhaften Trends verschärften sich.

Eine umfassende Deglobalisierung wäre wünschenswert, sie wird es jedoch so nicht geben, im Gegenteil: Der Kampf um Einfluss auf der Welt wird durch Verteuerung und Verknappung des Rohöls nur noch härter werden. Und: Der Kapitaltransport wird durch diese Situation nicht behindert, seine Kosten gehen dank weltweiter elektronischer Kommunikation gegen Null.

Globalisierung ist lediglich zu einem kleinen Teil Outsourcing in ferne Länder. Der weitaus wichtigere Aspekt besteht darin, dass das wirtschaftliche Geschehen auf der Welt von immer weniger Großbetrieben kontrolliert wird. Diese, dem Kapitalismus innewohnende Tendenz der Zentralisierung der Macht wird so lange weitergehen, wie dieses Wirtschaftssystem existiert. In der heutigen Ausformung der Globalisierung spielt das Finanzkapital eine herausragende Rolle.[216] Eine Deglobalisierung müsste sich zwangsläufig und vorrangig darin äußern, dass dessen Bedeutung sinkt. Hier ist jedoch mittlerweile so viel Kapital – gleich Macht – konzentriert, dass daran meiner Meinung nach zunächst nicht zu denken ist. Die Regierungen und Notenbanken dieser Welt tanzen längst nach der Musik, die dort spielt.

Und die nächste Runde in der Machtkonzentration ist schon in Sicht. Hier kommen wir zurück auf die weiter vorne dargestellten Pläne der Bush-Regierung, das soziale Sicherungssystem der USA unter die Obhut des Finanzkapitals zu stellen. Ob das so kommt oder in etwas anderer Verpackung, ist gleichgültig. Klar ist, dass das nur ein, wenn nicht der konsequente nächste Schritt auf dem Weg abnehmender Gestaltungsmöglichkeiten der Nationalregierungen ist, der mit der Aufhebung der Verträge von Bretton Woods eingeschlagen wurde.[217] Die Finanzindustrie macht sich schon länger für eine solche Wendung stark,[218] sie korrespondiert auch mit den neuen Ideen des Prof. Shiller alias Dr. Doom, die wir in Kapitel II.6.b angerissen haben.

Mit der so in die Finanzmärkte strömenden Liquidität würde dieser Industriezweig seine beherrschende Stellung weiter festigen und die „Finanz-Assets" noch weiter inflationieren. Die Finanzmärkte koppeln sich dann nur noch mehr von der Realität ab, die permanente Buchwertsteigerung ersetzt reales Wachstum. Die Abwendung von der Realwirtschaft geht weiter, der Ausbau der Globalisierung über die Stärkung der Finanzindustrie ebenso. Von Deglobalisierung ist da weit und breit nichts zu sehen.

Ein letzter Punkt: Das Interesse des Finanzkapitals besteht darin, in einer möglichst kurzen Zeit eine möglichst hohe Rendite zu erzielen. Auf welcher Grundlage das geschieht, ist mittlerweile völlig zweitrangig. Immer mehr Geld fließt in Derivatemärkte, die früher einmal Sicherungsfunktion für die Realwirtschaft hatten. Heute sind sie Spielwiese, vor allem aber Machtmittel. Kapital stammt ursprünglich aus der Produktion, also dem Prozess zur Schaffung realer Werte. Hierzu wird es heute in immer kleinerem Maßstab, bezogen auf das insgesamt vorhandene Kapital, eingesetzt.[219] Andere Zwecke haben Vorrang. Dominanz, immer und überall – darum geht es. Nicht zufällig ist das auch Kern der amerikanischen Politik.

Damit herrscht auch tendenziell ein Mangel an Geld, um neue Technologien zu entwickeln, Erfindungen zu machen. Mit der Entfernung der Kapitaleigner vom Ursprung ihrer Macht, der Produktion von Gütern, wächst die Gefahr, dass die für Forschung und Entwicklung noch vorgesehenen Mittel fehlgeleitet werden. Dann werden sie vergeudet und leisten keinen sinnvollen Beitrag mehr zur Sicherung der künftigen Lebensgrundlagen der menschlichen Gesellschaften. Das verstärkt die Knappheit an Kapital für Forschung und Entwicklung weiter. Über einen solchen Mechanismus könnte sich der Kapitalismus am Ende selbst die Luft abdrehen.

Gut möglich, dass auch deswegen zurzeit noch keine wirklichen Hoffnungsträger in Forschung und Entwicklung erkennbar sind, denen zugetraut werden könnte, den nächsten Innovationszyklus zu tragen.

h Der Schluss

Die stark ernüchternde Erkenntnis lautet, dass ich aktuell wenig aufkeimen sehe, was den nächsten Kondratieff-Zyklus anschieben und die Machtverhältnisse auf der Welt schnell ordnen könnte. Klar ist, dass die Energiefrage drängt. Daher ist die Wahrscheinlichkeit sehr groß, dass Schlüsselinnovationen genau hier ansetzen. Die Frage ist nur, wann das sein wird. Es bleibt die Hoffnung auf eine kurzfristige, innovatorische Wende, die allerdings dadurch gedämpft wird, dass sich unsere Gesellschaft den „Luxus" leistet, zu wenig Geld sinnvoll auszugeben, um eine solche zu befördern.

Wenn also kein Wunder geschieht, müssen wir uns mit dem Gedanken an eine längere Periode der Destabilisierung mit allen schlechten Folgen, Verarmung, Unruhen und Kriegen anfreunden. Dann fahren wir mit unserem Karren so heftig gegen die Wand, dass nichts mehr läuft. Vielleicht, weil uns die Energie ausgeht – diejenige fossiler Herkunft und unsere eigene. Vielleicht, weil dieser Planet beginnt, durch unsere Sünden der Vergangenheit ein unwirtlicher Ort zu werden.

Wer sagt auch, dass die Länge eines Kondratieff-Zyklus und seines Winters in Stein gemeißelt ist? So wie der Herbst schon länger war als „geplant", könnte sich auch der Winter hinziehen. Vielleicht weil der im Herbst hinterlassene Scherbenhaufen größer ist, vielleicht weil das verlängerte menschliche Leben den Kondratieff-Zyklus insgesamt ausdehnt.

Und hier könnten die Gedanken von Nefiodow wieder ins Spiel kommen, die nach einem extrem überdehnten Kondratieff-Winter eine Chance bekommen. Dies wäre jedoch mit ziemlicher Sicherheit gleichbedeutend mit einem radikalen Wechsel des Wirtschaftsystems, was wiederum kaum ohne heftige und lang andauernde gesellschaftliche „Friktionen" abgehen dürfte.

Auch bei dieser Wendung müsste das Energieproblem dieser Welt gelöst werden. Sonst stellt sich die Frage gar nicht mehr, wie wir die Kurve zum Nefiodow-Zyklus bekommen. Also zurück auf Feld eins?[220]

Vielleicht – und das erscheint mir am wahrscheinlichsten – passiert beides in einer Wechselbeziehung. Die Menschen besinnen sich schließlich darauf, dass es mit dem Spaß der Spaßgesellschaft vorbei ist, erkennen den Ernst der Lage, rappeln sich um fünf Minuten vor zwölf auf. Sie organisieren sich stärker dezentralisiert,[221] um in der teilweisen Aufhebung der Entfremdung neue Kräfte freizusetzen. Im Gegensatz zu unserer heutigen Art zu wirtschaften beginnen betriebliche und volkswirtschaftliche Interessen und Kosten, sich auf einer Linie zu bewegen. So entsteht die Grundlage für einen effizienten Markt. Der wiederum ist eine wesentliche Voraussetzung für eine nachhaltig erfolgreiche gesellschaftliche Produktion.

Ist das die Wende der Geschichte aus einer extremen wirtschaftlichen und gesellschaftlichen Krisensituation heraus in eine neue Zukunft?

Sollen nun angesichts der aktuellen wirtschaftlichen Lage und der mittelfristigen Perspektiven Unternehmer baldmöglichst zum Konkursrichter laufen und Aktionäre sich rasch von ihren Papieren trennen?

Es gibt auch ein Leben vor der Zukunft. Heute ist die Zeit intelligenter, dynamischer und flexibler Geschäftmodelle, die sich die Segnungen (ohne Anführungszeichen!) der modernen Mikroelektronik und Informationstechnologie zunutze machen. Wenn sie auch noch zur Lösung des Energieproblems beitragen – umso besser. Die Spreu trennt sich vom Weizen.

Es gibt viele große, neue Chancen. Aktionäre und Unternehmer, alle Mitglieder der Gesellschaft, müssen umdenken. Und anpacken.

4 Szenario B

a Wo steht die westliche Kultur?

Klugerweise beschränkten sich hellseherische Institutionen wie das Orakel von Delphi oder auch der im ausgehenden Mittelalter mit seinen Vorhersagen Angst und Schrecken verbreitende Nostradamus darauf, ihre Prognosen in breit interpretierbaren „Schüttelreimen“ abzufassen. Diesen Luxus kann sich der Entwickler eines Szenarios nicht leisten. Ein Szenario lässt sich nur auf der Grundlage bestimmter Annahmen entwickeln, die ihrerseits wiederum unterschiedliche Wahrscheinlichkeiten aufweisen. Da keine dieser Annahmen eine 100-prozentige Eintrittwahrscheinlichkeit beanspruchen kann, wird sich ein Szenario niemals mit der wirklichen Zukunft decken. Ein Szenario ist eine Art gemaltes Bild. Bekannte Tatsachen und Erwartungen bilden die Ingredienzien. In diesem Fall wird auf die Erkenntnisse von Teil I und II dieses Buches zurückgegriffen.

Wenn ein Szenario die Wirklichkeit nicht abbilden kann, was kann es dann leisten? Es kann sich ihr annähern. Da bestimmte Annahmen wahrscheinlicher sind als andere, lassen sich die hochwahrscheinlichen Annahmen als Grundlage verwenden. Beispiele dafür sind die Bevölkerungsentwicklung, der Abbau fossiler Brennstoffe sowie die klimatischen Veränderungen, aber auch der von Marx beschriebene tendenzielle Fall der Profitrate, der steigende Schuldenstand sowie der Wandel von der Real- zur Finanzwirtschaft. Beispiele für weniger vorhersehbare Ereignisse sind Gewaltakte wie Kriege und terroristische Anschläge sowie Naturereignisse wie Erdbeben, Vulkanausbrüche oder gar verheerende Meteoriteneinschläge. Die Letzteren in einem Szenario zu berücksichtigen hieße, Vabanque zu spielen. Das Ziel der Beschreibung des nun folgenden Szenarios sehe ich als erreicht an, wenn der Leser für sich neue Erkenntnisse gewinnen kann und diese für sein eigenes Bild der Zukunft als überlegenswert und vielleicht sogar als wertvoll empfindet.

Ein Szenario zur Zukunft der politischen, wirtschaftlichen und gesellschaftlichen Entwicklung lässt sich von verschiedenen Seiten aufzäumen. Man kann die globale Wirtschaft in den Mittelpunkt stellen und von dort aus auf politische und gesellschaftliche Trends schließen. Umgekehrt lässt sich der Hebel auf der geostrategischen und politischen Ebene ansetzen, um von dort aus wirtschaftliche und gesellschaftliche Entwicklungen zu betrachten. Die genannten Ebenen interagieren miteinander und beeinflussen sich gegenseitig.

Für dieses Szenario habe ich als Ausgangspunkt die geostrategisch-politische Ebene gewählt. Ich halte es an dieser Stelle mit Spengler:[222] „Das Leben besitzt also eine politische und eine wirtschaftliche Art. Sie überlagern, stützen oder bekämpfen sich, aber die politische ist unbedingt die erste." Politiker und Zentralbanken sind es, welche die Macht zur Manipulation der Märkte besitzen. Staatsführungen habe die Macht und meist auch den Willen, Kriege anzuordnen – und sei es aus wirtschaftlichen Gründen. Schon Clausewitz sprach vom „Krieg als Fortsetzung der Politik mit anderen Mitteln"[223] und meinte damit die Gültigkeit des Primats der Politik. Beispielsweise sind führende amerikanische Historiker wie der Pulitzer-Preis-Gewinner David M. Kennedy – nicht zu verwechseln mit Paul Kennedy – der Meinung, dass erst der Zweite Weltkrieg die große Depression Amerikas beendet hat.[224] Und es kann auch kein Zweifel bestehen, dass sich der amerikanische Aufstieg ohne die beiden Weltkriege anders entwickelt hätte; der Aufstieg an sich wäre wohl dennoch erfolgt.

Lassen Sie uns daher die geopolitische Seite als Erstes beleuchten. In den Kapiteln II.1 und II.2 haben wir die zyklische Natur der Entwicklung von Hochkulturen herausgearbeitet. Die westliche Zivilisation – zu der Europa zählt – befindet sich in einer spannenden Phase des Übergangs. Europa konnte seit dem späten Mittelalter kontinuierlich zur größten Macht der Welt aufsteigen; doch aus dem Trümmerfeld des Ersten und Zweiten Weltkriegs erhoben sich die USA als Nachfolger Europas und etablierten sich als Führungsmacht der westlichen Zivilisation.

Wie in II.1 beschrieben, unterteilt der Historiker Arnold Toynbee den Lebenszyklus von Hochkulturen in eine Ursprungsphase, eine Wachstumsphase, eine Stillstandsphase und eine Zerfallsphase. Zudem legt er großen Wert auf seine Erkenntnis, dass der „alles umfassende Universalstaat" eine häufige Begleiterscheinung der Stillstandsphase ist. Als prominentestes Beispiel eines solchen Universalstaates gilt die Kaiserzeit des römischen Reiches (35. v. Chr. bis 450 n. Chr.). Paul Kennedy hingegen hat einen immer wiederkehrenden Kreislauf aus relativem Auf- und Abstieg beobachtet. Ob man es nun mit Toynbee oder Kennedy hält: Für die Erstellung eines Szenarios gilt es herauszuarbeiten, in welcher Phase sich die westliche Hochkultur zu Beginn des 21. Jahrhunderts befindet. Halten wir uns dabei zunächst an Toynbee; die Nuancen werden durch sein Gerüst deutlicher.

Die westliche Zivilisation befindet sich nicht mehr in ihrem ersten Stadium, der Ursprungsphase. Diese liegt 1000 Jahre zurück; sie kann in die Zeit Karls des Großen zurückverfolgt werden. Das vierte Stadium – die Zerfallsphase – kann die westliche Kultur noch nicht erreicht haben, da die Wachstumsphase der westlichen Kultur in Form der industriellen Revolution noch nicht lange genug zurückliegt. Selbst wenn man das Ende der industriellen Revolution auf das Ende des Zweiten Weltkriegs festlegen würde, wäre eine Stillstandsphase gerade erst 50 Jahre alt – zu kurz, um sich vollständig ausgebildet zu haben. Bleiben also die zweite und dritte Phase, die des Wachstums und die des Stillstands.

Um zu bestimmen, in welcher dieser Phasen wir uns befinden, müssen wir einige Kriterien heranziehen, die die Entwicklung früherer Hochkulturen beschreiben. Befindet sich die westliche Kultur in der Wachstumsphase? Toynbee definiert Wachstum als die „Antwort eines Einzelnen oder einer Minderheit oder einer ganzen Gesellschaft auf eine gestellte Aufgabe, wobei diese Antwort weiter geht als die Aufgabe selbst und somit zu neuen Aufgaben führt, die abermals zu neuen Antworten und Lösungen führen“[225]. Kennzeichen einer Wachstumsphase sind Innovationsfreude, Bevölkerungswachstum, Expansion und zunehmender Wohlstand. Erfindungen wie die Dampfmaschine, die Eisenbahn, das Auto, das Flugzeug (Bewegung von Personen) sowie von Telegraph, Telefon, Film, Radio, Fernsehen, Computer, Internet (Bewegung von Informationen) kennzeichnen ohne Zweifel die Wachstumsphase der westlichen Zivilisation. Auf Fragen, wie der Transport von Menschen, Gütern und Informationen schneller und effizienter zu bewerkstelligen seien, wurden Antworten gefunden, die weit über die ursprüngliche Absicht der Problemlösung hinausgingen; und hieraus resultierten neue Fragen.

Wo stehen wir heute? In Kapitel I.2.b haben wir begründet, warum wir die Elektronik-Märkte als gesättigt ansehen. Diese Sättigung gilt auch für eine Vielzahl von weiteren Märkten. Die Mobilitäts-Ingenieure haben ihren Forschungs-Schwerpunkt längst verlagert: Nicht Geschwindigkeiten, sondern Verbesserungen von Sicherheit, Bequemlichkeit, Wirtschaftlichkeit und Verkehrsmanagement stehen im Vordergrund. Dies sind Verfeinerungen, die immer dann umgesetzt werden, wenn dringendere Probleme bereits gelöst sind. Heute geht es nicht mehr um die Entwicklung des Dreipunktgurtes – ein echter Fortschritt –, sondern um den vierten, fünften und sechsten Airbag, der die Sicherheit jeweils nur noch marginal erhöht. Es soll nicht behauptet werden, dass diese Verbesserungen keinen Nutzen bringen. Doch der Zusatznutzen wird mit jeder Verbesserung geringer. Ich glaube nicht, dass man zu weit geht, wenn man die Behauptung aufstellt, dass der Transportmittelsektor – bis auf eine wesentliche und hoffentlich bald mögliche Verbesserung – sein Entwicklungspotenzial weitgehend ausgereizt hat. Diese eine Verbesserung – die einer Revolution gleichkäme – wäre die wirtschaftliche Entwicklung eines Antriebsmotors auf Basis regenerativer Energiequellen.

Ein revolutionärer Fortschritt auf diesem Gebiet wäre der Transport von Fleisch und Blut auf den heute nur Informationen vorbehaltenden Wegen, vergleichbar mit dem „Scotty, beam me up!" beim Raumschiff Enterprise. Sollte sich der Mensch eines Tages komplett in Bits und Bytes zerlegen und wieder zusammensetzen lassen, dann würde dies automatisch ein Kopierbarkeit von Lebewesen (Klonen) beinhalten. Doch dieser „Fortschritt" ist wohl einer späteren Wachstumsperiode der Menschheit vorbehalten. Zusammengefasst lässt sich sagen, dass die für die jüngste Wachstumsphase der westlichen Kultur so charakteristischen Innovationen das Potenzial weitgehend ausgereizt haben. Aus Sicht des technischen Fortschritts befinden wir uns bestenfalls in der Endphase der Wachstumsphase, wahrscheinlich aber bereits im ersten Teil einer Stillstandsphase.

Die gegenwärtige Bevölkerungsentwicklung in der westlichen Hochkultur lässt sich ebenfalls nicht der Wachstumsphase zuordnen. Wie in Kapitel I.1.a beschrieben, ist in absehbarer Zeit für Europa eine Stagnation bis ein leichter Rückgang der Bevölkerungszahlen zu erwarten. Die USA – als der andere Teil der westlichen Hochkultur – vergrößern zwar auch weiterhin ihre Bevölkerungszahlen, doch das Wachstum wird ausschließlich durch Einwanderer sowie durch die ansässige Latino- und afroamerikanische Bevölkerung generiert. Die „WASPs" (White Anglo Saxon Protestants) weisen keine höhere Geburtenrate auf als die Bevölkerung Frankreichs oder Großbritanniens.

Als drittes Kriterium für eine Wachstumsphase gilt die geographische Expansion. Aufgrund der Kolonialisierung erreichte Europa seine größte weltweite Ausdehnung um das Jahr 1920. Seitdem schrumpfte der Kontinent langsam, aber sicher auf seine ursprüngliche Größe zurück; die letzten bedeutenden Kolonien wurden im Jahre 1997 mit Hongkong und Macao aufgegeben. Die USA hingegen haben ihre Expansion speziell nach dem Zweiten Weltkrieg energisch vorangetrieben. Nicht so sehr der Besitz von Land, sondern die militärische Expansion kennzeichnet die vergangenen 60 Jahre. Die USA verfügen gemäß dem „Base Structure Report" des amerikanischen Verteidigungsministeriums für das Jahr 2003 über mehr als 700 Militärbasen in 130 Ländern; nicht zu vergessen ist die Stationierung amerikanischer Truppen im Irak.[226] Ob die militärische Expansion in hohem Tempo weitergehen kann, ist allerdings fraglich. Im Pentagon wird über den Abbau von Basen, zum Beispiel in Deutschland, nachgedacht. Demnach erscheint die Expansion der westlichen Hochkultur einzig von den USA getragen. Insgesamt aber hat der westliche Kulturkreis in den vergangenen Jahrzehnten deutliche geographische Einbußen erlitten.

Der zunehmende Wohlstand ist das vierte Kriterium einer Wachstumsphase. Wie in Kapitel I.2.c beschrieben, stagnieren beziehungsweise sinken die Reallöhne gegenwärtig; dagegen steigt die Arbeitslosigkeit systematisch an. Auch dieses Kennzeichen einer Wachstumsphase ist zumindest in der westlichen Hochkultur nicht mehr vorhanden. Es bleibt nur eine Deutung: Der Westen befindet sich mindestens im Übergang zu einer Phase des Stillstands, wenn nicht sogar bereits mittendrin. Aus dieser Überlegung heraus ergeben sich Konsequenzen. Wir müssen uns ernsthaft die Frage stellen, ob der von Toynbee postulierte, alles umfassende Universalstaat bereits in Sichtweite ist. Man kann nicht umhin, die Europäische Union zumindest als den Versuch eines solchen zu bezeichnen.

b Auf dem Weg zum Universalstaat

Durch die Ausdehnung der EU auf 25 Mitgliedsstaaten wurde geographisch eine annähernde Deckungsgleichheit zwischen den der westlichen Hochkultur zuzurechnenden Ländern und der EU hergestellt (siehe Kapitel I.5). Aber ein alles umfassender Universalstaat ist mehr als das, was die EU heute darstellt. Diese ist weit davon entfernt, eine zentrale Regierungsgewalt zu besitzen, doch sie verfügt über einen gemeinsamen Binnenmarkt, eine Währung, die in einem Großteil der Mitgliedstaaten gesetzliches Zahlungsmittel ist und in den anderen weitgehend als Zahlungsmittel akzeptiert wird. Das Schengener Abkommen sorgt vielfach für Bewegungsfreiheit und das Verschwinden von Grenzen; eine gemeinsame Verfassung ist in Vorbereitung. Die Entwicklung der EU erscheint uns als ein langsamer, mühsamer und hochbürokratischer Prozess. Doch wer hätte sich um 1950 vorstellen können, dass fast ganz Europa nur 54 Jahre später einer gemeinsamen Union, einem Binnenmarkt und – zum Großteil – auch einer Währungszone angehört? In historischen Dimensionen gemessen sind dies rasend schnelle Fortschritte.

Wenn Europa noch keinen Universalstaat darstellt, so befindet es sich zumindest auf dem steinigen Weg dorthin. Dies wird deutlicher, wenn man sich die Fragen nach einem Zerbrechen der EU stellt. Ist es vorstellbar, dass zum Beispiel Spanien oder Italien zukünftig Grenzkontrollen wiedereinführen, den Euro abschaffen und auf die Subventionen aus Brüssel verzichten? Man braucht sich nur die Reaktion einer der Haupteinnahmequellen beider Wirtschaften – der Tourismusindustrie, die zudem in beiden Ländern eine Vielzahl von Arbeitsplätzen schafft – vorzustellen, um die Absurdität dieses rückwärtsgewandten Schrittes zu begreifen.

In diesem Zusammenhang muss man die Frage stellen, wohin die benachbarte christlich-orthodoxe Kultur steuert, die Staaten wie Russland, den Großteil der Ukraine, Rumänien, Bulgarien und Serbien umfasst. Wirft man einen Blick auf die Demographie, so ist man versucht, den Untergang dieser Kultur vorherzusagen. Während sich die Bevölkerungszahlen in der erweiterten EU bis zum Jahr 2050 nur unwesentlich verringern werden, könnte die Bevölkerung des Kernlandes der christlich-orthodoxen Kultur – Russland – auf die Hälfte der jetzigen Zahl (von 146 auf 75 Millionen Einwohner) sinken. Nicht viel besser ergeht es der Ukraine, Weißrussland und den meisten anderen Staaten dieses Kulturkreises. Zwei Entwicklungen sind an dieser Stelle interessant: Erstens drängt es die christlich-orthodoxen Länder in die EU; Bulgarien und Rumänien sind die nächsten Kandidaten (Ziel für den Beitritt: 2007). Und zweitens stimmen die Einwohner der christlich-orthodoxen Länder mit den Füßen ab. Der weitaus größte Zustrom von Ausländern nach Deutschland erfolgt aus diesem Kulturkreis. Aus diesem Grund ist es absehbar, dass der christlich-orthodoxe Kulturkreis im europäischen Teil des westlichen Kulturkreises aufgehen wird. Die „Russland-Frage" ist dabei entscheidend. Wird Russland mit einer dezimierten und verarmten Bevölkerung auch weiterhin in der Lage und willens sein, für sich allein den starken Mann im Osten zu spielen, oder wäre ein letztendlicher Anschluss Russlands an den europäischen Teil des westlichen Kulturkreises nicht die für alle vorteilhafteste Lösung? Russland verfügt über die Ressourcen, die die EU-Staaten benötigen. Der gegenseitige Handel könnte zum Nutzen aller Beteiligten wachsen. Deutschland ist für diese Entwicklung durch seine hervorragenden Wirtschaftsbeziehungen zu Russland, die sich in ansehnlichen Steigerungsraten im bilateralen Handel ausdrücken, gut positioniert.

Ein erweitertes Europa unter dem Einschluss Russlands könnte einen zunehmenden Machtfaktor auf dem eurasischen Kontinent darstellen. Aber nichts ist umsonst. Der Preis dafür wäre ein östlicheres Europa, das starken christlich-orthodoxen und moderat islamischen Einflüssen unterworfen wäre. Die islamischen Einflüsse speisen sich hauptsächlich aus zwei Quellen: Die erste ist die maghrebinische Einwanderung nach Frankreich, die dort zu einer muslimischen Population zwischen fünf und sieben Millionen Einwohnern geführt hat – immerhin zehn Prozent der französischen Bevölkerung. Die zweite Quelle sind die Einwanderer aus der Türkei; mehr als zwei Millionen Türken leben in Deutschland.

Die Türkei hat sich schon seit langem entschieden, welchem politischen Block sie angehören möchte, nämlich dem der Europäischen Union. Das einstmals dominierende osmanische Reich, das den südlichen Teil der christlich-orthodoxen Kultur überrannte und im 16. Jahrhundert vor den Toren Wiens stand, um die westliche Kultur zu bedrohen, fiel in sich zusammen. Das heutige Staatsgebiet der Türkei ist der Rest dieses glanzvollen Reiches. Heute ein Brückenstaat zwischen der westlichen Kultur und dem Islam, hat sich die Türkei unter ihrem Führer Kemal Atatürk in den 20 Jahren des 20. Jahrhunderts für den Westen und gegen den arabisch dominierten Islam entschieden. Die EU wird nicht umhinkönnen, den Avancen der Türkei zu folgen. Was ist die Alternative? Ein weiterhin zwischen dem Islam und der westlichen Kultur eingeklemmtes Volk, deren westliche Nachbarstaaten Griechenland und Bulgarien entweder bereits Mitglied der Union sind oder es in absehbarer Zeit werden? Es erscheint sinnvoller, mit einer behutsamen Integration den Schritt längst erfolgender gegenseitiger Völkerwanderungen (Türken als Arbeitnehmer nach Deutschland, Deutsche als Urlauber in die Türkei) auch auf politischer Ebene nachzuvollziehen. Und bei vielen Diskussionen wird häufig vergessen, dass ein wichtiger Zipfel der Türkei, nämlich Istanbul und Umgebung, geographisch zu Europa gehört. Betrachtet man dieses skizzierte Bild Europas in seiner Gesamtheit, könnte man es den „europäischen Universalstaat der westlichen Hochkultur“ nennen.

Die islamische Kultur erscheint von der christlich-orthodoxen Kultur nicht nur geographisch, sondern auch kulturell nicht so weit entfernt, wie gemeinhin suggeriert wird. Istanbul war 1000 Jahre lang als Konstantinopel die

Hauptstadt des christlich-orthodoxen oströmischen Reiches, bevor es zum islamischen Istanbul wurde. Große Teile des Balkans waren Jahrhunderte lang türkisch und damit islamisch besetzt. Der gegenseitige kulturelle Austausch zwischen der christlich-orthodoxen und der islamischen Kultur hatte viel Zeit, sich zu entwickeln, und ist nicht ohne Folgen für beiden Kulturen geblieben. Einige dieser Länder sind einander heute viel näher, als sie es zugeben möchten.

Während Europa insgesamt östlicher wird, bewegt sich der westliche Bruder auf der anderen Seite des Atlantiks, den USA, in eine andere Richtung. Die demographische Entwicklung der USA zeigt auf, dass in nur wenigen Jahrzehnten die „WASPs" in der Minderheit sein werden. In vielen Regionen der USA werden die Latinos die Mehrheit der Bevölkerung darstellen. Spanisch könnte die führende Rolle der englischen Sprache in den USA herausfordern. Wirft man einen Blick aus der Vogelperspektive auf den amerikanischen Kontinent, muss man feststellen, dass die spanische Sprache bereits heute fast das gesamte Gebiet überzieht, sei es als offizielle Staatssprache in Süd- und Mittelamerika, sei es mit stark wachsenden Sprachinseln in Nordamerika. Samuel P. Huntington bejaht in seinem Buch „Kampf der Kulturen" die Eigenständigkeit der lateinamerikanischen von der westlichen Kultur:[227] „Lateinamerika hat sich jedoch auf einem etwas anderen Weg entwickelt als Europa und Nordamerika. Obgleich ein Spross der europäischen Kultur, verkörpert es in unterschiedlichem Ausmaß auch Elemente einheimischer amerikanischer Kulturen, die in Nordamerika wie in Europa fehlen. Es hat eine ständestaatlich-autoritäre Kultur, die in Europa in viel geringerem Maße und in Nordamerika überhaupt nicht vorhanden war. Die lateinamerikanische Kultur hat einheimische Kulturen absorbiert, die in Europa nicht existierten, in Nordamerika erfolgreich ausgerottet wurden und von Mexiko, Mittelamerika, Peru und Bolivien einerseits bis nach Argentinien und Chile andererseits von unterschiedlichem Einfluss sind."

Wie lassen sich unter diesen Umständen die Chancen eines einzigen, die USA und Europa umfassenden Universalstaates einschätzen? Die Tendenzen sind deutlich: Die westliche Kultur wird an ihrer Ostflanke von christlich-orthodoxer und islamischer Kultur beeinflusst beziehungsweise „infiltriert", während die Westflanke von der lateinamerikanischen Kultur „angegriffen" wird. Ist dies die wahre „Rache des Montezuma", welche die westliche Kultur auf amerikanischem Boden erfassen wird? Der Atlantik beginnt, sich als echte Hürde aufzubauen. Unter diesen Umständen fällt es schwer, sich die USA und Europa als einen gemeinsamen Universalstaat vorzustellen. Schon leichter fällt der Gedanke an eine Analogie zur Teilung des römischen Reiches in eine westliche und eine östliche Hälfte. Während Europa insgesamt östlicher wird, werden die USA lateinamerikanischer.

Die ganze Dimension des Mauerfalls vom November 1989 wird erst jetzt so richtig deutlich. Nach dem Zerfall der Sowjetunion schrieben viele Beobachter und Autoren den USA die alleinige Führungsrolle auf der Welt zu. Der Amerikaner Francis Fukuyama propagierte gar das „Ende der Geschichte"[228]. Doch Geschichte ist unerbittlich. Jahrhundertelang verharrten die chinesische und indische Hochkultur gegenüber der westlichen Zivilisation in Wartestellung. Als der Spannungsbogen des kalten Krieges nachließ, nahm der unaufhaltsame wirtschaftliche Aufstieg beider Kulturen sichtbare Formen an.

Die Ausgangssituation ist zusammengefasst wie folgt: ein Europa, das versucht, durch Größe zu einem politischen Block zu werden, aber letztendlich den Zenit der Entwicklung überschritten hat; eine USA, die ihren Zenit just erreicht zu haben scheinen, ein stark wachsendes Indien und China sowie die Kultur des Islam, die noch nicht so recht zu sich selbst gefunden hat.

c Im Jahr 2015

Lassen Sie uns einen Blick auf das kommende Jahrzehnt werfen. Wir springen mitten hinein in das Jahr 2015. Die europäische Union hat sich nochmals erweitert. Die Türkei wurde nach langem Anklopfen als weiteres Mitglied aufgenommen. Russland hat kürzlich die Zusage zu Beitrittverhandlungen erhalten. Die Weltbevölkerung nahm gegenüber dem Jahr 2000 um eine Milliarde auf gut sieben Milliarden Menschen zu. Kernländer des Bevölkerungswachstums sind China und Indien. Auch die USA konnten ihre Einwohnerzahl auf gegenwärtig 312 Millionen steigern, das sind knapp 40 Millionen mehr als im Jahr 2000. Der europäische Kontinent hat im gleichen Zeitraum eine Verringerung seiner Einwohnerzahl um etwa zehn auf 710 Millionen hinnehmen müssen. Deutschland zeigt leicht sinkende Bevölkerungszahlen.

Das Klima verändert sich langsam, aber stetig. Die mittlere Durchschnittstemperatur hat sich seit dem Jahr 2000 um ein knappes Grad erhöht. Dies macht sich besonders in den nördlichen Regionen bemerkbar. Das Grönland-Eis schmilzt weiter ab und führt zu fortwährender Gletscherkalbung. Die Winter in Mitteleuropa werden insgesamt wärmer, dennoch ist bei Ostwetterlagen das Skifahren in den Alpen weiterhin möglich.

Blickt man auf die ersten 15 Jahre des 21. Jahrhunderts zurück, so muss man diese Zeit als einen bedeutenden Wendepunkt der Menschheitsgeschichte einstufen. Zwei Ereignisse, des sich lange angekündigt hatten, trafen viele Menschen dennoch unvorbereitet. Sie mussten erstens lernen, dass die Förderung der fossilen Brennstoffe Erdöl und Erdgas den steigenden Bedarf nicht mehr decken konnte; die Folge war eine Energiekrise. Doch noch viel stärker machte sich – zweitens – eine den Globus umspannende Finanzkrise bemerkbar. Ausgangspunkt waren die USA und dort spezifisch der US-Dollar. Beide Ereignisse führten zu schweren Verwerfungen in Wirtschaft und Gesellschaft.

Die Energiekrise lief der Finanzkrise voraus. Sie machte sich zunächst während der kalten Winter in Nordamerika bemerkbar. Die Erdgasreserven reichten für eine Komplettversorgung der Bevölkerung nicht mehr aus; in einzelnen Bundesstaaten musste ein Drosselung der Wärmeversorgung in Kauf genommen werden. Das Ziel des Wiederauffüllens der Reserven in den darauf folgenden Sommermonaten konnte nur noch teilweise erreicht werden, sodass ein Wiederholung der Energiekrise in den folgenden Wintermonaten bereits frühzeitig absehbar war. Eine vorhersehbare Reaktion der USA war der beschleunigt vorangetriebene Bau von LNG-Häfen, in denen Tanker mit verflüssigtem Erdgas aus dem Nahen Osten andockten. Eine weitere Maßnahme bestand in der massiven Einfuhr preiswerten Rohöls aus dem Irak die lebenswichtigen Pipelines von den Erdölfeldern zum Hafen nach Basra wurden durch den Bau von Sicherungsanlagen mit einem der ehemaligen DDR-Grenze vergleichbaren Überwachungssystem gesichert. Ölöfen wurden zum Renner in den US-Haushalten, aber auch Kaminholz als

Wärmespender wurde unverhofft populär. Obwohl Europa durch die Erdgaslieferungen aus Russland und Norwegen noch Jahre danach von einer Erdgaskrise verschont blieb, musste der Kontinent den höheren Erdölpreisen Tribut zollen. Weltweit war der Flug- und Schiffsverkehr rückläufig.

Die von Jahr zu Jahr steigenden Energiepreise trafen auf eine bereits deutlich angeschlagene Weltwirtschaft. In der ersten Dekade des neuen Jahrhunderts sorgte besonders die US-Zentralbank dafür, dass sich die umlaufende Geldmenge und damit die Liquidität laufend erhöhten. Die Verschuldung der öffentlichen Hand setzte sich unvermindert fort. Die Liquidität trieb vor allen die Finanzwirtschaft – den Aktien- und Immobilienmarkt – nach oben. Da die FED die Zinsen lange Zeit niedrig hielt, blieben die Anreize für eine Kreditaufnahme bestehen. Die Bank-Aktien profitierten von diesem System und konnten neue Höchstkurse erreichen. Gleichzeitig jedoch geriet der US-Dollar in Bedrängnis. Sein beständiger Verfall gegenüber Euro, Yen und Gold setzte sich fort. Immer mehr begannen die ausländischen Exporteure von Rohstoffen und Konsumgütern, einen Ausgleich für den Fall des Dollars in Form von Preissteigerungen zu fordern. US-Produzenten waren aufgrund der dezimierten Industriestruktur schon lange nicht mehr in allen Wirtschaftsbereichen in der Lage, ersatzweise heimische Konsumartikel zu liefern.

Der Anstieg der Rohstoffpreise durch Knappheit und Dollarverfall sowie von außen induzierte Preiserhöhungen waren die Hauptursachen der Inflation, die sich in den USA allmählich zu einer galoppierenden Inflation entwickelte. Dem Anstieg der Preise für Waren und Dienstleistungen konnten die Löhne und Gehälter nicht folgen. Der Reallohn, der in den Industrieländern bereits in den neunziger Jahren bestenfalls stagnierte, sank in den USA deutlich. China, das seine Währung lange Zeit an den US-Dollar gekoppelt hatte, musste diese Bindung notgedrungen aufgeben, um nicht selbst in den Sog der galoppierenden Inflation zu geraten. Diese Maßnahme beschleunigte den Fall des Dollars; Importe aus China wurden mit einem Ruck für die US-Bevölkerung teurer. Weite Teile der amerikanischen Bevölkerung waren nicht mehr in der Lage, den gewohnten Konsum aufrechtzuerhalten. Die Vermögenswerte schmolzen dahin. Die Geldentwertung zog die Ersparnisse der Bevölkerung in Mitleidenschaft. Die Besitzer von Aktien verkauften ihren Anteil und versuchten, das Papiergeld in Gold und Silber umzutauschen. Daraufhin verbot die US-Regierung den Besitz von Gold und Silber. Die Preise von Schmuck und Rohstoffen stiegen rasant. Das chaotische Geldwesen hatte einen geregelten Wirtschaftsbetrieb unmöglich gemacht. Jedermann versuchte, Bargeld schnellstmöglich in Sachwerte einzutauschen. Alan Greenspan hatte Recht behalten: In Abwesenheit eines Goldstandards gibt es für den einzelnen keine Möglichkeit, seine Ersparnisse vor Inflation zu schützen. Das Gesetz von Angebot und Nachfrage lässt sich nicht überlisten.

Die Profiteure der Inflation waren diejenigen, die Immobilien auf Pump gekauft hatten. Die Ende der neunziger Jahre gestartete „Häuser-Bubble" war im Grunde genommen nichts anderes als der Versuch der US-Notenbank, der Bevölkerung angesichts des vorhersehbaren inflationären Endspiels Werte an die Hand zu geben. Gemäß dem Grundsatz „Dollar = Dollar" konnten Kredite, die in höherwertigem Geld aufgenommen worden waren, mit entwertetem Geld zurückgezahlt werden. Schulden lösten sich in nichts auf. Ein noch größerer Profiteur war die US-Regierung: Sie konnte ihre Schulden weitestgehend tilgen.

Die galoppierende Inflation in den USA blieb nicht ohne Auswirkungen auf die Weltwirtschaft. Der US-Dollar war noch zu Beginn des Jahrhunderts die größte Weltreservewährung mit einem Anteil von 75 Prozent. Doch dieser Anteil sank im Laufe der ersten Dekade dramatisch. Obwohl Stützungskäufe für den US-Dollar besonders durch die japanische Zentralbank stattfanden, konnte einer weiteren Abwertung nicht entgegengewirkt werden. Die schon erwähnte Entkoppelung des chinesischen Yuan vom US-Dollar war die endgültige Schachmattsetzung des Rufs des US-Verbrauchers als Konsum-Maschine der Welt. Noch im Jahr 2000 waren die USA für 25 Prozent aller weltweiten Importe verantwortlich gewesen. Dieser Anteil sackte immer mehr ab. Der globale Welthandel ging zurück; die Weltwirtschaft als Ganze musste eine starke Kontraktion hinnehmen.

Kein Land der Welt konnte von sich behaupten, von dieser Krise nicht betroffen zu sein. Doch es gab Unterschiede. Länder, die ihre Exporte in erster Linie in die USA schickten, litten stärker als diejenigen Staaten, deren Abhängigkeit von „Uncle Sam" geringer war. Die europäische Zentralbank widerstand beständig der Versuchung einer Lockerung der Geldpolitik. Die ständige Aufwertung des Euros gegenüber dem US-Dollar führte schließlich zu immer geringeren Exporten in die USA, hielt aber die Inflation in Schach. Als die Europäische Zentralbank (EZB) erkannte, dass die USA in eine galoppierende Inflation hineingerieten, zog sie das in US-Anleihen investierte Geld ab, was zu einer weiteren Dollar-Abwertung führte. Die asiatischen Staaten China, Japan, Südkorea und Taiwan fürchteten ebenfalls um ihre – wertmäßig ungleich höheren – Anleihen und ließen den Kapitalmarkt in seinen Grundfesten erzittern, als sie ebenfalls mit der massiven Repatriierung ihrer Gelder begannen.

Der internationale Währungsfonds beobachtete die Entwicklung bereits seit längerem mit großer Sorge. Zunächst auf geheimer, dann auf informeller Basis wurden Pläne zur Rettung der Weltwirtschaft diskutiert. Die geplanten Maßnahmen konnte sich dabei nicht auf den Dollar beschränken. Man war sich einig, dass das Vertrauen in die wichtigsten Währungen – allen voran in den US-Dollar – wiederhergestellt werden musste. Unter der Führung der EZB wurde eine Vereinbarung getroffen, die den großen Wirtschaftszonen weiterhin Freiräume in der Währungspolitik ließ, aber die unbegrenzte Ausweitung der Geldmenge durch eine Golddeckung an die Kette legte. Da der Goldpreis in dieser Phase immer neue Höhen erklomm, konnte die wichtige Stabilisierung der US-Währung auf Basis verbliebener Goldvorräte und unter Zuhilfenahme der Emission neuer US-Staatspapiere, die quasi als Vertrauensvorschuss von EZB, der chinesischen und der japanischen Zentralbank gekauft wurden, erreicht werden. Die Reform der Währungen war unumgänglich, aber letztendlich erfolgreich.

Gegenwärtig – im Jahr 2015 – ist die Weltwirtschaft dabei, sich von ihrer bisher größten Zerreißprobe zu erholen. Das geschieht noch taumelnd und ein wenig orientierungslos. Doch es wird immer deutlicher, dass diese Krise für die meisten Staaten eine Zäsur in mehrfacher Hinsicht darstellt. Erstens ist die Zeit der Balance zwischen Angebot und Nachfrage der fossilen Brennstoffe Öl und Gas auf dem Preisniveau der neunziger Jahre unwiderruflich vorbei. Zweitens ist die globale „Nachfrage-Monostruktur" mit den USA als größtem Konsumenten gebrochen. Und drittens stabilisiert sich in Asien – und dort speziell in Indien und China – die Binnennachfrage nach Gütern und Dienstleistungen bereits. Europa ist dank des Euro und eines stabilen Binnenmarktes relativ glimpflich davon gekommen.

Der Doppelschlag einer Energie- und Finanzkrise hat ein historisches Vorbild, und das ist der Bären-Markt der siebziger Jahre des vorhergehenden Jahrhunderts. Damals bezeichnete die Energiekrise den Produktionshöhepunkt für die USA; seitdem sinken die US-Förderquoten beständig. Die Weltwirtschaft hatte ausreichend Zeit, sich von dieser Krise zu erholen, weil die fossilen Brennstoffe auf weltweiter Basis weiterhin verfügbar waren. Heute ist dies anders. Die Krise bezeichnet den Welt-Produktionshöhepunkt der fossilen Brennstoffe Öl und Gas. Alles andere als eine rasche und effiziente Umstellung auf alternative Energien würde die Weltwirtschaft auf Jahre hinaus zusätzlichen Belastungen aussetzen.

Schon bisher führte die Energie- und Finanzkrise zu verringerter Mobilität und Selbstbeschränkungen der US-Autofahrer. Die US-Autoindustrie unternahm große Anstrengungen, den Kraftstoff-Verbrauch ihrer Automobile zu senken. Der Import von in Europa gefertigten, hocheffizienten Motoren half mit, den Verbrauch um 20 Prozent zu reduzieren. Die Verteuerung des Kerosins führte zu drastischen Preiserhöhungen mit Rückgängen und Streckenstreichungen im Flugverkehr. Der erfolgreiche Einsatz der Magnetbahntechnologie in China wurde als Vorbild für ein ehrgeiziges Infrastrukturprogramm gewählt. Ein erstes Teilstück der transkontinentalen Strecke New York–San Francisco wurde fertig gestellt; das Durchschnittstempo beträgt 650 Stundenkilometer. Die Verbindung stellt die Mobilität unabhängig von Erdöl oder Erdgas sicher; zudem ist sie nur unwesentlich langsamer als eine Flugverbindung.

Europa hat gelernt, mit den knappen Ressourcen umzugehen. Dabei half, dass der Ölpreis aufgrund der relativen Stabilität des Euro in Europa moderater anstieg als in den USA. Das Hochgeschwindigkeitsnetz der europäischen Bahnen hat sich als Garant der Mobilität bewährt. Die Europäische Union hatte vor etwa zehn Jahren die Anbindung Osteuropas durch Hochgeschwindigkeitszüge beschlossen. Der Bau der Strecke Berlin–Warschau konnte bereits abgeschlossen werden. Nürnberg–Prag und München–Wien–Budapest befinden sich im Bau. Auch die vielen lokalen und regionalen Zugnetze tragen dazu bei, dass Pendler wenig Schwierigkeiten haben, ihren Arbeitsplatz zu erreichen. China hat in den vergangenen Jahren neben dem Ausbau der Magnetbahnverbindungen versucht, seine Energieversorgung durch die Erschließung weiterer Kohlevorkommen und durch den Ausbau der Atomenergie sicherer zu gestalten. Der Welthandel hat gegenwärtig die Dimensionen der neunziger Jahre des vorhergehenden Jahrhunderts noch längst nicht erreicht, und es ist fraglich, ob er in den kommenden Jahren bereits wieder Anschluss an den alten Umfang findet. Die Energieproblematik schiebt Ansinnen dieser Art momentan noch einen Riegel vor. Stattdessen begann die Welt, sich auf ihre regionalen Strukturen zu besinnen.

Die Finanz- und Energiekrise veränderte die Gesellschaft der Industrieländer. Die Zeiten von Massenproduktion und Massenkonsum, die mit den Förderbändern Henry Fords begann, scheinen vorbei zu sein. Bedarfsgerechte Konsum-Produktion heißt das neue Schlagwort. Internet-Auktionshäuser – allen voran der gemessen an der Marktkapitalisierung größte Konzern der Welt, eBay – hatten für eine sinnvolle Zweit- und Drittverwertung von Konsumartikeln gesorgt und die Speicher und Keller der Verbraucher allmählich leer geräumt. Dies war einer der Gründe dafür, dass Preissteigerungen nach der Währungsreform ausblieben. Die Menschen lernten zwangsläufig, genügsamer zu sein. Die Kreditvergabe wurde durch die Golddeckung äußerst rigide gehandhabt; die Kreditkartenindustrie erlebte einen Einbruch. Die am Boden liegende Wirtschaft begann sich in den westlichen Industrieländern nur sehr langsam von der Finanzkrise zu erholen.

Die Sorge um die Sicherheit des Arbeitsplatzes rangiert weiterhin ganz oben auf den Ergebnislisten von Meinungsforschungsinstituten. Die strukturelle Arbeitslosigkeit, die sich seit den siebziger Jahren in den Industrieländern aufbaute, war leider nur ein Vorspiel zu dem, was später geschah, auch wenn momentan erste konkrete Hoffnungsschimmer am Horizont erschienen sind. Die Zahl der Arbeitslosen in den Industrieländern ist – von einem hohen Niveau aus gesehen – leicht rückläufig. China und Indien sorgen bereits wieder für zarte Nachfrage, sodass sich das Exportgeschäft positiv zu entwickeln beginnt.

Die Tourismusindustrie hat – wie die meisten anderen Industriezweige – Einbrüche hinnehmen müssen. Der Doppelschock aus rasant steigenden Kerosinpreisen und einer durch die Finanzkrise gebeutelten Mittelschicht führte zu einer Umstellung der Reisegewohnheiten. Urlaubsreisen wurden regionaler, Fernreisen teurer und prestigeträchtiger. Auf europäischer Ebene lässt sich die Entwicklung neuer Reiseziele beobachten. Nachdem in den zurückliegenden Jahrzehnten die Warmbadeländer am Mittelmeer wie Spanien, Italien und die Türkei von der Entwicklung touristischer Infrastruktur profitierten, locken allmählich steigende Wetterbeständigkeit, preiswerter Grund und Boden sowie das reizvolle und grüne Hinterland die Investoren an die südliche Ostsee; in die Küstengebiete von Rügen über Usedom und der kurischen Nehrung bis hin nach Königsberg wird kräftig investiert.

Die bunte Mode der ersten Dekade ist übrigens „out“, dunkle, gedeckte Farben deuten auf eine neue Unauffälligkeit hin, die eine „Schaffermentalität“ signalisiert. Der Trend zur Auffälligkeit, zum Geliebt-sein-Wollen und zur Fünf-Minuten-Berühmtheit im Fernsehen hat sich in eine ruhigere, aus Sicht der ersten Dekade geradezu langweilige Geisteshaltung verwandelt. Die Kinderkostüme an Fasching und Karneval werden durch schwarze Mars-Anzüge bestimmt – in Anlehnung an die in kurzer Zeit geplante erste bemannte Mars-Mission.

Der Trend zur Korpulenz hat in den Zeiten der Inflation zwangsweise nachgelassen. Nachdem die Rohstoffpreise für Grundnahrungsmittel wie Weizen, Zucker und Kaffee deutlich anstiegen, musste der durchschnittliche Haushalt einen immer größeren Teil seines Budgets für Lebensmittel ausgeben. Für viele Familien waren diese Preisanstiege kaum zu verkraften. Insgesamt verbringen die Menschen wieder mehr Zeit zu Hause. Der Drang, sich fit zu halten, um nicht Opfer eines kaum noch funktionierenden Gesundheitswesens zu werden, führte zu vermehrten sportlichen Aktivitäten der Bevölkerung. Davon profitierten vor allen Dingen die preiswerten Segmente der Fitnesswelle, das Laufen sowie das Walken.

Der Staat versucht eher schlecht als recht, seinem Bildungsauftrag nachzukommen. Der Exodus aus den öffentlichen Schulen und Hochschulen in private Einrichtungen hält an, nachdem in der Europäischen Union viele Staaten zugesagt haben, ein Teil des staatlichen Bildungsbudgets privaten Schulen und Hochschulen zukommen zu lassen. Der für Lehrer und Professoren aufgehobene Beamtenstatus führt zu einer Abwanderung des Lehrpersonals in Richtung freie Träger.

Im Zuge der Finanzkrise kam die wirtschaftliche Expansion nicht nur der Industrienationen, sondern auch der Schwellenländer wie China und Indien zu einem Halt. Die Planungen der chinesischen Regierung, bis zum Jahre 2030 500 Millionen Chinesen in die Städte zu locken, ihnen dort Arbeitsplätze zu verschaffen und so die wirtschaftliche Expansion kontinuierlich zu speisen, erwiesen sich als Makulatur. Der Verbrauch fossiler Brennstoffe ließ spürbar nach, sodass sich deren Preise auf ein erträgliches Maß zurückentwickelten. Gesellschaftlich und kulturell haben sich die Prioritäten zugunsten Asiens verschoben. Die ab den Jahren 2003/2004 zu verspürende Anziehungskraft Asiens auf die europäische und amerikanische Kultur hat sich verstärkt. Östliche Kleidung ist schick, besonders unter den jungen Mädchen.

Die aktuell größte Herausforderung besteht in der Lösung des Energieproblems. In Anbetracht knapper werdender Ressourcen – namentlich Öl und Gas – wird mit Hochdruck an neuen Lösungen gearbeitet. Der Historiker Arnold Toynbee stellte bereits fest, dass Hochkulturen immer dann einen Entwicklungssprung vollzogen, wenn sie sich einer Herausforderung stellten, die sich in der „Goldenen Mitte" befand: nicht zu leicht, um daran zu wachsen, nicht zu schwer, um daran nicht zu zerbrechen. Die Lösung des Energieproblems sollte aus heutiger Sicht eine zu meisternde Aufgabe sein. Der Preis für fossile Brennstoffe hat sich seit dem Jahr 2000 vervielfacht; enorme geistige und finanzielle Ressourcen fließen derzeit in große Energieprojekte mit dem Ziel, den regenerativen Anteil am Gesamtenergiebedarf so zu erhöhen, dass eine Versorgungssicherheit zu vertretbaren Endverbraucherpreisen gewährleistet ist. Große Solarprojekte, die noch vor wenigen Jahren als vollkommen unwirtschaftlich bezeichnet wurden, lassen sich heute mit einem vernünftigen „Return on Investment" kalkulieren. Die Giganten der Erdölindustrie investieren an vorderster Front.

Die Vereinigten Staaten haben auch weiterhin eine militärische Vormachtstellung inne, doch andere Nationen verwendeten ihren neuen Reichtum zur Aufrüstung. Russland setzte die reichlich fließenden Petrodollars zur Modernisierung von Armee und Waffen ein; auch China hatte dank der vor der Finanzkrise prosperierenden Wirtschaft seine Anstrengungen auf militärischer Ebene erhöht. Insgesamt ist die militärische Situation stabil. Die USA werden aufgrund ihres Waffenarsenals auf absehbare Zeit militärisch nicht besiegt werden können. Als zweiter großer militärischer Block kristallisiert sich die Europäische Union heraus. Im Zuge der Beitrittsverhandlungen mit Russland wird gegenwärtig über einen umfassenden Sicherheitspakt verhandelt. Ziel ist die Verschmelzung der von Deutschland und Frankreich in der vergangenen Dekade angestoßenen eigenständigen Verteidigungspartnerschaft – der sich viele andere EU-Staaten anschlossen – zu einer großen, Russland einschließenden Koalition. Besonders Polen und Tschechien fordern neben umfangreichen Sicherheitsgarantien einen permanenten Einblick in die Kommandostruktur Moskaus. Die EU verspricht sich von der Einbindung Russlands eine deutliche Erhöhung der sicherheitspolitischen Stabilität.

In der Frage der NATO wurde das diplomatische Gerangel sehr laut, als Frankreich den Vertrag aufkündigte. In einer ersten Reaktion drohten daraufhin die Amerikaner ebenfalls mit Rückzug, doch besannen diese sich rasch eines Besseren, als deutlich wurde, wer der Verlierer einer eventuellen Auflösung der NATO sein würde. Gegenwärtig kämpfen die Amerikaner verbissen um den Erhalt der Organisation und streben eine Art Goodwill-Vertrag mit der Europäischen Union an.

Die amerikanische Berufsarmee leidet gegenwärtig unter einem Problem, das auch den antiken Römern zu schaffen machte. Die Römer setzten in der Phase des Kaiserreichs in zunehmendem Maße Freiwillige aus eroberten Gebieten zur Sicherung der Außengrenzen sowie zur Kriegsführung ein. Dieser Prozess entwickelte sich so weit, dass in der Spätphase des Kaiserreichs nicht nur die unteren Chargen, sondern auch die Führungsränge von Nicht-Römern besetzt waren. Als die „Barbaren“ (Goten, Hunnen) schließlich dem weströmischen Reich ein Ende bereiteten, war die Armee bereits in Auflösung begriffen. Die Soldaten kämpften nicht für ihr Land – es war nicht ihr Land –, sondern gegen Salär. Sie waren Söldner und hatten keine patriotische Überzeugung.

Es ist gut möglich, dass die gegenwärtige wirtschaftliche Malaise noch einige Jahre anhält. Allerdings sind Vorboten einer Erholung erkennbar. Seit zwei Jahren bewegen sich die Börsenkurse unter harten Rückschlägen aufwärts. Von Aktien möchte die Bevölkerung jedoch nichts wissen; lediglich einzelne Energie-Aktien zeigen Stärke. Dass der große Bären-Markt der ersten und zweiten Dekade bereits vorüber sein soll, wäre zu schön, um wahr zu sein.

d Das Jahr 2030

Die Weltbevölkerung ist inzwischen auf über acht Milliarden Menschen angewachsen. Während Indien mit 1,45 Milliarden Einwohnern unbegrenztes Bevölkerungswachstum zeigt, stagniert die Einwohnerzahl Chinas mittlerweile. Indien konnte mit China als bevölkerungsreichstes Land der Welt gleichziehen. Die Bevölkerung des europäischen Kontinents wird auf etwa 680 Millionen geschätzt, das entspricht einem Rückgang von 30 Millionen Einwohnern seit dem Jahr 2015. Die deutsche Bevölkerung ist gegenüber dem Höchststand des Jahres 2005 (82,5 Millionen) um etwa drei Millionen auf gut 79 Millionen geschrumpft.

Während die Zuwanderungen aus dem östlichen und südlichen Europa aufgrund des dortigen Bevölkerungsrückgangs abgeebbt sind, finden Migrationsbewegungen aus der Türkei weiterhin in großem Umfang statt. Die Welle von Einwanderungen der afrikanischen Bevölkerung nach Europa hat inzwischen auch Deutschland erfasst, ohne dass sie bereits die Größe der Einwandererströme aus der Türkei erreicht. Im Nahen Osten ist geradezu eine Bevölkerungsexplosion zu beobachten. Zählte die Region zwischen Syrien und dem Iran noch im Jahr 2000 gut 150 Millionen Einwohner, so waren in diesem Jahr bereits 100 Millionen Einwohner mehr zu registrieren. Das mit Abstand stärkste Bevölkerungswachstum aller Staaten weisen die beiden afrikanischen Staaten Nigeria und Kongo auf.

Die US-Bevölkerung konnte gegenüber dem Jahr 2015 nochmals um knapp 40 Millionen auf 350 Millionen zulegen. Das Bevölkerungsbild der USA hat sich in den vergangenen 30 Jahren drastisch gewandelt. Mittlerweile leben dort knapp 70 Millionen Bürger hispanischen Ursprungs, das ist fast ein Fünftel der Bevölkerung. Die spanische Sprache dringt nicht nur im Alltag immer mehr durch.Von Kalifornien ausgehend, wo mittlerweile 23 Millionen hispanische Einwohner die größte Bevölkerungsgruppe bilden, entwickelt sich unter den Südstaaten der USA eine Solidargemeinschaft für eine engere Zusammenarbeit mit dem Nachbarn Mexiko. In US-Senat und Repräsentantenhaus nimmt die Gruppierung hispanischen Ursprungs an Gewicht zu. Die Nord-Ost-Fraktion, welche die weitgehend protestantische Bevölkerung zwischen Chicago, Boston und New York repräsentiert, möchte dem hispanischen

Druck durch rigidere Einwanderungsgesetze standhalten. Doch Beobachter sehen darin lediglich Rückzugsgefechte. Eine Verstärkung der Kooperation zwischen den USA und Mexiko scheint nur eine Frage der Zeit zu sein. Mexiko selbst hat sich in den vergangenen Jahren den südamerikanischen Staaten Venezuela, Bolivien, Kolumbien, Brasilien, Argentinien und Chile durch bilaterale Verträge angenähert. Die Staaten der westliche Hemisphäre scheinen sich unter der Stärkung des hispanischen Elements enger aneinander zu binden. In Asien hat China seine dominierende Position weiter ausbauen können. Das Land ist mittlerweile ein Netto-Importeur, von dem Taiwan, das wiedervereinigte Korea, Japan und Indonesien besonders profitieren.

Europa hat dem Begehren Russlands, in die Europäische Union aufgenommen zu werden, zugestimmt. Gleichzeitig wurde die europäische Verteidigungsgemeinschaft auf Russland ausgedehnt. Auch Norwegen stellte einen Aufnahmeantrag, nachdem es eine durch das zur Neige gehende Nordsee-Öl ausgelöste Wirtschaftskrise erlitt. Mit voller Unterstützung seiner skandinavischen Nachbarn wurde dem Antrag nur zwei Jahre später stattgegeben. Ein weißer Fleck auf der Landkarte bleibt die Schweiz, nachdem sich das Land in der großen Finanz- und Wirtschaftskrise einmal mehr als sicherer Hafen des Reichtums beziehungsweise für den Reichtum bewähren konnte. Insgesamt drängt sich der Eindruck auf, als ob die westliche Kultur sowohl in den USA als auch in Europa durch starke Wanderungsbewegungen von Süd nach Nord beeinflusst wird.

Im islamischen Teil der Welt deuten sich Verschiebungen an. Während die nordafrikanischen Staaten von Marokko bis Ägypten der Europäischen Union deutliche Avancen machen, ist der Nahe Osten weiterhin durch die Interessen der USA geprägt. Der Stachel im Pelz im Nahen Osten ist der Iran, der mehr zu Europa neigt. Die großen islamischen Staaten Südostasiens, Indonesien und Malaysia, geraten mehr und mehr unter den Einfluss Chinas. Von einer islamischen Gesamtbewegung kann daher keine Rede sein.

Immer wieder rätselten Anhänger der Kondratieff-Zyklen über den Inhalt des nächsten Technologie- und Innovationssprungs. In Kapitel II.6.b haben wir über Kondratieffs Innovationszyklus wie folgt berichtet: „Im Wirtschaftssystem bereits vorhandene, aber bislang ungenutzte Ressourcen gelangen plötzlich in das öffentliche Bewusstsein und werden durch Basisinnovationen der Gesellschaft zugänglich. Dies bewirkt ein beschleunigtes Wirtschaftswachstum, führt aber auch zu tief greifenden gesellschaftlich-politischen Veränderungen." Der Vorhang hat sich gehoben; heute lässt sich mit Fug und Recht sagen, dass der gegenwärtige Kondratieff-Zyklus durch Fortschritte in der Gewinnung von Energie aus regenerativen Quellen ausgelöst wurde. Die weltweiten Forschungsanstrengungen besonders in der zweiten Dekade machten sich schließlich bezahlt. Noch Anfang des Jahrhunderts galten die Nano- sowie die Gentechnologie als heiße Anwärter auf den Zyklus-Titel. Kein Zweifel, dass die Nanotechnologie die technische Entwicklung beflügelt hat, aber sie löste kein wirklich großes Problem. Die Gentechnologie hat geholfen, Krankheiten erfolgreicher zu behandeln. Doch hat sich das Schreckgespenst des Klonens sowie der künstlichen, vorfabrizierten Mensch-Erstellung nicht als gravierend herausgestellt. In den Industrienationen möchte kaum jemand noch Kinder, weder echte noch genmanipulierte. Es gibt zwar hier und da immer mal wieder Professoren, die neue Wunderkinder versprechen, aber die Gesellschaft ist diesem Thema gegenüber mittlerweile abgestumpft; man hat andere Sorgen.

Die Nutzungsanteile der immer knapper werdenden fossilen Brennstoffe haben sich gewandelt. Wurden die wertvollen Rohstoffe noch vor 25 Jahren als Benzin, Diesel oder Kerosin „verpulvert", so liegt heute der Schwerpunkt des Einsatzes in der chemischen, der pharmazeutischen sowie der Agrarindustrie. Das Erdöl-Produktionsniveau bewegt sich mit etwa 62 Millionen Barrel pro Tag auf der Höhe des Jahres 1990. Die Großverbraucher sind die USA mit 16 Millionen sowie China mit zwölf Millionen Barrel täglichem Verbrauch.

Die Rückgänge bei der Produktion von Öl und Gas konnten durch die verstärkte Nutzung regenerativer Rohstoffe nahezu ausgeglichen werden. Geholfen haben auch eine zweite Generation von Atomkraftwerken sowie eine Intensivierung der Kohleförderung. Alternativen zu einem großtechnischen Einstieg in die Wasserstoff-Wirtschaft gab es nicht. Zur Mobilitätserhaltung musste das Tankstellensystem auf Wasserstoff als Energieträger umgestellt werden. Der Prozess der Elektrolyse, der es erlaubt, aus Elektrizität und Wasser Wasserstoff herzustellen, ermöglicht die mobile Nutzung von in herkömmlichen und regenerativen Kraftwerken hergestellter Elektrizität.

Der Wasserstoffpreis an der Tankstelle ist aufgrund der teureren Produktionsverfahren sowie der horrenden Umstellungskosten deutlich höher als zum Anfang des Jahrhunderts der Preis für Benzin und Diesel. Doch die Amortisationsphase ist bald vorüber, und durch die bahnbrechende Erhöhung des Wirkungsgrades bei den regenerativen Energien lässt sich das Wasserstoffnetzwerk unternehmerisch – das heißt mit Gewinn – betreiben. Besonders in der Photovoltaik konnten in den vergangenen Jahren deutliche Fortschritte erzielt werden. Der Bevölkerungsrückgang trug dazu bei, dass der Energieverbrauch in Europa insgesamt geringer wurde. Der Energiebedarf Chinas, Indiens und des Nahen Ostens steigt hingegen noch immer.

Mittlerweile ist der Rohstoff Wasser zu einem begehrten, weil knappen Gut geworden. Die schleichende globale Erwärmung sowie das Bevölkerungswachstum haben in Indien und im Nahen Osten zu Wasserknappheit geführt. Die Aufbereitung von Salzwasser zu Trinkwasser erfordert einen hohen Einsatz an Energie. Der Fortschritt in der Photovoltaik scheint jedoch gerade in den sonnenreichen Ländern wie ein Segen daherzukommen. Besonders Afrika schickt sich an, der nächste Motor der Wirtschaftsentwicklung zu werden. Zudem wurde zwischen der Europäischen Union und den Staaten Marokko, Tunesien und Ägypten ein Energiepakt geschlossen; in den Wüstenregionen wird für die Staaten der Europäischen Union in großen Sonnenkraftwerken Energie erzeugt

Das Klima hat sich weiter erwärmt, etwa noch einmal um ein Grad gegenüber 2015. Die Meeresspiegel steigen jetzt merklich. Während die europäischen Küstenländer mit der Erhöhung von Deichen und Dämmen dem Anstieg trotzen, können sich die Entwicklungsländer nur unzureichend schützen. Das Ganges-Delta in Bangladesh ist so verzweigt und gleichzeitig so dicht bevölkert, dass ein wirksamer Schutz gegen Sturmfluten kaum errichtet werden kann. Die UN-Hilfsorganisationen begannen mit der Installation von Flüchtlingslagern im nördlichen Teil des Landes. Die Ferienregion der Malediven bietet das wohl medienwirksamste Spektakel im negativen Sinne: Die Inselkette steht kurz vor dem Untergang. 80 Prozent der etwa 1200 Inseln ragten bereits im Jahr 2000 weniger als einen Meter aus dem Meer. Der Mittelmeerraum beginnt, sich zu einer Savanne zu wandeln. Auch die Winter sind jetzt relativ warm dort. Es herrscht Wassermangel. In einer Reihe von

Mittelmeer-Anrainern werden photovoltaisch betriebene Meerwasserentsalzungsanlagen gebaut. Der Tourismus-Boom ist abgeebbt. Durch den drastisch verteuerten Kerosinpreis sind Flugreisen für viele unerschwinglich geworden. In Deutschland sind die Sommer jetzt durchgängig warm und beständig. Auch die Alpenländer Österreich und die Schweiz profitieren vom Urlauberstrom. Die deutsche Ostseeküste hat sich zu einer veritablen Konkurrenz der Costa del Sol entwickelt.

Der große Bären-Markt der ersten beiden Dekaden dieses Jahrhunderts ist Vergangenheit. Die weltweite Währungsreform sowie die neuen Entwicklungen besonders im Energiesektor treiben einen neuen Bullen-Markt. Neue Unternehmen und Technologien sind entstanden. Dieser Bullen-Markt ist in erster Linie – aber nicht ausschließlich – ein asiatisches Phänomen. Kreative Kräfte aus Shanghai und Bombay entwickeln und leisten Erstaunliches, geschürt durch die weltweit führenden Finanzzentren eben jener Städte. Seit der weltweiten Finanzkrise Ende des ersten Jahrzehnts hat New York seine Pole-Position an Schanghai abgeben müssen.

e Das Jahr 2045

Gegenwärtig bevölkern knapp neun Milliarden Menschen unseren Planeten. Das Bevölkerungswachstum hat sich deutlich abgeschwächt, der Zenit erscheint fast erreicht. Es ist fraglich, ob die Zehn-Milliarden-Grenze noch überschritten wird. Indien hat mit mehr als 1,6 Milliarden Menschen die Rolle Chinas als bevölkerungsreichstes Land der Welt übernommen. Die USA zählen gut 400 Millionen Einwohner, darunter etwa 100 Millionen Bürger hispanischer Herkunft. Die Wandlung der USA zu einem lateinamerikanischen Staat vollzieht sich langsam, aber stetig. Zusammengenommen bilden die früheren so genannten ethnischen Minderheiten heute die Mehrheit: hispanisch 26 Prozent, asiatisch zehn Prozent, afroamerikanisch 14 Prozent, indianisch ein Prozent. Der Anteil der weißen, nicht-hispanischen Bevölkerung ist auf knapp 50 Prozent zurückgegangen. Trotz der Migrationsbewegungen aus Afrika nimmt die Bevölkerungszahl des europäischen Kontinents weiterhin ab. 650 Millionen Einwohner werden gegenwärtig gezählt. Den Großteil des Bevölkerungsrückgangs trägt Russland, während Frankreich und Großbritannien ihre Einwohnerzahlen auf dem Niveau des Jahres 2000 stabilisieren konnten. Besonders dramatische Bevölkerungsrückgänge wurden zudem in der Ukraine, Bulgarien und Rumänien notiert, allesamt Länder aus dem christlich-orthodoxen Kulturkreis. Deutschlands Bevölkerung ist auf 73,5 Millionen zurückgegangen.

Das Produktionsniveau der fossilen Brennstoffe hat sich seit dem Produktionshöhepunkt vor 40 Jahren halbiert und befindet sich aktuell auf dem Niveau von 1965. Im Transportsektor spielt Erdöl keine Rolle mehr. Die letzten Verkehrsträger mit Erdölnutzung wurden in den dreißiger Jahren ausgemustert. Der Edelrohstoff – wie er jetzt bezeichnet wird – kommt nur noch in ausgewählten und wichtigen Bereichen zum Einsatz. Unerlässlich ist er weiterhin in der pharmazeutischen Industrie und für die Aufrechterhaltung der Lebensmittelversorgung der Bevölkerung. Mit Kerosin betriebene Flugzeuge flogen noch in den dreißiger Jahren. Die Entwicklung von Hydro-Flugzeugen stellte die Entwickler vor besondere Probleme. Wasserstoff benötigt ein sehr viel höheres Tankvolumen als Kerosin. Aus diesem Grund sehen Flugzeuge heutzutage etwas speckig aus; mit einer Art Ring um den Rumpf. Das Passagieraufkommen deutet seit der Umstellung auf Wasserstoff nach unten. Die Produktion von Wasserstoff ist trotz der Fortschritte in der Umsetzung von Sonnenenergie in Strom teuer. Die Wasserstofftechnologie – gepaart mit der Gewinnung von Energie aus regenerativen Quellen – hat sich durchgesetzt.

Die Energierevolution der zweiten und dritten Dekade dieses Jahrhunderts hat einen wesentlichen Teil zur Beruhigung der internationalen Spannungen beigetragen. Die Erdöl- und Erdgasindustrie wird subventioniert, um Arbeitsplätze zu sichern, was ein ständiges Ärgernis in der Europäischen Union darstellt, weil dadurch Unsummen aus der EU-Kasse nach Großbritannien und Norwegen, aber besonders nach Russland fließen. Die alte Erfahrung der Menschheit, dass große Veränderungen häufig unter Zwang geschehen, hat sich auch diesmal wieder bewahrheitet.

Der Anstieg der Meeresspiegel um weitere 20 Zentimeter bereitet mehr und mehr Sorgen. Eine großer Teil der Weltbevölkerung lebt in Hafenstädten, ob in New York oder Los Angeles, Bangkok oder Kalkutta, Lagos oder

Kairo, Sydney oder Singapur, Rio de Janeiro oder Buenos Aires, London oder Hamburg, Shanghai oder Tokio. Die meisten dieser Städte sind inzwischen aufwändig gegen immer höher ausfallende Sturmfluten gesichert worden, doch eine gänzliche Verriegelung ist kaum möglich. Menschen entscheiden sich zunehmend für das Wohnen im gesicherten Landesinneren. Immer wieder kommt es zu Katastrophen. Die früher zahlreichen Inseln im Südpazifik und im Indischen Ozean sind weitgehend verschwunden. Die Durchschnittstemperatur hat sich nördlich des 50. Breitengrades stärker erhöht als südlich. Der Ostsee-Raum ist jetzt eine primäre Ferienregion für fast alle Europäer; auch Spanier und Italiener werden an den Stränden der kurischen Nehrung häufiger gesichtet.

Dem Bullen-Markt der zwanziger und dreißiger Jahre folgte eine erneute Ernüchterung, von der sich die Welt noch nicht erholt hat. Die chinesischen Marktpotenziale sind weitgehend ausgereizt, die Bevölkerung schrumpft. Auch Indien scheint seinen Zenit erreicht zu haben. Die afrikanischen Nationen hingegen präsentieren sich zunehmend selbstbewusster und sind mittlerweile Ziel umfangreicher Kapitalbewegungen.

Sind die Staaten zentralistischer oder dezentraler organisiert als zur Jahrhundertwende? In den Krisendekaden zu Anfang des Jahrhunderts hatte sich der Welthandel beträchtlich reduziert. Weite Transportwege waren durch die Energiekrise nicht rentabel. Dies führte zu einer zwangsläufigen Rückbesinnung auf den regionalen Handel. Der Protektionismus jener Zeit tat ein Übriges. Regionen wie Europa, Amerika und Südostasien erfuhren dadurch auch politisch einen stärkeren inneren Zusammenhalt, der trotz der nachfolgenden Re-Globalisierung noch anhält. Auch auf lokaler Ebene rückten die Menschen damals enger zusammen; die Not zwang viele Menschen dazu. Daraus entstand etwas, was sich mit dem Wort „helfende Demokratie“ beschreiben lässt. In den Kommunen wurden Unterstützungsprogramme organisiert, die Nachbarschaftshilfe erlebte eine Renaissance. Von der lokalen Ebene aus gesehen ist Europa weit weg, Bund und Länder sind nur noch Zwischenebenen, deren Funktionen sich weitgehend auf die oberste (EU) oder unterste Ebene (Kommunen) verlagert haben. Historiker wie Toynbee oder Spengler, die sich mit der Zyklik von Geschichte befasst haben, würden sich wahrscheinlich von der gegenwärtigen politischen Lage halb bestätigt fühlen. Die von Toynbee erwartete Phase von nur einem Universalstaat der westlichen Hochkultur ist zwar so nicht eingetreten. Stattdessen existieren zwei Gebilde – die USA und die Europäische Union –, die in unterschiedliche Richtungen driften, aber die man durchaus jeweils als Universalstaat bezeichnen kann.

In vielen Ländern der Erde haben übrigens Frauen mittlerweile mehr Macht und Einfluss als die Männer. Die schon früher sichtbaren besseren schulischen Leistungen, die bessere Kommunikationsfähigkeit sowie die demographischen Veränderungen – mehr als 50 Prozent aller Frauen im gebärfähigen Alter haben keine Kinder – lieferten die Voraussetzungen für die veränderte Rolle der Frau in Politik, Wirtschaft und Familie. Hat der gesellschaftliche Verfall in den Industrienationen zugenommen? In wirtschaftlichen Notzeiten flaut die Dekadenz ab. Die sozialen Normen werden in solchen Zeiten härter; Dekadenz erfährt wenig Anerkennung. So jedenfalls lautet die Erfahrung aus der ernsthaften Phase der Finanz- und Energiekrise. Der Bullen-Markt der zwanziger und dreißiger Jahre hat einen Teil dieser Stigmatisierung wieder rückgängig gemacht.

Man hat den Eindruck, dass sich die Welt in langen Phasen beschleunigt und entschleunigt. Wer weiß schon, dass der Name „Tempo", der im deutschsprachigen Raum als Synonym für das Papiertaschentuch steht, aus dem Jahr 1929 herrührt. Damals war die Welt auf dem Gipfel der „Roaring Twenties" – das Leben war laut, lustig, vergnügt und verflog im Nu. Die anschließende Phase der Depression in den USA war zäh, langsam und durch die hohe Arbeitslosigkeit für viele Menschen mehr Kampf als Vergnügen. Die fünfziger und sechziger Jahre brachten naiven Spaß und gute Stimmung. Die achtziger und neunziger Jahre des vorhergehenden Jahrhunderts waren laut, schnell, cool; das Wort „Spaßgesellschaft" machte damals die Runde. Die ersten beiden Dekaden dieses Jahrhunderts brachten den Kampf zurück ins Leben, für manche den Überlebenskampf. Die Zeit verging zäh; man war mit der eigenen Existenzsicherung mehr als ausgelastet. Mit dem neuen Energie-Boom gegen Ende der zweiten Dekade begann der Puls des Lebens sich wieder zu beschleunigen. Es war eine Zeit der Zuversicht, als alle Welt das Gefühl teilte, das Schlimmste überstanden zu haben.

Die Mitte dieses Jahrhunderts hat dagegen etwas Beruhigendes. Trotz vieler kleinerer Scharmützel und auch regionaler Konflikte ist ein dritter, vernichtender Weltkrieg ausgeblieben. Die großen Nationen wie Indien, China oder auch die USA und das alte Europa leben heute in Frieden miteinander. Die Weltbevölkerung hat ihr Wachstum nahezu eingestellt. Dieser Stillstand bringt – so scheint es – eine Verlangsamung vieler Aktivitäten mit sich. Aber es ist nicht nur dies. Das Wetter ist insgesamt wärmer geworden; die afrikanische Beschwingtheit und Freundlichkeit macht sich selbst bei den früher so knorrigen Europäern nördlich der Alpen bemerkbar. Die herzerfrischende Mentalität, mit der sich die afrikanischen Staaten einen Teil des Weltmarktes eroberten, brachte den verloren geglaubten Kontinent in das Bewusstsein der Welt zurück. Es scheint fast so, als ob sich die Menschheit auf ihren historischen Ursprung besinnt.

Schlusswort

Wir haben in diesem Buch versucht, zahlreiche Gedankenfäden, die sich aus früheren und gegenwärtigen politischen, wirtschaftlichen und gesellschaftlichen Entwicklungen ergeben, zu ordnen und ein Stück weit in die Zukunft auszulegen. Dass jeder der beiden Autoren sie dabei ein wenig anders gezogen hat, liegt in der Natur der Sache – die Blickwinkel sind unterschiedlich.

Wir hoffen, das Tor in die Zukunft ein klein wenig geöffnet zu haben. Auch wenn mancher Leser und manche Leserin zögert, es zu durchschreiten: Es gibt keine Wahl. In jedem Augenblick wird ein Stück Zukunft zur Gegenwart. Die Botschaft dieses Buches ist nicht negativ, sondern allenfalls die eines Tals der Tränen, das durchschritten werden muss, um auf der anderen Seite gestärkt heraustreten zu können.

Niemand kann es sich heute leisten, in den Tag hinein zu leben und zu wirtschaften, ohne sich über die Entwicklung der nächsten Jahre klar zu werden. Wenn die hier dargelegten Überlegungen Ihre eigenen anstoßen konnten, erscheint uns der Zweck des Buches bereits erfüllt.

Der Lauf der Geschichte hängt auch davon ab, was jeder von uns dazu tut.

Fußnoten

1 World Population Prospects, Revision 2002, UN Population Division
2 Stein Ringen: Population collapse in Europe, 28. Februar 2003
3 Dennis L. Meadows, Die Grenzen des Wachstums, Reinbek Rowohlt Taschenbuch Verlag 1974
4 http://www.nachhaltigkeit.aachener-stiftung.de
5 http://www.bmwi.de/textonly/Homepage/download/energie/doku465.pdf
6 http://www.worldenergy.org/wec-geis/publications/reports/ser/overview.asp
7 http://www.worldenergyoutlook.org/weo/pubs/weo2002/Weogerman.pdf
8 http://www.simmonsco-intl.com
9 http://www.ipcc.ch/pub/nonun.htm
10 http://www.pik-potsdam.de/~stefan/Publications/Other/klimageschichte.pdf
11 Kommission der Europäischen Gemeinschaften (1997a): Gemeinsamer Bericht zur Beschäftigung 1997 (Rev. 8), Brüssel, 30. September 1997, S. 16
12 Bundesministerium für Verbraucherschutz, Ernährung und Landwirtschaft, Statistische Monatsberichte; aus: http://www.infodienst-mlr.bwl.de/la/lel/llm/meb/Kap331.htm
13 http://www.labournet.de/diskussion/arbeit/realpolitik/modelle/hartz/roth-ruko.html
14 www.arbeitgeber.de/www/bdaonline.nsf/0/5d353660b31fa716c1256b5 70036a13a/$FILE/Anstieg%20Wirtschaftsleistung.pdf
15 http://europa.eu.int/comm/commissioners/liikanen/media/slides/ competitiveness2002/sld010.htm
16 http://www.oup.co.uk/powerpoint/bt/rodriguez/ch01.ppt
17 http://strategis.ic.gc.ca/pics/ra/wp20-a.pdf
18 ebenda
19 http://www.morganstanley.com/GEFdata/digests/20030305-wed.html
20 http://www.miprox.de/Wirtschaft_allgemein/Wahn_und_Wirklichkeit-Kurt_ Richebaecher.html
21 http://www.lightreading.com/document.asp?doc_id=30287&site=lightreading
22 http://www.lightreading.com/document.asp?doc_id=31803&site=lightreading
23 Equity Research Mühlbauer vom 19. September 2000, Sal. Oppenheim
24 OECD. Economies en transition, l'ajustement structurell dans le pays de l'OCDE, Paris, 1989
25 Dahrendorf, Ralf. Der moderne soziale Konflikt. Deutsche Verlags-Anstalt GmbH, Stuttgart, 1992
26 www.socio.ch/arbeit
27 Kommission der Europäischen Gemeinschaften (1997a): Gemeinsamer Bericht zur Beschäftigung 1997 (Rev. 8), Brüssel, 30. September 1997, S. 16

28 siehe z.B. Robert Kurz, Die Krise des Tauschwerts, http://www.krisis.org/r-kurz_-krise-des-tauschwerts_mk1_1986.html

29 Robert Kurz, Der Mythos der Produktivität, http://www.cherisy.de/forum/arbeit_und_krise/kurz2.html

30 Herbert Schui u.a.: Wollt Ihr den totalen Markt? Der Neoliberalismus und die extreme Rechte, München, 1997

31 Zur Frage des volkswirtschaftlichen Nutzens eines öffentlich geförderten Beschäftigungssektors – Legitimation, Funktion und Probleme, Prof. Dr. Achim Trube, Zentrum für Evaluation und Planung sozialer Dienste, Universität Siegen, Siegen, 2001

32 ebenda S. 13

33 http://www.morganstanley.com/GEFdata/digests/20031212-fri.html

34 http://cosmic.rrz.uni-hamburg.de/webcat/hwp/sass/sas00002/sas00002.pdf

35 Peter Saß: „Einkommensverteilung und Kapitalverwertung bei nachlassendem Wachstum" Kritische Analyse der sektoralen Profitraten in den westdeutschen Unternehmen seit 1960", Hamburg 1992; unter http://cosmic.rrz.uni-hamburg.de/webcat/hwp/sass/sas00001/sas00001.pdf

36 http://www.j-bradford-delong.net/TotW/g37.html

37 The Return of Finance and Finance's Returns: Recent Trends in Rentier Incomes in OECD Countries, 1960-2000; Gerald Epstein and Dorothy Power, November, 2002

38 Dumenil Gerard and Dominique Levy, 2001." Costs and Benefits of Neoliberalism: A Class Analysis." http://www.umass.edu/peri/finagenda.html#alphalist

39 http://www.brillig.com/debt_clock/

40 http://www.infoplease.com/ipa/A0104572.html

41 http://home.att.net/~mwhodges/debt.htm

42 Real Gross Domestic Product

43 http://www.staatsverschuldung-online.de/

44 http://www.whitehouse.gov/news/usbudget/blueprint/bud01.html; nicht zu verwechseln mit http://www.whitehouse.org

45 http://home.t-online.de/home/dieter.meyer/homepage.htm

46 http://www.das-gibts-doch-nicht.de/seite999.php

47 http://www.staatsverschuldung-online.de/

48 http://www.lightreading.com/document.asp?doc_id=31583&site=lightreading

49 http://www.internationalcredit001.com/earticle23.htm

50 http://www.subventionsberater.de/creutz/schulden.html und http://f27.parsimony.net/forum66666/messages/195.htm

51 Günter Hannich, Wer in der Schuld ist, ist nicht frei, 2002, zitiert nach http://www.geldcrash.de/buch-schuld.htm#Probekapitel

52 http://www.bmwi.de/Navigation/Presse/reden-und-statements,did=20786.html

53 http://www.economist.com/displaystory.cfm?story_id=2050678

54 http://www.bis.org/publ/arpdf/ar2003g6.pdf
55 http://www.kfw.de/DE/Service/OnlineBibl48/Volkswirts64/MakroScope_8.pdf
56 ebenda
57 Deutsche Bundesbank: Monatsbericht 2001
58 http://home.t-online.de/home/dieter.meyer/homepage.htm
59 http://library.fes.de/fulltext/asfo/00679004.htm
60 John Gerard Ruggie, „International Regimes, Transactions and Change: Embedded Liberalism in the Postwar Economic Order," International Organization, 36, 1982
61 http://www.otto-brenner-stiftung.de/fix/Young2.pdf
62 http://www.isw-muenchen.de/download/the-1-d.pdf
63 http://www.undp.org.my/speeches/docs/WORLD_INVESTMENT_REPORT_2002.ppt
64 http://www.attac.de/tobin/kbk.php
65 BIZ: Bank für Internationalen Zahlungsausgleich
66 Kairos Europa e.V., Kapital braucht Kontrolle – Die internationalen Finanzmärkte: Funktionsweise – Hintergründe – Alternativen, Heidelberg, 2000
67 Elmar Altvater, isw-report 52, S. 6: http://www.isw-muenchen.de/report520.html
68 http://attac.org/fra/toil/doc/cepr05de.htm
69 http://library.fes.de/fulltext/asfo/00679004.htm
70 http://www.isw-muenchen.de/download/the-1-d.pdf
71 Kairos Europa e.V., Kapital braucht Kontrolle – Die internationalen Finanzmärkte: Funktionsweise – Hintergründe – Alternativen, Heidelberg, 2000
72 ebenda
73 Organisation for Economic Co-operation and Development
74 http://www.oecd.org/dataoecd/9/16/2444676.pdf
75 Gross Domestic Product, vergleichbar mit dem Bruttoinlandsprodukt
76 http://www.isw-muenchen.de/download/the-1-d.pdf
77 http://www.isw-muenchen.de/download/the-1-d.pdf
78 http://www.isw-muenchen.de/download/the-1-d.pdf
79 Huffschmid, Freiheit des Kapitalverkehrs – Haupthebel der Gegenreform, friZ – die andere Zeitschrift für Politik, Heft 2/2003
80 zitiert nach Maria Mies, Globalisierung von unten, Hamburg, 2001, S. 7
81 The World Bank Global Development Finance 2000, Washington D.C., zitiert nach Kairos Europa e.V., Kapital braucht Kontrolle – Die internationalen Finanzmärkte: Funktionsweise – Hintergründe – Alternativen, Heidelberg, 2000
82 http://www.imf.org/external/pubs/ft/fandd/2000/12/dadush.htm
83 Auch hier wieder der Hinweis: Die Einzeldaten, die Zusammensetzung und ihre Erhebung sind mit Vorsicht zu genießen. So wird etwa die fiktive Miete – sie geht mit rund einem Fünftel ein – durch Befragung ermittelt

84 http://www.pimco.com/LeftNav/Late+Breaking+Commentary/IO/2003/io_dec03.htm
85 Maslow: A Theory of Human Motivation, 1943
86 Jeremy Rifkin, Das Ende der Arbeit, Fischer Taschenbuch Verlag, S. 41
87 Ebenda, S. 27f
88 http://www.mvregio.de/modules.php?op=modload&name=News&file=article&sid=52&mode=thread&order=0&thold=0
89 http://www.theactorstudio.com/
90 www.spiegel.de, Bericht „Fahrstuhl in die Hölle", Heft 47/2003
91 Aldous Huxley, Schöne neue Welt, Fischer Taschenbuch Verlag, 1953
92 http://archinte.ama-assn.org
93 www.who.int
94 Aldous Huxley, Schöne neue Welt, Vorwort, 1949
95 http://www.uis.unesco.org/
96 Der Untergang des Abendlandes, Oswald Spengler, Beck Verlag München 1923, S. 732
97 ebenda
98 Der Untergang des Abendlandes, Oswald Spengler, Beck Verlag München 1923, S. 732
99 http://www.mediensprache.net/de/essays/2/
100 http://www.epilog.de/Film/Mc_Mh/Metropolis_D_1927.htm
101 http://www.bpb.de/popup_druckversion.html?guid=LENL2A
102 www.who.int
103 „Die Welt" vom 22. September 2003
104 http://egora.uni-muenster.de/FmG/wahlen_s0001.shtml
105 Oswald Spengler, Der Untergang des Abendlandes, S. 1103 Oswald Spengler, Der Untergang des Abendlandes, S. 1137
106 www.hansHoppe.com
107 www.mises.org
108 Zitiert nach Frankfurter Allgemeine Sonntagszeitung, 4. Januar 2004, S. 8
109 Welt am Sonntag, 11. Jan. 2004
110 Zbigniew Brzezinski, Die einzige Weltmacht, Fischer Taschenbuch Verlag, Mai 1999, Einleitung
111 zitiert nach: Prof. Maria Mies, Kriege sind gut für die Wirtschaft: Das globale Freihandelssystem als neokoloniales Kriegssystem, in Ralph M. Luedtke/Peter Strutynsky (Hrsg.) Dem Krieg widerstehen – Beiträge zur Zivilisierung der Politik, Kassel, S. 16-27
112 ebenda
113 ebenda
114 Vgl. u.a.: http://www.nadir.org/nadir/initiativ/agp/free/chossudovsky/911

commission.htm
115 Michael Moore, Volle Deckung Mr. Bush, München, 2003, S. 54 ff.
116 Ebenda, S. 25 ff
117 zitiert nach: Maria Mies, Kriege sind gut für die Wirtschaft; siehe vorn
118 Oswald Spengler, Der Untergang des Abendlandes, Beck 1919, Wiederauflage Beck 1998
119 Toynbee, Arnold J. Studie zur Weltgeschichte. Wachstum und Zerfall der Zivilisationen Claassen & Goverts, Hamburg, 1949.
120 Toynbee, Studie zur Weltgeschichte, S. 430
121 Toynbee, Studie zur Weltgeschichte, S. 345
122 Spengler, Der Untergang des Abendlandes, S. 1190
123 Toynbee, Studie zur Weltgeschichte, S. 266
124 Paul Kennedy, „Aufstieg und Fall der großen Mächte", Fischer Taschenbuch Verlag, Frankfurt 1989
125 Toynbee, Studie zur Weltgeschichte, S. 208
126 http://www.cato.org/pubs/journal/cjv14n2-7.html
127 Spengler, Der Untergang des Abendlandes, S. 680ff.
128 Spengler, Der Untergang des Abendlandes, S. 787
129 dtv-Atlas zur Weltgeschichte, S. 105
130 Ebenda
131 Aufstieg und Fall der großen Mächte, Seite 12
132 Was wäre gewesen, wenn? Wendepunkte der Weltgeschichte, Knaur 2002
133 dtv-Atlas zur Weltgeschichte, Band 1
134 Paul Kennedy, Aufstieg und Fall der großen Mächte, S. 150
135 Oswald Spengler, Der Untergang des Abendlandes, S. 1145
136 Paul Kennedy, Aufstieg und Fall der großen Mächte, Seite 292
137 Paul Kennedy, Aufstieg und Fall der großen Mächte, Seite 392
138 Paul Kennedy, Aufstieg und Fall der großen Mächte, Seite 368 ff.
139 Emmanuel Todd, Weltmacht USA – Ein Nachruf, Piper 2003
140 http://www.time.com/time/time100/scientist/profile/keynes.html
141 Alan Greenspan: Gold and Economic Freedom
142 http://www.freebuck.com/
143 Die großen Spekulationen der Weltgeschichte, Wirtschaftverlag Langen Müller/Herbig
144 www.nyse.com
145 John J. Murphy, Technische Analyse der Finanzmärkte, Finanzbuch Verlag, 2001, S. 313
146 ebenda, S. 313
147 Robert Prechter, The Major Works of R.N. Elliott 1938–1946, Probus Publishing, 1991
148 Prechter/Frost, Das Elliott-Wellen-Prinzip, Finanzbuch Verlag, 2003, S. 26
149 ebenda, S. 145 ff.
150 ebenda, S. 164

151 John J. Murphy, Technische Analyse der Finanzmärkte, Finanzbuch Verlag, 2001, S. 333

152 John Maynard Keynes, Allgemeine Theorie der Beschäftigung, des Zinses und des Geldes, Berlin, 1994, S. 267

153 Ebenda, S. 316 f.

154 Ernest Mandel, Die langen Wellen im Kapitalismus, Frankfurt, 1987

155 Siehe z. B. Guy Daniels, The Long Wave Cycle, Richardson & Snyder, 1984

156 Ähnliche Darstellungen in verschiedenen Publikationen, z.B. in Gold & Technology Stocks, Volume 21, No. 8, 12. Juli 2002

157 http://www.financialsense.com

158 http://faculty.washington.edu/modelski/IPEKWAVE.html

159 http://www.gold-eagle.com

160 Leo A. Nefiodow, Der sechste Kondratieff, Rhein-Sieg Verlag, 2001

161 John J. Murphy, Technische Analyse der Finanzmärkte, Finanzbuch Verlag, 2001, S. 333

162 Prechter/Frost, Das Elliott-Wellen-Prinzip, Finanzbuch Verlag, 2003, S. 186

163 Edward R. Dewey, Og Mandino, Cycles, the Mysterious Forces That Trigger Events, Hawthorn Books, New York, 1971

164 J. M. Hurst, The Profit Magic of Stock Transaction Timing, Reprint 1997

165 John J. Murphy, Technische Analyse der Finanzmärkte, Finanzbuch Verlag, 2001, S. 348

166 Ebenda, S. 348

167 Siehe z. B.: http://www.exploratorium.edu/complexity/CompLexicon/mandelbrot.html

168 zitiert nach W. I. Lenin, Ausgewählte Werke Bd. I, S. 33

169 Karl Marx, Zur Kritik der Politischen Ökonomie [1859]. Erstes Heft, in: Karl Marx/Friedrich Engels, Gesamtausgabe, Zweite Abteilung, Band 2; Dietz Verlag, Berlin/DDR, 1980, Seite 100-101

170 Karl Marx – Friedrich Engels – Werke, Band 23, „Das Kapital" Bd. I, S. 791

171 Marx sprach im Juli 1866 in einem Brief an Engels von „unsrer Theorie von der Bestimmung der Arbeitsorganisation durch das Produktionsmittel"

172 Robinson, J., Grundprobleme der Marxschen Ökonomie, 2. Aufl., Marburg, 1987

173 Karl Marx – Friedrich Engels – Werke, Band 23, Das Kapital Bd. I, S. 181

174 Karl Marx – Friedrich Engels – Werke, Band 25, Das Kapital Bd. III, S. 80

175 ebenda, S. 251

176 Karl Marx – Friedrich Engels – Werke, Band 25, Das Kapital Bd. III, Fünfter Abschnitt, S. 485

177 W. I. Lenin, Der Imperialismus als höchstes Stadium des Kapitalismus, Werke, Werke Bd. 22, Berlin, 1960, S. 103

178 Elmar Altvater, Birgit Mahnkopf, Grenzen der Globalisierung, Ökonomie, Ökologie und Politik in der Weltgesellschaft, 5. Auflage, Nachdruck der völlig überarbeiteten und erweiterten 4. Auflage, 2002

179 Erich Fromm, Marx' Beitrag zum Wissen vom Menschen, in: Erich Fromm Gesamtausgabe, Hg. von Rainer Funk, Stuttgart, 1980/81

180 K. Marx, Ökonomisch-philosophische Manuskripte von 1844, Ergänzungsband zu MEW, Erster Teil, S. 516f.

181 K. Marx, Kapital Bd I, MEW 23, 344f

182 Zitate dieses Absatzes aus: http://www.wu-wien.ac.at/inst/vw3/telematik/

183 http://www.glasnost.de/oeko/kisker2.html

184 http://www.wiwiss.fu-berlin.de/w3/w3kisker/zyklen/folie16.doc

185 http://www.wiwiss.fu-berlin.de/w3/w3kisker/zyklen/folie18.doc

186 Das Gesetz des tendenziellen Falls der Profitrate, Frankfurt, 1969

187 Biermann, Werner; Klönne, Arno, Globale Spiele – Das letzte Stadium des Kapitalismus?, 2001

188 Vgl. II.7.b; falls hier die ideologische Schere zuschnappt: Kann man nicht philosophische Positionen beziehen, ohne den Rattenschwanz bestimmter altbackener politischer Richtungen mitzutragen?

189 Marx erklärt diese Beharrungstendenz mit dem Widerspruch zwischen Produktionsverhältnissen und Produktivkräften. Vgl. Kapitel II.7

190 „Wiedergewählt werden wollen" lässt sich schlecht sagen angesichts der Umstände, wie sie an die Macht gekommen ist. Akribisch nachgezeichnet in: Michael Moore, Stupid White Men, München, 2002, S. 21ff.

191 vgl. Kapitel I.2.f; auch: 21st Century Alert, Morning Briefing, 27.1.2004

192 Wir haben diesen Zusammenhang in Kapitel I.2.g dargestellt

193 Der Wind weht, wann er will; Die Windkraft ist keine verlässliche Energiequelle, Frankfurter Allgemeine Zeitung vom 3.9.2002. Im Jahr 2002 betrug die Gesamtsubvention der Windenergie einschließlich Steuermindereinnahmen 23 Cent je Kilowattstunde oder 4,5 Milliarden Euro. Jeder der etwa 100 000 Arbeitsplätze dort wird mit 150 000 Euro bezuschusst. Ein Arbeitsplatz in der Steinkohleindustrie erhält vom Staat hingegen „nur" 50 000 Euro. (Quelle: http://www.iavg.org/iavg002.htm)

194 Westdeutsche Allgemeine, 6. Juli 2002

195 Vgl. Kapitel I.3.f

196 Die Time Pattern Analysis ist ein vom Verfasser dieses Szenarios entwickelter Prognoseansatz für Finanzmärkte. Nähere Informationen unter www.timepatternanalysis.de

197 Zum Jahresende lag das durchschnittliche Kurs-Gewinn-Verhältnis im S&P 500 bei über 35

198 Hier etwa endet der Prognosezeitraum. Die Time Pattern Analysis kann rund 80 bis 100 Notierungen prognostizieren, was bei Monatsdaten eine mittlere Laufzeit von rund sieben Jahren ergibt. Die Methode muss natürlich – wie jede andere auch – unterstellen, dass im Prognosezeitraum keine gravierenden Modell-exogenen Einflüsse auftreten Eine solche Störung kann ein massiver Terroranschlag, ein plötzlicher Krieg, eine andere Katastrophe oder auch eine unerwartete politische oder wirtschaftliche Wende sein

199 http://faculty.washington.edu/modelski/IPEKWAVE.html

200 Unter anderem muss die Europäische Zentralbank ihre Zinspolitik an den höchsten Inflationsraten im Staatenverbund orientieren, das macht sie unbeweglich

201 Rebuilding America's Defenses, Strategy, Forces and Resources For a New Century; A Report of The Project for the New American Century, September 2000

202 Im Original ist von „theater wars" die Rede

203 Vgl. auch Kapitel II.6.b

204 http://www.morgenwelt.de/wissenschaft/9907-nefiodow.htm

205 Vgl. Kapitel I.3 und I.4

206 In Deutschland, aber auch anderswo geht man mit der „Reform" des Gesundheitswesen gerade in die Gegenrichtung und benachteiligt Vorbeugung, alternative und ganzheitliche Medizin weiter

207 Zu den Begriffen „Basis" und „Überbau" vgl. Kapitel II.7.d

208 vgl. Kapitel II.7.d

209 nicht zwangsläufig autark

210 Dies gilt insbesondere vor dem Hintergrund, dass der Start eines neuen Zyklus für die zweite Dekade des 21. Jahrhundert unterstellt wird. Der Konzeption von Nefiodow liegt ein etwas anderes Timing zugrunde. Danach ist der Wechsel um das Jahr 2030 fällig.

211 Im Labor lassen sich mit hohem technischen Aufwand mit Silizium Wirkungsgrade von bis zu 24 Prozent und mit Galliumarsenid über 33 Prozent erreichen

212 http://www.solarworld.de/pdf_global/infothek-brosch-grundlagen-pv.pdf

213 Beides hängt eng zusammen

214 Wie in Kapitel I.1.b dargestellt, dürfte das innerhalb der nächsten 15 Jahre eintreten

215 Die Grundtendenz von Monopolisierung beziehungsweise Kapitalakkumulation hat eine Reihe von Ökonomen herausgearbeitet – vgl. Kap. II.6 und II.7; zum Finanzkapital vgl. Kapitel I.2.d und I.2.f

216 Und er könnte umso schneller kommen, je dilettantischer sich die Regierungen bei der Lösung der Probleme in Sozialversicherung und Gesundheitswesen anstellen

217 Vgl. Kapitel I.2.f

218 Vgl Kapitel I.2.e

219 Die andere Perspektive, die das Energieproblem entspannt, ist so düster, dass sie ins „Kleingeduckte" verbannt werden soll: Die Menschheit dezimiert sich so stark, dass sich die Versorgungslage entspannt

220 Meiner Ansicht nach steckt der Keim zur Dezentralisierung im Gedankengebäude von Nefiodow – siehe weiter vorn

221 Oswald Spengler, Der Untergang des Abendlandes, S. 1148

222 www.clausewitz.com

223 David M. Kennedy, Freedom From Fear, Oxford University Press, 1999, S. 362

224 Toynbee, Studie zur Weltgeschichte, S. 254

225 http://www.nationinstitute.org/tomdispatch/index.mhtml?pid=1181

226 Samuel P. Huntington, Kampf der Kulturen, Wilhelm-Goldmann-Verlag, 2002, S. 59

227 http://www.brueckenbauer.ch/INHALT/9938/38inter2.htm

Marc Faber

Zukunftsmarkt Asien

Seiten 387, Hardcover, € 34,90 (D); € 35,90 (A); SFr. 58,60
ISBN: 3-89879-046-0

Der renommierte Investmentberater Marc Faber schickt den Leser auf den Weg das „Gold von morgen" zu finden – den Markt der Zukunft. Anhand vieler Daten und Fakten zeigt dieses Buch, warum China bereits heute die zweitgrößte Ökonomie hinter den USA ist und warum es nur eine Frage der Zeit ist, bis China die Rolle des weltweit wichtigsten Exportziels übernehmen wird. Und das bedeutet, dass Asien die dominierende wirtschaftliche Kraft der Zukunft sein wird.

Doch was heißt das für den einzelnen Anleger?

Faber durchleuchtet die Märkte und zeigt auf, wann und wo man sich engagieren soll. Aber nicht um die Vorhersage wirtschaftlicher Desaster oder extremer Boomphasen geht es in diesem Buch. Vielmehr will der Autor die gigantischen Möglichkeiten einer Welt aufzeigen, die durch große politische, wirtschaftliche und soziale Veränderungen geprägt ist. Der Autor kombiniert seine Beobachtungen der aktuellen weltweiten Begebenheiten mit Investmenterfahrungen und Ausflügen in die Wirtschaftsgeschichte. Er analysiert langfristige Investmentanlagen und zeigt wahrscheinliche wirtschaftliche und finanzielle Trends auf.

Roland Leuschel und Claus Vogt

Das Greenspan-Dossier 2., erweiterte Auflage 2004

400 Seiten, Hardcover, € 34,90 (D); 35,90 (A); SFr. 58,60

ISBN: 3-89879-101-7

Eine knallharte und schonungslose Abrechnung mit der Geldpolitik des »Herren der Blasen«, des berühmtesten Notenbankers aller Zeiten. Die »dunkle« Seite Greenspans, beleuchten Roland Leuschel und Claus Vogt in ihrem provozierenden Buch. Eine »Gelddruckmaschine riesigen Ausmaßes«, sei die Federal Reserve Bank unter Greenspans Führung geworden, so die Autoren. Greenspan erwarb sich den Ruf als »Magier der Märkte«: Wie von Zauberhand machte er aus Geldmengenwachstum Wohlstand. Doch ein Teufelskreis begann und aus dem Magier Greenspan wurde eine »Zauberlehrling«, dem die Situation mehr und mehr entglitt. Die kommenden zehn Jahre werden schwierig werden. Bereiten Sie sich darauf vor, und setzen Sie Ihren ganz persönlichen Vorsorgezug rechtzeitig auf das richtige Gleis. Die Autoren geben gezielte Hinweise, wie Sie Ihr Vermögen und Ihre Altersvorsorge vor dem Verfall schützen können.

Wirtschafts
Woche
OLAF GERSEMANN
Amerikanische
Verhältnisse
Die falsche Angst der Deutschen
vor dem Cowboy-Kapitalismus
FinanzBuch Verlag